国家出版基金项目
NATIONAL PUBLICATION FOUNDATION
“十三五”国家重点图书
出 版 规 划 项 目

中国语言资源保护工程

中国濒危语言志
汉语方言系列

总主编 曹志耘
主编 张振兴 邢向东

广东连南石蛤塘土话

庄初升 丁沾沾 著

创于1897
商務印書館
The Commercial Press

图书在版编目（CIP）数据

广东连南石蛤塘土话/庄初升，丁沾沾著. —北京：商务印书馆，2019
（中国濒危语言志）
ISBN 978-7-100-16895-3

Ⅰ.①广… Ⅱ.①庄…②丁… Ⅲ.①方言—介绍—连南瑶族自治县 Ⅳ.①H179

中国版本图书馆CIP数据核字（2018）第281607号

广东连南石蛤塘土话

庄初升　丁沾沾　著

出版发行：商务印书馆
地　　址：北京王府井大街36号
邮政编码：100710

印　　刷：北京雅昌艺术印刷有限公司

开　　本：787×1092　1/16　　印　　张：20½
版　　次：2019年6月第1版　　印　　次：2019年6月北京第1次印刷
书　　号：ISBN 978-7-100-16895-3

定　　价：120.00元

石蛤塘地形地貌　连南石蛤塘村 /2008.7.19/ 庄初升 摄

石蛤塘村貌　连南石蛤塘村 /2008.7.19/ 庄初升 摄

作者庄初升指导研究生记音　连南石蛤塘村 /2008.7.19/ 冯雅琳 摄

作者丁沾沾向发音人了解各种农具　连南石蛤塘村 /2016.3.4/ 庄初升 摄

序

我的老家在浙江金华。我在老家生活的年代是20世纪六七十年代。那时候人们白天黑夜地干，酷暑寒冬地干，但就是吃不饱饭。山上光秃秃的，地上光秃秃的，简直成了不毛之地。如今40年过去了，回到家乡，只见茂林修竹，清流激湍，芳草鲜美，落英缤纷，俨然人间仙境。进山的小路早已被草木掩没，没有刀斧开路，则寸步难行。

在我家附近的塔石乡，有一个叫“大坑”的畲族村子，坐落在一条山沟里，有50多人。畲族相传发源于广东潮州凤凰山，明代以来逐渐北迁，从广东到福建，从福建到浙江、江西、安徽等地。数百年来，畲族尽管不断迁徙，散落中国东南各地，然而始终保持着他们共同的语言——畲话。1981年，我在山东大学上学期间，曾经一个人跑到大坑去，拿着日本人编制的调查表记录他们的畲话。当时村里男女老少，基本上人人会讲畲话。但时至今日，很多人已不会讲或讲不好畲话了，25岁以下无一人会讲。照此发展下去，估计几十年后，大坑人沿袭千年之久的母语将彻底消亡。

自然环境的破坏可以修复，但语言的消亡无法挽回，不可再生。

根据联合国教科文组织的《世界濒危语言地图》（2018），在世界现存的约6700种语言中，有40%的语言濒临灭绝，平均每两个星期就有一种语言消亡。中国有130多种语言，其中有68种使用人口在万人以下，有48种使用人口在5000人以下，有25种使用人口不足1000人，有的语言只剩下十几个人甚至几个人会说了。汉语方言尽管使用人数众多，但许多小方言、方言岛也在迅速衰亡。即使是那些还在使用的大方言，其语言结构和表达功能也已大大萎缩，或多或少都变成“残缺”的语言了。

冥冥之中，我们成了见证历史的人。

然而，作为语言学工作者，绝不应该坐观潮起潮落。事实上，联合国教科文组织早在1993年就确定当年为“抢救濒危语言年”，同时启动“世界濒危语言计划”，连续发布“世界濒危语言地图”（联合国已确定2019年为“国际本土语言年”）。二十多年来，国际上先后成立了上百个抢救濒危语言的机构和基金会，各种规模和形式的濒危语言抢救保护项目在世界各地以及网络上展开。我国学者在20世纪90年代已开始关注濒危语言问题，自21世纪初以来，开展了多项濒危语言、方言调查研究课题，出版了一系列重要成果，例如孙宏开先生主持的“中国新发现语言研究丛书”、张振兴先生等主持的“中国濒危语言方言研究丛书”、鲍厚星先生主持的“濒危汉语方言研究丛书”（湖南卷）等。为了全面、及时抢救保存中国语言方言资源，教育部、国家语委于2015年启动了规模宏大的“中国语言资源保护工程”。在语保工程里，专门设立了濒危语言方言调查项目，迄今已调查76个濒危语言点和60个濒危汉语方言点。对于濒危语言方言点，除了一般调查点的基本调查内容以外，还要求对该语言或方言进行全面系统的调查，并编写濒危语言志书稿。随着工程的实施，语保工作者奔赴全国各地，帕米尔高原、喜马拉雅山区、藏彝走廊、滇缅边境、黑龙江畔、海南丛林都留下了他们的足迹和身影。一批批鲜活的田野调查语料、音视频数据和口头文化资源汇聚到中国语言资源库，一些从未被记录过的语言、方言在即将消亡前留下了它们的声音。

为了更好地利用这些珍贵的语言文化遗产，在教育部语言文字信息管理司的领导下，商务印书馆和中国语言资源保护研究中心组织申报了国家出版基金项目“中国濒危语言志”，并有幸获得批准。该项目计划在两年内按统一规格、以EP同步方式编写出版30卷志书，其中少数民族语言20卷，汉语方言10卷。自项目启动以来，语信司领导高度重视，亲自指导志书的编写出版工作，各位主编、执行编委以及北京语言大学、中国传媒大学的工作人员认真负责，严格把关，付出了大量心血，商务印书馆则配备了精兵强将以确保出版水准。这套丛书可以说是政府、学术界和出版社三方紧密合作的结果。在投入这么多资源、付出这么大努力之后，我们有理由期待一套传世精品的出现。

当然，艰辛和困难一言难尽，不足和遗憾也在所难免。让我们感到欣慰的是，在这些语言、方言即将隐入历史深处的时候，我们赶到了它们身边，倾听它们的声音，记录它们的风采。尽管我们无力回天，但已经尽了最大的努力，让时间去检验吧。

曹志耘

2018年10月

于浙江师范大学

目录

第一章 导论

第一节

连南概况

连南瑶族自治县位于广东省西北部，是广东省的三个少数民族自治县之一，隶属于清远市。[①]县境位于北纬24° 17′ 16″～24° 56′ 2″，东经112° 2′ 2″～112° 29′ 1″之间，东北与连州市交界，东南与阳山县相连，南面紧接怀集县，西部毗邻连山壮族瑶族自治县，西北部与湖南省江华瑶族自治县接壤。全县境内北、西、南三面环山，整个地势由北、西、南向东部倾斜，东部为低平丘陵；东南部是海拔250米至500米之间的石灰岩岩溶地带，怪石嶙峋，奇峰林立。境内的崇山峻岭均属于南岭山脉南侧的余脉，海拔1000米以上的山峰就有161座，其中海拔1659米的大雾山为全县最高峰。地形南北长，东西窄，南北纵距约71公里，东西最大距离约45公里。据1985年土地区划调查统计，全县土地总面积为1305.929平方公里（其中瑶区面积1153.929平方公里，占88.36%；汉区面积152平方公里，占11.64%），折合195.89万亩。2000年，连南瑶族自治县辖11个镇、1个乡。据2000年第五次全国人口普查数据，全县户籍人口1 495 911人，常住人口133 814人。全县人口以瑶族（称为“排瑶”或“八排瑶”，属于瑶族的一支）和汉族为主，上述2000年所统计的常住人口中，瑶族69 968人，占52.29%；汉族62 612人，占46.79%；其他的还有壮族（1168人）等。2004年连南瑶族自治县撤乡并镇后，共设7个镇，即三江镇（含原金坑镇）、寨岗镇（含原寨南镇和山联乡）、三排镇（含原南岗镇）、涡水镇、香坪镇（含原盘石镇）、大坪镇、大麦山镇，县政府驻三江镇。2004年连南户籍人口154 643人，其中瑶族78 997人（其中排瑶75 600多人），占全县总人口的53.9%；汉族74 250人，占45.9%，大部分是客家人。[②]据

---

① 广东省其他两个民族自治县是连山壮族瑶族自治县，隶属于清远市；乳源瑶族自治县，隶属于韶关市。

② 以上内容参阅连南瑶族自治县地方志编纂委员会《连南瑶族自治县志(1979—2004)》，广州：广东人民出版社，2012年，第51页、第100页等。

2010年第六次全国人口普查数据，连南全县常住人口下降为129 207人。

连南地域春秋战国时期属楚国，秦朝属长沙郡，汉朝属桂阳郡，三国、晋朝属始兴郡，南北朝属阳山郡，隋朝属熙平郡，唐朝、宋朝属连州，元朝属连州路，明朝属连州。康熙四十二年（1703），开始在今连南境内建三江城，设理瑶同知，隶属广州府，专理瑶务。雍正七年（1729），改理瑶同知为理瑶军民直隶同知，仍属广州府。嘉庆二十二年（1817），又改理瑶军民直隶同知为连山绥瑶军民直隶同知，官府迁至连山县城（即今连山壮族瑶族自治县的太保旧城），此时连山县改为连山绥瑶直隶厅。

民国元年（1912），连山绥瑶直隶厅改为连山县，县府内设瑶务处，管辖瑶族地区。民国十六年（1927），设连阳化瑶局（相当县级），隶属广东省国民政府。民国二十四年（1935）5月，改连阳化瑶局为连阳安化管理局，局址在山溪（今三排镇山溪村），因房屋未建成，实际上仍驻连州，遥辖瑶区，民国二十八年（1939）迁入三江城。民国三十五年（1946）3月，撤连阳安化管理局置连南县，县府驻三江城，统辖瑶区。

中华人民共和国成立后，于1950年5月16日成立连南县人民政府。1953年1月25日，连南、连山两县合并成立连南瑶族自治区（县级）。1954年3月，原连山县辖地划出，恢复连山县建置。1955年6月，连南瑶族自治区改称为连南瑶族自治县。1958年12月，与连县、连山、阳山合并为连阳各族自治县，县府设在连州镇。1960年10月，阳山县划出后，连阳各族自治县改称为连州各族自治县。1961年10月，撤销连州各族自治县，恢复连南瑶族自治县建置，属韶关地区管辖。1983年地、市合并后，由韶关市管辖。1988年1月广东省新建清远市，连南瑶族自治县划归清远市管辖。[①]

三江镇原属连县（今连州市），1953年划归连南，是连南瑶族自治县的县城所在地，与连州市区仅13公里的距离，交通往来非常便利。三江镇南与三排镇、涡水镇相连，西北与湖南省江华瑶族自治县接壤。2004年三江镇与金坑镇合并为三江镇之后，全镇总面积242.959平方公里，有林面积达24万多亩，是本县重点林业基地之一，也是主要的产粮区。三江镇辖五星、城西、联红、六联、东和、新和、金坑、内田、大龙、塘冲10个村委会，以及三江居委会。2004年有11 976户、42 052人，其中瑶族2775户、11 343人。2008年末户籍总人口42 583人，其中非农业人口19 011人，80%以上的人口为汉族，其余的多为瑶族。

本书的方言调查点石蛤塘村是连南瑶族自治县县城所在地三江镇下属新和村委会的一个自然村落，村域总面积2平方公里，农田约318亩，耕作山地4500亩，自留地50多亩。该村原属连县（今连州市），1953年随三江镇一起划归连南瑶族自治县。村子位于县城东

① 以上内容根据连南瑶族自治县地方志编纂委员会《连南瑶族自治县志(1979—2004)》编写，广州：广东人民出版社，2012年，第51—52页。

北角4公里处，地势低平，地理位置相对较为优越。连接县城与金坑镇（连南县的“杉都”，2004年并入三江镇）乡村水泥公路从村中穿过，交通尚可称便，村民与县城以及其他乡镇的日常往来也比较频繁。属于二广高速公路之一段的连怀高速公路（北起连州市三水瑶族乡朱岗，南至怀集县城怀城镇横洞）于2014年12月31日建成通车，从该村附近经过。但是，由于经济相对较为落后，村民仍主要依靠农业生产维持生计，每逢“墟日”（农村集市日，三江镇逢三、六、九日为墟日）才与县城之间有一定的商贸往来。改革开放以来，村中陆续有不少人（多为年轻人）前往珠江三角洲打工，一般到了春节才回到村中短暂居住。

近30多年来，由于外出定居人口不断增多，石蛤塘村人口变化不大。第四次人口普查的数据显示，1990年石蛤塘村共74户，共338人。[①]根据石蛤塘村的内部资料，2008年前后全村只有70户，共309人。全村人口的构成参看表1-1：

表1-1　石蛤塘村人口构成

年龄段	51岁以上	31—50岁	16—30岁	16岁以下
人数	79	92	96	42
比例（%）	25.5	29.8	31.1	13.6

石蛤塘地理位置优越，资源丰富，近年来吸引了一些农业公司前来投资，促使部分村民回乡就业，人口略有增长。目前石蛤塘村共84户，大约400人。

① 参阅连南瑶族自治县地方志编纂委员会《连南瑶族自治县志》，广州：广东人民出版社，1996年，第138页。

第二节

连南石蛤塘土话

连南瑶族自治县的共同交际用语主要是客家方言，①属于汉语方言的另有“四会声”“军声”和归属未明的土话等，②使用人口均远远少于客家方言。另外，兼通广州话的人也为数不少。瑶族人对内使用勉语（属于苗瑶语族瑶语支），对外主要使用客家方言。连南的勉语有排瑶所说的藻敏方言和过山瑶所说的优勉方言（二者均属苗瑶语族中的勉语）之分，操藻敏方言的人约占瑶族总人口的95%。客家方言是全县的通用方言。

石蛤塘村民自称“寄山佬”[kai^{42}ʃuɔn^{51}lɔ^{44}]（据说石蛤塘原来叫作寄山寨），并称本村的上话为“石蛤塘话”[ʃɛi^{51}kyt^{2}tœ^{24}vɔu^{33}]。另外，石蛤塘村民称连南当地的粤方言为“四会声”[sai^{42}vai^{33}ʃɛ^{51}]，称客家方言为“倨子话”[ŋa^{42}tsɿ^{44}vɔu^{33}]，称瑶民所说的民族语言为“瑶崽话”[iau^{24}tsa^{44}vɔu^{33}]，以示区别。石蛤塘土话是粤北地区众多归属未明的土话中的一种，是本书所要调查研究的对象。另据了解，联红村委会的寨脚、香花、燕塘，东塘村委会的

---

① 连南客家方言的语言特点等可以参阅李如龙、张双庆主编《客赣方言调查报告》，厦门：厦门大学出版社，1992年；庄初升《粤北客家方言语音概貌》，《韶关学院学报》2005年第5期。另外特别值得一提的是，美北长老会传教士车以纶（Eleamor Chesnut）用三江土白（Sankiang colloquial，实际上是连南三江的客家方言）翻译了汉字本的“四福音书”，由大美国圣经会（American Bible Society）出版，其中《马太福音》出版于1904年，《马可福音》《路加福音》和《约翰福音》出版于1905年。

② “四会声”属于粤北当地的粤方言，可参阅詹伯慧、张日昇主编《粤北十县市粤方言调查报告》，广州：暨南大学出版社，1994年；庄初升《连州“四会声”中古精庄知章组今读的类型和层次》，《暨南学报》2011年第6期。“军声”也属于粤方言，可参考邹晓玲、丁沾沾《粤北洞冠水流域的“军声”》，《文化遗产》2011年第2期；丁沾沾《连南瑶族自治县“军声”的语言活力与濒危状况》，《文化遗产》2017年第2期。归属不明的土话可参阅庄初升（2004）、张双庆（2004）。

东塘（上村、下村）、元陂，六联村委会的新村，新和村委会的新岩等村落也使用土话，但口音与石蛤塘有所不同。20世纪80年代末出版的《中国语言地图集》把粤北地区归属未明的土话群称为“韶州土话”，现在一般统称为“粤北土话”（庄初升2004）。

就姓氏来看，石蛤塘全村除了嫁入的女子外大部分村民姓廖，他们来自同一个宗族，目前共五代人，字辈分别为“宗”“盛”“永”“兴”“隆”。据有关谱牒记载和村民口碑相传，石蛤塘村廖姓祖先从连州市连州镇河村搬迁而来，至今已十几代，其先祖是从江西迁移至粤北的军人。除廖姓外，村中还有沈、赖、邓、陈、刘五姓。沈、赖两家乃是“土改”时迁入的地主家庭（斗地主的时候连州地区要求各村交换地主），迁入该村至今60年左右；邓、陈两家均为上门女婿，来到该村的时间也都有几十年了。刘姓村民从寨南迁入该村，迁入的时间不详。村中男性村民的结婚对象一般为外村女子，多数为连南、连州各地的汉族女子，个别为瑶家女子。近年来，由于外出打工人员增多，也有外市（肇庆、湛江等）甚至外省（四川、山东等）的女子嫁入。

石蛤塘村75岁以上的老人基本上都上过几年私塾，识字的不少。以我们的发音人廖盛情先生（1931年生）为例，他10岁起曾上过几年私塾，基本上认识《方言调查字表》上的常用字。65岁以下的人早年上的都是新式学堂，一般都在离村口一公里处的新塘小学，初中升入淳溪中学（位于三江镇，多数学生来自农村），初中毕业后成绩好的进入连南高级中学。40岁以下的年轻人一般只读了中学便外出打工，大学生较少。

如上所述，石蛤塘村的主要姓氏廖姓，其祖先原籍连州河村。河村位于连州市连州镇城西，时至今日主要姓氏仍为廖姓，村民也说土话，但已经与石蛤塘土话有较大的差别。由于强烈的宗族观念使然，石蛤塘村廖姓村民至今没有放弃使用世世代代口耳相传的“祖宗声”——石蛤塘土话。但是，石蛤塘村周边多数为客家村落，通行客家方言；少数为瑶族村落，瑶民对内说勉语，对外也说客家方言。出于交流交往的需要，石蛤塘村民在与周边村落村民的接触中自然学会了客家方言。加上粤方言对广东全省的强势影响，近年来，越来越多的村民还通过广播电视等途径学会了与广州音相差无几的粤方言，少数村民还懂“四会声”、“阿□声”[a^{33}pi^{44}ʃɛ^{51}]（又称“附城话”，属于连州市连州镇农村的一种土话）等。

关于石蛤塘土话的形成，本地村民有一个传说：石蛤塘廖姓的祖宗有三个儿子，娶的媳妇一个是瑶族的，一是湖南的，另外一个是讲连州河村“阿□声”[a^{33}pi^{44}ʃɛ^{51}]的。三个媳妇住在一间屋里，她们各讲各的方言母语，时间一长，就都变成了现在的石蛤塘话。

第三节

石蛤塘土话使用现状

石蛤塘村处于客家村落的包围当中，周围大部分的汉族村落使用客家方言（周围有少部分瑶族村落，但由于瑶家对外说客家方言，其语言基本上不为外部所懂），因此，该村的语言生活十分丰富，村民对内使用石蛤塘土话，对外使用连南县共同交际用语客家方言。另外，因为粤方言广播电视的普及，以及与粤方言区人民的频繁交往，大多数村民同时能说与广州话口音差别不大的粤方言，少数村民还懂“四会声”“阿□声”[a^{33}pi^{44}ʃɛ^{51}]和瑶民所使用的勉语。由此可见，石蛤塘村村民的语言能力非常强，仿佛个个都是“天生的语言家”。具体到每个人能说哪几种方言，则与年龄、性别、个人阅历、家庭语言环境等因素有关。一般来说，出生在该村的儿童从开口说话起最先习得土话，最晚在上学时习得客家方言，进入中学以后再习得粤方言或其他方言；成年妇女一般只会说土话和客家方言，但成年男性绝大多数都会说粤方言，至少能听懂粤方言；常年外出、个人阅历丰富的人（尤其是在珠江三角洲打工的人）一般习得的方言多，常年在家务农的人习得的方言少。近年来，由于普通话的普及，大多数村民能说普通话，但熟练程度各异，不会说的至少能听懂一部分。

石蛤塘村的这种多方言语言环境使得土话完全处于客家方言的重重包围和粤方言的强势影响当中，成为一座方言孤岛。下面从语言态度和语言交际的角度考察石蛤塘土话的使用现状。

一　语言态度

语言态度是个人对所使用语言的价值评价及行为意向。一般来说，它包含两个方面，一方面是对所使用语言的认识和情感心态，如忠诚、淡漠、喜欢、厌恶、尊重、轻视等；

另一方面是对自己或后代的语言行为的意向，如希望自己的孩子使用什么语言等。语言态度往往对交际用语的选择、语言使用的发展趋势都有着较大的影响，这种影响在方言岛的语言生活中表现得更为明显。长远来看，方言岛的形成、传承与消亡都与语言态度有着莫大的关系。

石蛤塘村廖姓村民的先祖来自单一的宗亲家族，他们对世世代代口耳相传的“祖宗声”——土话有着强烈的忠诚感。虽然他们在与邻村的频繁接触中又习得了客家方言，但这两种方言在早期村民心目中的地位是不一样的。他们对土话持一种忠诚的态度，认为土话是他们维系血亲的纽带，是凝聚力和向心力的承载，而对客家方言则持一种淡漠的态度，认为客家方言只不过是出于交际需要而被动选择的一种工具而已。这种对土话忠诚、对客家方言淡漠的语言态度形成了一种集体的价值观念，并通过血脉一代代地传承下去，从而使得土话在客家方言的重重包围之中顽强地存活了下来。

作为一种集体价值观，语言态度一般是比较稳定的，但也不是一成不变的。由于政区的改变、人口的流动、社会经济的不断发展，石蛤塘村族姓构成变得越来越复杂，村民与外界的交流变得越来越频繁，习得的方言或语言也越来越多，早期村民那种忠诚于土话、漠视其他方言的集体语言态度正在逐渐瓦解，个人的语言态度发生了较大的变化。尤其是近十几年来，这种变化更为明显。从我们的访谈和观察来看，不同年龄阶段的村民表现出的语言态度已经开始有所不同，对待不同方言的语言态度也有所变化。

就不同的年龄阶段来看，村中的老年人大多保持强烈的封建宗族观念，他们对土话都还抱有一种忠诚敬重的态度，认为不能轻易背弃祖宗之言，但是他们在固守土话的同时，对年轻一代的要求也逐渐放松，对于那些不能说或不愿说土话的年轻人，他们也只是感到惋惜和无奈而已；中年人出生在新的时代，对土话的态度显然不像老年人那样忠诚，他们一般都认为说土话只是一种祖辈传承的习惯，对土话没有什么特殊的感情，至于自己的孩子说不说土话，他们则表示顺其自然；青年一代伴随着改革开放成长起来，他们不再局限在祖辈的那方水土之上，大都选择外出发展，相对于父辈和祖辈，他们的语言态度变得空前开放，出于实用的考虑，他们不再热衷于说土话，能不说时则尽量不说，因为在他们心目中，土话只是乡土的一种交际工具，使用的范围很窄，相反，客家方言和粤方言的作用更大，交流更加方便，他们大都把掌握粤方言看作是一种能力的表现，并希望自己的孩子将来能掌握多种方言或语言，尤其是粤方言和普通话。

就所掌握的不同方言来看，村民（尤其是廖姓男性村民）大都认为土话是祖传的内部方言，客家方言是连南全县必须掌握的方言，粤方言是最想掌握的方言。部分村民偶尔习得瑶语，不是出于交际的需要，而是出于好奇。简单地说，村民对于不同方言或语言的态度就如图1-1所示的那样，越接近外圈，就觉得越实用；越接近内圈，就觉得越不实用。

由此我们不难看到，不同年龄阶段的村民对待身边不同方言的态度开始出现多样化趋势，语言态度不再作为一种集体价值观念影响村民的语言生活。个人的语言态度越来越取决于他们对方言的社会功能以及方言背后的社会团体的经济实力、社会地位等非语言因素的判断。广州腔的粤方言能穿越地域的局限直接影响到村民的语言生活，最直接地反映出村民对粤方言背后有着强大经济实力的广府社会的趋附和向往，而地域上相邻的瑶族语言却基本上未能影响村民的语言生活。

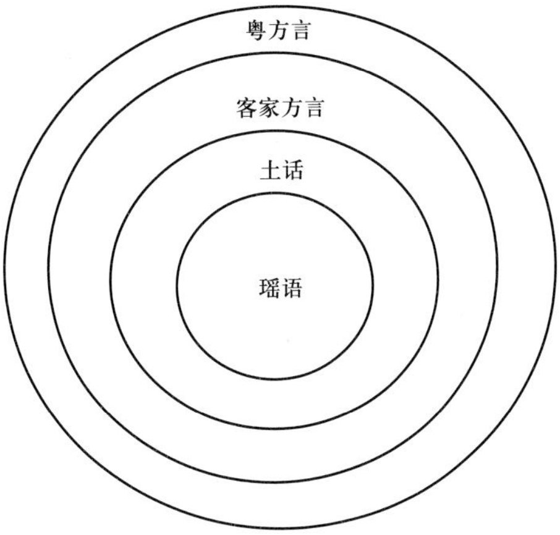

图 1-1　语言态度示意图

二　语言交际

语言态度对交际过程中语言的选择具有很大的影响，通过对语言态度的考察，我们一般可以预测到一种方言的发展趋势。但是，语言态度毕竟不同于具体的语言交际，语言交际过程中交际主体选择什么样的语言进行交际往往还会受到其他一些非语言因素的制约。

在石蛤塘村中，土话虽然还是主要的交际用语，但对于不同的村民来说，何时何地对何人说何种方言已有了一定的选择和变化。2008年我们通过直接访谈、跟踪记录、隐匿观察等多种社会语言学的方法共收集到了20多户家庭用语选择的个案材料，并采用了分层判断抽样的方法抽查了部分个人的语言生活。经分析发现，在具体的交际过程中，除受到个人语言态度的影响外，族姓、权势、婚姻、年龄是影响村民选择不同方言进行交际的重要因素。正由于这些因素的影响，村民选择某种方言进行交际时往往出现与自己的语言态度相违背的现象。下面我们将分别举例加以阐述。

需要说明的是，作为方言岛，语言交际范围一般包括岛民与外界的交际、岛内交际和家庭内部交际等方面，但由于石蛤塘村与周边客家居民交流时一般使用客家方言，与粤方言区居民交流时一般使用粤方言，个人差异不大，所以此处我们所考察的语言交际，只针对岛内交际和家庭内部交际两方面。

（一）族姓

石蛤塘村村民族姓观念强烈，最大的姓氏廖姓来自同一宗亲家族，目前五世同村，共五代人，家族辈分按“宗盛永兴隆”排列，男性多依辈分取名。廖姓村民与土话之间有着天然的联系，他们一般都认为土话是廖家的家族语言，因而家族内部交际大都说土话，嫁入廖家的媳妇基本上也都在短时间内学会土话，并用土话与孩子交流。当家中尚有德高望重的老人健在时，这种传统大家庭中土话的使用率更高。试以廖盛光一家为例加以说明。2008年调查时廖盛光本人71岁，能说流利的土话、客家方言和粤方言；儿子45岁，能说流利的土话、客家方言，能听懂粤方言但说得不流利；媳妇45岁，从连州龙坪嫁入，会龙坪土话、本村土话和客家方言，能听懂部分粤方言；大孙子20岁，大学生，小孙子18岁，高中生，均熟练掌握土话、客家方言和粤方言。廖盛光一家三代人之间，不管是发话者还是受话者，全部都使用土话交际，他们对其他村民基本上也说土话，除非对方听不懂土话。

除廖姓外，村中还有五种小姓，他们是沈、赖、邓、陈、刘。这些姓氏的村民大都来自客家方言区，他们在该村定居的时间都还不长，虽然都习得土话，但家庭内部交际一般用客家方言，只在村内与廖姓村民交际时说土话，与非廖姓村民交际则根据个人意愿自由选择。试举沈志平一家为例加以说明。2008年调查时沈志平55岁，从小在该村长大，熟练掌握土话、客家方言和粤方言；父亲80岁，母亲74岁，均掌握土话和客家方言；妻子53岁，为本村廖姓女子，熟练掌握土话、客家方言和粤方言，儿子19岁（在中山打工），熟练掌握土话、客家方言和粤方言。沈志平一家家庭内部交际基本上用客家方言，与其他村民交际基本上用土话。有趣的是，沈志平的妻子为本村女子，从小说土话，但是嫁入沈家后，在家庭内部无论对谁都说客家方言，而对同村娘家人说土话。另外，我们还暗地观察到只要有外村人（说客家方言）在场，沈志平的父亲无论对本村人说话还是对外村人说话都用客家方言，哪怕对方坚持用土话与自己交流。

由此可见，族姓是影响石蛤塘村家庭用语选择的一个重要因素。造成这种现象的原因很显然来自强烈的宗族观念。对廖姓村民而言，土话是他们的“祖宗言”，他们有着类似于客家“宁卖祖宗田，唔卖祖宗言”的传统家训。虽然中年人和青年人对土话的语言态度出现了不同程度的变化，但是迫于家族的压力，他们仍基本上选择土话作为主要交际用语。而对于其他姓氏的村民来说，土话并不是他们的母语，交际时方言用语的选择则相对较为自由。这里特别值得一提的是沈家，沈家原为地主家庭，祖籍石蛤塘上村铜锣营，“土改”时迁入该村，由于迁入时家族比较庞大，短短几十年，沈姓在石蛤塘村已经落地生根十来家，另外，在该村来说他们的经济实力也都居于中上水平，因而沈家在该村也是具有一定影响力的家族。在沈家人尤其是老年人眼里，客家方言才是他们身份的象征，家庭内部应该坚持说客家方言，所以就算是嫁入沈家的廖姓女子在家庭内部也都说客家方言。这种依族姓而选择家庭交际用语的现象构成了石蛤塘村语言生活中的一道独特风景。

（二）权势

所谓的权势并不是指切实的权柄和势力，而是指人与人之间的一种行为控制关系，这种控制是非相互的、单向的（邝永辉、林立芳、庄初升1998：4），例如传统家庭中的一家之长往往对于其他成员具有某些权威，这就构成一种权势关系。在石蛤塘村，权势关系是交际时方言用语选择的又一重要因素。一般来说，晚辈与长辈说话，多随长辈的选择；妻子与丈夫说话，多随丈夫的选择；女人和男人说话，多随男人的选择（不会说土话的女人除外），这样一来男性长辈基本上掌控着家族的“话语权”。但是，如果上述权势关系一旦被打破，那么语言生活可能就会发生变化。比如原本说土话的家庭中祖父去世后，以客家方言为母语的祖母便成为权势的中心，如果祖母不刻意维护土话的地位，那么该家庭的交际用语便可能变得十分自由。表1-2是2008年调查时胡云珍女士（56岁，母语为客家方言）一家的家庭交际用语情况（横向为发话者，纵向为受话者；T代表土话，K代表客家方言）：

表1-2 胡云珍家庭交际用语表

	婆婆	丈夫	胡云珍	女儿	儿子
婆婆		T	K	K	K/T
丈夫	T		K	T	T
胡云珍	K	T		K	K/T
女儿	K	T	K		K/T
儿子	K	T	K	K/T	

当然，随着社会的发展和思想的进步，传统的宗法观念在淡化，居于权势顶端的老年人也变得宽容起来，他们一般不再约束和指责晚辈的“话语权”，相反，还经常出现祖孙交谈时祖父迁就孙子的用语选择、夫妻交谈时丈夫迁就妻子的用语选择等现象。

（三）婚姻

石蛤塘村村民大都姓廖，根据该村的传统习俗，同宗同姓不能通婚，因而石蛤塘村的媳妇基本上来自外地或外村（以连州、连南各个村落为主）。这些来自外地外村的媳妇的母语大多为客家方言或粤方言，因而在她们刚嫁入该村时村民多以客家方言或粤方言与之交流。慢慢地，他们中的多数能习得该村的土话，但是也有部分没能习得或者不愿意习得土话。那些没能习得土话的媳妇虽然可能会受到夫家长辈的指责，但长辈们也无可奈何，只能用客家方言或粤方言与之交流。那些习得了土话的媳妇虽然能用土话与村民交流，但她们对土话没有什么特殊的感情，一般情况可以不说时就不说。所以不管是否习得土话，这些从外村嫁入的媳妇都对石蛤塘村交际用语的选择构成一定的影响，这种影响不仅表现在家庭内部，而且表现在同村之间；不仅表现在她们自身的交际之中，而且表现在孩子习得语言的过程之中（一般情况下，孩子最先习得母亲所说的那种方言）。试以廖盛存先生一家为例加以说明。廖盛存，1928年生，担任过大队书记，曾住过上村铜锣营，掌握土话、客家方言、粤方言、普通话和少量瑶族语言；妻子由连州陈巷嫁入，熟悉连州土话、本地土

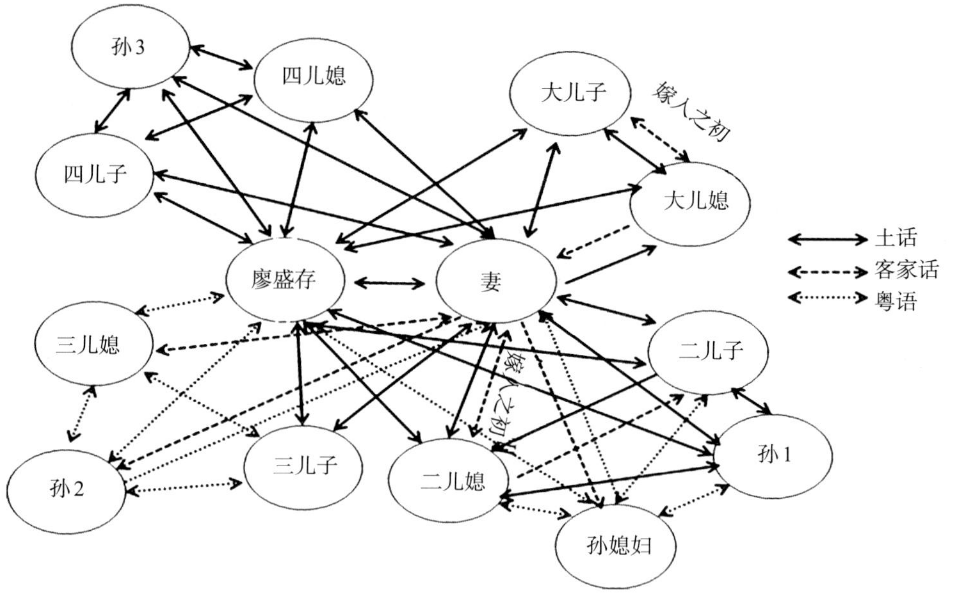

图1-2　廖盛存家庭交际用语图

话和客家方言，能听懂粤方言；四个儿子均在本村土生土长，熟悉土话和客家方言，粤方言的掌握程度不一（三儿子在连州工作，小家庭内部的交际用语为粤方言）；大儿媳、二儿媳由客家方言区嫁入，三儿媳由粤方言区嫁入，四儿媳为本村沈姓女子，均熟练掌握土话和客家方言；孙1之妻由肇庆嫁入，母语为粤方言。2008年调查时廖盛存一家的家庭用语情况非常复杂，参见图1-2：

由图1-2我们可以看到，由于廖盛存本人的人生阅历比较丰富，语言观念比较开放，他家的交际用语相对较为自由，全家对媳妇的交际用语选择一般采取包容和迁就的态度，因而除土话外，客家方言和粤方言在家庭内部的使用也非常频繁。另外，孙1有一子，尚未学话，孙媳妇表示将来会让孩子首先学会粤方言和土话。

由此可见，作为姓氏几近单一的方言岛，婚姻，尤其是80后及以后的年轻人的婚姻，正成为改变石蛤塘村家庭交际用语选择的又一个重要因素。据调查，在自由婚恋观的影响下，绝大多数的80后及以后的年轻人表示选择对象不再考虑地域的限制，加上村中大多数年轻人在珠江三角洲谋生，因而在可以预见的未来，嫁入该村的外市甚至外省媳妇会越来越多，由婚姻所带来的语言选择会越来越多样化，这无疑会导致许多家庭由单语交际模式转向双语甚至是多语交际模式。这样一来，本地土话的正统地位就会逐渐发生动摇。

（四）年龄

在石蛤塘村，不同年龄阶段的语言态度不尽相同，不同年龄阶段选择的交际用语也有所不同。一般来说，中老年人之间交际基本上使用土话；青年人与中年、老年人交际也多使用土话，青年人与青年人之间交际一般使用土话，偶尔也使用客家方言或粤方言；成年人与孩子交际，尤其是与10岁以下的孩子交际则使用客家方言、粤方言、普通话的现象越来越普遍。由此可见，语言态度的变化与交际用语的变化并不是完全同步的，年龄是影响交际用语选择的另一个重要因素。

石蛤塘村60岁以上的老年人，尤其是廖姓的老年人，一般在语言态度上仍然忠诚于土话，他们坚守土话的正统地位，坚持使用土话交际。中年人和青年人的语言态度发生了一些变化，他们对于土话的感情已经不像祖辈那样忠诚，但在现实的交际过程中仍旧大多以土话为主要交际语言，这可能是受到族姓、权势等其他因素综合影响的结果，也可能是出于一种单纯的习惯。

石蛤塘村的学龄儿童多数在新塘小学上学。新塘小学是新和管理区下的一所小学，学生来自各个自然村落，因而石蛤塘村的儿童在学校一般只能使用客家方言或普通话与老师、同学交流。就算是同村的小朋友，在校时他们也常常使用客家方言交流。我们专门对该村的一些儿童进行访谈，当问及在学校与同村小朋友交谈时为什么不使用土话，他们表示在校期间说土话很不好意思，其他村的同学会笑话他们“老土”。此外，一些条件较好的家庭，孩子往往被送到县城或更远的市县学习，他们一般从小就脱离了土话的语言环境，偶尔回家时，长辈们出于疼爱或炫耀，都会迁就他们讲客家方言、粤方言或普通话。对于儿童来说，他们对土话本身没有什么感情可言，加上语言环境的变化、家长的期望、长辈的迁就都使得他们习得土话或使用土话交际的机会大大减少。由此可见，石蛤塘村土话的语言活力在新生代的儿童中已在逐渐丧失。

语言活力是衡量一个语言是否濒危以及濒危程度的一个重要标准。一般来说，我们可以通过代际语言传承、语言使用者的绝对人数、语言使用者占总人口比例等主要指标来对语言活力进行评估。综合上面的分析不难看出，今天的石蛤塘村土话已经成为一种严重濒危的方言，只是还没有到濒绝的地步而已。可以预料，在周边强势方言和普通话持续不断的双重夹攻之下，石蛤塘村土话的交际功能将越来越弱，使用人口将越来越少，最终必将走向消亡。

第四节

研究现状

在现代方言学兴起之前，对粤北土话的记载只零星地散落在历代的一些典籍当中。但是，即便是只言片语，也为我们今天的研究提供了可贵的线索。扬雄《方言》卷六记载："南楚瀑洭之间母谓之媓，谓妇妣曰母姼，称妇考曰父姼。"（周祖谟1993：45）据考证，"洭"即洭水，也就是流经今连州的连江（北江支流）上游。而"姼"作为称谓词，时至今日，在连州、乐昌乃至湘南的一些土话都还在使用，如乐昌长来、皈塘、三溪，连州星子等地称外祖父为"姼公"，称外祖母为"姼婆"，石蛤塘土话中分别称为"公tɔi^{53}""婆tɔi^{53}"，tɔi^{53}的本字可能也是"姼"。另外，在清代道光年间（1821—1850）阮元所修的《广东通志》第九十二卷中有这样一条记载："韶南连州，地连楚豫，言语大略相通，其声重以急。"[①]在这里，"韶南连州"泛指当时的整个粤北地区；"楚"泛指今湖南省，"豫"是古代的豫章郡，泛指今江西省。"言语大略相通"说明了粤北土话与湖南、江西方言的密切关系。

第一个对粤北地区的土话进行现代方言学调查研究的当推赵元任先生。赵先生曾于1928年、1929年两次深入粤北进行调查，但由于调查资料未曾发表，赵先生的工作并没有引起学术界对这片热土的关注。20世纪80年代末《中国语言地图集》出版，将这群零星分布在粤北地区的土话看作是归属未明的方言，统称为"韶州土话"，并在B13图文字说明中说："韶州土话是粤北地区土著居民说的一种方言，它在汉语方言里的系属有待研究。由于客家人不断迁入，韶州土话的地区日渐缩小，成为互不相连的几小块。韶州土话分布在连

① [清]阮元《广东通志》第九十二卷，《续修四库全书》第671册，上海：上海古籍出版社，1995年，第144页。转引自庄初升（2004：24）。

县、连南、乐昌、乳源、曲江、仁化、南雄等八个市县，人口约八十多万人。”（中国社会科学院和澳大利亚人文科学院1987：43）从此，这样一群“系属有待研究”的土话成了汉语方言研究的新大陆。据了解，20世纪80年代以来，先后调查过粤北地区土话的方言学者主要有黄家教、崔荣昌、郑张尚芳、邵慧君、庄初升、林立芳、张双庆、万波、伍巍、邵宜、严修鸿、李冬香、余霭芹、张洪明、麦耘、朱晓农、阳蓉、邹晓玲、丁沾沾、黄年丰、李宁以及法国学者沙加尔（Laurent Sagart）和韩国学者牟廷烈等。一些有关粤北土话的论著也陆续出版和发表，这些论著当中有关于归属问题的讨论，如王福堂《平话、湘南土话和粤北土话的归属》、范俊军《从词汇看粤北土话与湘南土话的异同及系属》；有单点的深入描写，如张双庆《连州保安方言音系特点》、庄初升《连州市丰阳土话的音韵特点》、严修鸿《连州西岸镇方言的音系》；有片区综合比较的研究，如牟廷烈《粤北土话和湘南土话音韵比较研究》，等等。其中，最引人注意的是，1994年以来由韶关学院林立芳先生主持的“韶州土话研究”课题组和1996年以来由香港中文大学张双庆先生主持的“粤北土话调查研究计划”课题组所做出的巨大努力与贡献。这两个课题组既分工又合作，已经初步完成了10个县（市、区）24个土话方言点的调查，并结集出版了《乐昌土话研究》（2000）、《连州土话研究》（2004）、《韶关土话调查研究》（2009）三部调查报告。这三部调查报告主要采用对照表的形式提供了乐昌市的长来、北乡、黄圃、皈塘、三溪5个方言点，连州市的星子、保安、连州、西岸、丰阳5个方言点和韶关市郊区及郊县的大村、向阳、石陂、周田、石塘、桂头6个方言点的字音、词汇和部分语法材料，并做了简单的比较研究。另外，李冬香《韶关犁市土话研究》（2014）从语音、词汇和语法三个方面全面描写韶关市郊犁市土话的语言面貌。特别值得指出的是，最近两年麦耘、邹晓玲对连州市的沙坊土话、元璧土话展开深入的调查，初步成果有邹晓玲《粤北连州沙坊话音系》（《方言》2016年第4期）。

庄初升（2004）从音韵角度对粤北土话24个方言点做了总结性的描写和分析。作者利用第一手的调查资料，综合前人的研究成果，以音韵特征为依据将粤北土话划分为雄州片、韶州片和连州片三块。雄州片土话主要包括东北部南雄市的乌迳、雄州、百顺和仁化县的长江；韶州片土话主要包括中南部曲江县的白沙、周田、梨市、梅村、韶关市的上窑、腊石、石陂、仁化县的石塘、乳源县的桂头、乐昌市的长来、北乡；连州片土话主要包括西北部乐昌市的黄圃、皈塘、三溪、连州市的星子、保安、连州、西岸、丰阳和连南县的三江。作者还利用大量的谱牒、史志和地名材料，对这三大土话方言片的性质进行了科学的论断。作者认为东北部雄州片土话具有明显的客家方言性质，应将其归入客家方言，这一观点得到了《中国语言地图集》（第二版）的肯定和采纳（覃远雄2007，2：181）。同时，作者还注意到连州片土话与客、赣方言的亲密关系，推断“连州片土话是以两宋以来江西中、北部的方言为主要来源，逐渐融入了明、清以来粤北的客家方言、粤方言或西南官话的一些成分和特点而形成的一类混合型方言”（庄初升2004：327）。

我们调查研究的三江镇石蛤塘土话是上述24个土话方言点之一，即《粤北土话音韵研究》中的三江。曹志耘主编《汉语方言地图集》中的广东连南点，实际上是石蛤塘土话。本书第一作者庄初升于1999年首次对石蛤塘土话进行了初步调查，记录了2000个以上的单字字音与少量词汇，并通过与其他土话音韵特征的比较，将其归入粤北土话连州片。庄初升、岳嫣嫣《连南瑶族自治县石蛤塘村的语言生活》（2011）一文，则在实地调查的基础上，从语言环境、语言态度和语言交际三个方面描述了石蛤塘的语言生活现状，着重从社会语言学的角度分析了族姓、权势、婚姻和年龄四个因素如何制约石蛤塘村民掌握和使用土话、客家话和粤方言这三种方言的语言交际行为。本书在庄初升（2004），庄初升、岳嫣嫣（2011）的基础上对该方言点进一步开展调查研究，作为中国语言资源保护工程濒危方言项目调查研究的一个个案。

应该说，经过近20年的努力，整个粤北土话区的基本面貌和分布格局已经比较清楚，有些方言点的发掘也比较深入透彻。但从发表的成果来看，我们还是可以看到些许不足。这些不足具体表现在，研究土话的音韵方面居多，词汇、语法方面的较少；讨论土话的归属居多，涉及周边方言对土话的影响较少；讨论土话本体的居多，关注土话区语言生活的较少。出现这些不足的原因就在于目前可资利用的语言材料还不够丰富和详细。我们认为，从纵深方向去获得更为翔实的单点材料是研究粤北土话的当务之急。这些材料不仅仅是语音材料，还包括词汇、语法材料；不仅仅是语言本体的静态材料，还有语言生活的动态材料。这是本书选题的出发点。

选择石蛤塘土话作为研究对象，还基于以下三点原因：

（一）石蛤塘土话具有显著的方言特性，是粤北土话中非常重要的一个代表点，对它的深入调查研究将有助于深化理解粤北土话，特别是连州片的土话。据我们多次实地调查，石蛤塘土话无论在语音、词汇、语法方面都具有比较显著的特点，如语音上，古全浊声母今读塞音、塞擦音时并定母读不送气清音，其他浊音读送气清音；精组与知、庄、章组基本分立；有部分溪母字读如晓母；宕摄、梗摄等阳声韵今读阴声韵；部分四等韵今读洪音；保留-t、-k塞音韵尾；有八个声调，等等。

（二）作为粤北土话连州片的一个颇具代表性的方言点，此前对它的调查研究还不够深入。有关石蛤塘土话的研究，目前主要见于庄初升《粤北土话音韵研究》一书，书中只简要地描写了土话的语音系统，采用列表的形式比较了粤北土话的音韵，概括了各片土话的音韵特征，并没有就该点做深入细致的探究。相比而言，连州片的其他各方言点（连州市的星子、丰阳、西岸、保安和乐昌市的三溪、皈塘、黄圃）的资料收集与比较研究已相对较为全面，除在《粤北土话音韵研究》当中有初步的音韵比较研究之外，在《乐昌土话研究》和《连州土话研究》中都有较为翔实的语音、词汇、语法记录与描写，同时还有相当数量的单点研究资料。因而，我们对石蛤塘土话的进一步调查研究志在弥补该土话方言点资料不全、深度不足的缺陷。

（三）由于受到强势方言的影响，石蛤塘土话出现了方言濒危迹象。石蛤塘土话并不像连州片其他土话那样拥有相对广阔的地盘和强大的势力，它是连州片土话区里抛出的一块语言飞地，形成的一座方言孤岛，周围被强大的客家方言所包围，同时还受粤方言的强势侵扰和渗透，土话本身的特征正在逐渐消磨，内部结构正在发生变化，使用人口也越来越少，社会功能正逐渐衰退，出现了濒危迹象。虽然，变化是语言的本质特点，弱势方言向强势方言趋同或被强势方言所取代是不可阻挡的历史潮流，但是我们知道，一种方言的消亡，就意味着当地人民世代相传的那种交际和思维工具的永远丧失，也意味着由方言所承载的那种地域文化和历史的消失。对于语言工作者来说，我们无法抗拒这种历史潮流，但我们也不愿意看到一种方言尚未被完全揭开面纱就已经面临消亡。尽可能地抢救濒危方言的原始语料，并进行相关的理论研究，唤起学界对濒危方言的重视，这是本书选题的另一个目的。

第五节

调查说明

本书的方言语料都是第一手材料，从1999年至2018年的近20年内，作者一共到石蛤塘村进行了大约十次的实地调查，分别简介如下：

第一次是本书第一作者为了撰写博士论文《粤北土话音韵研究》，于1999年首次到石蛤塘进行调查，记录了2000多个字音和少数词汇，发音人是廖盛情先生。

第二次是本书第一作者为了完成《汉语方言地图集》连南点的任务，于2005年8月到石蛤塘调查，在第一次调查的基础上补充完整地图集所要求的调查条目，发音人是廖盛情先生。

第三次是本书第一作者为了完成教育部人文社会科学重点研究基地重大项目“岭南濒危方言研究”，于2008年7月带领岳嫣嫣等多位研究生到石蛤塘进行调查，岳嫣嫣在这次调查的基础上完成了硕士学位论文《连南石蛤塘土话研究》（中山大学，2009年）。关于此次的调查内容，字音部分在1999年调查材料的基础上采用中国社会科学院语言研究所编制的《方言调查字表》（修订本）进行全面补充，词汇部分和语法部分则分别采用我们编制的《岭南濒危方言研究调查词语表》（2508个）和《岭南濒危方言研究调查语法表》（150条），发音人是廖盛情先生。语言生活的调查则采用深度访谈和隐匿观察相结合的方式进行，记录到了20多个家庭的访谈实例，并用录音软件录制了部分谚语和民间故事。

第四次调查是本书第一作者，于2011年冬天至第二年初夏，两度带领博士生邹晓玲、阳蓉、张倩分别在清远、连南向廖秀莲女士做调查，记录了部分词汇和语法例句。

第五次是本书两位作者，于2015年初夏带领几位硕士生，到清远市清新县调查暂时居住在那里的发音合作人廖秀莲女士，对语保工程规定的有关内容进行试摄录，并对此前记录的语料进行核对，还补充记录了一些语法例句以及熟语、歌谣。

第六次是本书第二作者，于2015年暑假带领几位硕士生，到连南县进行录音和摄像，正式采录语保工程所规定的各类声像语料，发音人是廖盛情先生之外的另外四位发音人。

第七次是本书两位作者以及博士生黄淑芬，于2016年3月到石蛤塘进行调查，除了按照“中国濒危语言志·汉语方言”的《编写大纲》补充词汇条目和语法例句，还记录和录制了一些长篇语料。

第八次是本书第二作者以及博士生黄淑芬，于2017年4月到石蛤塘进行调查，补充语法例句以及就部分方言民俗词语进行访谈。

第九次是本书第一作者，于2018年3月到石蛤塘进一步核对语料，并补充调查了部分词语和语法例句。

第十次是本书两位作者以及博士生李莉亚，于2018年4月到石蛤塘对所有语法例句进行核对，并补充了部分词语和话语材料。

下面是多年来先后协助我们调查的发音合作人的基本情况。特志于此，以表谢意。

廖盛情　老派发音人，男，1931年7月生，读过私塾，土生土长的石蛤塘村村民，曾到过周边市县，但从未长期在外居住。除了熟练掌握本村土话外，还通晓附近的客家方言以及广州话，还能听懂和简单使用瑶语。

廖观所　中派发音人，1953年2月生，男，汉族，小学毕业。自小一直居住于当地，务农。除了熟练掌握本村土话外，还通晓附近的客家方言、四会话以及广州话等。

廖秀莲　中派发音人，女，1955年6月生，大专文化程度，连南瑶族自治县顺德希望小学退休教师。除熟练掌握本村土话外，通晓附近的客家方言以及广州话，还能听懂和简单使用瑶语。

廖建锋　青派发音人，1983年5月生，男，汉族，中专毕业。小学中学在当地就读，中专三年在韶关，后来佛山工作，之后一直在家，现在在三江镇政府工作。除了本村土话以外，还通晓客家方言和广州话。父母均为当地人。

廖吉云　青派发音人，1981年9月生，女，汉族，初中毕业。小学、中学一直在家乡就读，偶尔出去打工，基本一直居住于家乡。结婚以后也常住在石蛤塘村。除了本村土话以外，还通晓客家方言和广州话。父母均为当地人。

第二章 语音

第一节

声韵调

一 声母（21个，包括零声母）

p 步平白粪	p^h 普骗聘拍	m 亩猫忘灭	f 夫花恐房	v 黄王永镬
t 低猪定读	t^h 替讨天铁	n 泥内农纳		l 里料郎立
ts 姿左进节	ts^h 词钱青七		s 西树心想	
ʧ 注庄章桌	$ʧ^h$ 初除厂察	ȵ 二人软月	ʃ 诗所禅舌	
k 过鸡拣骨	k^h 渠许狂契	ŋ 蚁外眼勾	h 寒巷哭红	
ø 哑爷如用				

说明：

1．v的摩擦比较微弱，实际音值接近ʋ。

2．ȵ只与齐齿呼、撮口呼韵母相拼，与n构成对立，如：言$ȵin^{24}$≠年nin^{24}、热$ȵit^{5}$≠业nit^{5}。

3．k、k^h与合口呼相拼时略带唇化，实际音值是kv、kv^h。按照《中国语言资源调查手册·汉语方言》的要求，统一处理为ku-、k^hu-。

4．ts组与ʧ组有音位对立，特别是老派口音听感上比较清楚。ʧ组逢细音接近tɕ组。下面是"西sa^{51}"与"筛$ʃa^{51}$"宽带频谱图的比较，声母部分前者能量集中区较小，频率下限大致为4000Hz，表明成阻部位偏前；后者能量集中区较大，频率下限大致为2500Hz，表明成阻部位偏后。如：

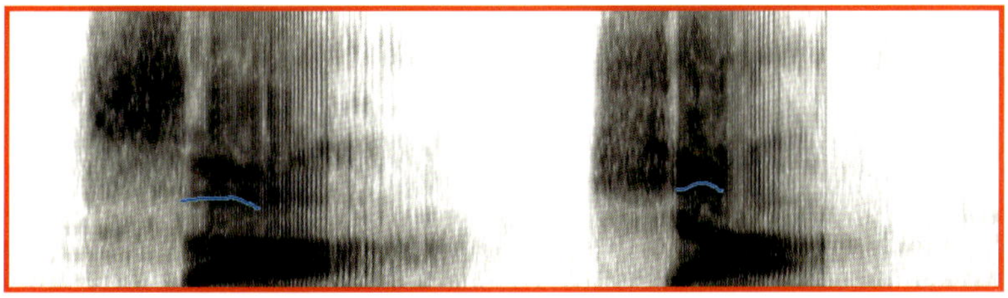

西 sa^{51}　　　　篩 ʃa^{51}

图 2-1　“西 sa^{51}”与“篩 ʃa^{51}”宽带频谱图的比较

二　韵母（58个，包括自成音节的m̩）

ɿ	紫次思词	i	纸池尸二	u	裤过瓠芋	y	朱厨水如
a	批帝细计	ia	椰~菜：洋白菜	ua	拐		
ɛ	宾影客得	iɛ	赢萤	uɛ	梗茎□k^{h}uɛ^{42}：绊倒		
œ	堂梭初角	iœ	□ȵiœ^{42}：纠缠	uœ	光广港国		
ɔ	炮桃潲咬	iɔ	挠				
ai	灰题尺椅	iai	易交~	uai	归亏跪鬼		
ɛi	借谢蛇石	iɛi	惹爷	uɛi	□k^{h}uɛi^{24}：一种耙子		
ɔi	对蛆锯开	iɔi	□ȵiɔi^{21}：蕊	uɔi	排大猜孩		
au	部卢邹狗	iau	苗刁赵晓				
ɛu	愁钩勾						
ɔu	饿坐茶楚	iɔu	□ȵiɔu^{44}：拿喏唱~	uɔu	果瓜夸		
		iu	头酒丑旧	ui	台才外爱		
an	林津春根	ian	人闰引蝇	uan	荤军婚群		
ɛn	犁乳房	in	甜尖战烟	un	盘满官安	yn	端乱船元
œn	氽铲闩喘			uɔn	坛山燕弯		
aŋ	东宋钟穷	iaŋ	浓荣容勇				
		iɛŋ	望邓张羊				
at	笔出佛一	iat	入日	uat	骨物		
		it	别业热疫	ut	钹割合活	yt	突绝月血
œt	刷啜嘣	iɔt	□ȵiɔt^{2}：挽（袖子）	uɔt	八塔杀鸭		
ak	木六竹屋	iak	肉玉欲	uak	□~~~：大青蛙叫		
		iɛk	北贼脚药				
m̩	吴五						

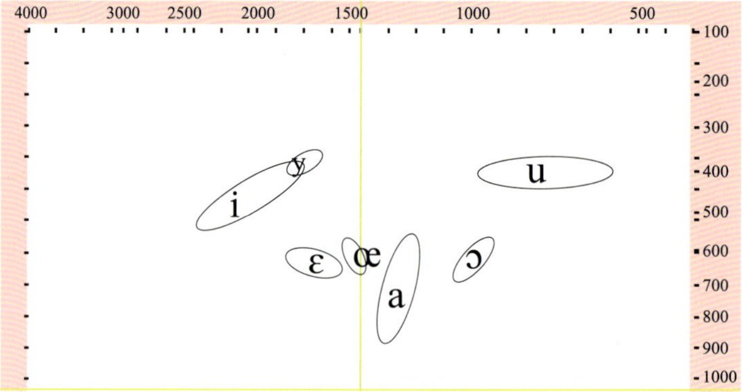

图 2-2　石蛤塘土话元音声学图

说明：

1. au、iau、aŋ、ak 等韵中的 a 发音部位稍微偏后。

2. œ、uœ 韵中的 œ 部位偏高，位于 œ 与 ø 之间，这里一律记为 œ。

3. uɔi 韵中的 u 很短很弱，严式音标可记为 ᵘɔi。

4. ɔi 韵与 ui 韵有对立，如：雷 lɔi²⁴ ≠ 来 lui²⁴。但是，中派基本混同，倾向于读 oi（中派提供的语料本书统一记为 ɔi）；青派都已经混同，读为 ɔi。

5. -t、-k 这两个塞音韵尾都不是很显著，但仍然具有区别音位的作用，如：入 n̥iat⁵ ≠ 肉 n̥iak⁵。

6. iaŋ 与 iɛŋ，iak 与 iɛk 的介音时长差别显著，前者较短，后者很长，实际音值是 iː ɛŋ、iː ɛk。下图"容"的介音比"羊"的介音要短许多，后者的韵母构造很特殊，从共振峰可以明显看出来。如：

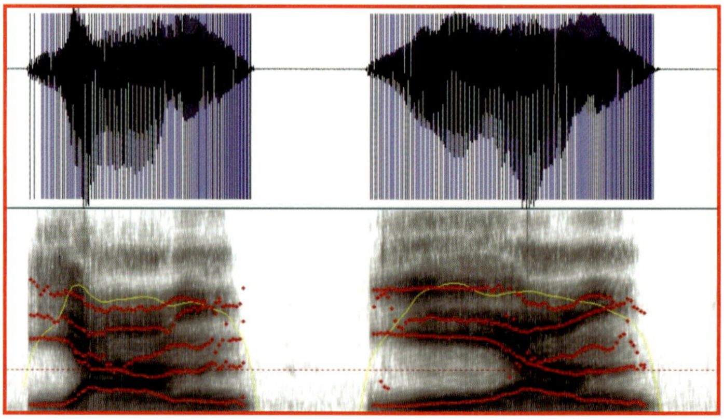

容 iaŋ²⁴　　　　羊 iɛŋ²⁴

图 2-3　石蛤塘土话 iaŋ 韵与 iɛŋ 韵的共振峰比较

7. uɔŋ 等少数韵只见于拟声词，不列入韵母表和同音字汇。

三　声调（8个）

阴平	51	多车追包甘山风秧	阳平	24	茶来梅桃钱同娘云
阴上	44	主指嫂火鬼检桶影	阳上	21	引坐网旅舅眼淡社
阴去	42	治借破嫁炭坳共仗	阳去	33	座二病闹动旺杜硬
阴入	2	一竹劫脱百擦渴哭	阳入	5	蜜足肉猎盒读炸伏

说明：除了阴入和阳入，其余的调均是阴调高，阳调低。请参看下面例字“杯皮比被闭鼻福服”的音高曲线图：

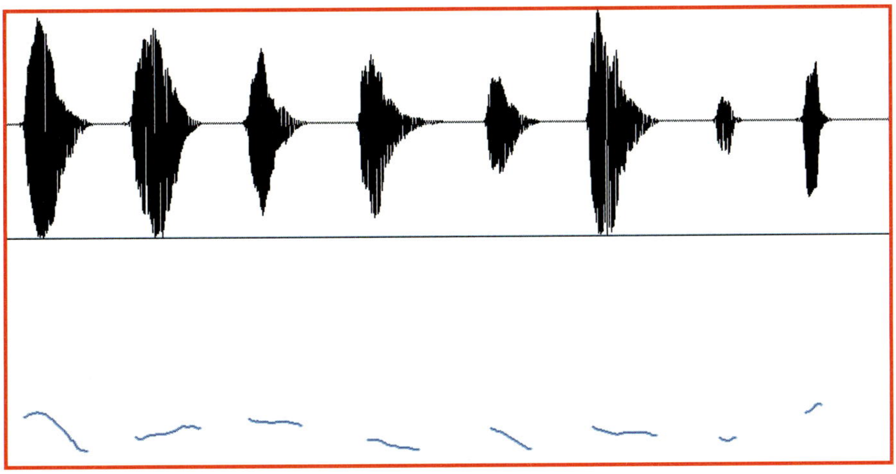

杯 pai^{51}　皮 pai^{24}　比 pai^{44}　被 pai^{21}　闭 pai^{42}　鼻 pai^{33}　福 fak^{2}　服 fak^{5}

图 2-4　石蛤塘土话单字调的音高曲线图

第二节

语音特点

一　音系特点

（一）声母

1. 有两套塞擦音、擦音声母ʧ组与ʦ组，关于这两组声母的古音来源详见下文分析。粤北连州片土话ʧ组与ʦ组有对立的方言点有黄圃（张双庆主编2000）、星子、保安、西岸、丰阳（张双庆主编2004）。

2. 有唇化软腭音声母kv、kv^h声母，这在南方方言中非常常见（庄初升2016）。按照《中国语言资源调查手册·汉语方言》的要求，统一处理为ku-、k^hu-。实际上，kv组与ku-组的类型和性质不同，前者并非复辅音，v是软腭音的形容性成分；后者的u-是元音性的介音。

（二）韵母

1. 有ɿ、i、u、y、a、ɛ、œ、ɔ共7个单元音韵母，除了舌尖元音ɿ，其他6个都可以充当复合元音韵以及阳声韵、入声韵的韵腹。

2. 开、齐、合、撮四呼齐全，但是只有i-、u-两个介音，y只能充当韵腹。

3. 有-i、-u两个元音韵尾，有-n、-ŋ两个阳声韵尾，有-t、-k两个入声韵尾。阳声韵、入声韵的搭配基本对应，只有少数小韵例外，如阳声韵ɛn没有发现相应的入声韵ɛt，入声韵iɔt没有发现相应的阳声韵iɔn。

（三）声调

多达8个单字调，这在粤、湘、桂三省区土话、平话中很罕见。平声、上声、去声是阴调高阳调低，而入声是阴调低、阳调高（与客家方言一样）。

（四）声韵拼合

1．双唇音p、p^h、m只拼开口呼、齐齿呼、合口呼，不与撮口呼相拼。

2．唇齿音f和v、舌根音ŋ只拼开口呼、合口呼，一般不与齐齿呼、撮口呼相拼，例外的有“圆”读vin^{24}，“滑猾”读vit^5。

3．ȵ只拼齐齿呼、撮口呼，不与开口呼、合口呼相拼。

4．开口呼韵母中，ɿ只与舌尖前音ʦ、ʦ^h、s相拼；以a、ɔ为主要元音的韵母与声母的配合能力最强；ɛu、ɛn、œn、œt与声母的拼合能力则很差。

5．齐齿呼韵母与声母的整体拼合能力较弱，除i、iau、iu、in、iɛŋ、it、iɛk之外，其他韵母只与ȵ或零声母相拼。

6．合口呼韵母中，uɔi、ui、uɔn、uɔt与声母的拼合能力最强，而ua、uɛ、uœ、uai、uɛi、uɔu、uan、uat只与舌根音k、k^{h}相拼。合口呼没有零声母音节。

7．m̩是一个声化韵，不与任何辅音声母相拼。

二　音韵特点

（一）声母

1．古全浊声母今读清塞音、清塞擦音时是否送气，以古声组作为条件，其中古並、奉（今读重唇音时）、定母读不送气清音，其他全浊声母一般都读送气清音，前者如：婆pɔu^{24}｜稗pa^{33}｜抱pɔ^{21}｜盘pun^{24}｜病pɛ^{33}｜雹pak^5｜白pɛ^5｜扶pau^{24}｜大tuɔi^{33}｜涂tau^{24}｜袋tui^{33}｜豆tau^{33}｜淡tuɔn^{21}｜定tɛ^{33}｜碟tit^5｜读tak^5；后者如：钱ʦ^{h}in^{24}｜静ʦ^{h}ɛ^{33}｜袖ʦ^{h}iu^{33}｜茶ʧ^{h}ɔu^{24}｜赵ʧ^{h}iau^{33}｜陈ʧ^{h}an^{24}｜锄ʧ^{h}œ^{24}｜床ʧ^{h}œ^{24}｜徛k^{h}ai^{21}｜旧k^{h}iu^{33}｜桥k^{h}iau^{24}｜贼ʦ^{h}iɛk^5。石蛤塘土话古全浊声母的这种清化送气模式在连州片土话其他方言点中也普遍存在，是连州片土话的一个重要的音韵特征。另外，与乐昌、连州相邻的某些湘南土话也有类似的现象。王福堂先生曾根据多种语言材料，从语言接触和语言影响的角度对这一现象做出解释，他说：“湘南土话、粤北土话中的並定母字（包括音值为塞音的奉澄母字）则可能在清化前曾受壮侗族语言的影响变为ɓ、ɗ。这样，在以后全浊声母清化的过程中，某些土话中的ɓ、ɗ因为具有吸气的特征，就不再能参与方言中送气化的音变（这非常可能是由客赣方言的影响引起的），而只能变为不送气音，其他声母则变为送气音。”（王福堂2002：366）随后牟廷烈（2002）等也持这种观点，但是庄初升（2004、2007）对上述王福堂先生的观点提出了质疑，认为古全浊声母在清化的过程中具有不同的速度和次序、语音系统本身发展不平衡、土话区与其他方言频繁接触等因素才是造成这群土话並、奉（今读重唇音时）、定母今读具有特殊表现的真正原因。

2．古非组口语字的白读层有读如重唇音的现象，如：痱pai^{42}｜粪pan^{42}｜斧pau^{44}｜妇pau^{21}｜扶pau^{24}｜釜p^{h}au^{44}｜吠pai^{33}｜覆~倒眠：趴着睡p^{h}ak^{2}｜蜂龙~：胡蜂p^{h}aŋ^{51}｜尾mai^{21}｜味mai^{33}｜蚊man^{24}｜问man^{33}｜巫mau^{24}｜务mau^{33}｜雾mau^{33}｜舞~狮子mau^{21}｜网mœ^{21}｜亡mœ^{24}｜忘mœ^{24}｜望mœ^{42}/miɛŋ^{33}｜袜muɔt^{5}。清儒钱大昕在《十驾斋养新录》中提出“古无轻唇音”的观点，这已成为不刊之论，即上古汉语中只有重唇音帮组，中古以后轻唇音非组才从重唇音中分化出来。石蛤塘土话中这些古非组口语字读如重唇音，正是残存了上古音的语音特点。

3．古知组三等口语字的白读层有读如端组的现象，如：猪tɔi^{51}｜知tai^{51}｜朝今~tiau^{51}｜转~身tyn^{42}｜胀tiɛŋ^{42}｜着穿（衣服）tiɛk^{2}。据了解，在现代汉语方言中知组三等读如端组，主要有两种表现，一种是只存在于知组三等口语字当中，如上述石蛤塘土话中的这类字；另一种是知组三等读如端组不限于口语字，而且章组也有读如端组的现象，如赣语中的安义方言、宜丰方言等（李如龙、张双庆1992）。关于这两种不同类型的性质，学术界已有许多论述，一般认为，前者属于存古的性质，是“古无舌上音”进一步发展演变的结果，后者是一种晚近演变的新现象（庄初升2002）。根据知组三等字在石蛤塘土话中的表现，我们认为石蛤塘土话中的知三读如端组是上古音的残留，只不过二等字已经率先并入了庄、章组，与闽方言的存古性质有所不同。除了上述知组三等的口语字，其他的知组字和庄、章组合并，并与精组今读有别，形成两套对立的塞擦音、擦音声母，前者一般读ʧ、ʧ^{h}、ʃ，后者一般读ʦ、ʦ^{h}、s，如：屎书ʃi^{44}＝史生ʃi^{44}≠死心sai^{44}｜耻彻ʧ^{h}i^{44}＝齿昌ʧ^{h}i^{44}≠此清ʦ^{h}ɿ^{44}｜张知ʧiɛŋ^{51}＝章章ʧiɛŋ^{51}≠浆精ʦiɛŋ^{51}。在石蛤塘土话中，两套塞擦音的分别基本上泾渭分明，但近十几年来老派、中派口音也出现了一些混读的现象，如“师”本为生母字，却读为sɿ^{51}，与“丝”同音；“邹”本为庄母字，却读为ʦau^{51}，与“租”同音；“炊”本为昌母字，却读为ʦ^{h}ɔi^{51}，与“催”同音，青年人的口音尤甚。反之，“灾栽”本为精组字，读为ʧuɔi^{51}，与“斋”同音；“猜”本为清母字，读为ʧ^{h}uɔi^{51}，与“钗”同音；“婿”本为心母字，读为ʃa^{42}，与“世”同音。这一现象在青派口音中表现得比较明显，出现了精、知、庄、章四组今读合流的趋势，如30岁以下的青年人基本上已经不能区分“紫”与“纸”、“少”与“小”、“消”和“烧”、“秋”和“抽”、“修”和“收”、“心”和“深”等常用字，一律读为ʧ组（详见下文）。精组与知、庄、章组今读两分的类型在北方方言中比较常见，连州片土话除皈塘、三溪和连州外其他方言点也呈现出这一特点，详情可参阅庄初升（2001、2004）。

4．古晓母的合口字有读如非母f的现象，如：贿fai^{42}｜灰fai^{51}｜挥fai^{51}｜辉fai^{51}｜徽fai^{51}｜悔fai^{44}｜晦fai^{44}｜毁fai^{44}｜昏fan^{51}｜货fɔu^{42}｜化fɔu^{42}｜花fɔu^{51}｜火fɔu^{44}｜伙fɔu^{44}｜

荒 fœ^{51}｜慌 fœ^{51}｜谎 fœ^{51}｜戽 fui^{42}｜欢 fun^{51}｜恢 fai^{51}。晓母读如非母在南方很多方言中并不罕见，如客、赣、粤、湘各大方言都存在这一现象。一般而言，晓母读为h声母，h遇到合口呼韵母时由于主元音或介音u的影响，上齿和下唇得以接近而发生摩擦，便产生f声母，u若是介音则会被吞（合口呼变成了相应的开口呼），这可看作是一种异化现象。

5. 古溪母和晓母有混读的现象。古溪母读如晓母的如：渴 hut^{2}｜阔 hut^{2}｜糠 hœ^{51}｜壳 hœ^{2}｜欺 hi^{51}｜坑 hɛ^{51}｜轻 hɛ^{51}｜开 hɔi^{51}｜口 hau^{44}｜去 hau^{42}｜哭 hak^{2}｜起 hai^{44}｜弃 hai^{42}｜气 hai^{42}｜恐 faŋ^{44}｜快 fɔi^{42}｜裤 fu^{42}｜窟 fat^{2}｜盔 fai^{51}，古晓母读如溪母的如：戏 k^{h}ai^{42}｜熙 k^{h}ai^{51}｜稀 k^{h}ai^{51}｜欣 k^{h}an^{51}｜荤 k^{h}an^{51}｜吸 k^{h}at^{2}｜蒿 k^{h}ɔ^{51}｜虚 k^{h}ɔi^{51}｜许 k^{h}ɔi^{44}｜朽 k^{h}iau^{44}｜掀 k^{h}in^{51}｜霍 k^{h}œ^{2}｜藿 k^{h}œ^{2}｜靴 k^{h}œ^{51}｜婚 k^{h}uan^{51}。溪母读为h或f，可能是因为k^{h}的送气成分较强而凸现出来，使得塞音k弱化，k^{h}便变成h，在合口呼韵母之前进一步变成f，其过程为：k^{h} → h → f。这种现象在粤、客方言中并不罕见，连州片土话中也普遍存在。但石蛤塘土话中部分晓母字读为溪母，则较少见于其他方言，其性质还有待进一步研究。

6. 古匣母合口字有读v声母的现象，如：胡 vu^{24}｜壶 vu^{24}｜胡 vu^{24}｜户 vu^{33}｜互 vu^{33}｜护 vu^{33}｜回 vai^{24}｜茴 vai^{24}｜槐 vai^{24}｜淮 vai^{24}｜汇 vai^{33}｜会开～、～计 vai^{33}｜绘 vai^{33}｜惠 vai^{33}｜慧 vai^{33}｜魂 van^{24}｜馄 van^{24}｜浑 van^{24}｜核 vat^{5}｜怀 vɔi^{24}｜坏 vɔi^{33}｜完 vuɔn^{24}｜丸 vuɔn^{24}｜还 vuɔn^{24}｜环 vuɔn^{24}｜和 vɔu^{24}｜禾 vɔu^{24}｜华 vɔu^{24}｜狐 vɔu^{24}｜画 vɔu^{33}｜话 vɔu^{33}｜缓 vun^{21}｜换 vun^{33}｜幻 vun^{33}｜活 vut^{5}。不同的发音人v的音色有所不同，有的摩擦比较明显，有的摩擦非常轻微，实际音值是ʋ。v是零声母合口呼的主元音u或介音 -u- 唇化的结果，其过程可以简单图示为：u/-u- →vu/v-。关于古匣母的合口经历零声母的阶段，庄初升（2004：165）指出："事实上粤北土话中的晓母字基本上没有今读零声母的反映。所以，我们认为读零声母是匣母合口字在浊音清化之前就独立演变的结果，应该说其年代已相对久远。"

7. 邪母有读如从母的现象，如：邪 ts^{h}ɛi^{24}｜斜 ts^{h}ɛi^{24}｜谢 ts^{h}ɛi^{33}｜词 ts^{h}ɿ^{24}｜囚 ts^{h}iu^{24}｜袖 ts^{h}iu^{33}｜旋 ts^{h}yn^{33}｜祥 ts^{h}iɛŋ^{24}｜象 ts^{h}iɛŋ^{42}｜席 ts^{h}ai^{51}｜松～树 ts^{h}aŋ^{24}。这一特征在客、赣、湘、粤各大南方方言中都有所体现，可能跟上古音中邪、从二母关系比较密切有关。另外，像书母的"守"在"守牛放牛"等词中读ʧiu^{44}，崇母的"柴"读ʃuɔi^{24}，"助"读ʃɔu^{42}，也很值得注意。

8. 泥、来二母，不论洪细，今读一般不相混，前者读鼻音n，后者读边音l，如：挪 nɔu^{24} ≠ 箩 lɔu^{24}｜奴 nau^{24} ≠ 卢 lau^{24}｜泥 na^{24} ≠ 犁 la^{24}｜内 nɔi^{33} ≠ 累 lɔi^{33}｜尿 niau^{33} ≠ 料 liau^{33}｜南 nuɔn^{24} ≠ 蓝 luɔn^{24}｜纳 nuɔt^{5} ≠ 腊 luɔt^{5}｜年 nin^{24} ≠ 莲 lin^{24}｜暖 nyn^{21} ≠ 卵 lyn^{21}｜囊 nœ^{24} ≠ 郎 lœ^{24}｜农 naŋ^{24} ≠ 笼 laŋ^{24}。只有少数泥母的细音字今读混入了日母，如：女 ȵy^{21}、娘 ȵiɛŋ^{24}、浓 ȵiaŋ^{24}。

（二）韵母

1．果摄一等与假摄二等不分，大都读为ɔu，如（斜线前为果摄一等字，斜线后为假摄二等字）：歌kɔu^{51} ｜ 鹅ŋɔu^{24} ｜ 河hɔu^{24} ｜ 婆pɔu^{24} ｜ 磨mɔu^{24} ｜ 脶圈形手纹lɔu^{24} ｜ 果kuɔu^{44} ｜ 火fɔu^{44} ｜ 禾vɔu^{24} ｜ 坝pɔu^{42} ｜ 爬pɔu^{24} ｜ 马mɔu^{21} ｜ 茶ʧʰɔu^{24} ｜ 家kɔu^{51} ｜ 牙ŋɔu^{24} ｜ 虾hɔu^{51} ｜ 哑ɔu^{44}。王力先生曾在前人的基础上归纳出先秦古韵十一类三十部，建立起完整的上古韵部系统，其中“歌部第二十三，广韵歌戈；又麻支之半”（王力2003：63），意思就是说，中古时的歌、戈韵和部分麻、支韵的字在上古的时候均属歌部。而《切韵》音系当中果摄又恰无二等字，假摄无一等字，两摄刚好互补。于是许多学者便通过各种方言材料和汉字域外译音的表现来试图证明这种果假合流的现象是一种存古的语音现象。但是，庄初升（2004）认为在粤北土话中果假合流的现象不能轻易断定其具有存古的性质，因为“过、个、火、禾”等口语常用字往往具有特殊的读法，并不与假摄相混，果、假二摄合流可能只是文读音的层次，这种合流是一种晚起的音变现象（庄初升2004：180）。

2．一二等韵基本不分，但部分韵摄见系字还保留区别的痕迹。《切韵》音系中一二等韵相配的韵摄有蟹、效、咸、山四摄。在石蛤塘土话中，蟹摄字的读音层次众多，有些杂乱，一般一二等开口读ɔi/uɔi/ui、合口读ai/uai/ɔi/uɔi，但同一音韵地位的字往往读音不同，如：盖kɔi^{42} ≠ 丐kuɔi^{42}、怀vɔi^{24} ≠ 槐vai^{24}，这可能是受到其他方言影响的结果；效摄一二等已完全没有区别，都读为ɔ，如：保 = 饱pɔ^{44} ｜ 报 = 豹pɔ^{42} ｜ 帽 = 貌mɔ^{33} ｜ 高 = 交kɔ^{51}；咸山二摄合流，一二等字读为uɔn/uɔt，但部分见系一等字读un/ut，二等字读uɔn/uɔt，保留了差别，如：含hun^{24} ≠ 咸huɔn^{24} ｜ 肝kun^{51} ≠ 间kuɔn^{51} ｜ 汗hun^{33} ≠ 苋huɔn^{33} ｜ 官kun^{51} ≠ 关kuɔn^{51}。一般认为，古音一二等有别，连州片其他土话方言点基本上一二等韵仍然有别，保留了古音的特点，但在石蛤塘土话中这种区别正渐趋消失。

3．除齐韵白读层外，其余四等韵均与相配的三等韵混同。《切韵》音系当中共有齐、萧、添、先、青（举平以赅上、去、入）五个纯四等韵。在石蛤塘土话中，齐韵白读为a，文读为ai，如“米、底、泥、犁、西、契、婿、鸡、洗、细”等口语常用字均读为a，其他非常用字与三等祭韵混读为ai。萧、添、先、青韵则与相对应的三等宵、盐/严、仙/元、庚/清韵混同，分别读为iau、in/it、in/it、ɛ/ɛk。根据四等韵在石蛤塘土话中的读音表现，我们相信齐韵白读为a，应当是一种存古的现象。青韵字虽读洪音ɛ，但与三等清韵无别，所以青韵与萧、添、先韵一样，大体上应该是与三等韵合流之后才出现的一种音变现象，这种四等读洪音的现象应该属于一种晚起的历史层次，与齐韵白读为洪音是有所区别的。

4．保留了相对较多的阳声韵尾和入声韵尾。石蛤塘土话中，咸、深二摄分别与山、臻摄合流，-m/-p韵尾消失，但保留了-n/-t、-ŋ/-k两组阳、入相配的韵尾，如：潭tuɔn^{24}-鸭

vuɔt^{2} ｜ 镰 lin^{24}- 碟 tit^{5} ｜ 林 lan^{24}- 急 kat^{2} ｜ 全 ts^{h}yn^{24}- 袜 muɔt^{5} ｜ 根 kan^{51}- 七 ts^{h}at^{2} ｜ 桨 tsiɛŋ^{44}- 药 iɛk^{5} ｜ 东 taŋ^{51}- 木 mak^{5}。需要说明的是，虽然石蛤塘土话中的塞音韵尾仍具有区别音位的作用，如：入 ȵiat^{5} ≠ 肉 ȵiak^{5}，但塞音 -t、-k 已不是很明显。保留入声塞音韵尾的土话在连州片中并不常见，除了连州（指连州市连州镇）和石蛤塘这两个方言点以外，其他如连州市的星子、保安、西岸、丰阳和乐昌市的黄圃、皈塘、三溪各点塞音韵尾均已失落。可以预见，不久的将来石蛤塘土话的塞音韵尾也可能会消失。

5．有阳声韵尾和入声韵尾脱落的现象。和连州片其他土话方言点一样，石蛤塘土话存在着大量阳声韵尾脱落的现象，但这种脱落只限于后鼻音阳声韵，即除了宕摄三等和通摄外，宕一、江、曾、梗摄的阳声韵尾除转化为前鼻音外，其他已全部脱落，转为阴声韵，导致韵母系统中仅剩下 aŋ（通一）、iaŋ（通三）、iɛŋ（宕三）三个后鼻音阳声韵。相应的，宕一、江、曾、梗摄的入声韵尾多已脱落，入声韵也转化为阴声韵。

6．梗摄无文白异读现象。在石蛤塘土话中，梗摄二三四等字均无文白异读现象，读ɛ最为常见，如：生 ʃɛ^{51} ｜ 冷 lɛ^{44} ｜ 平 p^{h}ɛ^{24} ｜ 命 mɛ^{33} ｜ 兵 pɛ^{51} ｜ 正~月 ʧɛ^{51} ｜ 客 k^{h}ɛ^{2} ｜ 册 ts^{h}ɛ^{2}。这跟南方客、赣、湘、粤等各大方言很不同，南方方言中大都存在文白异读现象，尤以梗摄最为普遍。

7．深臻摄字一般读为 an/at，曾梗摄字一般读为ɛ，但深、臻摄中出现一些读为ɛ韵的字，如：禀 pɛ^{44} ｜ 槟 pɛ^{51} ｜ 闽 mɛ^{24} ｜ 民 mɛ^{24} ｜ 吝 lɛ^{33}；曾、梗摄中也出现了一些读 an/at 的音，如：层 ts^{h}an^{24} ｜ 菱 lan^{24} ｜ 息 sat^{2} ｜ 熄 sat^{2} ｜ 媳 sat^{2} ｜ 丞 ʧ^{h}an^{24} ｜ 衡 han^{24} ｜ 幸 han^{33} ｜ 顷 k^{h}an^{51}。

8．有少数特殊的韵母组合，如 iai、iɛi、iɔi、uɔu 等，拼合能力都很差，因此读这些韵母的字很少。这些韵母组合构造较复杂，发音难度较大，自然度较低，应该是极其不稳定的。但是，这样的组合不仅出现在石蛤塘土话中，也出现在粤北土话其他许多方言点中。这是很值得注意的一个现象。

（三）声调

1．完整地保留了四声八调的声调格局。一般来说，古平声清声母字读阴平，浊声母字读阳平；古上声清声母字读阴上，浊声母字读阳上；古去声清声母字读阴去，浊声母字读阳去；古入声清声母字读阴入，浊声母字读阳入，对应规律还较为整齐。石蛤塘是目前为止在粤北土话群中发现的唯一一个保留四声八调格局的方言点。

2．有浊上读如去声的现象，都是属于文读层。具体来说有两种情况，一种是浊上读为阳去，如：夏姓 hɔu^{33} ｜ 部 pau^{33} ｜ 杜 tau^{33} ｜ 户 vu^{33} ｜ 待 tui^{33} ｜ 在 ts^{h}uɔi^{33} ｜ 亥 hui^{33} ｜ 罪 ts^{h}ɔi^{33} ｜ 汇 vai^{33} ｜ 巳 sɿ^{33} ｜ 浩 hɔ^{33} ｜ 后前~ hau^{33} ｜ 渐 ts^{h}in^{33} ｜ 甚 ʃan^{33} ｜ 限 huɔn^{33} ｜ 件 k^{h}in^{33} ｜ 尽 ts^{h}an^{33} ｜ 荡 t^{h}œ^{33} ｜ 项 hœ^{33} ｜ 幸 han^{33} ｜ 动 taŋ^{33} ｜ 奉 faŋ^{33}；另一种是浊上读为阴去，如：罢

pɔu^{42} | 序 sɔi^{42} | 叙 sɔi^{42} | 绪 sɔi^{42} | 巨 kʰɔi^{42} | 拒 kʰɔi^{42} | 距 kʰɔi^{42} | 父 fu^{42} | 痔 ʧi^{42} | 市 ʃi^{42} | 是 ʃi^{42} | 氏 ʃi^{42} | 技 kʰai^{42} | 道 tʰɔ^{42} | 绍 ʃiau^{42} | 妇 fu^{42} | 负 fu^{42} | 拌 pun^{42} | 伴 pun^{42} | 棒 pɛ^{42}。由此可见，虽然在石蛤塘土话中阳上还是独立成调，但相对来说已经不是很稳定，出现了与去声合并的趋势：先与阳去合，再与阴去合。这是因为石蛤塘土话的阳去调也出现了并入阴去的苗头（声母若是塞音、塞擦音，一般为不送气），如：示 ʃi^{42} | 誓 ʃa^{42} | 郑 ʧɛ^{42} | 状 tsœ^{42} | 调音~ tiau^{42} | 忌 kuɔi^{42}。

3．次浊声母字多随全浊声母字读阳调，如：蓝 luɔn^{24} | 米 ma^{21} | 硬 ŋɛ^{33} | 脑 nɔ^{21} | 郎 lœ^{24} | 妹 mui^{33} | 人 ȵian^{24} | 笠 lat^{5} | 月 ȵyt^{5}，也有一些是读阴调而不读阳调，如：儿一下~：一会儿 ȵi^{51} | 溜 liu^{51} | 忍 ȵian^{44} | 览 luɔn^{44} | 拢 laŋ^{44} | 赖 luɔi^{42} | 沕~水：潜水 mai^{42} | 辘 lak^{2} | 额 ȵiɛk^{2}。

4．有少数口语常用的入声字读为舒声调，如：壁 pai^{21} | 得 tai^{21} | 直 ʧʰai^{51} | 食 ʃɛi^{51} | 石 ʃɛi^{51}。

第三节

异 读

石蛤塘土话的异读现象非常简单，主要表现为文白异读。粤北韶州片土话中具有显著的变音现象（庄初升2004），湘南宁远平话也具有变音的残存（庄初升2011），石蛤塘土话中则没有发现。

一 文白异读

石蛤塘土话的文白异读并不复杂，主要体现在声母方面（白读下加"__"，文读下加"＝"）。

（一）声母的文白异读

1．古非组字白读为重唇音，文读为轻唇音，如：扶pau^{24}～起来/fu^{24}～助｜舞mau^{21}～狮子/vu^{21}跳～｜妇pau^{21}新～：儿媳妇/fu^{21}～女｜蜂pʰaŋ^{51}龙～：马蜂/faŋ^{51}蜜～｜覆pʰak^{2}～倒眠：趴着睡/fak^{5}。

2．古知组三等字白读为t组，文读为ʧ组，如：知tai^{51}/ʧi^{53}。更多的古知组三等字只有白读层读音或者文读层读音，没有形成文白异读。详见本章第二节。

3．古溪母字白读为h或f，文读为kʰ，如：恐faŋ^{44}害怕/kʰaŋ^{55}～怖。但是，"气"字发音人认为kʰai^{42}是老派读音，hai^{42}则是青派读音。这里的青派读音可能是客家方言或者粤方言影响的结果。

4．白读为塞擦音，文读为擦音，如：守ʧiu^{55}～牛：放牛/ʃiu^{55}保～｜像tsʰiɛŋ^{21}～唔～/siɛŋ^{42}画～。

（二）韵母的文白异读

韵母的文白异读更为零星，如：弟ta^{21}兄～/tai^{33}徒～｜使ʃa^{44}唔～：不必/ʃi^{44}～用/额ŋɛ^{2}门～/ȵiɛk^{5}金～。上述所列举的"扶pau^{24}～起来/fu^{24}～助｜舞mau^{21}～狮子/vu^{21}跳～｜妇pau^{21}新～：儿媳妇/fu^{21}～女｜望mœ^{42}看/miɛŋ^{33}希～"，既反映了声母或声调的文白异读，也反映了韵母的白异读。东南方言中，梗摄字的文白异读现象非常普遍，但是石蛤塘土话没有反映。详见本章第二节。

（三）声调的文白异读

古全浊上字白读为阳上调，文读为阳去调或阴去调，如：弟ta^{21}兄～/tai^{33}徒～｜像

$ts^{h}iɛŋ^{21}$～唔～/$siɛŋ^{42}$画～。有的全浊上字不读阳上调，则白读为阳去调，文读为阴去调，如：柿$ʃi^{33}$/$ʃi^{42}$ | 造$ts^{h}ɔ^{33}$/$ts^{h}ɔ^{42}$。

二　其他异读

石蛤塘土话的其他异读主要体现为新老派异读。庄初升（2004：332）指出："粤北土话属于一群离心型和变异型的方言，其发展演变速度比周边的方言都要来得快。所以，每一种土话内部老派与新派的口音往往有着较明显的差异，老派保留了该土话早些时候的语音面貌，新派则体现了该土话几十年来的新发展。新、老派的共时差异，透露了该土话历时演变的事实。"下面列举石蛤塘土话的新老异读现象（老派发音人廖盛情，1931年生；中派发音人主要是廖观所，1953年生；青派发音人主要是廖建锋，1983年生）。

（一）声母

1. 老派、中派都有ts、ts^{h}、s和ʧ、$ʧ^{h}$、ʃ两套塞擦音、擦音声母，但是分混的情况有所不同。老派发音人有一些知、章、庄组字读ts、ts^{h}、s，如：所$sɔu^{44}$ | 处～所$ts^{h}y^{42}$ | 书sy^{51} | 鼠sy^{44} | 柱$ts^{h}y^{21}$ | 师$sɿ^{51}$ | 邹$tsau^{51}$ | 搜sau^{51} | 释sat^{2} | 轴$ts^{h}ak^{5}$ | 崇$ts^{h}aŋ^{24}$ | 缩sak^{2}，显示知、章、庄组向精组合并的趋势。另外，老派发音人也出现少数精组字今读混入ʧ、$ʧ^{h}$、ʃ的现象，上文已经指出，"灾栽"本为精组字，读为$ʧuɔi^{51}$，与"斋"同音；"猜"本为清母字，读为$ʧ^{h}uɔi^{51}$，与"钗"同音；"婿"本为心母字，读为$ʃa^{42}$，与"世"同音。上述老派发音人读ts、ts^{h}、s的例字中，中派发音人也有读ʧ、$ʧ^{h}$、ʃ的，甚至少数精组字也读ʧ、$ʧ^{h}$、ʃ，如：灶$ʧɔ^{42}$。青派发音人只有读ʧ、$ʧ^{h}$、ʃ一套塞擦音、擦音声母（被动器官的成阻部位比老派、中派的ʧ组略前），导致ts组与ʧ组不分，如：纸＝紫$ʧi^{44}$ | 叔＝缩$ʃak^{2}$ | 插＝擦$ʧ^{h}uɔt^{2}$ | 整＝井$ʧɛ^{44}$。参看下列5个例字的对照：

	所	师	自～己	紫	衰
老派	$sɔu^{44}$	$sɿ^{51}$	$sɿ^{24}$	$tsɿ^{44}$	$sɔi^{51}$
中派	$sɔu^{44}$	$sɿ^{51}$	$sɿ^{33}$	$tsɿ^{44}$	$sɔi^{51}$
青派	$ʃɔu^{44}$	$ʃi^{51}$	$ts^{h}ɿ^{42}$/$ʧ^{h}i^{33}$	$ʧi^{44}$	$ʃɔi^{51}$

2. 唇音、舌音之外的古全浊声母字，老派、中派多今读清音送气，青派有些字今读清音不送气，如：

具	罪	匠	传～记	咁这么，那么①

① "咁"只是一个记音字。从老派读阳去调送气声母，可以判断其本字属于古全浊声母字。但是，在中派发音人廖秀莲女士的口语中，有时候是$k^{h}an^{33}$，有时候是kan^{33}。

老派	k^{h}ɔi^{33}	ts^{h}ɔi^{33}	ts^{h}iɛŋ^{33}/ts^{h}iɛŋ^{42}	ʧ^{h}yn^{24}	k^{h}an^{33}
中派	k^{h}ɔi^{33}	ts^{h}ɔi^{33}	ts^{h}iɛŋ^{33}	ʧ^{h}yn^{42}	k^{h}an^{33}/kan^{33}
青派	kɔi^{42}	ʧɔi^{42}	ʧiɛŋ^{42}	ʧyn^{42}	kan^{33}

（二）韵母

老派、中派读u的，青派有的读y；老派、中派读uɔi的，青派有的读ai；老派读ui的，中派、青派读ɔi（中派主元音开口度较小）；老派、中派读ʅ的①，青派读i，如：

	芋	梯	财	来	爱	来	资	紫	字
老派	vu^{33}	t^{h}uɔi^{51}	ts^{h}ui^{24}	lui^{24}	vui^{42}	lui^{24}	tsʅ^{51}	tsʅ^{44}	sʅ^{33}
中派	vu^{42}	t^{h}uɔi^{51}	ts^{h}ɔi^{24}	lɔi^{24}	vɔi^{42}	lɔi^{24}	tsʅ^{51}	tsʅ^{44}	sʅ^{33}
青派	y^{42}	t^{h}ai^{51}	ʧ^{h}ɔi^{24}	lɔi^{24}	ɔi^{42}	lɔi^{24}	ʧi^{51}	ʧi^{44}	ʃi^{33}

（三）声调

尽管石蛤塘土话是一个保留独立阳上调，而且阴去和阳去有别的方言，但是如上所述，老派发音人已经出现了古全浊上的文读层和古浊去的文读层不读阳去而读阴去的现象，这种现象在中派、青派中更为显著，体现了阴去、阳去逐步合并的发展趋势。

	饿	夏	谢	败	治	健	罪	后前～	善
老派	ŋɔu^{33}	hɔu^{33}	ts^{h}ɛi^{33}	puɔi^{33}	ʧ^{h}i^{42}	kin^{42}	ts^{h}ɔi^{33}	hau^{33}	ʃin^{21}
中派	ŋɔu^{33}	hɔu^{33}	ts^{h}ɛi^{33}	puɔi^{33}	ʧ^{h}i^{42}	kin^{42}	ts^{h}ɔi^{33}	hau^{42}	ʃin^{21}
青派	ŋɔu^{33}	hɔu^{33}	ʧ^{h}ɛi^{42}	puɔi^{42}	ʧ^{h}i^{42}	kin^{42}	ʧɔi^{42}	hau^{42}	ʃin^{42}

上面例字中，古浊去字今读有阳去（白读层）和阴去（文读层）两个层次，“饿”“夏”是口语字，老派、中派、青派都读阳去，属于该方言的白读层；“治”“健”是书面语字，老派、中派、青派都读阴去，属于该方言的文读层；“谢”“败”老派、中派都读阳去属于白读层，青派读阴去属于文读层。古全浊上字今读有阳上（白读层）、阳去（旧文读层）、阴去（新文读层）三个层次，“罪”老派、中派都读阳去属于旧文读层，青派读阴去属于新文读层；“后前～”老派读阳去属于旧文读层，中派、青派读阴去属于新文读层；“善”老派、中派读阳上属于白读层，青派读阴去属于新文读层。

正月二十是石蛤塘村一个非常隆重的传统节日（详见第四章第五节“民俗文化词”）。老派称为“二十赖⁼败⁼”[ȵi^{33}ʃat^{5}luɔi^{33}puɔi^{33}]，中派一般称为“二十赖⁼拜⁼”[ȵi^{33}ʃat^{5}luɔi^{33}puɔi^{42}]，青派一般称为“二十赖⁼拜⁼”[ȵi^{33}ʃat^{5}luɔi^{42}puɔi^{42}]。后两个音节本字不明，老派都读阳去调，而青派全读为阴去调。

---

① 廖秀莲女士则读ʅ、i都有，如口语词“自己”的“自”读sʅ^{33}，但是文读词“私自”则读ʃi^{51}ʃi^{33}。

第三章 同音字汇

说明

1．下列同音字汇主要根据中国社会科学院语言研究所编的《方言调查字表》（修订本）调查整理所得。调查整理时，根据方言的实际情况，做了一些适当的增删和改动。《方言调查字表》未收的部分口语常用字也收录进来。

2．本字汇发音人是老派代表廖盛情先生，也适当收了中派的一些又读音。

3．字汇中包含一些写不出字形的音节，一律用方框“□”表示。

4．有的字有异读，多数属于文白异读，分别用小字“文”“白”表示。若有老派、中派、青派异读，则用小字“老”表示老派的读音，“新”表示中派、青派的读音。该土话老中青派的口音差异显著，又读现象很多，无法尽收。

5．字表中的符号“～”，用来复指前面的例字；两字之外加“[ ]”表示合音。

6．字表中用小字标注的“名、形、动、量、助、叹、语”等字，分别表示相应的词性，即名词、形容词、动词、量词、助词、叹词，语气词等。

7．字汇按照声、韵、调顺序排列。先以韵母为序，同韵的字以声母为序，声韵相同的字再以声调为序。

8．声母顺序如下：

p　pʰ　m　f　v　t　tʰ　n　l　ts　tsʰ　s　ʧ　ʧʰ　ȵ　ʃ　k　kʰ　ŋ　h　ø

9．韵母顺序如下：

ɿ　i　u　y　a　ia　ua　ɛ　iɛ　uɛ　œ　iœ　uœ　ɔ　iɔ　ai　iai　uai　ɛi　iɛi　uɛi　ɔi　iɔi　uɔi　au　iau　ɛu　ɔu　iɔu　uɔu　iu　ui　an　ian　uan　ɛn　in　un　yn　œn　uɔn　aŋ　iaŋ　iɛŋ　at　iat　uat　it　ut　yt　œt　iɔt　uɔt　ak　iak　uak　iɛk　m̩

10．声调顺序如下：

阴平[51]　阳平[24]　阴上[44]　阳上[21]　阴去[42]　阳去[33]　阴入[2]　阳入[5]

ʅ

ts [51]姿咨兹滋□长在家禽身上极小的虫 [44]紫姊子籽梓

tsʰ [24]脐雌瓷茨~菰慈磁辞鹚词祠饲 [44]此 [42]刺次自新

s [51]私斯厮撕师狮司丝荽芫~思~想 [24]自老 [42]赐思意~士仕 [33]自新字牸伺巳寺嗣

i

p [51]□哪 [44]髀鸡~：鸡腿□阿~声：连州河村一带的土话

v [44]□~□[vɔ⁴⁴]鬼叫：大喊大叫

t [44]□~□[ta³³]：唢呐 [33]滴有~：有点儿□这

n [21]你

ʧ [51]知文蜘智支枝肢脂之芝麻□~屄：女阴□神~牌：灵牌 [44]纸旨指趾址 [42]致稚至置痔志~气，县~痣

ʧʰ [51]痴黐黏 [24]池驰迟持恃 [44]耻齿始 [21]雉~鸡 [42]翅治处~暑 [33]自新

ȵ [51]儿一下~：一会儿 [24]宜仪谊疑 [44]□~硬⁼：一种叫声似蝉的昆虫，也比喻二胡 [21]尔耳饵洱普~ [33]义议二贰

ʃ [51]施尸诗 [24]匙时 [44]屎使文史驶 [42]市新是新氏豉文，蚝~：干牡蛎示柿文试视新 [33]市老豉白，豆~视老嗜柿白事侍莳~田：插秧是老

h [51]牺欺希

ø [24]儿移夷姨而遗 [44]以文 [21]以白 [33]易难~异

u

m [21]母文，阿~：母亲的面称

f [51]夫肤麸麦~乎呼 [24]扶文符抚芙瓠~瓜 [44]府腑俯腐虎 [42]裤付赋俘赴讣父附富副负妇 [33]傅

v [51]乌污诬侮 [24]湖胡梧壶无 [21]恶可~武舞文鹉鹦~ [42]戊误互护芋新 [33]户芋老

k [51]姑枯夏~草孤菰茨~ [44]古估牯股鼓浒水~ [42]过故固雇顾

kʰ [51]箍（用双手的虎口）掐 [44]苦 [42]库

y

ʧ [51]诛蛛株朱珠追锥椎~崽：椎栗 [44]煮主 [42]铸著拄驻注蛀~虫蛀（蜂）蜇

ʧʰ [51]吹 [24]除徐储~蓄厨槌锤 [21]柱苎~麻 [42]处相~，~所恕

ȵ [24]鱼渔 [21]女 [33]住

ʃ [51]絮书舒枢输~赢，运~ [24]殊薯蝾螈~婆：蟾蜍 [44]暑鼠署水 [33]竖树庶

ø [51]迂 [24]如余愚虞娱于姓盂榆逾愉 [21]语于~是雨宇禹羽予乳 [42]芋新预新 [33]御誉预老豫遇寓吁愈喻裕狱

a

p [51]爸跛~脚：瘸腿□螺丝~：螺丝刀 [44]叭喇~ [33]稗篦~梳

pʰ [51]批砒~霜

m [51]□撕，掰 [44]妈阿~ [21]米嘛语 [42]□牛~：黄牛叫声

v [51]歪

t [51]低 [24]蹄啼 [44]底抵 [21]弟白滴

[42]帝 [33]□□[ti^{44}]～：喇叭

t^h [51]他 [42]替递

n [24]尼泥 [21]那毑阿～：祖母 [42]□有～：有些

l [24]犁黎 [21]□～屎叔：尚不能生活自理的小孩 [33]荔啦语

ts [44]崽 [42]祭际制济剂

ts^h [24]齐 [42]砌 [33]穧量，（一）个

s [51]西栖犀～利：厉害 [24]洒细新，～崽（中派、青派称小孩儿）[44]洗 [42]细老

$tʃ^h$ [24]□镲 [21]柿～崽：柿子

ʃ [51]筛名，动 [44]使白 [21]舐 [42]世势誓逝婿

k [51]鸡 [21]□～～～：公鸡报晓声 [42]计髻

k^h [42]契～约□迈，跨

ŋ [21]蚁 [42]倠～子声：客家话爱新 [33]艺毅

h [21]哈～～ [24]霞

ø [21]啊语 [42]□乌鸦叫声 [33]亚阿啊语

ia

ȵ [51]□人家 [44]□蚜～：青蛙□打蚜～：发疟子

ø [51]也老 [24]耶椰～菜：洋白菜□次，质量差 [21]也新 [33]呀语

ua

k [44]拐蚜～□[ȵia^{44}]：青蛙□打～□[ȵia^{44}]：发疟子

ɛ

p [51]彬宾槟崩冰兵 [24]朋凭烹彭膨平坪评瓶萍 [44]禀丙秉饼 [42]柄锄头～棒摒藏（起来）[33]病 [2]伯大～百 [5]白帛

p^h [51]㓦削□臭～～：臭熏熏 □～被：包裹婴儿的布巾 [44]□扢～牌：打扑克 [42]并聘拼～命 □矮～～：形容个儿矮小 □～谷：秕谷 [21]□矮～□[sɛ^{21}]：形容个子矮 [2]柏迫拍魄

m [51]乜什么□～得：不是 [24]闽民萌鸣明盟名铭 [44]蜢蝗虫咩语 [21]蟒猛皿 [42]掹拔 [33]命 [2]擘开口～舌：打哈欠 [5]麦脉□～铅球：掷铅球

f [44]□吹～～：吹哨子 [2]□～禾机：脱粒机 [5]惑或

v [24]横～直 [21]永泳咏□软□[tsɛ^{21}]～：形容软 □光～～：亮堂堂 [42]□～粥：稀粥 [33]横椅～：椅子掌儿 [5]划计～

t [51]登丁钉名，动疔□牛屎□[tan^{51}]～：蜣螂 □扔，掷，砸（用石头～蛇）[24]亭停廷庭蜓 □□[ti^{33}]～：这些 [44]等顶鼎挺戥 [21]艇仃孤苦伶～ [42]订 [33]定□（老鹰）抓（小鸡）[2]得文德

t^h [51]听厅 [42]□台阶

n [51]□～佬：潮汕人 [24]能宁安～ [5]搦～鱼：捕鱼，～人：逮捕

l [24]陵菱灵零铃伶～俐：干净拎翎 [44]哩呢领文，～带□玩儿 [21]冷天～冷～衫：毛衣领白岭 [42]靓～女：美女 [33]吝另令□量，（一）瓣儿（橘子）□掣～：打闪电 [2]□打赤～：赤膊

ts [51]曾姓增僧精晶 [44]井 [21]□软～□[vɛ^{21}]：形容软 [2]则责

ts^h [51]青清蜻 [24]情晴 [44]请 [33]赠静靖净

s [51]涉星腥 [44]省反~醒 [21]□矮□[$p^h\varepsilon^{21}$]~：形容个子矮 [42]鉎铁~：铁锈性姓擤~鼻 [5]籍

ʧ [51]征~求蒸争筝睁胗高~鞋：高跟鞋 [44]整 [42]证症郑正~月；~是政 [2]侧职砙压着

$ʧ^h$ [51]铛铁锅~重称~呼；~重撑~船：划船 [24]橙埕坛子晟~眼：刺眼撑~伞，~红旗 [42]秤称相~撑~眼：睁眼 [2]赤拆坼爆~：开裂测策册 [5]泽择文宅

ʃ [51]升生牲笙甥声 [24]乘承成城诚 [44]省节~ [42]胜圣 [33]剩盛兴~ [2]□老糠~：谷壳

k [51]栀黄~子更五~庚羹耕京猄惊鲸荆经 [44]景白哽耿颈□~年：整年 [42]劲茎径埂田~更~加敬竟境镜竞 [2]隔

k^h [51]卿倾~解：聊天 [24]□~底：沉淀 [44]哽~颈：（饭）噎住 [42]庆□横古冷~：蛮横 [2]客

ŋ [24]迎 [44]□竹~：竹鞭□树~：树枝 [33]硬 [2]额门~：门匾

h [51]兴~旺坑轻~重兄欣 [24]行~走，~为，品~行大体相当于介词“在”形型刑桁~条：屋檩 [42]兴高~ [2]吓恐~

ø [51]肮~脏应~当鹰英樱罂金~：骨殖坛子 [44]影映诶语 □~脚：硌脚 [42]应~付 [2]轭牛~

iɛ

ø [24]赢营颖萤 [44]诶语

uɛ

k [44]梗油菜~：油菜薹□~烂：打破□~倒：跌倒 [42]□瑶公~：瑶族老汉

k^h [42]□（被绳子）绊倒□挂（~在墙上）[2]□眼~：眼眶

œ

p [51]帮邦搒~布：鐾刀布 [24]旁庞 [44]榜绑 [21]勃蚌 [33]磅~秤 [2]博驳~脚：续弦膊~头：垫肩 [5]薄

p^h [42]□□[ti^{33}]~：这里□一~：一起

m [51]芒~果 [24]亡忙芒~种茫忘 [21]莽网 [42]望文 [2]□擂钵

f [51]荒慌谎方坊肪芳 [24]妨房防 [21]仿~效纺访 [42]放况新

v [51]涡~水（连南地名）[24]黄蟥簧皇蝗王 [44]枉 [21]汪往 [33]旺兴~ [5]镬龙槽~：直径一米多的大锅

t [51]当~时 [24]堂棠唐糖塘 [44]朵躲党挡 [42]当~作荡新 [2]□~蔗：砍甘蔗啄~木鸟 [5]择白，~菜，~日子

t^h [51]汤劏宰杀 [42]躺烫荡老，~板：抹刀趟□吐（~掉）[33]宕 [2]托

n [51]囊~泡：阴囊 [24]囊篾~：篾黄□臭鼻~：狐臭 [42]裉裤~：裤裆 [2]□角~头：角落

l [24]郎廊狼螂榔槟~ [44]朗哴~口：漱口；涮（杯子）[42]□~上：楼上 [33]浪 [5]落络掠□~萁：芒萁

ts [51]脏很~ [2]作

ts^h [51]仓苍 [24]藏隐~ [33]藏西~脏心~ [5]凿

s [51]梭 [44]嗓 [2]索绳子□节~：节气

ʧ [51]庄装桩 [42]壮~大葬 [2]桌

$ʧ^h$ [51]初疮窗鲳 [24]锄床 [44]创厂白草~：

草棚 [42]畅壮~族闯撞状 [33]肠 [5]浊□黄泥骨~：很脏的黄泥水

ʃ [51]梳疏蔬桑丧霜孀双 [44]爽

k [51]冈岗寨~：连南地名刚纲缸江降投~，下~ [44]讲 [42]钢~铁，把刀~~杠 [2]各角豆~桷瓦~板：椽子郭□~药：拔火罐子

k^h [51]靴康慷匡筐眶扛 [24]狂 [44]□煮□[paŋ[33]]~：(小孩儿)过家家 [42]抗炕旷扩况老矿 [2]确~杯：碰杯

ŋ [21]仰 [42]□~崽：傻子[2]□~□[tœ[42]]□[tœ[42]]：呆头呆脑 [5]岳

h [51]糠 [24]行银~航杭 [44]许~愿 [21]□~饼：烧饼 [42]□~气：哈气 [33]项巷□鸡~：小母鸡 [2]壳笋~ [5]学鹤

Ø [42]蕹~菜 [2]恶~人

iœ

ȵ [42]□纠缠：俵渠~嘀一晏

uœ

k [51]光 [44]广港 [2]国

ɔ

p [51]包苞~麦：玉米胞鲍 [24]袍刨~地，~刀 [44]保堡宝饱 [21]抱 [42]报豹暴爆

p^h [51]抛跑泡囊~：阴囊□䒔~：野生的草莓 [21]□泡沫儿 [42]炮泡~在水里爆米~：爆米花

m [24]毛茅矛 [44]么吗[唔好]别 [21]卯冇没有 [42]猫 [33]冒帽貌

v [51]哦语 [44]□叫（作），叫（他），喊（一声）

t [51]刀 [24]桃逃鍋锯~：锉刀淘陶萄绹~牛：拴牛 [44]岛倒~水，打~ [21]舵 [42]到稻 [33]导道老

t^h [51]涛滔 [44]讨 [42]祷套道新盗稻

n [21]脑恼奴~婢崽：婢女纽头~：第一个秤纽 [33]闹□~老鼠：(用药饵）毒老鼠□头~：第一条秤纽

l [51]摎混在一起 [24]牢劳痨捞涝旱~ [44]佬细~：弟弟□搅拌 [21]老啰语 [33]涝发大~：涝了啰语□头~：早季（稻），二~：晚季（稻）

ts [51]遭糟 [44]早枣蚤 [42]灶皂

ts^h [51]操 [24]曹槽胙 [44]草 [42]澡躁糙造文 [33]造白

s [51]骚臊 [44]嫂 [42]扫~地，~把

ʧ [51]剿 [44]爪~牙找 [42]罩笊~篱

$ʧ^h$ [51]抄钞 [24]巢嘈~耳：刺耳 [44]炒

ʃ [51]梢禾~：两头尖的扁担捎 [42]潲哨

k [51]高膏羔糕交郊胶跤铰~剪 [44]稿饺 [42]告教~书，~育较酵窖觉睡~个的□脚~：脚腕子 [33]个那

k^h [51]篙蒿蓬~敲 [44]考烤绞狡铰搅搞 [42]珓圣~靠□掺（进）

ŋ [51]□绿~~：绿油油 [24]熬□~头：摇头 [21]我咬 [33]傲

h [51]薅除田草 [24]毫姣风骚豪壕蚝牡蛎 [44]好~坏 [42]好喜~耗校~对；学~孝效 [33]酵浩号~码

Ø [44]袄拗 [21]哦叹 [42]奥懊坳 [33]啰lɔ[33]的弱化

iɔ

ȵ [51]挠~痒 [44]□鹅~：鹅掌 [33]哟哎~

ai

p [51]蓖~麻杯悲蜚樟~：臭虫陂碑啤~酒 [24]培陪培裴皮彼疲脾琵枇 [44]比鄙 [21]被~窦：被窝婢避璧壁 [42]贝敝蔽弊币毙闭辈背脊~焙秘泌庇箅~汤痹麻~痱~子吠新 [33]背~诵吠老备鼻被~告

p^h [51]胚~胎坯披丕 [21]劈霹~雳 [42]沛配倍佩屁

m [51]□不要 [24]迷谜梅枚媒煤弥靡眉楣霉寐微白 [21]每美尾 [42]沕~水：潜水眯~眼 [33]昧味

f [51]盔恢灰非飞妃挥辉徽 [24]肥 [44]悔晦毁匪翡 [42]贿废肺费

v [51]煨微文威 [24]回茴蛔槐淮为作~，~了维惟唯违围 [44]委 [21]伟苇纬 [42]为新 [33]为老，因~汇会~计，开~，~不~桧绘荟芦~卫惠慧喂位未畏慰胃谓

t [51]知白笛 [24]堤题提 [21]得白□~出去：撵出去 [33]涕鼻~弟文第递地□咁~：这样，那样

t^h [44]体 [21]踢剔

n [51]□（身上的）垢□一滴~：一点儿 [44]奶□掐 [42]腻

l [51]力埒量，（一）畦□~鱼：捞鱼□老鼠~：脖颈边长的疙瘩 [24]离篱璃梨厘狸痢瘌~头□石~：石山 [21]礼李里理鲤娌妯~ [33]例厉励丽利脷舌头痢吏

ts [21]鲫积迹脊绩即~脚⁼：立即，马上

ts^h [51]妻席~子 [24]荠荸~糍~粑 [21]□~水：凉水

s [44]死 [21]昔惜锡鹊阿~：喜鹊息利~ [42]四肆 [33]似

ʧ [21]织只炙~火：烤火

$ʧ^h$ [51]直值殖植蛰 [21]尺

ʃ [21]色识式饰

k [51]饥肌几茶~基箕簸~机讥 [44]己杞几~多：多少[21]渠他凯溉 [42]继寄纪记既

k^h [51]溪熙稀剧屐 [24]奇骑岐祁其棋期日~旗祈 [44]岂[21]徛站立 [42]技戏器气白汽乞 [33]企

h [51]阓女阴[44]起喜 [42]械系~统弃气文嗨叹[33]系联~系是

ø [51]衣依 [44]倚椅 [42]意忆亿抑哎~哟

iai

ø [51]易交~

uai

k [51]龟归 [44]轨鬼 [42]桂鲑季贵癸□□碌~：蝌蚪

k^h [51]规亏窥□~碗：早期的一种装菜肴的大碗 [24]魁傀~儡溃奎逵葵 [44]诡跪 [42]愧刽~子手 [33]柜

ɛi

m [51]孭背负

v [51]□~糟水：脏水 [44]□挖□（从口袋）掏（东西）

t [51]爹

l [51]□细~崽：小孩子 [42]罅手指~：手指缝 [33]了（要下雨）了

ts [44]姐 [42]借藉~口

tsʰ [24]邪斜 [44]且 [42]笡倾斜 [33]谢

s [44]些写 [42]泻卸

ʧ [51]遮 [44]者 [42]蔗

ʧʰ [51]车~马 [44]扯

ʃ [51]奢赊食石蟋~蟀 [24]蛇 [44]舍~得 [21]社白 [42]赦舍屋~射新 [33]社文，公~射老麝~香

ŋ [51]伢~崽：婴儿

iɛi

ȵ [21]惹

ø [24]爷□~螺：蜗牛 [21]也野 [33]夜

uɛi

kʰ [24]□两齿~：两齿的耙子□挠（痒）

ɔi

f [42]快

v [51]挨~近 [24]怀 [44]呆~板矮 [42]□~饥：每隔一两个小时给婴幼儿的点心 [33]坏

t [51]猪堆爹公~：外祖父 [42]对碓队兑

tʰ [51]胎推 [44]腿 [42]退蜕

n [33]耐奈内

l [24]雷来新 [21]吕铝旅屡履累~积垒 [33]虑滤累很~类泪

ts [44]嘴 [42]聚最醉

tsʰ [51]蛆催崔炊蟀蟋~ [44]取娶采彩睬 [42]趣菜蔡脆翠 [33]罪

s [51]衰须需虽 [42]序叙绪碎岁瑞粹隧穗嗉鸡~

ʧ [42]缀赘坠

ʧʰ [44]□（帽子戴）歪（了）

ʃ [42]税锐帅率~领

k [51]居车~马炮该□落⁼~：芒萁 [44]举矩改 [42]据锯俱句具新盖

kʰ [51]虚趋拘驹区驱 [24]茄渠水~ [44]许启 [42]巨拒距惧概慨[33]具老

h [51]墟集市开 [44]海

ø [51]医

iɔi

ȵ [21]□花~：花蕊 [33]乳豆腐~

uɔi

p [24]排牌 [44]摆 [42]拜 [33]败 □二十赖⁼~：正月二十日的一个隆重的传统节日

pʰ [42]派

m [24]埋 [21]买 [33]卖迈

t [42]戴带 [33]贷大~小，~夫

tʰ [51]梯 [42]太泰褪

l [51]拉捺撇~□末尾 [42]赖新 [33]赖老癞□二十~败⁼

ts [44]宰 [42]再载

tsʰ [33]在

s [51]腮鳃 [42]赛

ʧ [51]斋灾栽[42]债

ʧʰ [51]猜钗差出~□~面：揉面 [44]踩 [33]寨

ʃ [51]摔 [24]柴 [42]晒

k [51]皆阶佳街乖圭闺 [44]解~开，姓 [42]丐介界芥疥届戒怪忌

kʰ [42]块筷

ŋ [51]□~面板：面板（做面食用）[24]崖涯

h [24]孩鞋

au

p [24]葡~萄蒲菩扶白 [44]补斧 [21]簿妇白 [42]布怖瀑~布部新 [33]部老步埠脯胸~

p^h [51]铺~设□溢 [44]谱普浦捕甫脯果~釜辅仆 [42]铺~头：店铺□~了：萝卜糠了

m [51]亩 [24]模~范巫拇谋 [21]舞白，~狮子某牡母亲家~ [33]暮慕墓募务雾茂贸幕□假~：假装

f [24]浮 [21]埠 [33]否

t [51]兜蔸量，（一）丛（草）都 [24]徒屠途涂图 [44]堵赌斗名，量陡纠~缠 [21]肚妒 [42]窦窝儿鬭安装斗~争 [33]杜度渡镀豆痘逗

t^h [51]偷 [44]吐敨~气：呼吸 [42]兔透

n [51]嬲生气[24]奴儒 [21]努奴~婢崽：婢女

l [51]□鱼~：鱼篓儿□（苍蝇）叮 [24]卢炉芦鲈鸬~鹚庐驴虏楼螃蟧~：蜘蛛 [21]鲁橹卤篓□我~：我们 [33]路赂露鹭漏陋□屋~：家里

ts [51]租邹 [44]祖组走 [42]做奏

ts^h [51]粗诸 [42]醋凑

s [51]苏酥搜 [42]素诉嗽咳~

ʧ [42]纣骤

ʃ [51]馊 [44]数动 [42]瘦数名

k [51]沟鸠嚆助（体标记），《广韵》侯韵古侯切：“唱嚆。”作为记音字使用 [44]狗枸苟笱虾公~：一种捕鱼工具 [21]□量，（一）只、（一）口、（一）个 [42]够

k^h [51]□~尿：为小孩子把尿 [24]跍蹲 [42]构购叩扣寇

ŋ [21]藕偶

h [24]喉猴 [44]口 [21]厚 [42]去后文，~日候新 [33]侯后白，前~后皇~候老

∅ [51]欧瓯茶~：大茶杯 [44]呕 [42]怄~气沤~肥蕌~四眼：害喜

iau

p [51]膘标表手~鳔彪 [24]薸浮萍瓢嫖 [44]表~格

p^h [51]飘漂票

m [24]锚苗描缪 [44]喵猫叫声渺秒 [33]庙妙

t [51]朝白，食~：吃早饭 [24]条调~和 [44]鸟白，交合 [42]钓吊掉调音~，~动

t^h [51]雕挑 [42]跳

n [21]鸟文 [33]尿 [44] □~笔字：草书

l [24]疗聊辽寥燎瞭撩~事生非：惹是生非寮茅~：草房 [44]潦撩~舌：吐舌头□掏（耳朵）[21]了~结 [33]料廖

ts [51]焦蕉椒 [42]醮打~□量，（一）阵（风）

ts^h [51]锹 [42]鞘 [33]嶕嚼（花生米）

s [51]稍悄消宵霄硝销萧箫 [44]小[42]笑

ʧ [51]昭招 [42]照诏

$ʧ^h$ [51]超 [24]朝~代潮 [42]召 [33]赵兆

ʃ [51]烧 [24]芍~药韶~关 [44]少多~ [42]少~年绍 [33]邵

k [51]骄□蒜~：蒜苗 [44]缴上~ [42]叫

k^h [24]乔侨桥 [44]巧窍 [33]轿翘□抠，撬□叼（烟）

h [51]嚣 [44]晓 [42]□猪~土：猪拱土

ø [51]妖邀腰要~求幺 [24]饶绕摇瑶谣窑姚尧 [21]扰舀~水 [42]鹞新要重~ [33]耀鹞

εu

k [51]钩新阄

ŋ [51]钩老勾

ɔu

p [51]波菠跛坡玻~璃巴芭疤 [24]菩~萨婆爬琶杷耙钯扒~手□下~：下巴 [44]把~守 [42]霸坝罢把水桶~：桶梁 [33]菢~鸡崽：孵小鸡

p^h [42]破

m [24]魔蘑~菇磨~刀摩麻蟆模~子摹~仿 [44]魔~术摩~托车摸~麻雀：搓麻将馍马文，木~□~□[sɔu^{44}]：磨蹭 [21]妈马白码孖~崽：双胞胎 [42]□蹭（痒）[33]磨~石

f [51]花 [44]火伙 [42]货化

v [51]窝祸莴~笋蛙洼 [24]和~气禾华中~，~山，姓狐~狸 [33]画动，名话

t [51]多 [24]驮砣秤~拕提（水）[44]打 [21]舵

t^h [51]拖 [44]妥椭

n [24]挪挼捻 [44]拿 [33]糯

l [24]罗啰~嗦锣箩萝~卜骡螺脶手指纹 [21]娄

ts [44]左佐

ts^h [21]坐 [42]锉措错 [33]座

s [51]蓑唆嗦啰~ [44]锁所老□□[mɔu^{44}]~：磨蹭

ʧ [51]楂渣乍抓 [44]阻□菜~：酸菜 [42]诈炸榨

$ʧ^h$ [51]叉杈差~别岔 [24]茶搽查调~ [44]楚础柱下石

ʃ [51]沙纱砂杉 [24]傻 [44]所新 [42]助耍玩儿

k [51]歌哥家加痂枷嘉傢 [44]假真~贾姓 [42]假放~架驾嫁稼价

k^h [51]科 [44]可卡打~ [42]课

ŋ [51]桠 [24]蛾鹅娥牙芽蚜衙雅 [21]瓦 [33]饿卧

h [51]虾虾~□[luɔt^{2}]：螃蟹瘕咳嗽□~人：欺负 [24]蛤~蟆荷~花，薄~河何 [21]下底~，~降，~谷种 [33]贺夏厦吓下一~儿，几~

ø [51]屙阿~胶，~哥鸦蜗 [44]哑

iɔu

ȵ [44]□拿（还可做介词）□打捞

ø [2]喏唱~：和尚念经

uɔu

k [51]瓜 [44]果裹寡 [42]挂卦褂马~

k^h [51]夸垮跨

iu

t [51]丢 [24]头投

n [44]纽扭

l [51]溜 [24]流刘留榴骝马~：猴子硫琉~璃馏 [21]柳 [42]□~狗：唤狗

ts [44]酒

ts^h [51]揪秋□~箕：土箕 [24]囚 [33]袖就

s [51]修羞 [42]秀绣锈

ʧ [51]周舟州洲 [44]守白，~牛：放牛 [42]宙咒皱

ʧʰ [51]抽 [24]绸筹仇报~，姓酬售愁□~树：当地山上一种质地很硬的树□~禾秆：扎稻草把子 [44]丑 [42]臭~味兽嗅□□~：喷嚏

ȵ [24]牛 [42]□皱

ʃ [51]收 [44]手首守文 [33]受寿授

k [44]九久韭 [42]灸救究

kʰ [51]丘邱 [24]求球 [21]臼柏乌~树舅 [33]旧

h [51]休

ø [51]优忧 [24]柔揉尤邮由油游犹悠幽 [21]有友酉 [42]右佑柚釉幼 [33]又

ui

p [42]簸~箕

m [33]妹

f [42]㞎~斗；~被：小孩踢被子

v [51]哀㸌~糟：肮脏 [44]□~□[vɔu44]鬼叫：大喊大叫 [42]爱

t [24]台枱桌子苔抬 [33]贷待代袋

l [24]来

tsʰ [24]才材财裁随老□气味

s [24]髓随新垂

ʃ [24]谁

kʰ [33]𨂿疲劳，累

ŋ [24]桅~杆危 [44]伪 [33]碍外魏艾

h [24]□痒 [33]亥害骇

an

p [51]奔槟~榔 [24]贫频盆 [44]本 [42]笨粪

pʰ [44]品 [42]喷

m [51]文（一）块（钱）焖□鸡~：鸡屁股（腔上囊）[24]门蚊□□[pi51]~：什么 [33]闷问

f [51]昏分~开芬纷 [24]焚坟 [44]粉 [42]份新瞓春眼~：打瞌睡 [33]奋愤份老

v [51]温瘟 [24]魂馄浑文纹闻云晕□~粥：熬粥 [44]稳 [21]□两手交叉在胸前 [42]□囚禁 [33]韵运

t [51]炖敦墩岭~：山包砧~板□牛屎~□[tɛ51]：蜣螂 [24]屯豚臀囤 [42]顿踩（脚）[33]钝

tʰ [51]吞饨 [42]盾钝

n [51]□粒□屙~：胡说□咯吱，在别人身上挠痒 [44]□蚯蚓谂想，思考 [33]嫩

l [51]□鱼~：鱼篓□啃 [24]林淋临邻鳞磷伦沦轮凌菱 [21]□满的 [33]论

ts [51]津尊樽瓶子遵 [42]浸进晋俊

tsʰ [51]侵亲~人，~家村 [24]秦存层 [42]衬寸 [33]尽

s [51]心芯森辛新薪孙 [24]荀 [44]损笋榫~头 [42]信讯迅囟

ʧ [51]针斟珍臻真贞侦 [44]枕镇诊振准 [42]震

ʧʰ [51]春椿 [24]沉陈尘臣醇澄惩丞逞呈程 [44]蠢 [42]趁老阵新 [33]阵老趁新□任（你挑）

ʃ [51]深身申伸 [24]神辰晨旬循巡唇纯绳 [44]沈审婶 [21]肾 [33]慎殉顺舜训

k [51]今金襟跟根巾斤筋 [44]锦紧仅谨景警 [42]禁近文 [33]咁新，这么、那么

kʰ [51]钦襟连~□~使：耐用 [24]岑琴禽螓~螃：蜘蛛勤芹琼 [44]恳垦肯老□盖（盖

子，被子）[21]近白 [33]咁老，这么、那么

ŋ [51]恩 [24]银

h [24]痕恒衡 [44]很恨肯新 [33]幸还～有

Ø [51]庵揞捂（用双手～眼睛）音阴荫～凉因姻殷鹰新莺鹦樱婴 [44]饮～酒隐 [42]印荫～水：灌溉

ian

ȵ [24]人仍 [44]忍 [33]刃认韧

Ø [24]壬任姓淫仁匀蝇盈寅 [21]引允瘾 [33]任责～润闰孕

uan

k [51]均钧君军 [42]棍

k^h [51]昆坤婚混荤 [24]群裙 [44]滚捆 [21]菌蘑菇 [42]困

ɛn

f [21]□甩（干手上的水）

n [51]□（用手指）撮（一小撮盐）[42]□（瓜，花儿）蒂□茨菰～：鸡鸡（赤子阴）□踮（脚）[33]⿱乳年乳房，乳汁

in

p [51]鞭边蝙编～子：辫子 [44]扁匾□～手：背着手儿 [21]辫□～屎棍：揩屎棍 [42]贬变辨辩便方～遍

p^h [51]编篇偏 [44]乒～乓球 [42]骗片

m [24]绵棉眠 [44]缅□一～□[ȵin^{24}]：一点儿 [21]免勉娩敏抿 [33]面

v [24]圆

t [51]颠癫巅 [24]甜田填掭～笔 [44]点典 [42]店掂搞～：搞好，搞妥 [33]电殿奠佃垫

t^h [51]添天

n [51]拈～阄：抓阄 [44]□～～帽：瓜皮帽[24]年 [33]念验

l [24]廉镰帘连怜莲恋 [44]□颈～：口渴 [33]殓练链楝苦～树

ts [51]尖煎笺檝木楔，挤（上车）[44]剪 [42]箭荐

ts^h [51]歼签迁 [24]潜钱前 [44]浅践 [42]千 [33]渐贱

s [51]仙鲜新～先□掀（被子）[42]线 [33]羡

ʧ [51]沾占～米瞻毡 [44]展碾 [42]战

$ʧ^h$ [24]缠□钹 [44]潜

ȵ [24]言□一□[min^{44}]～：一点儿[21]染

ʃ [24]蝉禅 [44]陕闪 [21]善膳 [42]扇动，名

k [51]兼艰肩坚 [44]检□～崽：男阴 [21]俭 [42]剑建键健见

k^h [51]谦掀牵 [24]擒钳乾 [21]槛门～ [33]件

h [24]嫌贤弦玄舷～边：边缘 [44]险显蚬 [42]现 [33]艳宪献

Ø [51]淹阉烟 [24]炎盐阎檐然延袁辕援悬 [44]掩演□小～：胸腹两侧 [42]厌焰谚燕宴渊

un

p [51]颁搬 [24]盘 [42]瓣半绊伴拌

p^h [51]潘 [42]判

m [24]瞒 [21]满

f [51]欢

v [51]安鞍氨 [44]碗腕 [21]缓 [42]暗按案痪瘫～ [33]唤焕换幻

k [51]柑泔干~湿肝竿杆官棺观参~冠鸡~ [44]秆稻~赶管馆 [42]干~活贯灌罐冠~军

k^h [51]宽 [44]款

ŋ [33]岸

h [24]含咸~丰鼾寒韩 [44]□石~：石臼 [21]旱 [42]汉□~树：桉树□高~：田坎儿 [33]汗焊翰

yn

t [51]端 [24]团 [44]短 [21]断 ~ 绝[42]锻~炼转动，名转~□[kyn51]：扁担段新 [33]段老缎

n [24]严 [21]暖

l [24]联鸾 [21]卵 [33]乱

ts [51]钻动，名

ts^h [24]全[44]抻~手：伸~ [33]漩水~旋

s [51]癣酸宣 [44]选 [42]算蒜

ʧ [51]专砖

$ʧ^h$ [51]川穿 [24]传~达传水浒~ [42]串窜 [33]赚

ȵ [24]原源 [21]软阮 [33]愿

ʃ [51]栓喧 [24]船

k [51]娟捐□转~：扁担 [44]茧卷动，名 [42]见券

k^h [51]圈圆~ [24]拳权蟾~蝶婆：蟾蜍[21]□臭鼻~：椿象 [42]劝欠 [33]㔟按（图钉）

Ø [51]冤 [24]圆新员缘沿铅元芫~荽园[21]远 [42]怨 [33]院县

œn

t [51]□鸡~米：鸡啄米 [21]氹水~：水坑

$ʧ^h$ [44]铲喘

ʃ [51]闩

uɔn

p [51]班斑扳般 [44]板版 [42]湴新 [33]扮办叛湴老，烂~田：烂泥田

p^h [51]攀 [33]盼

m [24]蛮 [21]晚白满~崽：最小的儿子 [33]慢馒漫幔

f

v [51]番藩翻 [24]凡帆乏烦矾繁 [44]反 [21]□~胎：小产 [33]泛范犯贩饭
[51]弯湾 [24]玩完丸顽还~原环 [44]□落得~：雨水下得及时 [21]晚文挽 [42]宴晏食~：吃午饭万新 [33]万老

t [51]耽担动丹单□（猫）叼（鱼），（老虎）叼（羊）[24]潭谭谈痰檀坛弹~琴 [44]胆疸掸鸡毛~子 [21]淡诞 [42]担~子旦但新蛋 [33]弹子~但老

t^h [51]贪坍滩摊瘫~痪 [44]毯坦 [42]探炭叹

n [24]南难~易 [33]难患~ [21]腩五花~：五花肉

l [24]蓝篮兰拦栏阑~尾炎 [44]览榄[21]懒 [33]滥烂缆大绳

ts [51]簪 [42]赞

ts^h [51]参~加餐 [24]蚕惭残泉 [44]惨 [42]暂灿 [33]□溅

s [51]三删珊 [44]散~开 [42]伞

ʧ [44]斩盏 [42]栈站

$tʃ^h$ [51]搀 [24]馋 [44]产

ʃ [51]衫山疝~气

k [51]甘监~察间空~奸关 [44]感敢橄减碱简柬拣笕 [42]惯鉴监国子~间~断

k^h [44]刊

ŋ [24]岩癌颜研 [44]啱~线：刚刚 [21]眼 [33]雁

h [51]悭节俭 [24]函咸~淡衔闲~时间：平时，向来 [33]撼陷馅限苋~菜

aŋ

p [24]篷 [44]□掬 [33]埲量，(一)堵(墙)

p^h [51]蜂白，龙~：马蜂 埲~尘：飘在空中的灰尘 [44]捧乓乒~球 [42]碰

m [51]濛~~雨：毛毛雨 [24]蒙朦~眼佬：盲人 雺~渣：雾 [33]孟梦

f [51]风枫疯讽丰封峰蜂文锋 [24]冯逢缝 [44]恐白 [33]凤奉俸

t [51]东冬□酸~~：酸溜溜 [24]同铜桐筒茼~蒿童瞳 [44]董懂 [42]冻栋戙竖(~起来) [33]动洞峒大~：开阔的田野□(用尖刀)捅 □~棍：拐杖

t^h [51]通 [44]桶统 [42]痛

n [51]燶饭~了：饭煳了 [24]农脓齈

l [51]窿洞，眼儿 [24]龙陇垅笼聋隆 [44]窿空~拢□打~菜⁼：石头剪刀布(一种游戏) [33]弄

ts [51]棕鬃宗综踪 [44]总 [42]粽纵

ts^h [51]聪匆葱 [24]丛崇从~容，跟~松~树

s [51]送松~开讼 [42]宋诵颂

tʃ [51]忠终中当~钟盅舂~墙：筑土墙 [44]种~类肿 [42]中射~众种~树

$tʃ^h$ [51]充冲 [24]虫重~复 [21]重轻~ [42]仲铳

k [51]公蚣工功攻弓躬宫恭供拱□背~：背面 [44]巩拱~背 [42]贡□涵洞□黄~~：黄澄澄

k^h [51]空~气 [24]穷 [44]孔恐文 [42]控空~缺共

h [51]轰胸凶 [24]宏红洪鸿虹雄熊文

ø [51]壅埋(在地下)，填(土)[44]□推(倒) [42]瓮

iaŋ

ȵ [24]浓 [42]□(用鼻子)闻□量，(一)串(葡萄) □麦~：麦穗

ø [24]荣戎绒熊白融茸容蓉镕 [44]翁~源壅拥庸蛹勇涌 [33]用

iɛŋ

p [33]凭靠

m [24]芒~鼠 [33]望白

t [51]灯 [24]腾誊藤□寻找□副，才 [44]等~到九点钟；~我试下儿：让我试一试 [42]凳胀白 [33]邓

l [24]良凉量动粮梁粱 [21]两~个，几~ [33]亮谅量数~

ts [51]将~来浆甑□量，(一)口(池塘) [24]□刚刚 [44]蒋奖桨 [42]酱将大~

ts^h [51]枪 [24]墙祥详 [44]抢 [21]像白 [42]匠文象大~橡 [33]匠文，木~师傅

s [51]相互~箱厢湘襄镶 [44]想 [42]相~貌像文

tʃ [51]张章樟 [44]长生~掌 [42]涨帐账胀

文仗杖障瘴

ʧʰ [51]昌菖~蒲倡 [24]长~短肠场尝 [44]厂文 [21]丈 [42]唱

ȵ [24]娘 [33]酿壤攘嚷让

ʃ [51]商 伤 [24]赏 常 嫦~娥 裳 偿 [21]上~山，~面 [33]尚上~面

k [51]姜疆僵缰 [44]薑根儿[33]□~子：怎么（办）

kʰ [51]羌[24]强~大[33]强勉~

h [51]香乡 [44]享响 [42]向

ø [51]央秧殃 [24]羊□（水开了）没有？洋杨阳扬疡溃~ [21]养痒 [33]样

at

p [2]笔 毕 必 不 逼 碧 □~汤：舀 汤 □屎 窟 □[lat²] ~：光屁股

m [5]蜜密

f [2]窟~窿 [5]佛忽

v [2]□~倒：扭伤 [5]物核龙眼~

t [5]叠突凸（出来）

l [2]□背篓 [5]立 笠 栗 律 率 历 □~□[sat²]：垃圾

ts [2]卒即窋樽~：瓶塞

tsʰ [2]七漆膝戚 [5]集疾

s [2]戌悉息熄媳夕适释析□□[lat²] ~：垃圾[5]习术白~，算~述

ʧ [2]汁质

ʧʰ [2]出 [5]侄

ʃ [2]涩湿瑟虱实失室 [5]十什~物拾

k [2]鸽新急吉橘击激□那

kʰ [2]吸咳刻克 [5]极北~星

ø [2]一域益□~□[tsʰiu⁴²]：喷嚏

iat

ȵ [5]入日

uat

k [2]骨扢打；~交：打架，~球：打球

kʰ [5]□瞪（眼）□（刀）钝□~尾狗：短尾狗

it

p [2]屄支⁼~：女阴□~□[pat²]草：一种叶子像竹子的野草

pʰ [2]撇匹僻辟 [5]别

m [5]灭篾竹~

v [5]滑猾

t [2]跌滴文嫡 [5]碟牒蝶谍的目~

tʰ [2]帖贴铁特 [5]秩敌

n [5]业

l [5]猎列烈裂

ts [2]接捷节截□~~~：小青蛙叫声

tsʰ [2]妾切~开

s [2]㩜掖（把纸条从门缝里~进去）

ʧ [2]只~有折~叠褶执哲浙

ʧʰ [2]彻撤拆斥掣~令⁼：打闪电

ȵ [5]热

ʃ [2]摄舌设矚眨（眼）[5]蚀拾捡折~本折摘（果子）

k [2]劫揭老歇结洁□形，涩

kʰ [2]揭新 [5]狭级及杰极夹~在腋下

h [2]蝎 [5]协胁

ø [2]腌~菜 [5]叶页悦阅曰翼译液疫役

ut

p [2]拔拨钵钹

p^h [2]泼□扇扇子

m [5]末没~有，沉~

f [2]阔新

v [5]活

k [2]割葛辖刮~风

k^h [2]括新

h [2]阔老核审~ [5]合盒峡核水果的核儿

yt

t^h [2]脱秃 [5]突

l [5]捋~袖

ts^h [5]绝

s [2]薛雪 [5]恤~衫：衬衫

ȵ [5]月

ʃ [2]说~话

k [2]蕨蛤石~：石蛙；石~塘：本村地名决

k^h [2]决新缺 [5]□~粥：稠粥□上~身：上身

h [2]血

ø [2]乙 [5]越粤

œt

ʧ [2]啜吮吸，吻□打□[œt²]~：打嗝

$ʧ^h$ [2]撮~箕：簸箕

ʃ [2]刷嘣啜

ø [2]□打~□[ʧœt²]：打嗝

iɔt

ȵ [2]□挽（袖子）

uɔt

p [2]八

m [5]抹~布沫袜

f [2]法发 [5]乏伐筏罚

v [2]鸭押压□量，（一）庹（长）

t [2]答搭笪簟 [5]踏达夺

t^h [2]塔塌獭水~鲊菜□[ʧɔu⁴⁴]~：腌菜的坛子

n [2]□~鸡：电烙铁 [5]纳

l [2]瘌□虾~：螃蟹肋胳~下：胳肢窝□搂（柴火）[5]腊蜡辣劣□~尾：末尾

ts^h [2]擦戳蛰□[kuɔt²]~：蟑螂 [5]杂

s [2]撒萨

ʧ [2]扎札铡~刀

$ʧ^h$ [2]插察 [5]煤煮蛋（在清水中连壳煮）

ʃ [2]杀

k [2]夹甲~乙胛钾鸽刮~草：锄地革佮~伙：合伙胳~肋下：胳肢窝□~蛰：蟑螂

k^h [2]甲~长磕□~虱婆：用指甲掐死虱子

ŋ [2]啮 [5]□~面条：擀面条

h [2]喝呵斥渴瞎□芋~：芋的叶子

ak

p [2]卜□~碌□[kuai⁴²]：蝌蚪□~碌：柚子 [5]雹□蚊子叮咬后形成的疙瘩□门~：门当□量，（一）团

p^h [2]朴覆~倒眠：伏着睡 [5]扑

m [5]木目穆牧

f [2]福幅蝠 [5]复~兴，重~腹服伏

t [2]督剢（用针）扎豚手脖~：胳膊肘儿豚（一泡尿）[5]独读毒

l [2]辘碌石~：石磙碌□[pak²]~：柚子 [5]鹿熝六陆录绿禄□猪~：猪圈

ts [5]足

ts^h [2]速促 [5]镯续族□（饭）呛（了气管）

s [2]肃宿缩粟 [5]俗

ʧ [2]竹祝粥烛嘱捉~弄

$ʧ^h$ [2]畜~牧，~牲蓄储~触 [5]逐轴

ʃ [2]叔淑束妯~娌 [5]熟属

k [2]谷菊老

k^h [2]曲菊新 [5]局焗焖熟

ŋ [5]握~手呃骗□磕（头）

h [2]哭

ø [2]屋

iak

ȵ [2]啷~手：动手 [5]肉玉郁育辱褥欲浴

uak

k [2] □~~~：大青蛙的叫声

iɛk

p [2]北 [5]卜萝~

m [5]墨默

t [2]着~衣

l [5]略㔰（植物的）刺儿叻（很）棒

ʦ [2]爵雀鹊喜~

$ʦ^h$ [5]贼

s [2]削塞惜疼爱息~崽：重孙

ʧ [2]酌芍

$ʧ^h$ [5]着眠~：睡着了

ȵ [2]额文 [5]弱

ʃ [5]勺

k [2]脚

k^h [2]却

h [2]黑

ø [2]若约跃 [5]药掖招手

m̩

ø [24]吴悟孙~空蜈唔不 [21]五伍午呣叹

第四章 词汇特点

汉语方言之间词汇的异同关系非常复杂，同类方言之间同中有异，不同类方言之间异中有同，彼此交叉的现象非常突出。另外，汉语方言之间特殊的发生学关系以及语言接触引发的词汇借贷现象也经常发生，因此在各个方言区中确立一批对内一致、对外排他的“特征词”往往很不容易。正因为如此，汉语方言词汇的比较研究是一项“说有易，说无难”的工作，挂一漏万很难避免。本章尝试从词汇比较的角度，简要分析石蛤塘土话与粤北土话连州片及周边客、赣、粤方言之间的关系，并从特别词、古语词、民俗文化词等角度考察石蛤塘方言词汇的构成，以期对该土话的词汇特点有一个概貌性的认识，为进一步认识该土话的性质以及预测该土话的发展、演变方向提供一方参考。

第一节

与连州片土话相同的词

在《中国语言地图集》中，“韶州土话”是分布在粤北的一群归属未明的方言，庄初升（2004）认为改称粤北土话较为合适，并划分为雄州片、韶州片和连州片三片。庄初升（2004）根据音韵特征，辅以历史移民、政区地理等方面的资料，将连南瑶族自治县三江镇石蛤塘土话划归粤北土话连州片，该片代表性方言点还包括连州市的星子、保安、连州、西岸和丰阳，以及乐昌市的黄圃、皈塘和三溪。通过词汇比较，我们进一步印证了石蛤塘土话与连州片土话的其他方言点之间存在着较为密切的关系。

张双庆主编的《连州土话研究》（2004）和《乐昌土话研究》（2000）涉及上述8个连州片的方言点，分别收录词语1980条和2028条，词条的内容和次序大同小异。尽管我们所调查的石蛤塘土话的词语超过5000条，但是可资比较的其他连州片土话的词语只有上述2000条左右。下面列举石蛤塘土话与连州片多数方言点相同的方言词（括号内为普通话相应的词或解释；字的右上方加“＝”者表示同音字或近音字；字下加着重号则表示该词对应的普通话词；与所比较的方言明显同源的语素如果没有合适的汉字可写则用方框“□”表示，并加注石蛤塘土话的读音）：

1. 与自然相关：热头（太阳）、月光（月亮）、天河（银河）、扫把星（彗星）①、吹风（刮风）、雷公（雷）、落雨（下雨）、融（冰化了）、雹（冰雹）、落雹（下冰雹）、雾水（露）、起雾（下雾）、好天（晴天）、焗（闷热）、暖（暖和）、岭（山）、田基（田埂）、坑（小溪）、圳（水渠）、水氹[tœn^{21}]（水坑）、暖水（温水）、滚水（开水）、烂砖（碎砖）、□□[lat^{5}sat^{2}]（垃圾）、铁鉎[sɛ^{42}]（铁锈）、泥（泥土）、水火油（煤油）、红毛泥（水泥）

---

① 连州片土话多说“扫秆星”，与石蛤塘土话的“扫把星”造词理据相同。

2．与时令相关：五月节（端午节）、八月十五（中秋节）、旧年（去年）、月头（月初）、月尾（月底）、明日（明天）、昨日（昨天）、前日（前天）、天光（天亮）、清早（清晨）、通书（历书）、一世人（一辈子）

3．与农事农具相关：耕田（种田）、扯秧（拔秧）、莳田（插秧）、薅田（耘田）、割禾（割稻子）、淋水（浇水）、淋菜（浇菜）、禾桶（打谷桶）、风柜（扇车）、洋锄（镐）、禾镰（有齿镰刀）、扫秆（扫帚）、笪[tuɔt^{2}]（簟）、草索（草绳）、柄（锄头把）

4．与植物相关：苞麦（玉米）、高粱麦（高粱）、禾（稻子）、谷（稻谷）、禾线（稻穗）、禾秆（稻草）、□[pʰɛ^{42}]谷（秕谷）、豆角（豇豆）、番茄（西红柿）、黄芽白（大白菜）、蕹菜（空心菜）、□[pʰau^{42}]（萝卜糠了）、红萝卜（胡萝卜）、番豆（花生）、番豆肉（花生米）、菌（蘑菇）、柑子（橘子）、竹篙（竹竿）、树尾（树梢）、松毛（松针）、竻[liɛk^{5}]（刺儿）、薸[piau^{24}]（浮萍）

5．与动物相关：畜生（牲口）、牛牯（公牛）、牛婆（母牛）、牛崽（牛犊）、羊牯（公羊）、羊崽（羊羔）、狗牯（公狗）、狗婆（母狗）、猫公（猫）、猪婆（母猪）、猪崽（猪崽）、鸡婆（母鸡）、鸡崽（小鸡）、赖菢鸡（抱窝鸡）、鸡春（鸡蛋）、生春（下蛋）、菢（孵）、雀崽（鸟儿）、鹩哥（八哥）、飞鼠（蝙蝠）、翅（翅膀）、狗虱（跳蚤）、虱婆（虱子）、灶鸡（灶蟋蟀）、甲⁼蛰[kuɔt^{2}tsʰuɔt^{5}]（蟑螂）、檐蛇（壁虎）、豹虎（豹子）、老虎大哥（螳螂）、扬⁼眉⁼[iɛŋ^{24}mai^{24}]（蜻蜓）、捌鱼（捕鱼）、虾公（虾）、脚鱼（鳖）、蜗□[kua^{44}ȵia^{44}]（小青蛙）、蛤婆（大青蛙）、蟥蜞（蚂蟥）、鱼笱（笱，一种捕鱼的竹制工具）

6．与房舍器具相关：屋（房子）、起屋（盖房子）、房（屋子）、厅屋（堂屋）、瓦桷板（椽子）、粪槽（厕所）、牛栏（牛圈）、隔篱（邻居）、工夫（东西）、锁匙（钥匙）、枱桌（桌子）、神枱（条案）、推箱（抽屉）、尿桶（马桶）、松光（松明）、櫼[tsin^{51}]（木楔）、烟通（烟囱）、暖水壶（暖水瓶）、铛[tʃʰɛ^{51}]（铁锅）、铛盖（锅盖）、铛铲（锅铲）、水勺（瓢）、钵头（钵子）、瓮（缸）、钳（镊子）、索（绳子）、捞[pœ^{51}]布（鐾刀布）、衣车（缝纫机）、烫斗（熨斗）、面盆（脸盆）、番碱（肥皂）、电筒（手电筒）、顶指（顶针）、雨遮（伞）

7．与人品称谓相关：伢崽（婴儿）、细□[lɛi^{51}]崽（小孩儿）、后生崽（小伙子）、老举婆/婊子婆（婊子）、教化佬（乞丐）、寡婆（寡妇）、土匪（强盗）、耕田人（种田人）、打铁佬（铁匠）、剃头佬（理发员）、癫崽（疯子）、朦眼佬（瞎子）、太公（曾祖父）、阿爹（祖父）、阿□[na^{21}]（祖母）、老子（父亲的背称）、老娘（母亲的背称）、契爷（干爹）、契娘（干妈）、姨丈（姨夫）、老公（丈夫）、阿哥（哥哥）、细佬（弟弟）、细佬嫂（弟媳）、妹郎（妹夫）、崽女（子女）、崽（儿子）、晚女（最小的女儿）、郎（女婿）、息崽（重孙）、两公婆（夫妻俩）、两崽娘（娘儿俩）、两崽爷（爷儿俩）、外家（娘家）、花名（绰号）

8．与人体相关：编子（辫子）、头皮（头屑）、面（脸）、眼眉毛（眉毛）、鼻头（鼻子）、鼻水（鼻涕）、鼻屎痂（鼻垢）、耳屎（耳垢）、下杷⁼[pɔu^{24}]（下巴）、颈（脖子）、膊头（肩膀）、膊头尖（肩胛骨）、手（手、胳膊）、手指婆（大拇指）、手指崽（小拇指）、□[kin^{44}]（男阴）、閪[hai^{51}]（女阴）、鸟閪[hai^{51}]（交合）、脚眼（踝子骨）、脚板底（脚掌）、脚静（脚跟）、心口（胸膛）、𫲭[nɛn^{33}]（乳房）、脶（圆形指纹）、箕（簸箕形指纹）

9．与疾病相关：有病（生病）、望病（看病）、茶（中药）、屙肚（泻肚）、发热（发烧）、冷倒（着凉）、痛（疼）、呕（呕吐）、惹（传染）、爆坼[ʧʰɛ^{2}]（开裂、皲裂）、发羊吊（癫痫）、癫（疯）、发鸡朦（夜盲）、崩牙（豁牙）

10．与服饰相关：衣裳（衣服）、棉衫（棉袄）、冷衫（毛衣）、冷线（毛线）、颈领（领子）、衫袖（袖子）、裤裬[nœ^{42}]（裤裆）、开裬裤（开裆裤）、裤脚（裤腿）、荷包（口袋）、木屐（木拖鞋）、扣针（别针）、手巾崽（手绢）、手袜（手套）

11．与饮食起居相关：煮饭（做饭）、擦米（淘米）、煮菜（做菜）、煠[ʧʰuɔt^{5}]（在清水中煮）、食饭（吃饭）、食朝（吃早饭）、食晏（吃午饭）、食夜（吃晚饭）、烟崽（香烟）、食烟（抽烟）、旺口（零食）、宵夜（夜宵）、冷饭（剩饭）、燶[naŋ^{51}]（饭糊了）、□[kʰyt^{5}]粥（稠粥）、饭汤（米汤）、云吞（馄饨）、下水（六畜的肠肚等内脏）、送（下酒）、斋菜（素菜）、豉油（酱油）、黄糖（红糖）、雪条（冰棍）、黑了（火灭了）、着衣裳（穿衣裳）、过清（漂洗）、起身（起床）、洗面（洗脸）、洗身（洗澡）、屙尿（小便）、屙屎（大便）、敨凉（乘凉）、敨力（休息）、发梦（做梦）、望（看望）、请酒（请客）、斟茶（倒茶）、斟酒（倒酒）、讲话（说话）、争交（吵架）、咒（骂）、讲大话（撒谎）、捧大脚（拍马屁）、唔作声（不出声）

12．与婚丧生育相关：新郎公（新郎）、新妇娘（新娘）、招郎（招赘）、驮崽（怀孕）、大肚婆（孕妇）、生崽（生孩子）、胞衣（胎盘）、坐月（坐月子）、□[kʰau^{51}]尿（把尿）、短命（夭折）、白事（丧事）、过身（去世）、木头（棺材）、出山（出殡）、挂纸（上坟）、跳水（投水）、浸死（溺死）、吊颈（上吊）

13．与商业交通相关：墟（集市）、铺头（商店）、平（便宜）、赊数（赊账）、藤⁼[tiɛŋ^{24}]钱（赚钱）、蚀本（亏本）、存钱（存款）、银纸（钱，纸币）、散纸（零钱）、着数（合算）、厘戥（戥子）、班车（客车）、单车（自行车）、艇崽（小船）

14．与文体相关：学堂（学校，私塾）、课室（教室）、上堂（上课）、下堂（下课）、簿（本子）、刀崽（铅笔刀）、笔筒（笔套儿）、墨盘（砚台）、勫钉（图钉）、耍（玩）、罚徛（罚站）、纸鹞（风筝）、跳飞机（跳房子）、讲古崽（讲故事）、银鸡（哨子）

15．与动作行为相关：撑（睁）、望（看，看望）、□[lan^{51}]（啃）、噍[tsʰiau^{33}]（嚼）、啜[ʧœt^{2}]（吮吸）、扭（拧毛巾）、扭（拧盖子）、挓[tɔu^{24}]（提水）、捧（端碗）、□[aŋ^{44}]（推）、

□[fɛn^{21}]（甩开）、□[tɛ^{51}]（掷石头，用石头砸）、丢（摔东西、扔掉）、朘[sit^{2}]（掖进去）、揞[an^{51}]（捂）、拗（折断）、刮（划火柴）、勬[k^{h}yn^{33}]（按图钉）、捋（捋袖子）、㓥[t^{h}œ^{51}]（杀猪）、剌[p^{h}ɛ^{51}]（削果皮）、挑（图章）、剢[tak^{2}](用针扎)、搦（抓壮丁）、绹（栓、绑）、矺[ʧɛ^{2}]（压着）、箅（滤米汤）、□[lɔ^{44}]（搅拌）、拍（掸灰）、行（走）、徛[k^{h}ai^{21}]（站）、跍[k^{h}au^{24}]（蹲）、顿（跺脚）、□[k^{h}uɛ^{42}]（绊倒）、担（挑）、覆（趴）、凭[piɛŋ^{33}]（靠、倚）、□[p^{h}au^{51}]（溢）、族$^{=}$[ts^{h}ak^{5}]（呛）、熝[lak^{5}]（烫）、辘[lak^{2}]（轧）、挡（遮）、偋[pɛ^{42}]（藏）、藤$^{=}$[tiɛŋ^{24}]（寻找）、摎[lɔ^{51}]（混在一起）、戙[taŋ^{42}]（竖起来）、跌（掉落）、晓得（会了）、认得（认识）、谂（想）、中意（喜欢）、恐（害怕）

16. 与性状感知相关：欢喜（高兴）、听话（乖）、勤力（勤快）、奸（狡诈）、硬颈（执拗）、孤寒（吝啬）、舍得（大方）、细（小）、阔（宽）、浊（浑浊）、生（生的、活的）、光（亮）、徛[k^{h}ai^{21}]（陡）、笡[ts^{h}ɛi^{42}]（倾斜）、烂（衣服破）、伶俐（干净）、熝糟[vui^{51}tsɔ^{51}]（肮脏）、结$^{=}$[kit^{2}]（涩）、嘈耳（刺耳）、抛（坐车觉着颠）、影$^{=}$脚（硌脚）、靓（美）、肥（胖）、后生（年轻）

17. 与数量相关：几多（多少）、几（多大）、块（一丘田）、皮（一块砖）、只（一头牛，一条狗，一口猪，一只鸡）、蔸（一棵树，一丛草）、床（一条被子，一顶蚊帐）、张（一把刀）、樽（一瓶酒）、对（一双鞋）、元（一元钱）、身（一身土）

18. 虚词：行（放在哪里，从哪儿来）、俵（借给我，被他吃了）、将（把门关上）、啱线（刚）、唔系（不是）、冇得（没）、爱（得去）、横直（反正）

第二节

与周边其他方言相同的词

由于历史、地缘、文化、经济等各方面因素的综合作用，石蛤塘土话乃至整个粤北土话与客、赣、粤三大方言都有着密切的关系。这种关系体现在词汇上则为土话中有大量与客、赣、粤方言相同的词语。这些词语对于研究石蛤塘土话与各方言之间的历史关系和现实联系都有着重要的意义。关于粤北土话与赣方言的历史关系，以及与客、粤方言的现实关系，可参阅庄初升（2004）。本节将通过比较和举例的方式，分别对土话中与客赣粤相同的词、与客赣相同的词、与客粤相同的词和与粤方言相同的词进行归纳和分析，以观察土话与周边三大方言的关系。

需要说明的是，由于各方面条件的限制，本节所做的只是一个粗略的比较。首先在确定归类标准上就颇费思量，各大方言由于各种原因在词汇上参差交错的情况十分明显，因此本节主要以词形为依据，同时考虑意义和构词方式，也就是只要词形大体相同，构词方式一致，意义大体相符的词都归为相同的词。其次，用于比较的各大方言区显然不可能涉及很多方言点，暂时只能以个别代表性的方言点为例。再次，归纳词形的异同主要依据《汉语方言词汇》（第二版）、李如龙、张双庆主编的《客赣方言调查报告》、熊正辉的《南昌方言词典》、黄雪贞的《梅县方言词典》、罗美珍、林立芳、饶长溶主编的《客家话通用词典》、白宛如的《广州方言词典》、麦耘等的《实用广州话分类词典》、饶秉才等的《广州话方言词典》以及其他一些单篇论著（详见参考文献），暂时还没有进行实地核对。

一　与客、赣、粤方言相同的词

石蛤塘土话中存在部分与客、赣、粤三大方言都相同的词，这些词中部分在南方其他方言中也会出现。如：

1. 与自然相关：热头（太阳）①、月光（月亮）、雷公（雷）、天河（银河）、落雨（下雨）、融（冰化了）、大水（洪水）、浸（水淹）、泥（泥土）、圳（水渠）

2. 与时令相关：今日（今天）、旧年（去年）、年头（年初）、年尾（年底）、天光（天亮）、通书（历书）②

3. 与农事农具相关：割禾（割稻子）、占米（日常吃的大米，与糯米相对）、禾镰（有齿的镰刀）、牛轭（架在牛脖子上用于拉东西的器具）、犁头（犁铧）

4. 与植物相关：禾（稻子）、谷（稻谷）、禾秆（稻草）、番薯（红薯）、蕹菜（空心菜）、豆角（豇豆）、松毛（松针）、竻[liɛk^{5}]（刺）、薸[piau^{24}]（浮萍）、竹篙（竹竿）

5. 与动物相关：癫狗（疯狗）、鸡公（公鸡）、鸭公（公鸭）、土狗崽（蝼蛄）、黄鳝（鳝鱼）、田螺（田里的螺蛳）

6. 与房舍器具相关：屋（房子）、牛栏（牛圈）、锁匙（钥匙）、檝[ʦin^{51}]（木楔）、面盆（脸盆）、熨斗（熨斗）、电筒（手电筒）

7. 与人品称谓相关：后生崽（小伙子）、太婆（曾祖母）、老公（丈夫）、老婆（妻子）、新妇（儿媳）、两公婆（夫妻俩）

8. 与人体相关：牙肉（牙床，牙龈）、颈（脖子）、面（脸）、大牙（臼齿）、耳屎（耳垢）、眼屎（眼眵）、脚踭[ʧɛ^{51}]（脚后跟）、脶（圆形指纹）

9. 与疾病医疗相关：打□□[at^{2} ʧʰiu^{42}]（打喷嚏）、痛（疼）、呕（呕吐）、爆拆[ʧʰɛ^{2}]（皲裂）

10. 与服饰相关：着（穿衣服）、衫袖（袖子）、裤脚（裤腿）、扣针（别针）

11. 与饮食起居相关：粥（稀饭）、煮饭（做饭）、煠[ʧʰuɔt^{5}]（在清水中煮）、炙火（烤火）、洗面（洗脸）、屙尿（小便）、屙屎（大便）、佮伙（合伙）、敨(休息)、敨[tʰau^{44}]凉（乘凉）、鬬（安装）

12. 与婚丧生育相关：浸死（溺死）、吊颈（上吊）

13. 与文化教育相关：学堂（学校）

14. 与动作行为相关：噍[tsʰiau^{33}]（嚼）、舐[ʃa^{21}]（舔）、拗（折断）、剢[tak^{2}]（用针扎）、搣[sit^{2}]（掖进去）、扭（拧毛巾）、抹（擦干净）、□[fɛn^{21}]（甩干）、砑[ʧɛ^{2}]（压着）、行（走）、走（跑）、徛[kʰai^{21}]（站）、凭[piɛŋ^{33}]（靠、倚）、屏[pɛ^{42}]（躲、藏）、跌（掉）、落估（估量，猜测）

---

① 客、赣、粤三大方言的代表性方言点梅县、南昌、广州都说“日头”，广州还说“热头”。实际上，这三大方言的不少方言点说“热头”。基于此，把“热头”列为三大方言相同的词。下面其他词类此。

② 广州等地“书”与“输”同音，因此避讳而改说“通胜”。

15. 与性状感知相关：细（小）、阔（宽）、烂（破）、光（亮）、后生（年轻）

16. 与数量相关：蔸（一棵树）①

17. 与指代相关：渠（他）、几多（多少）

客、赣、粤方言是我国南方地区三大重要方言。从词汇的来源上说，不同方言之间存在着大量相同的词，主要有两个原因，一是它们有着共同的来源；二是它们相互接触，相互渗透，相互借用。石蛤塘土话在地域上并未与赣语直接接触，赣方言与粤方言之间的影响也几近于零，但四种方言中却存在着不少相同的词语。这种现象应该不是相互借用的结果，而是不同方言之间具有某些共同来源的表现。

二　与客、赣方言相同的词

学界一般认为客、赣方言同源于古赣语，二者的关系非常密切。以下是客家方言和赣方言中比较常用的一些词，它们也见于石蛤塘土话中。如：

1. 与自然相关：响雷（打雷）、起雾（下雾）、冷（寒冷）、坪（小块平地）、陂头（拦水坝）、冷水（凉水）

2. 与时令相关：年年（每年）、夜夜（每晚）、一日到夜（一天到晚，整天）

3. 与农事农具相关：赖菢鸡（抱窝鸡）、犁壁（犁镜）、粪箕（土箕）、坼[ʧʰɛ²]（裂缝）、篾箍（篾圈）

4. 与动植物相关：禾蔸（稻茬）、柑子（橘子）、牛牯（公牛）、羊牯（公羊）、狗牯（公狗）、雁鹅（大雁）、灶鸡（灶蟋蟀）、脚鱼（鳖）、鱼泡（鱼鳔）、虾公（虾）、阿鹊/屎缸鸟（喜鹊）

5. 与房舍器具相关：舂墙（筑土墙）、灶前（厨房）、松光（松明）、调羹（羹匙）、藤椅（躺椅）

6. 与人品称谓相关：老妹（妹妹）、听话（乖）

7. 与饮食起居相关：酒娘（酒曲）、起火（生火）、煮菜（做菜）、抹身（擦澡）、剃头（理发）

8. 与婚丧生育相关：胞衣（胎盘）、白事（丧事）、新郎公（新郎）、做斋（做道场）、纸钱、挂纸（扫墓）

9. 与动作行为相关：刮（划火柴）、层（把碗摞起来）、捋（捋袖子）、撞倒（遇到）

10. 与性状感知相关：晓得（会）、唔晓得（不会）

除了与客、赣共同的方言词外，石蛤塘土话中还有相当数量的赣方言特征词，如：凉快

① 《汉语方言词汇》（第二版）“一棵树”条，阳江话“一蔸树”，其实广州话也有，但是漏收。

（凉爽）、□[kε^{44}]年（整年）、□[kε^{44}]日（整天）、□[kε^{44}]夜（整夜）、扯秧（拔秧）、撮箕（簸箕）、禾线（稻穗）、辣子（辣椒）、沙树（杉树）、沙树㔹[liεk^{5}]（杉针）、牛婆（母牛）、狗婆（母狗）、猫婆（母猫）、猪婆（母猪）、牛崽（牛犊）、羊崽（羊羔）、猪崽（猪崽）、鸡婆（母鸡）、鸭婆（母鸭）、老虎婆（母老虎）、鹞婆（老鹰）、虱婆（虱子）、蛤婆（青蛙）、闹$^{=}$（用药饵毒老鼠等）、厅屋（堂屋）、破鱼（剖鱼）、锯錭[tɔ^{24}]（锉刀）、荡板（抹刀）、婊子婆（妓女）、野崽（私生子）、老子（父亲的背称）、老娘（母亲的背称）、爹（祖父）、大娘（伯母）、姑爷（姑夫）、老表（表兄、表弟）、崽女（子女）、大崽（最大的儿子）、晚崽（最小的儿子）、郎（女婿）、□[kε^{44}]身（浑身）、箕（箕形指纹）、膝头牯（膝盖）、惹（传染）、衣裳（衣服）、衣裳脚（下摆）、荷包（口袋）、舞（做）、驮崽（怀孕）、生崽（生孩子）、过清（漂洗）、春眼睏（打瞌睡）、认得（认识）、□[ŋɔ^{24}]（摇头）、仰（抬头）、挖[tɔu^{24}]（提水）、跍[k^{h}au^{24}]（蹲）、挡（遮挡）、俵（散发、给）、耍（玩）、清甜（鲜美）、□穧[kε^{44}ts^{h}a^{33}]（整个）、床（一条被子，一顶蚊帐）、刀（一叠纸）、冇得（没时间）

由此可见，土话与客、赣方言之间的关系十分密切，尤其是与赣方言的关系更值得关注。石蛤塘土话在地缘上与赣方言并不直接交接，赣方言也尚未强大到跨越地缘因素影响到其他方言，因此基本上可以排除赣方言对土话的渗透影响，土话与赣语之间的密切关系恐怕只能从渊源上来解释了。另外，据相关的谱牒材料记载，整个粤北地区土话的形成都与历史上来自江西的移民有着很大关系（庄初升2004：321—327），虽然我们尚未找到直接的谱牒材料证明石蛤塘土话脱胎于古赣语，但至少在词汇上我们看到了它与赣方言之间的特殊关系。

三　与客、粤方言相同的词

石蛤塘土话中还存在着大量与客、粤方言相同，却与赣方言完全不同的关系词，这些词多数见于广东境内的客家方言和粤方言。如：

1. 与自然相关：热头（太阳）、好天（晴天）、天旱（干旱）、旱地（浇不上水的耕地）、红毛泥（水泥）、滚水（开水）

2. 与时令相关：大后日（大后天）、大前日（大前天）、五月节（端午节）、一世人（一辈子）

3. 与农事农具相关：耕田（种田）、犁田（耕地）、莳田（插秧）、龙骨车（水车）、戽斗(两边有绳，两人引绳，提斗汲水的农具)、笪[tuɔt^{2}]（簟）、□□[lat^{5}sat^{2}]（垃圾）

4. 与植物相关：□[p^{h}ε^{42}]谷（秕谷）、树尾（树梢）、菌（蘑菇）

5. 与动物相关：头牲（牲口）、山猪（野猪）、猫公（猫）、鸡春（鸡蛋）、生春（下蛋）、山鸡（野鸡）、鹩哥（八哥）、檐蛇（壁虎）、狗虱（跳蚤）、草蜢（蝗虫）、蜂宲（蜂窝）、

尾（尾巴）

6．与房舍器具相关：狗窦（狗窝）、茅寮（草房）、隔篱（邻居）、钵头（钵子）、铰钳（老虎钳）、飞剪（推子）、香碱（香皂）、番碱（肥皂）、车辘（线轴）

7．与人品称谓相关：契公（情夫）、耕田人（种田人）、阿姐（姐姐）、阿哥（哥哥）、姨丈（姨夫）、外家（娘家）、两崽爷（爷儿俩）

8．与人体疾病相关：鼻窿（鼻孔）、𡳞[nɛn^{33}]（乳房）、𡳞水[nɛn^{33}]（奶汁）、手髀（胳膊）、手指尾（小拇指）、手指罅[lɛi^{42}]（手指缝）、大脚髀（大腿）、屎窟（屁股）、屎窟眼（肛门）、脚眼（踝子骨）、脱较$^{=}$[kɔ^{42}]（脱臼）、□[vat^{2}]（扭伤）、发癫（发疯）、鸟（交合）

9．与饮食起居相关：棉衫（棉衣）、面衫（外衣）、背搭（坎肩）、裤头（裤腰）、扣窿（扣眼）、被窦（被窝）、手轭[ɛ^{2}]（镯子）、手袜（手套）、雨遮（伞）、饭汤（米汤）、粉肠（小肠）、黄糖（红糖）、过身（死了）、金罂[ɛ^{51}]（骨殖坛子）、食饭（吃饭）、食朝（吃早饭）、食晏（吃午饭）、食夜（吃晚饭）、食烟（抽烟）、起身（起床）、哴[lœ^{44}]口（漱口）、洗身（洗澡）、扯鼻鼾（打鼾）、发梦（做梦）、讲话（说话）

10．与婚丧生育相关：驳脚（续弦）、对岁（婴儿出生后满周岁）

11．与商业交通相关：墟（集市）、蚀本（亏本）、光瓦铺（瓷器店）、老举铺/老举行（妓院）、争（差十元）、单车（自行车）

12．与文体相关：上堂（上课）、下堂（下课）、影相（照相）、纸鹞（风筝）、踢燕子（踢毽子）

13．与动作行为相关：䁪[ʃiʔ]（眨）、啜[ʧœtʔ]（吮吸）、斩（砍）、㞘（踢被子）、覆（趴）、爈[lak^{5}]（烫）、撟[lɔ^{51}]（混在一起）、剕[p^{h}ɛ^{51}]（削果皮）、㪐[k^{h}yn^{33}]（按图钉）、壅[aŋ^{51}]（埋，填土）、族$^{=}$[ts^{h}ak^{5}]（呛）、知（知道）、咒（骂）、惜（疼爱）、系（是）、唔系（不是）、爱（要）、唔爱（不要）

14．与性状感知相关：晟[ʧ^{h}ɛ^{24}]眼（刺眼）、徛[k^{h}ai^{21}]（陡）、利（眼尖）、利（锋利）、生（生的、活的）、衰（倒霉、坏的、差的）、欢喜（高兴）、肥（胖）、伶俐（干净）、攰[k^{h}ui^{33}]（疲劳）、姣[hɔ^{24}]（风骚）、紧要（要紧）

15．与数量相关：窦（一窝蜂、一窝猪）、张（一把刀）

近二十几年来，学术界从词汇方面研究客家方言与赣方言、粤方言之间的关系取得了很多成果。许多学者通过大量的语言事实证明了在词汇上客粤方言之间的关系比客赣方言之间关系更加密切，如李如龙、张双庆（1992）、练春招（2000a、b）、严修鸿（2001）等。温昌衍（2012）在前人的基础上依据关系词在客家方言中的分布将客家方言分为南片、北片和南北混合片三片，南片在粤东、粤中地区，北片在闽西、赣南地区，南北混合片在粤北地区。同时，他还通过关系词的对比，指出南北片客家方言在词汇上具有很大的差异性，南片由于受到粤方言的强势影响，词汇上更靠近粤方言；北片由于与赣语同源，并受到赣语的后期渗透，词汇上更靠近赣语，如：南片说“火水”，北片说“洋油”；南片说“耕田”，北片说“作田”；南片说“鸡春”，北片说“鸡蛋”等，而粤北地区的客家方言，绝大多数词不是北片的说法就是南片的说法，并没有形成与南、北片对立的单独一片，带有明显的混合和过渡性质（温昌衍2012）。

根据温昌衍（2012）的这一划分，我们发现石蛤塘土话中与客家方言相同的词大体分为两种，与客、赣相同的客家方言词大多是北片的说法，如：禾蔸（稻茬）、听话（乖）、晓得（会）；与客、粤相同的词大多是南片的说法，如：热头（太阳）、旱地（浇不上水的耕地）、红毛泥（水泥）、耕田（种田）、猫公（猫）、鹩哥（八哥）、狗窦（狗窝）、茅寮（草房）、隔篱（邻居）、飞剪（推子）、香碱（香皂）、番碱（肥皂）、契公（情夫）、耕田人（种田人）、外家（娘家）、鼻窿（鼻孔）、手髀（胳膊）、雨遮（伞）、蚀本（亏本）、影相（照相）、系（是）、唔系（不是）、爱（要）、唔爱（不要）。这些客家方言词基本上都是客家方言与赣方言、粤方言的关系词，只有少数如“岭岗（土山）、沙坝（河滩）、火烧屋（失火）、索（绳子）、番豆（花生）、蚁公（蚂蚁）、鹞婆（老鹰）、鼻（鼻水）、牙黄（牙垢）、打脉（号脉）、舀饭（盛饭）、转屋（回家）、择[tœ⁵]（挑选）、欓[tsin⁵¹]（挤上车）、知得（知道）、唔知得（不知道）、抛（坐车觉得颠）、狭[kʰit⁵]（窄）、崎（陡）、影⁼脚（硌脚）”等赣、粤方言罕见的特征词出现。按照常理，石蛤塘土话被连南客家方言所包围，与客家方言之间具有更加典型的双方言关系，但是土话中单纯的客家方言特征词其实不太多。出现这种现象的原因，可能与连南客家方言中大量的词汇本来就与赣、粤方言相同有关，但是这并不能否认客家方言对土话的渗透影响，土话中那些与客、赣相同或者与客、粤相同的词语，应该有相当部分就是从客家方言中移植过来的。

另外，需要补充说明的是石蛤塘土话中有少数词与赣、粤相同，如：禾桶（打谷桶）、锄头、畜生（牲口）、线鸡（阉鸡）、菢（孵）、崽（儿子）、担（挑担子）、浊（浑浊）。

四　与粤方言相同的词

除了拥有一批与客、粤方言共同的词外，石蛤塘土话中还有相当数量的词只见于粤方言，很明显，这些应该都是晚近从粤方言中借入的词。如：

1．与自然相关：淋雨、回南天（春夏之交暖和而潮湿的天气）、雾水（露）、焗（闷热）、烂湴[puɔn³³]田（烂泥田）、田基（田埂）、山坑水（山涧）、河基（河岸）、水氹[tœn²¹]（水坑）、暖水（温水）、泥尘（灰尘）、铁鉎[sɛ⁴²]（铁锈）、窿（窟窿，眼儿）

2．与农事农具相关：风柜（扇车）、秆荐（草垫）

3．与植物相关：番鬼薯（豆薯）、荷兰薯（马铃薯）、荷兰豆（豌豆）、丝瓜（有棱丝瓜）、水瓜（无棱丝瓜）、番瓜（南瓜）、黄芽白（大白菜）、椰菜（洋白菜）、椰菜花（花椰菜）、雪耳（银耳）、金菜（黄花菜）、□[pʰau^{42}]（萝卜糠了）、树身（树干）、树蔃[kiɛŋ^{44}]（树根）、鸡屎果（番石榴）

4．与动物相关：生鸡头（公鸡）、生鸡崽（鸡角）、鸡项$^{=}$[hœ^{33}]（未生过蛋的小母鸡）、鸡嗉[sɔi^{42}]（鸡嗉子）、饭铲头（眼镜蛇）、飞鼠（蝙蝠）、甲$^{=}$蚻[kuɔt^{2}tsʰuɔt^{5}]（蟑螂）、蠄蟧[kʰan^{24}lau^{24}]（蜘蛛）、雀崽（鸟儿）、鱼春（鱼卵）、蚝[hɔ^{24}]（牡蛎）、蠄蟝[kʰyn^{24}ʃy^{24}]婆（蟾蜍）、蜗□[kua^{44}ȵia^{44}]（小青蛙）、□[lau^{51}]（苍蝇叮）

5．与房舍器具相关：起屋（盖房子）、地塘（晒谷坪）、烟通（烟囱）、猪□[lak^{5}]（猪圈）、高柜（橱子）、枱桌（桌子）、神枱（条案）、饭枱（饭桌）、毡（毯子）、条枱（梳妆台）、木糠（锯末）、锑煲（铝锅）、瓦煲（砂锅）、水煲/茶煲（水壶）、酒樽（酒瓶）、酒埕（酒坛子）、埕崽（坛子）、樽（瓶子）、樽盖（瓶盖）、樽窒[tsat^{2}]（瓶塞）、米瓮（米缸）、钳（镊子）、衣车（缝纫机）、铰剪（剪子）、□[pʰɔ^{21}]（泡沫）、银包（钱包）、葵扇（蒲扇）

6．与人品称谓相关：番鬼佬（外国人）、孤寒佬/孤寒鬼（吝啬鬼）、拐子佬（骗子）、劏猪佬（屠户）、家婆（婆婆）、家公（公公）、大佬（哥哥）、细佬（弟弟）

7．与人体疾病相关：后枕（后脑勺）、眼水（眼泪）、眼眉毛（眉毛）、口（嘴）、口唇（嘴唇）、翘牙齿（龅牙）、下杷$^{=}$[pɔu^{24}]（下巴）、髆头（肩膀）、髆头尖（肩胛骨）、胳肋下（胳肢窝）、閪[hai^{51}]（女阴）、鸟閪[hai^{51}]（交合）、心口（胸口）、药煲（药罐子）、煲茶（煎药）、大颈腮（大脖子）、发羊吊（癫痫）、躃[pa^{51}]脚佬（瘸子）、躃[pa^{51}]手佬（手残者）、崩口佬（豁唇子）、崩牙佬（豁牙了）

8．与服饰相关：恤衫（衬衫）、冷衫（毛衣）、冷线（毛线）、牛头裤（外穿短裤）、裤裆[nœ^{42}]（裤裆）、裤头带（裤腰带）、颈链（项链）、拖屐（木屐）

9．与饮食起居相关：燶[naŋ^{51}]（饭煳了）、饭焦（锅巴）、□[kʰyt^{5}]粥（稠粥）、云吞（馄饨）、边炉（火锅）、猪脷[lai^{33}]（猪舌头）、猪红（猪血）、猪横脷[lai^{33}]（猪胰脏）、猪润（猪肝）、豉油（酱油）、雪条（冰棍）、□[pat^{2}]汤（舀汤）、送（下酒）、屙屁（放屁）

10．与婚丧生育相关：翻头嫁（再醮）、蕴[au^{42}]四眼（害喜）、坐月（坐月子）、孖[mɔu^{21}]崽（双胞胎）、出山（出殡）、拜山（扫墓）、神枱[tui^{24}]（佛龛）、南无佬（道士）

11．与讼事交际有关：行街（逛街）、坐监（坐牢）、斟酒（倒酒）、啱板（和睦）、懊颈（抬杠）、顶颈（顶嘴）、争交（吵架）、倾解（聊天）、讲大话（撒谎）、诈傻（装傻）、丢家（丢人）、应承（答应）、唔该（劳驾）、好彩（运气好；幸亏）

12．与商业交通相关：摆档（摆摊子）、车衣铺（裁缝店）、起价（涨价）、平（便宜）、人工钱（工钱）、欠数（欠账）、赊数（赊账）、追数（要账）、银纸（钱）、散纸（零钱）、艇崽（小船）

13．与文体相关：簿（本子）、胶擦（橡皮）、化水（泅）、公崽书（小人书）、麻雀（麻将）、吊千秋（打秋千）、扒龙船（划龙舟）、跳飞机（跳房子）、讲古崽（讲故事）、银鸡（哨子）

14．与动作行为相关：眯（闭眼）、□[lan51]（啃）、嘲（连喝带吃）、啜[ʧœt2]（吻）、嘟[ȵiak2]手（动手）、黐[ʧʰi51]（黏）、□[pʰut2]（扇扇子）、□[aŋ44]（推）、□[kʰan44]（盖盖子）、搣[mɛ42]（拔）、窒[tsat2]（塞）、拈（抓阄）、绹（栓、绑）、劏[tʰœ51]（杀）、撩（掏耳朵）、针（缝被子）、顿（跺脚）、□[kʰuɛ42]（绊倒）、孭[mɛ51]（背小孩）、辘[lak2]（轧）、□[lɔ44]（搅拌）、□[kʰɔ42]（掺水）、戙[taŋ42]（竖起来）

15．与性状感知相关：谂[nan44]（想）、挂紧（挂念）、望（盼望）、眼热（妒忌）、嬲[nau51]（生气）、焗气（憋气）、中意（喜欢）、大条（粗）、□[kʰuat5]（钝）、黑（暗）、结=[kit2]（涩）、靓（美丽）、百厌（调皮）、得意（可爱）、勤力（勤快）、乌龙（糊涂）、奸（狡诈）、硬颈（执拗）、孤寒（吝啬）

16．与方位有关：上高（上面）、下底（下面）

17．与指代有关：咁[kʰan33]（这么，那么）

18．与虚成分有关：啱线[ŋuɔn44sin42]（刚）、然之后[in24ʧi51hau42]（然后）

19．与数量有关：坜[lai51]（一畦菜地）、埲[paŋ33]（一堵墙）、樽[tsan51]（一瓶醋）、埕[ʧʰɛ24]（一坛酒）、眼[ŋuɔn21]（一盏灯）、对（一双鞋）、条（一根头发）、屎[tak2]（一泡尿）、渡[tau33]（一座桥）

近几十年来，伴随着改革开放，珠江三角洲地区的经济迅速崛起，以经济实力为依托的粤方言对其他方言的影响变得空前广泛和深入，石蛤塘土话虽然地处粤北山区，也毫不例外地接受了粤方言影响。在石蛤塘村，绝大多数的成年男性已经能讲一口流利的粤方言，其口音与广州音相差不大。村民们掌握粤方言的同时，自然会无意识地将粤方言的词借入土话当中，从而使得大量粤方言词进入到土话的词汇系统。另据分析，这些从粤方言中借入的词，一般多是一些表达新事物、新概念的词以及村民认为比较时尚、比较好听的词，这些词被借入的时间可能还不长，它们在土话词汇系统中的表现与赣方言、客家方言在土话词汇系统中的表现应该是有着本质区别的。

从以上对石蛤塘土话与周边客、赣、粤三大方言关系词的粗浅分析中，我们不难看到，在源流上石蛤塘土话与赣方言和北片客家方言有着更为密切的关系，但是由于不断受到粤方言和客家方言的强势影响，被借入的词越来越多，土话的词汇系统正在逐渐发生变化，越来越呈现出混合方言的性质。

另外特别需要指出的是，石蛤塘土话与连南本地粤方言“四会声”有语言接触关系。不排除土话中的一些粤方言词或第三节所谓的“特别词”是来自“四会声”。因为我们还没有对连南“四会声”开展调查，没有可资利用的材料，所以相关比较暂时无法进行。

第三节

特别词

方言特别词语指的是其他汉语方言中罕见的词，大多只见于土话区中，一些可能是土话区的新创词（目前尚未发现从周边瑶族的语言所借用的词）。如：

1. 与自然相关：落岗（太阳下山）、蛤蟆食月（月食）、顺头风（顺风）、对头风（逆风）、掣令$^{=}$[ʧʰit^{2}lɛ^{33}]（闪电）、冷雨（冻雨）、大峒[taŋ^{33}]（田野）、岩水（泉水）、马卵石（鹅卵石）、老住居（故乡）

2. 与时令相关：三十晚夜（除夕）、朝头（清晨）、今朝（上午）、晏头（中午）、今晏（下午）、夜头（夜晚）、□[kɛ^{55}]日（整天）、依前（先前）、依后（后来）、临今（现在）、果$^{=}$早（以前）

3. 与农事农具相关：头□[lɔ^{33}]禾（早稻）、二□[lɔ^{33}]禾（晚稻）、六齿□[kʰuɛi^{24}]（一种耙子）、□[fɛk^{2}]禾机（脱粒机）、罗斗（罗）、碓针（碓杵）、□[lat^{2}]（背篓）、转□[kyn^{51}]（扁担）、守牛（放牛）

4. 与植物相关：谷米（粮食）、高脚麦（高粱）、麻荠（荸荠）、朝阳菊（葵花、葵花籽）、生食瓜（黄瓜）、丰收瓜（佛手）、□碌[pak^{2}lak^{2}]（柚子）、树□[ŋɛ^{44}]（树枝）、竹□[ŋɛ^{44}]（竹鞭）、篾囊（篾黄）、篾皮（篾青）

5. 与动物相关：十二间（银环蛇）、蜕壳（蜕皮）、牛屎□□[tan^{51}tɛ^{51}]（蜣螂）、老虎大哥（螳螂）、龙蜂（胡蜂）、蛀（蜂蜇）、金鸡（金龟子）、蚊虫（苍蝇）、臭鼻虫（椿象）、樟蜚（臭虫）、扬$^{=}$眉$^{=}$[iɛŋ^{24}mai^{24}]（蜻蜓）、红蚣虫（蜈蚣）、炎火虫（萤火虫）、□[nan^{44}]（蚯蚓）、蟥蜞（蚂蟥）、角鳅鱼（鲇鱼）、鱼□[lan^{51}]（鱼篓）、□碌□[pak^{2}lak^{2}kuai^{42}]（蝌蚪）、虾□[luɔt^{2}]（螃蟹）、翅（翅膀）

6. 与房舍器具相关：屋路$^{=}$[lau^{33}](家里)、地坪（场院）、□[lœ^{42}]上（楼上）、□lœ^{42}

下（楼下）、□[tɛ^{42}]（台阶）、门□[kʰin^{21}]（门槛）、光穿（窗子）、椅横（椅子掌儿）、糠水（泔水）、案板（砧板）、糠水桶（泔水桶）、洞⁼棍（拐杖）、臭珠（樟脑丸）

7. 与人品称谓相关：细崽（小孩）、弓背佬/拱背佬（驼子）、踔脚佬（瘸子）、阿太（曾祖父）

8. 与人体疾病相关：日门头（额）、引子（刘海）、面墩（脸颊）、耳朵脚（耳垂）、算盘子（喉结）、手静屎[tak^{2}]（胳膊肘）、□[kin^{44}]崽（男阴）、囊泡（阴囊）、囊仁（睾丸）、茨菰□[tsʰɿ^{24}ku^{51}nɛn^{42}]（赤子阴）、□[kin^{44}]屎（精液）、脚较⁼（脚腕子）、讨西药（买药）、药头（药渣）、角⁼药（拔火罐子）、发热（发烧）、攻脓（化脓）、瘕[hɔu^{51}]（咳嗽）、钳痧（抓痧）、热泡崽（痱子）、囊泡胀（疝气）、打蚜□[tɔu^{44}kua^{44}ȵia^{44}]（发疟子）、蚊虫屎（雀斑）、臭鼻□[nœ^{24}]（狐臭）

9. 与服饰相关：线挂（背心）、对空（对襟）、裤头（裤衩）、冷巾（围巾）、口水枷（围嘴儿）、□[pʰɛ^{51}]被（包裹婴儿的布巾）、雨帽（斗笠）、水衣（雨衣）、高筒鞋（高筒的雨鞋）、胶鞋（低筒的雨鞋）

10. 与饮食起居相关：食个工夫（食物）、冻饭（剩饭）、刨饭（用筷子往口里扒饭）、打□□[œ^{2}ʃœ^{2}]（打嗝）、吹黑灯（熄灯）、眠眼（睡）

11. 与婚丧生育相关：望老婆（相亲）、讨婆（娶亲）、□[fuɔn^{21}]胎（小产）、屙尿床（尿床）、哭紧转（奔丧）、守紧（守灵）、坟碑（墓碑）

12. 与讼事交际有关：手镣（手铐）、颈钳（囚枷）、箅茶（倒茶）、箅酒（斟酒）、扢交（打架）、扢（扇耳光）、扮事（做作）、假□[mau^{33}]（假装）

13. 与商业交通相关：讨（买）、高轮车（两轮板车）

14. 与文体相关：摸人（捉迷藏）、蝓螃钻地（陀螺）、骑膊头马（小孩子骑在大人肩膀上）、打水撇（打水漂）、浸下水（潜水）、吊千秋（荡秋千）、拉□[ȵi^{44}]硬⁼（拉二胡）

15. 与动作行为相关：□[kʰuat^{5}]（瞪）、□[ȵiaŋ^{42}]（闻）、撑（张嘴）、□[vɔ^{44}]（叫他，喊一声）、扁手（背手）、□[van^{21}]（叉手）、□[ȵiɔu^{44}]（拿）、扢[kuat^{2}]（打人）、□[nai^{44}]（用食指和拇指掐）、箍（用双手虎口掐）、折[ʃit^{5}]（摘果子）、□[nɛn^{51}]（用手指撮）、□[luɔt^{2}]（搂柴火）、□vɛi^{44}（从口袋里掏东西）、□[kʰiau^{33}]（抠）、□ma^{51}（撕）、拗（剥橘子）、折[ʃit^{5}]（摘）、□[paŋ^{44}]（从一端托起重物）、□[ȵiɔt^{2}]（挽袖子）、擦（搓绳子）、洞⁼（捅）、□[kʰiau^{33}]（撬）、□[ȵiɔ^{51}]（挠痒）、□[nan^{51}]（胳肢）、□[ha^{42}]（跨）、□[nɛn^{42}]（踮脚）、梗⁼倒（跌倒）、孭[mɛ^{51}]（扛）、□[mɔu^{42}]（蹭痒）、拾（收拾行李）、□[lai^{51}](打捞)、窝（凹）

16. 与性状感知相关：□[vɛ^{42}]（稀）、笪[tsʰɛi^{42}]（倾斜）、颈□[lin^{44}]（渴）、歪怪（丑）、难顶（难过）、恐羞（害臊）、横古冷⁼□[kʰɛ^{42}]（蛮横）、□[ia^{24}]（质量差）

17. 与方位有关：同起（里面）、边舷（边缘）

18. 与指代有关：我鲁⁼[ŋɔ^{21}lau^{21}]（我们，咱们）、你鲁⁼[ni^{21}lau^{21}](你们)、渠鲁⁼[kai^{21}lau^{21}](他们)、□穧[pi^{51}ts^{h}a^{33}]（谁、哪个）、□穧[ti^{33}ts^{h}a^{33}]（这个）、□穧[kat^{2}ts^{h}a^{33}]（那个）、□□[ti^{33}tɛ^{24}]（这些）、□□[kat^{2}tɛ^{24}]（那些）、□□[pi^{51}tɛ^{24}](哪些)、□子[kiɛŋ^{42}tsɿ^{44}]/□□[kiɛŋ^{42}tai^{33}]（怎样）、做□□[tsau^{42}pi^{51}man^{24}]（为什么）

19. 与虚成分有关：□[ȵiɔu^{44}]（用毛笔写字）、摎[lɔ^{51}](我和他；你替我买包烟；他向我借书)、阵[ʧ^{h}an^{33}]（还没吃饭）、嘴[kau^{51}]（几个人都走了；我赢了你）、有□[iu^{21}min^{44}](有点儿)

20. 与数量有关：□[pak^{5}]（一团泥）、□[ȵiaŋ^{42}]（一串葡萄）、令⁼（一瓣橘子）、筒（一支烟）、抓（一把米）、铺（一张床）、穧[ts^{h}a^{33}]/□[kau^{21}]（一只碗）、尺（一拃）、尺（一虎口）、□[vuɔt^{2}]（一庹）、转（玩一回）

石蛤塘土话的有些特别词语，只见于连州市连州镇等少数土话中，正好印证了石蛤塘廖姓迁自连州河村一带的记载。如（连州镇土话根据《连州土话研究》连州点的材料）：

普通话	石蛤塘土话	连州镇土话
闪电	掣令⁼ʧ^{h}it^{2}lɛ^{33}	ts^{h}i^{24}lᴀ^{33}
出彩虹	龙食水 laŋ^{24}ʃɛi^{51}ʃy^{44}	lɛ^{55}ts^{h}i^{11}sy^{53}
后面	背岗⁼pai^{42}kœ^{51}	pᴀi^{11}ko^{22}
扁担	转□ tyn^{42}kyn^{51}	tøn^{11}køn^{22}
螃蟹	虾□ hɔu^{51}luɔt^{2}	hᴀu^{22}lou^{24}
拐杖	洞⁼棍 taŋ^{33}kuan^{42}	tɛ^{22}kuᴀn^{11}
放牛	守牛 ʧiu^{44}ȵiu^{24}	tsiu^{53}ȵiu^{55}
额头	蜜⁼门头 mat^{5}man^{24}tiu^{24}	ŋᴀt^{2}mᴀn^{55}tiu^{55}
男阴	□[kin^{44}]崽	keŋ^{55}
口渴	颈□ kɛ^{44}lin^{44}	kᴀ^{53}leŋ^{53}
把尿	□[k^{h}au^{51}]尿	k^{h}ᴀu^{22}ȵiᴀu^{33}
打秋千	吊千秋 tiau^{42}ts^{h}in^{51}ts^{h}iu^{51}	tiᴀu^{11}ts^{h}eŋ^{22}ts^{h}iu^{22}
挽（袖子）	□ ȵiɔt^{2}	ȵiou^{24}
掏(东西)	□ vɛi^{44}	uɛ^{53}
挠（痒）	□ ȵiɔ^{51}	ȵiᴀu^{22}
蹭（痒）	□ mɔu^{42}	mᴀu^{11}
凹(下去)	窝 vɔu^{51}	uᴀu^{22}
这个	□穧 ti^{33}ts^{h}a^{33}	ti^{33}ts^{h}ᴀ^{33}

那个	□穧kat^{2}ts^{h}a^{33}	kʌt^{24}ts^{h}ʌ^{33}
这些	□□ti^{33}tɛ^{24}	ti^{33}tʌ^{55}
那些	□□kat^{2}tɛ^{24}	kʌt^{24}tʌ^{55}
那里	□□kat^{2}ti^{33}	kʌt^{24}ti^{33}
怎样（做）	□□kiɛŋ^{42}tai^{33}	keŋ^{11}tʌi^{33}
为什么	做□□tsau^{42}pi^{51}man^{24}	tsʌu^{11}pi^{55}
（一）个（人）	穧ts^{h}a^{33}	ts^{h}ʌ^{33}
（一）瓣儿（橘子）	令⁼lɛ^{33}	lʌ^{33}
（一）庹（长）	□[vuɔt^{2}]	ou^{24}

从目前有限的材料来看，石蛤塘的有些特殊词语甚至未见于其他土话，如：今朝（上午）、晏头（中午）、今晏（下午）、屋路⁼[lau^{33}](家里)、□碌□[pak^{2}lak^{2}kuai^{42}]（蝌蚪）、□[nan^{44}](蚯蚓)、拉□[ȵi^{44}]硬⁼(拉二胡)、□ma^{51}(撕)、□[ȵiɔu^{44}](拿)、抲[kuat^{2}](打人)、抲[kuat^{2}]交（打架）、同起（里面）、□□[pi^{51}man^{24}](什么)、□[kau^{21}](一只碗，一口铁锅，一个箱子，一个鸡蛋)、□[pak^{5}]（一团泥）。

第四节

古语词

石蛤塘土话作为现代汉语方言之一种，继承了大量的汉语古语词，特别是单音节词，如：陂（拦水坝，也是常见的地名通名）、禾[vɔu^{24}]（稻子）、薸[piau^{24}]（浮萍）、竻[liɛk^{5}]（树木、花草等的刺儿）、菢[pɔu^{33}]（孵）、檵[ʦin^{51}]（木楔）、桷[kœ^{2}]（椽子）、樽[ʦan^{51}]（瓶子）、笪[tuɔt^{2}]（簟，摊晒粮食等的竹席）、颈[kɛ^{44}]（脖子）、面[min^{33}]（脸）、编（辫子）、崽（儿子）、墟（集市）、煠[ʧ^{h}uɔt^{5}]（在清水中煮）、食[ʃɛi^{51}]（吃）、噍[ʦ^{h}iau^{33}]（嚼）、舐[ʃa^{21}]（舔）、行[hɛ^{24}]（走）、走[ʦau^{44}]（跑）、徛[k^{h}ai^{21}]（站）、着[tiɛk^{2}]（穿衣）、敨[t^{h}au^{44}]（休息）、渠[kai^{21}]（他），这类词还有不少，因为学界已经耳熟能详，本书不再一一加以说明。下面列举在其他方言中较为罕见的一些的古语词，并简要地进行考释（参阅庄初升2004）。

掣　闪电，石蛤塘说ʧ^{h}it^{2}lɛ^{33}。按照语音对应规律，ʧ^{h}it^{2}的本字显然是“掣”。掣，《广韵》入声薛韵昌列切，“挽也。”本意为“拽、拉”。《易・睽》：“见舆曳，其牛掣。”孔颖达疏：“欲进，其牛被牵。”后来引申为流星、雷电等迅疾而过。南朝梁简文帝《金錞赋》：“野旷尘昏，星流电掣。”唐高适《奉和鹘赋》：“翻决烈以电掣，皆披靡而星分。”直到今天，书面语中也还有“风驰电掣”的说法。

雺　雾，石蛤塘说“maŋ^{24}渣”。按照对应规律，maŋ^{24}的本字应该是“雺”。雺，《广韵》平声东韵莫红切，“天气下地不应曰雺，又莫侯切。”《尔雅・释天》：“天气下地不应曰雺。”郭璞注：“雺，言蒙昧。”晋袁宏《三国名臣序赞》：“苟非命世，孰扫雰雺。”唐韩愈等《秋雨联句》：“氛醨稍疏映，雺乱还拥荟。”

舷　器物的边缘，石蛤塘说“边hin^{24}”。按照对应规律，上述本字应该是“舷”。舷，

《广韵》平声先韵胡田切,《集韵》平声先韵:“船边也。”指船两侧的边沿。晋郭璞《江赋》:“忽亡夕而宵归，咏采菱以扣舷。”从专指船两侧的边沿到泛指河流、田地等的边沿，属于词义的扩大，不难理解。

湴　沼泽田，烂泥田(人畜陷下最深可达一米左右，可用于种植莲藕等)，石蛤塘说“烂puɔn33田”，puɔn33本字是“埿”或“湴”。埿,《广韵》去声鉴韵蒲鉴切:“深泥也。”湴,《广韵》去声鉴韵蒲鉴切:“同上”。宋沈括《梦溪笔谈・辩证一》:“湴，字书亦作埿。按：古文埿，深泥也。”《费凤别碑》:“清洁皦尔，埿而不滓。”

厂　屋顶用茅草或杉木皮盖的寮子，石蛤塘说ʧʰœ44，本字是“厂”。厂,《玉篇・广部》:“马屋也。”《广韵》去声漾韵尺亮切:“露舍。”《集韵》上声养韵齿两切:“屋无壁也。”唐代韩偓《南安寓止》:“此地三年偶寄家，枳篱茅厂共桑麻。”

瓯　没有把儿的茶杯，也可以指盖碗儿(当地罕见)，石蛤塘说“茶au51”，au51的本字是“瓯”。瓯,《玉篇・瓦部》:“椀小者。”《广韵》平声侯韵乌侯切:“瓦器。”五代李煜《渔父》:“花满渚，酒满瓯。”汉王逸《楚辞章句》卷十三:“言甂瓯之器登明堂，周鼎反藏于深渊之水。”

荐　稻草编织的用于铺床的草垫子，石蛤塘称为“秆tsin42”，tsin42的本字是“荐”。荐,《广韵》去声霰韵作甸切:“荐席，又荐进也。《说文》曰:‘兽之所食艸。’”《广雅・释器》:“荐，席也。”《世说新语・德行》:“既无余席，便坐荐上。”

婢　母亲的背称，石蛤塘说“阿pai21”，如:我~冇行屋我母亲不在家。pai21的本字是“婢”，表明古代妇女地位低下，包括母亲在内都不能幸免。婢,《说文》:“女之卑者也。”《广韵》上声纸韵便俾切。《礼记・曲礼下》:“自世妇以下，自称曰婢子。”

守　看家，石蛤塘说“ʧiu44屋”，放牛石蛤塘说“ʧiu44牛”，ʧiu44本字是有韵书母的“守”。书母读塞擦音是一个白读层，同是书母的“兽”字读ʧʰiu42可以作为旁证。

晾　晾衣服，石蛤塘说lœ33，本字应该是“晾”。《集韵》去声宕韵郎宕切:“晾，暴也。”方成珪考正:“晾讹从艮。”《字汇・日部》:“晾，晒晾。”元王祯《农书》卷九:“晒荔法，采下即用竹篱晾晒。”“晾”在典籍中也有“晾”的意思。宋陆游《春日》:“迟日园林尝煮酒，和风庭院晾新丝。”

鬭　拼合，安装，石蛤塘说tau42，本字是“鬭”。鬭,《说文・鬥部》:“遇也。”段玉裁注:“凡今人云鬭接者是遇之理也。”《广韵》去声候韵都豆切。“鬭”还有另外一读。《集韵》平声侯韵当侯切:“鬭，交争也。”

绹　栓牛等的动作，石蛤塘说tɔ24，本字是“绹”。绹,《广韵》平声豪韵徒刀切:“《尔雅》曰:‘绹，绞也。’谓纠绞绳索也。”《诗经・豳风・七月》:“昼尔于茅，宵尔索绹。”《天工开物·舟车》：“凡舟中带篷索，以火麻楷绹绞，粗成径寸以外者，即系万钧不绝。”

线　阉割过的公鸡，石蛤塘说“sin^{42}鸡”，sin^{42}与“线”同音，本字就是“线”。宋戴复古《常宁县访许介之途中即景》：“区别邻家鸭，群分各线鸡。”自注：“阉鸡一线则一群，各线则别作一群。”元马谦斋《[双调]沉醉东风·自悟》：“线鸡肥，新醅。”另外，上述有时候也写为“鐓”。鐓，《篇海类编》先谏切，《正字通·金部》：“今俗雄鸡去势谓之鐓，与宦牛、阉猪、骟马义同。”

坼　器物开裂或皮肤皲裂，石蛤塘说“爆$ʧ‘ɛʔ^{2}$”。按照对应规律，本字显然是“坼”。坼，《广韵》入声陌韵丑格切：“裂也。”《广雅·释诂三》：“开也。”《诗经·大雅·生民》：“不坼不堛，无菑无害。”孔颖达疏：“坼、堛，皆裂也。”音义完全符合。

埕　坛子，石蛤塘说$ʧ‘ɛ^{24}$。按照对应规律，本字可能是“埕”。埕，《广韵》没有收录。《通雅·器用》：“大瓮。今俗曰坛，曰埕。”元李文蔚《燕青博鱼》第二折：“隔壁三家醉，开埕十里香。”明汤显祖《牡丹亭·劝农》：“便是这酒埕子漏了，则怕酒少，烦老官儿遮盖些。”“埕”以“呈”得音，应该是一个澄母清韵字，上面各读音正相符合。

铛　铁锅，石蛤塘说$ʧ‘ɛ^{51}$。按照对应规律，本字显然是“铛”。铛，《广韵》平声庚韵楚庚切：“俗，本音当。”《集韵》庚韵：“釜属，通作鎗。”《太平御览》卷七百五十七引《通俗文》：“鬴有足曰铛。”唐康軿《剧谈录》卷下：“俾于药室取铛，拾薪汲泉而煮。”

錭　锉刀，石蛤塘说“锯$tɔ^{24}$”。按照对应规律，$tɔ^{24}$的本字应该是“錭”。錭，《广韵》平声豪韵徒刀切：“錭钝也。”《说文·金部》：“钝也。从金，周声。”段玉裁注：“今俗谓挫抑人为錭钝。”锉刀就是使钝器变为利器的手工工具，故“錭”字音合义通。“錭”或作“鋾”，《集韵》平声豪韵徒刀切：“錭，《说文》：‘钝也。’或作鋾。”

编　辫子，石蛤塘说“pin^{51}子”。按照对应规律，本字不应该是薄泫切的“辫”。客、赣方言中，“辫”也常常读成p声母阴平调，张双庆、万波（2002）一文认为其本字应该是“编”，因为汉代出现的“辫”字还不具有“辫子”或“结发为辫”之义。倒是“编”字，至迟到汉代，便具有“结发为辫”之义。《释名·释首饰》：“编，编发为之也。”

鸟　交合，石蛤塘说$tiau^{44}hai^{51}$，是动宾结构，动词$tiau^{44}$的本字是“鸟”。鸟，《说文·鸟部》：“长尾禽总名也。象形，鸟之足似匕，从匕。”《广韵》上声篠韵都了切。在近代汉语中“鸟”有时候用来指人、畜的雄性生殖器，《敦煌变文集·燕子赋》：“不曾触犯豹尾，缘没横罗（罹）鸟灾？”蒋礼鸿通释：“鸟，骂人的话，和《水浒》里的‘鸟人’、‘鸟男女’的‘鸟’相同。”

髀　胳膊，石蛤塘说“手pi^{44}”，大腿石蛤塘说“大脚pi^{44}”。按照对应规律，上面pi^{44}的本字显然是“髀”。髀,《广韵》上声旨韵卑履切:“股外。”《说文·骨部》:“股也。”音合义通。

踋　瘸子，石蛤塘说“pa⁵¹脚佬”。按照对应规律，本字可能是“踋”。踋,《集韵》平声佳韵蘖佳切:“蹟踋，行缭戾也。”意为行走弯曲不直，音合义通。

瘕　咳嗽，石蛤塘说hɔu⁵¹，哮喘石蛤塘说“痨hɔu⁵¹”，气管炎石蛤塘说“扯hɔu⁵¹lai²⁴”，hɔu⁵¹的本字可能是“瘕”。瘕,《集韵》平声麻韵虚加切:“喉病。”

晏　来晚了，石蛤塘说vuɔn⁵¹。按照对应规律，本字显然是“晏”。晏,《广韵》去声谏韵乌涧切:“柔也，天清也，晚也，又姓。”《小尔雅·广言》:“晚也。”《吕氏春秋·慎小》:“二子侍君日晏，公不来至。”高诱注:“晏，暮也。”宋陆游《新晴出门闲步》:“废寺僧寒多晏起，近村农惰阙冬耕。”

炙　烤火，石蛤塘说ʧai²¹。按照对应规律，本字显然是“炙”。炙,《广韵》入声昔韵之石切:“《说文》曰:‘炮肉也，从肉，在火上。’”《释名·释饮食》:“炙于火上也。”《诗经·小雅·瓠叶》:“有兔斯首，燔之炙也。”毛传:“炕火曰炙。”

扢　大致相当于普通话的动词“打”，石蛤塘说kuat²，如打架、械斗说“kuat²交”，kuat²的本字可能是“扢”。扢,《广韵》入声没韵古忽切，又入声迄韵居乞切。《玉篇·手部》:“扢，摩也。”《集韵》迄韵:“扢，击也。”宋《武经总要·前集》卷九:“中国步兵有强弩利刃之锐，足以扢之。”音合义通。

刺　削铅笔等，石蛤塘说pʰɛ⁵¹。按照对应规律，本字应该是“刺”。刺,《广韵》平声齐韵匹迷切:“刺斫。”《玉篇·刀部》:“削也。”元耶律楚材《和移剌继先韵三首》之三:“细切清风非异事，更将明月刺来薄。”

俵　在众人当中散发烟支等物，石蛤塘说piau⁴²；给予，石蛤塘说piau⁴²。按照对应规律，本字显然是“俵”。俵,《广韵》去声笑韵方庙切:“俵散。”《集韵》笑韵:“分与也。”宋苏轼《奏浙西灾伤第一状》:“巡门俵米，拦街散粥，终不能救。”

争　买东西差一角钱，石蛤塘说ʧɛ⁵¹。按照对应规律，本字显然是“争”。争,《广韵》平声耕韵侧茎切。唐杜荀鹤《自遣》:“百年身后一丘土，贫富高低争几多。”宋陈亮《又甲辰秋书》:“亮二十岁时，与伯恭同试漕台，所争不过五六岁。”“争”也就是“相差”的意思。

牒　把上衣掖进裤腰里，石蛤塘说sit²。按照对应规律，本字可能是“牒”。牒,《广韵》入声贴韵苏协切:“牒牒，小契。”《集韵》贴韵:“牒牒，小楔。”掖进去也就像楔子一样塞进去，音合义通。

窋　塞住洞口称为tsat²，瓶塞称为“樽tsat²”，tsat²的本字可能是“窋”。窋,《说文》:“物在穴中皃。从穴中出。”《广韵》入声术韵竹律切:“物在穴皃。”按照古今语音对应规律，本应该读ʧat²，但是这个词可能是从粤方言中引入，因为今天的广州话ʦ、ʧ已经不分，故折合成石蛤塘土话就成为ʦat²。

搒　鐾（剃刀在布块上反复摩擦，使之锋利），石蛤塘说pœ⁵¹，与“帮”同音，本字可能是“搒”。搒，《集韵》平声唐韵逋旁切：“掠也。”“掠”字有“轻轻擦过或拂过”之意，音合义通。

摎　东西混合在一起，石蛤塘说lɔ⁵¹。按照对应规律，本字应该是“摎”。摎，《集韵》平声肴韵力交切：“物相交也。”《太玄·玄攡》：“死生相摎。”音合义通。

咒　破口大骂，石蛤塘说ʧiu⁴²，本字显然是“咒”。咒，古籍中多作“呪”，本义是祷告，后来引申为咒骂。呪，《广韵》去声宥韵职救切：“呪诅。”《西游记》第十回：“李定闻言，大怒道：‘……你怎么呪我？’”唐赵元一《奉天录》卷一：“浑公亲率列将，酹酒临火坑而咒曰：‘天道助顺，志诚感神……。’”

穧　最常用的量词，石蛤塘说ʦʰa³³，大致相当于普通话的“个”，本字可能是“穧”。穧，《广韵》去声霁韵在诣切：“刈禾把数。”《说文·禾部》：“穧，撮也。”朱骏声《说文通训定声》：“穧谓量名，圭撮之撮。”

第五节

民俗文化词

一　房舍建筑

风水[faŋ^{51}ʃy^{44}]：石蛤塘把村庄称为“寨”[ʧ^{h}uɔi^{33}]或“村寨”[ts^{h}an^{51}ts^{h}uɔi^{33}]，把村口称为“寨口”[ʧ^{h}uɔi^{33}hau^{44}]。村子之后是一个突兀的喀斯特地貌岩石山，称为“后龙山”[hau^{42}laŋ^{24}ʃuɔn^{51}]，山上山下密布大小不同的竹木，被称作“风景林”[faŋ^{51}kan^{44}lan^{24}]，实为该村的风水林。按旧时的民俗，村民一般都比较重视风水，村落有村落的风水，住宅有住宅的风水，凡是动土兴建，一般都会请“风水先生”[faŋ^{51}ʃy^{44}sin^{51}ʃɛ^{51}]来“望风水”[miɛŋ^{33}faŋ^{51}ʃy^{44}]看风水。石蛤塘村保留了一块与风水保护有关的石碑（见图1），上面刻的文字是“一寨后龙过脉之处树木泥皮不得乱取”。

图1　旧时保护风水的石碑　连南石蛤塘村 /2008.7.19/ 岳嫣嫣 摄

图 2　泥砖屋　连南石蛤塘村 /2016.3.4/ 庄初升　摄

屋[ak^{2}]：石蛤塘把房屋统称为“屋”，盖房子称为“起屋”[hai^{44}ak^{2}]。早期的房子主要是“泥砖屋泥砖房”[na^{24}ʧyn^{51}ak^{2}]（见图2）或者“砖瓦屋”[ʧyn^{51}ŋɔu^{24}ak^{2}]。“泥砖”[na^{24}ʧyn^{51}]或“大水砖”[tuɔi^{33}ʃy^{44}ʧyn^{51}]指土坯，是建造房屋的主要材料。这类房子的二楼一般有木头做的阳台，称为“骑楼”[k^{h}ai^{24}lau^{24}]。村中也有用青砖[ʦ^{h}ɛ^{51}ʧyn^{51}]建造的房屋（见图3），不过比较少见。这类房子比较考究，比如门户除了规格较大之外，还有“门

图 3　早期用青砖建造的房子　连南石蛤塘村 /2016.3.4/ 庄初升　摄

图4　门当和门墩
连南石蛤塘村 /2016.3.4/ 庄初升　摄

墩”[man^{24}tan^{51}]（见图4）、“门口”[man^{24}pak^{5}]和“横头”[vε^{24}tiu^{24}]等构件，“门墩”[man^{24}tan^{51}]即托住门扇转轴的石墩子；“门口”[man^{24}pak^{5}]即门当，位于门的顶部，民间相传可辟邪；“横头”即门楣，也就是正门上方门框上部的横梁，一般都用粗重实木制成。大门上方的窗户称为“大光穿”[tuɔi^{33}kuœ^{51}ʧ^{h}yn^{51}]，窗棂子称为“光穿横”[kuœ^{51}ʧ^{h}yn^{51}vε^{33}]。大门的门扇上张贴的年画称为“门神”[man^{24}ʃan^{24}]（见图5），常见的门神是关羽和张飞，其形象威武凶猛，旧时民俗相传能够驱邪避灾、护宅祈福。年代较早的青砖房，墙上会凝结白色硝化物，称为“白硝”[pε^{5}siau^{51}]，可做火药。

图5　门神　连南石蛤塘村 /2016.3.4/ 庄初升　摄

早期石蛤塘村的其他建筑物还有“牛栏牛圈”[ȵiu^{24}luɔn^{24}]（见图6）、“猪□猪圈”[tɔi^{51}lak^{5}]、“柴寮”[ʃuɔi^{24}liau^{24}]（或称“柴楼柴房”[ʃuɔi^{24}lau^{24}]）、“舂米屋碓房”[ʧaŋ^{51}ma^{21}ak^{2}]、“磨米屋磨坊（磨米粉等的作坊、厂房）”[mɔu^{33}ma^{21}ak^{2}]、“石屋”[ʃɛi^{51}ak^{2}]、“杂物房杂屋”[tsʰuɔt^{5}vat^{5}fœ^{24}]、“粪槽厕所”[pan^{42}tsʰɔ^{24}]，等等。“牛栏”一般是用“泥砖”砌墙的低矮瓦房，用于关牛。牛圈肥称为“牛栏粪”[ȵiu^{24}luɔn^{24}pan^{42}]，掏圈肥做肥料称为“出牛栏粪”[ʧʰat^{2}ȵiu^{24}luɔn^{24}pan^{42}]。

图6　牛栏　连南石蛤塘村 /2016.3.4/ 庄初升　摄

二　农业生产

刀[tɔ^{51}]：石蛤塘的农业生产较为多样，而且因为地处山区，竹木资源较为丰富，生产劳动中不免要用到各种刀具。砍柴的称为“柴刀”[ʃuɔi^{24}tɔ^{51}]（见图7），破竹篾的称为“篾刀”[mit^{5}tɔ^{51}]，砍木薯的称为“木薯刀”[mak^{5}ʃy^{24}tɔ^{51}]，割猪草的称为“猪草口”[tɔi^{51}tsʰɔ^{44}pa^{51}]，砍小树、竹子的称为“围割镰”[vai^{24}kut^{2}lin^{24}]，钩柴刀、割草刀称为“镰刀”[lin^{24}tɔ^{51}]。用于割稻子的镰刀则是有齿的，称为“禾镰”[vɔu^{24}lin^{24}]。

图7　各种刀具　连南石蛤塘村 /2016.3.4/ 庄初升　摄

图 8 耙 连南石蛤塘村 /2017.4.16/ 丁沾沾 摄

锄头 [tsʰœ^{24}tiu^{24}]：松土或锄草用的农具，各地形状不一，当地统称为“锄头”（也特指窄的鹰锄）。宽的板锄称为“镰刮” [lin^{24}kuɔt^{2}]，三齿锄称为“三齿□” [suɔn^{51}ʧʰi^{44}kʰuɛi^{24}]，两齿锄称为“两齿□” [liɛŋ^{21}ʧʰi^{44}kʰuɛi^{24}]。安装锄头柄称为“鬬锄头柄” [tau^{42}tsʰœ^{24}tiu^{24}pɛ^{42}]，这个活儿看似简单，实际上“锄头柄” [tsʰœ^{24}tiu^{24}pɛ^{42}] 用什么木材是有讲究的，一般来说有经验的农夫才能安装得牢固而不松脱。另外，镐称为“洋锄” [iɛŋ^{24}tsʰœ^{24}]，是刨硬地用的工具，两头尖，或一头尖一头扁平。

图 9 碌头
连南石蛤塘村 /2017.4.16/ 丁沾沾 摄

犁 [la^{24}]、耙 [pɔu^{24}]（见图 8）、碌头 [lak^{2}tiu^{24}]（见图 9）：水田耕作最主要的三样农具。犁 [la^{24}] 包括“犁手尾犁把” [la^{24}ʃiu^{44}mai^{21}]、“犁头犁铧” [la^{24}tiu^{24}]、“犁壁犁镜” [la^{24}pai^{21}] 等部分组成，在牛的拉动下为收割后的稻田翻土。耙也需要牛拉动，用于碎土、平地的农具。“碌头” [lak^{2}tiu^{24}]，也是在牛的拉动下，人站立两边的横板上，滚动中间的木制碌碡进一步对水田进行平整，是插秧之前的最后一道工序。“碌头”一般用防水性较好的松木来制作。驱赶牛的树枝、竹枝称为“守牛棍” [ʧiu^{44}ȵiu^{24}kuan^{42}]，鞭子称为“牛鞭” [ȵiu^{24}pin^{51}]。

另外，有一种耙子，即归拢或散开谷物、柴草或平整土地用的一种农具（柄长，装有木、竹或铁制的齿），石蛤塘也称为“耙”[pɔu²⁴]（见图10）。

图10　耙　连南石蛤塘村 /2016.3.4/ 庄初升 摄

箩[lɔu²⁴]：用竹篾编制的箩筐，常见的如：米箩[ma²¹lɔu²⁴]、谷箩[kak²lɔu²⁴]。

粪箕[pan⁴²kai⁵¹]：形状像簸箕，有提梁或绳儿，用扁担两头挑农家肥等。还有一种称为“□箕”[tsʰiu⁵¹kai⁵¹]，实为土箕。

扫杆[sɔ⁴²kun⁴⁴]：扫帚的总称，也称笤帚（高粱穗做的，当地较小）。彗星当地则称为“扫把星”[ʃɔ⁴²pɔu⁴⁴sɛ⁵¹]，可能是从粤方言中借用过来的。

碓[tɔi⁴²]：舂米的器具，在早期的农业社会中非常常用。石蛤塘把碓杵称为“碓针”[tɔi⁴²ʧan⁵¹]，把石臼称为“石□”[ʃɛi⁵¹hun⁴⁴]。当地还有一种用水的落差冲力作为动力的碓，称为“水碓”[ʃy⁴⁴tɔi⁴²]（见图11）。舂米的“碓针”和“石□”[ʃɛi⁵¹hun⁴⁴]一般安放在“水碓屋碓房”[ʃy⁴⁴tɔi⁴²ak²]之中。

图11　水碓　连南南岗瑶寨 /2016.3.4/ 庄初升 摄

耕田[kɛ^{51}tin^{24}]：泛指种田，种植农作物也称为“种工夫”[ʧaŋ^{42}kaŋ^{51}fu^{51}]。石蛤塘的农作物主要是水稻，一年有“头□早季”[tiu^{24}lɔ^{33}]和“二□晚季”[ȵi^{33}lɔ^{33}]两季。每年春天到了先“下谷种”[hɔu^{21}kak^{2}ʧaŋ^{44}]撒种（详见下文）和“开耕”[hɔi^{51}kɛ^{51}]春耕。“开耕”主要包括“犁田”[la^{24}tin^{24}]和“耙田耙田（牛拉动耙（bà）以碎土、平地）”[pɔu^{24}tin^{24}]，清明前后则开始“扯秧拔秧”[ʧʰɛi^{44}iɛŋ^{51}]和“莳田插秧”[ʃi^{33}tin^{24}]。俗语说：“莳田莳到处暑，种番薯种到白露止，好过借米煮。”[ʃi^{33}tin^{24}ʃi^{33}tɔ^{42}ʧʰi^{42}ʃy^{44}，ʧaŋ^{42}fuɔn^{51}ʃy^{24}ʧaŋ^{51}tɔ^{42}pɛ^{5}lau^{33}ʧi^{44}，hɔ^{44}ku^{42}tsɛi^{42}ma^{21}ʧy^{44}]意为尽管错过了最好季节，但还是要种植，总比没有收成好。到了农历六月早稻成熟，村民们开始夏收[hɔu^{33}ʃiu^{51}]（见图12），也称为“割头□”[kut^{2}tiu^{24}lɔ^{33}]，这是一年最为忙碌的时节。一般在夏收之后紧接着犁田、耙田和“莳田”，农历十月秋收，也称为“割二□”[kut^{2}ȵi^{33}lɔ^{33}]。以前在秋收之后还种一些其他作物，称为“冬种”[taŋ^{51}tsaŋ^{42}]。

图12 夏收 连南石蛤塘村/2008.7.19/庄初升 摄

图 13　下谷种　连南石蛤塘村 /2018.3.16/ 庄初升 摄

下谷种 [hɔu^{21}kak^{2}ʧaŋ^{44}]（见图 13）：撒谷种。一般在惊蛰之后将“谷种”用冷水浸泡，谷种爆芽之后就可以播种。把谷种撒在平整好的成畦的水田上，为了防止谷种及长出的秧苗冻伤，需要用塑料薄膜保暖，称为“□尼龙纸”[kʰan^{44}na^{24}laŋ^{24}ʧi^{44}]。

图 14　收蚕包　连南石蛤塘村 /2008.7.19/ 岳嫣嫣 摄

养蚕 [iɛŋ^{21}tsʰuɔn^{24}]：种桑养蚕是当地重要的经济来源之一，近几年从业者越来越少。首先要在良田中种植桑树 [ʃœ^{51}ʃy^{33}]，生产的“桑果崽桑葚”[ʃœ^{51}kuɔu^{44}tsa^{44}] 可以生吃，而桑叶 [ʃœ^{51}it^{5}] 用于养蚕。蚕吐丝结茧，称为“蚕包”[tsʰuɔn^{24}pɔ^{51}]（见图 14），后经过 4 天左右就会变成蛹 [iaŋ^{44}]。养蚕用具当地称为“蚕笪”[tsʰuɔn^{24}tuɔt^{2}]，是用竹篾编织而成的，用以盛桑叶和放养蚕。“蚕包”缫成的就是蚕丝 [tsʰuɔn^{24}sɿ^{51}]。

三　节庆饮食

二十赖$^{=}$败$^{=}$[ȵi^{33}ʃat^{5}luɔi^{33}puɔi^{33}]：正月二十，当地传统节日，说土话的石蛤塘以及联红村委会的寨脚、香花、燕塘，东塘村委会的东塘（上村、下村）、元陂，六联村委会的新村，新和村委会的新岩等村落习惯过此节。当地俗语说“有食冇食，过到二十有吃的没吃的都要过到正月二十，意为到这一天春节就结束了”[iu^{21}ʃɛi^{51}mɔ^{21}ʃɛi^{51}，ku^{42}tɔ^{42}ȵi^{33}ʃat^{5}]；又说“二十赖$^{=}$败$^{=}$刣鸡拉$^{=}$正月二十宰最小的鸡，意为到了正月二十这一天，春节已经结束了，连最小的鸡都杀了吃了，应该干活去了”[ȵi^{33}ʃat^{5}luɔi^{33}puɔi^{33} tʰœ^{51}ka^{51}luɔi^{51}]。说明“二十赖$^{=}$败$^{=}$”是春节的最后一个节庆活动。

扣肉[kʰau^{42}ȵiak^{5}]：主要有“梅菜扣肉”[mai^{24}tsʰɔi^{42}kʰau^{42}ȵiak^{5}]和“香芋扣肉”[hiɛŋ^{51}vu^{33}kʰau^{42}ȵiak^{5}]两种，肉烂味香，肥而不腻。上好的五花肉先飞水、煮熟并油炸。起锅后“记眼用锥子扎肉皮使之带有眼儿”[kai^{42}ŋuɔn^{21}]、“出水使多余的油和水分渗出”[ʧʰat^{2}ʃy^{44}]，然后切成大片，加上酱料、糖和甜酒等搅匀[kɔ^{44}ian^{24}]，使之入味。梅菜浸泡之后，铺到上述做好的肉片之上一起蒸透，出锅后倒扣盘中即是梅菜扣肉。香芋先切块、炸熟，再与上述肉片夹在一起，即是香芋扣肉。

酿豆腐[ȵiɛŋ^{33}tau^{33}fu^{33}]：把水豆腐或油豆腐切成一寸半左右的方块，挖去中心部分形成凹槽，把猪肉、糯米、香菇、葱头等做成的馅儿酿入豆腐块的凹槽，最后加水煮熟，或者放入油锅中煎熟。此外，还有“酿茄子”[ȵiɛŋ^{33}kʰɔi^{24}tsɿ^{44}]（见图15）和“酿辣子”[ȵiɛŋ^{33}luɔt^{5}tsɿ^{44}]。前者是在两块没有切断的茄子片中夹带肉馅儿一起烧煮；后者是把大辣椒破开去籽，酿入肉馅儿后放入油锅中炸熟，也可煎可煮。以上几样都是二十赖$^{=}$拜$^{=}$等

图15　尚未下锅的酿茄子　连南石蛤塘村 /2018.3.7/ 廖建锋 摄

传统节日或其他庆祝活动必备的菜肴。

罩鸭[tʃɔ^{42}vuɔt^{2}]：杀好的鸭子，把尾部的切口（为了取出鸭内脏等而切开的）用牙签等扎起封好（主要是为了防止油水进入鸭子腹内），放入水中煮熟。起锅后全身抹上酱油等，晾干后再放入油锅油炸。起锅后挂起，随时可以切块食用。

罩肠[tʃɔ^{42}tʃ^{h}iɛŋ^{24}]：以猪大肠最后的一段直肠（当地称“白肠”[pɛ^{5}tʃ^{h}iɛŋ^{24}]）为原料，灌入拌匀的鸡蛋、葱头及调料等，两端用绳子扎紧，然后放入油锅慢火油炸。起锅后切片即可食用。

甜酸鱼[tin^{24}syn^{51}ȵy^{24}]：杀好草鱼之后，先“割花用刀在鱼身上划条纹”[kuɔt^{2}fɔu^{51}]，抹上调料和上生粉，然后油炸。起锅之后打芡，浇上陈醋及新鲜的西红柿酱等调料，最后撒上葱花。

糖环[tœ^{24}vuɔn^{24}]（见图16）：过年时才做的一种食品，家家必备。除夕那天或者腊月二十七、二十八做糖环，先把糯米磨成粉，加上白糖、芝麻，做成糖圈，形似三连环，再放进油里炸熟。做好的糖环，放到酒瓮中保存，春节前后都可以食用。

糍[ts^{h}ai^{24}]：也称为“糍粑”[ts^{h}ai^{24}pɔu^{51}]，逢年过节时做的一种食品。清明节做的糍粑比较特别，要加上艾草，称为“艾糍”[ŋui^{33}ts^{h}ai^{24}]。水烧开后，把嫩艾草放进煮熟后捞起，扎成团揉搓去苦水，然后切碎，放进米浆搅拌揉成团，再捏出一个个糍粑团，压平后放油锅炸熟。端午又称为“五月节”[m̩^{21}ȵyt^{5}tsit^{2}]，做各种各样的糍粑，如“油煮糍”[iu^{24}tʃy^{44}ts^{h}ai^{24}]、“水糍”[ʃy^{44}ts^{h}ai^{24}]、“虾公糍”[hɔu^{51}kaŋ^{51}ts^{h}ai^{24}]、“灰水糍”[fai^{51}ʃy^{44}ts^{h}ai^{24}]、“铜荡糍”[taŋ^{24}t^{h}œ^{42}ts^{h}ai^{24}]等。

图16　糖环　连南石蛤塘村/2018.2.13/廖建锋 摄

图 17　角崽和切酥　连南石蛤塘村 /2018.2.13/ 廖建锋 摄

角崽 [kœ^{2}tsa^{44}]（见图 17）：过年时做的一种食品。面粉加水和猪油搅拌揉搓，做成皮儿，然后把炒过的芝麻、炒熟捣碎的花生米、白糖做成馅儿包好以后再油炸。角崽形似饺子，故名。实际上，“角”就是“饺”的本字。

切酥 [ts^{h}it^{2}sau^{51}]（见图 17）：春节前用面粉、鸡蛋和猪油等做的一种油炸食品。面粉等加水揉成面团，再搓成条状，切成片状，放入油锅炸熟即成。一般是甜味，也有咸味，香脆可口。

图 18　菜□鉽 [ts^{h}ɔi^{42}ʧɔu^{44}t^{h}uɔt^{2}]
连南石蛤塘村 /2016.3.4/ 庄初升 摄

蝉楂崽 [ʃin^{24}ʧɔu^{51}tsa^{44}]：也可直接称为“山楂”，有野生的，也可种植。采叶子晒干，泡开水饮用，可降血压等，是当地最常见的饮品（当地人很少喝茶）。

菜□鉽 [ts^{h}ɔi^{42}ʧɔu^{44}t^{h}uɔt^{2}]（见图 18）：腌梅菜或酸菜的坛子。当地做梅菜时，要先将芥菜洗净、晾晒、切段、搓盐，还要放在这类坛子中腌。而后再水煮和晒干等。

四　寿丧习俗

做生日[ʦau^{42}ɛ^{51}ȵiat^{5}]：做生日的年龄是50岁、60岁、70岁，80岁不做生日。做生日时一般要放鞭炮，祝寿者给做寿的人送红包，做寿的人请祝寿者吃饭。一般要上13道菜，这13道菜是：白切鸡、烧鸭、炸整条鱼、炸排骨、双猪蹄（用醋腌制后，烧煮时加上姜、藠头、白糖）、扣肉、叉烧花生米（花生米垫底，上面叉烧猪肉）、炒鱿鱼（干鱿鱼）、炒猪肚、炒猪杂或鸡杂鸭杂、骨头汤、粉丝及萝卜丁（豌豆、萝卜丁、玉米、肉丁、腰果混在一起炒）。满月酒、乔迁等请客吃饭，也一般是13道菜。

五色纸[m̩^{21}ʃai^{21}tʃi^{44}]：清明节、七月十四时祭奠用的，有五种颜色：青色、黄色、粉红色、白色、紫色，一般主要使用的是粉红色、黄色、青色三种，可以用来做成衣服、小人等，祭祀时烧掉，其中白色一般只用于挂纸，不会用来做成衣服。

灵屋[lɛ^{24}ak^{2}]：用筷子大小的竹条扎成一间屋，竹条搭架，用五色纸糊好，有窗户、门等。以前门口两边用毛笔画两个人，类似于卫兵，还会用毛笔画出瓦片。现在用纸剪成纸人放在门口两边，也不再画瓦。灵屋里边是空的。

地府纸[tai^{33}fu^{44}tʃi^{44}]：烧给死人用的钱（迷信），冥币，面额有一元、五元、十元、五十元、一百元不等，也有面额很大的，比如一千万、五千万、一亿、十亿等。

撞七[ʧ^{h}œ^{42}ʦ^{h}at^{2}]：是一种祭奠仪式。人去世后，头七天，或在二七、三七、四七、五七时祭奠。根据去世人的生辰八字具体选择哪一个七。确定日期以后，当天参加祭奠仪式的有儿子、孙子，嫁出去的女儿也要赶回来，媳妇不用去。上坟祭拜的时候，带上线香、蜡烛、熟鸡（煮得半生熟的，不能用熟透的）、纸炮、酒、酒杯（至少三个，酒杯里的酒不用太多）等。接着是烧香祭拜。在场每人拿三根香拜，拜三下。“□□”[kaŋ^{42}iɛŋ^{33}]（意为让去世的人吃东西）大概十五到二十分钟。之后就烧纸钱、灵屋等，打纸炮（放鞭炮）。

挂纸[kuɔu^{42}ʧi^{44}]：清明扫墓时间从清明节开始至农历四月初八，不能晚于四月初八。扫墓时先用镰刀、锄头等农具除去坟墓的杂草，把墓地周围整理干净。然后在坟头正中放三张白纸，在左右两边间隔放上两张白纸，白纸可用小石头压住。挂纸的时候，不用烧灵屋，烧纸钱即可，也会放鞭炮，还会带一些水果、鸡等，也有人带饼干。如果是同宗同姓人一起祭拜祖先，还会带一头烧猪，约50斤。现在也有人还用纸做的手机、皮鞋等等物品祭拜。嫁出去的女儿清明节不用回来挂纸。

五　瑶族风情

瑶岭[iau^{24}lɛ^{21}]：连南瑶族自治县的户籍人口中，瑶族人超过一半，绝大部分属于“排

图 19　南岗排被称为“千年瑶寨”　连南南岗瑶寨 / 2016.3.4 / 庄初升 摄

瑶”。排瑶又称为“八排瑶”，传统上指八个较大的瑶寨，即油岭排、南岗排（见图19）、横坑排、军寮排、火烧排、大掌排、里八峒排、马箭排，据说因为依山建房，排排相叠而得名。实际上，连南大大小小的瑶寨远不止八个，在明代就形成了“八排二十四冲”。石蛤塘附近就有几个瑶寨，当地称之为“瑶岭”[iau^{24}lɛ^{21}]，也称为“瑶排”[iau^{24}puɔi^{24}]。石蛤塘虽然是一个汉族村落，但是因为邻近瑶寨，有些村民甚至会简单讲一些瑶语。

瑶胞佬[iau^{24}pɔ^{51}lɔ^{44}]：石蛤塘与瑶族村寨比邻而居，与瑶族人来往颇多，统称瑶族人为“瑶胞佬”或“瑶崽佬”[iau^{24}tsa^{44}lɔ^{44}]（见图20），也根据其服饰特点称为“大裤脚”[tuɔi^{33}fu^{42}kiɛk^{2}]或“大裤裉”[tuɔi^{33}fu^{42}nœ^{42}]。另外，瑶老（瑶族的族长）称为“瑶王”[iau^{24}vœ^{24}]，男人称为“瑶公”[iau^{24}kaŋ^{51}]，女人称为“瑶婆”[iau^{24}pɔu]。

要歌堂[ʃɔu^{42}kɔu^{51}tœ^{24}]：每年十月十六是瑶族的盘王节，瑶胞为了纪念祖先、庆祝丰收、酬谢还愿在村寨比较平坦的地方举行大型的娱乐性民间集会，杀鸡宰猪、载歌载舞、呼朋唤友，好不热闹。2011年正式列入首批国家非物质文化遗产名单。

图 20　盛装的瑶族青年　连南南岗瑶寨 / 2016.3.4 / 庄初升 摄

第五章　分类词表

说明

1．分类词表收录石蛤塘土话的词语，共计5000条以上。其中第一节是根据《中国语言资源调查手册·汉语方言》的1200个条目进行调查所得，少数调查条目如“驴”“骡”“炕”等调查不出，只好阙如，本节词语均附音频，音频目录与《中国语言资源调查手册·汉语方言》词汇条目一致。（本方言不说的除外；同义词共用一个音频条目）；第二节主要是根据《汉语方言词语调查条目表》的条目进行调查所得，一些条目调查不到，只好阙如，同时补充了不少适合该土话的条目。另外，第一节已经出现的条目，第二节不再重复。需要特别说明的是，根据该土话词汇的实际情况，《汉语方言词语调查条目表》的第二十六类“副词、介词等”，本分类词表改为“虚词”，包括副词、介词、助词、连词等；第二十八类“附加成分等”改为“拟声词”。

2．第四章第五节详细解释的民俗文化词，本分类词表只在词条及注音前加“*”，不做说明或解释。

3．本分类词表主要发音人是廖盛情先生、廖观所先生和廖秀莲女士，其中第一节《中国语言资源调查手册·汉语方言》部分，发音人是廖观所先生。

4．尽量使用本字，如“瘕咳嗽”[hɔu^{51}]或写作“痄”，《集韵》麻韵虚加切：“喉病。”

5．适当使用一些俗字，这些俗字主要见于来自粤方言或客方言的借词，如“冇没（来）”[mɔ^{21}]、“裉裤～：裤裆”[nœ^{42}]、“罅缝儿”[lɛi^{42}]、“燶（饭）煳（了）”[naŋ^{51}]、“羋乚乳房”[nɛn^{33}]、“閪女阴”[hai^{51}]。

6．适当使用同音字或近音字，在右上方加“=”表示，如：石离=石山[ʃɛi^{51}lai^{24}]、贡=涵洞[kaŋ^{42}]；合音词用[ ]括起合音的两个语素，如：[唔好]客气不用客气[mɔ^{44}k^{h}ɛ^{2}k^{h}ai^{42}]。没有合适汉字可写的用“□”表示，如：□玩儿[lɛ^{44}]、□满（缸里水很～）[lan^{21}]、□□□呆头呆脑[ŋœ^{2}tœ^{42}tœ^{42}]。

第一节

《中国语言资源调查手册·汉语方言》

一　天文地理

热头ȵit^{5}tiu^{24}太阳：～出啰

月光ȵyt^{5}kuœ^{51}①月亮；②月光

星子sɛ^{51}tsɿ^{44}星星

云van^{24}

风faŋ^{51}

台风tui^{24}faŋ^{51}

掣令=tʃ^{h}it^{2}lɛ^{33}闪电：春头天，好响有～

雷公lɔi^{24}kaŋ^{51}雷：天上～，地下舅公

雨y^{21}

落雨lœ^{5}y^{21}下雨

淋lan^{24}～雨

晒ʃuɔi^{42}～衣裳

雪syt^{2}

冰pɛ^{51}

雹pak^{5}冰雹

霜ʃœ^{51}

雾mau^{33}

　雺渣maŋ^{24}ʧɔu^{51}

雾水mau^{33}ʃy^{44}露

龙laŋ^{24}虹

天狗食热t^{h}in^{51}kau^{44}ʃɛi^{51}ȵit^{5}

　日食ȵiat^{5}ʃɛi^{51}

蛤蟆食月hɔu^{24}mɔu^{24}ʃɛi^{51}ȵyt^{5}

　月食ȵyt^{5}ʃɛi^{51}

天气t^{h}in^{51}k^{h}ai^{42}

好天hɔ^{44}t^{h}in^{51}

  晴天 tsʰɛ^{24}tʰin^{51}

阴天 an^{51}tʰin^{51}

旱 hun^{21} 天～

涝 lɔ^{33} 发大～

天光 tʰin^{51}kuœ^{51} 天亮

水田 ʃy^{44}tin^{24}

旱地 hun^{21}tai^{33} 浇不上水的耕地

田基 tin^{24}kai^{51} 田埂

路 lau^{33}

山 ʃuɔn^{51} 多指石山

山谷 ʃuɔn^{51}kak^{2}

江 kœ^{51} 大的河

坑 hɛ^{51} 小溪

水沟崽 ʃy^{44}kau^{51}tsa^{44} 水沟儿

湖 vu^{24}

塘 tœ^{24} 池塘

  鱼塘 ȵy^{24}tœ^{24}

水氹 ʃy^{44}tœn^{21} 水坑儿

大水 tuɔi^{33}ʃy^{44} 洪水

浸 tsan^{42} 淹

  淹 in^{51}

河基 hɔu^{24}kai^{51} 河岸

陂头 pai^{51}tiu^{24} 拦水的坝

  □陂 tan^{44}pai^{51}

  陂 pai^{51}

地震 tai^{33}ʧan^{42}

空窿 haŋ^{51}laŋ^{44} 窟窿

罅 lɛi^{42} 缝儿

石头 ʃɛi^{51}tiu^{24}

土 tʰau^{44}

泥 na^{24}

红毛泥 haŋ^{24}mɔ^{24}na^{24} 旧称水泥

沙 ʃɔu^{51} 沙子

砖 ʧyn^{51} 指整块的砖

瓦 ŋɔu^{21} 指整块的瓦

煤 mai^{24}

水火油 ʃy^{44}fɔu^{44}iu^{24} 煤油

炭 tʰuɔn^{42} 木炭

灰 fai^{51} 物质燃烧后形成的粉末状的东西

灰尘 fai^{51}ʧʰan^{24}

火 fɔu^{44}

烟 in^{51} 物质燃烧时形成的带有微小颗粒的气体

火烧屋 fɔu^{44}ʃiau^{51}ak^{2} 失火

水 ʃy^{44}

□水 tsʰai^{21}ʃy^{44} 凉水

热水 ȵit^{5}ʃy^{44}

滚水 kuan^{44}ʃy^{44} 开水

磁 tsʰɿ^{24} 磁铁

  磁石 tsʰɿ^{24}ʃɛi^{51}

二　时间方位

时候 ʃi^{24}hau^{33}

□□时候 pi^{51}man^{24}ʃi^{24}hau^{33} 什么时候

临今 lan^{24}kan^{51} 现在：～系有得做，也有得食

果$^{=}$早 kuɔu^{44}tsɔ^{44} 以前：～我坐过船，从来冇骑过马

  依前 i^{51}tsʰin^{24} ～每穧人去做工之前

依后 i^{51}hau^{33} ①后来，从今以后：～诶为了纪念渠，咁子诶，就年年十月十六哩去渠个坟拜啰；②以后：初四、初五～，转外家个人也比较多

一世人 at^{2}ʃa^{42}ȵian^{24} 一辈子

今年 kan^{51}nin^{24}

明年 mɛ^{24}nin^{24}

后年 hau^{42}nin^{24}

旧年 kʰiu^{33}nin^{24} 去年

前年 tsʰin^{24}nin^{24}

往年 vœ^{21}nin^{24}

年头 nin^{24}tiu^{24} 年初

年初 nin^{24}ʧʰœ^{51}

年尾 nin^{24}mai^{21} 年底

年底 nin^{24}ta^{44}

今日 kan^{51}ȵiat^{5} 今天

明日 mɛ^{24}ȵiat^{5} 明天

后日 hau^{42}ȵiat^{5} 后天

大后日 tuɔi^{33}hau^{42}ȵiat^{5} 大后天

昨日 tsʰɔ^{24}ȵiat^{5} 昨天

前日 tsʰin^{24}ȵiat^{5} 前天

大前日 tuɔi^{33}tsʰin^{24}ȵiat^{5} 大前天

□日 kɛ^{44}ȵiat^{5} 整天

每日 mai^{21}ȵiat^{5} 每天

清早 tsʰɛ^{51}tsɔ^{44} 早晨

朝头 tiau^{51}tiu^{24} 清晨

今朝 kan^{51}tiau^{51} 上午

晏头 vuɔn^{42}tiu^{24} 中午

今晏 kan^{51}vuɔn^{42} 下午

晏夜 vuɔn^{42}iɛi^{33} 傍晚

差唔多黑 ʧʰɔu^{51}m̩^{24}tɔu^{51}hiɛk^{2}

白日 pɛ^{5}ȵiat^{5} 白天

夜头 iɛi^{33}tiu^{24} 夜晚

半夜 pun^{42}iɛi^{33}

正月 ʧɛ^{51}ȵyt^{5}

年初一 nin^{24}ʧʰœ^{51}at^{2} 大年初一

正月半 ʧɛ^{51}ȵyt^{5}pun^{42}

正月十五 ʧɛ^{51}ȵyt^{5}ʃat^{5}m̩^{21} 元宵节

年宵节 nin^{24}siau^{51}tsit^{2}

清明 tsʰɛ^{51}mɛ^{24}

五月节 m̩^{21}ȵyt^{5}tsit^{2} 端午

鬼节 kuai^{44}tsit^{2} 中元节，当地是农历七月十四

八月十五 puɔt^{2}ȵyt^{5}ʃat^{5}m̩^{21} 中秋

冬至 taŋ^{51}ʧi^{42}

十二月 ʃak^{5}ȵi^{33}ȵyt^{5} ①阳历十二月；②腊月

三十晚夜 suɔn^{51}ʃat^{5}muɔn^{21}iɛi^{33} 农历除夕

年卅夜 nin^{24}suɔn^{51}iɛi^{33}

通书 tʰaŋ^{51}ʃy^{51} 历书

旧历 kʰiu^{33}lat^{5} 阴历

新历 san^{51}lat^{5} 阳历

星期日 sɛ^{51}kʰai^{24}ȵiat^{5} 星期天

地方 tai^{33}fœ^{51} 你还使别个～个话么？

□□地方 pi^{51}man^{24}tai^{33}fœ^{51} 什么地方

屋路$^{=}$ak^{2}lau^{33} 家里：～来客人哩，讨滴菜

城镇 ʃɛ^{24}ʧan^{44} 城里

乡下 hiɛŋ^{51}hɔu^{33}

上高 ʃiɛŋ^{33}kɔ^{51} 上面：～冇人住

下底 hɔu^{21}ta^{44} 下面：～有好多农田

左边 tsɔu^{44}pin^{51}

右边 iu^{33}pin^{51}

中间 ʧaŋ^{51}kuɔn^{51}

前面 tsʰin^{24}min^{33}

后面 hau^{42}min^{33}

背岗$^{=}$pai^{42}kœ^{51} 你行前面，我行～

辣$^{=}$尾 luɔt^{5}mai^{21} 末尾

对面 tɔi^{42}min^{33}

面前头 min^{33}tsʰin^{24}tiu^{24} 面前

背岗$^{=}$pai^{42}kœ^{51} 背后

同起 taŋ^{24}hai^{44} 里面：水库～有几十斤个鱼

外面 ŋui^{33}min^{33}

边舷 pin^{51}hin^{24} 旁边

　侧边 tsɛ^{2}pin^{51}

上 ʃiɛŋ^{33} 天～

下 hɔu^{33} 地～

边 pin^{51} 边儿：天～

角 kœ^{2} 角儿：眼～

上去 ʃiɛŋ^{21}hau^{42}

下来 hɔu^{21}lui^{24}

入去 ȵiat^{5}hau^{42} 进去

出来 ʧʰat^{2}lui^{24}

出去 ʧʰat^{2}hau^{42}

转来 tyn^{42}lui^{24} 回来

起来 hai^{44}lui^{24} 天冷～

三　植物

树 ʃy^{33}

木头 mak^{5}tiu^{24}

松树 tsʰaŋ^{24}ʃy^{33}

柏子树 pʰɛ^{2}tsɿ^{44}ʃy^{33} 柏树

沙树 ʃɔu^{51}ʃy^{33} 杉树

柳树 liu^{21}ʃy^{33}

竹崽 ʧak^{2}tsa^{44} 竹子

笋 san^{44}

叶 it^{5} 叶子

花 fɔu^{51}

花蕾 fɔu^{51}lɔi^{24}

梅花 mai^{24}fɔu^{51}

牡丹 mɔu^{21}tuɔn^{51}

莲藕花 lin^{24}ŋau^{21}fɔu^{51} 荷花

草 tsʰɔ^{44}

藤 tiɛŋ^{24}

簕 liɛk^{5} 刺儿

　刺 tsɿ^{42}

水果 ʃy^{44}kuɔu^{44}

　果崽 kuɔu^{44}tsa^{44}

苹果 pɛ^{24}kuɔu^{44}

桃崽 tɔ^{24}tsa^{44} 桃子

梨 lai^{24}

李崽 lai^{21}tsa^{44} 李子

杏 hɛn^{42}

柑子 kun^{51}tsɿ^{44} 橘子

□碌 pak^{2}lak^{2} 柚子

柿崽 ʧʰa^{21}tsa^{44} 柿子

石榴 ʃɛi^{51}liu^{24}

枣崽 ʧɔ^{44}tsa^{44} 枣

板栗 puɔn^{44}lat^{5} 栗子

核桃 hut^{5}tɔ^{24}

白果 pɛ^{5}kuɔu^{44} 银杏

蔗 ʧɛi^{42} 甘蔗

木耳菌 mak^{5}ȵi^{21}kʰuan^{21} 木耳

菌 kʰuan^{21} 野生的蘑菇

　蘑菇 mɔu^{24}ku^{51} 当地生产的一种菇类

冬菇 taŋ^{51}ku^{51} 香菇

禾 vɔu^{24} 稻子

谷 kak^{2} 稻谷

禾秆 vɔu^{24}kun^{44} 稻草

大麦 tuɔi^{33}mɛ^{5}

禾麦 vɔu^{24}mɛ^{5} 小麦

麦秆 mɛ^{5}kun^{44} 麦秸

黄粟 vœ^{24}sak^{2} 谷子

高脚麦 kɔ^{51}kœ^{2}mɛ^{5} 高粱

　高粱麦 kɔ^{51}liɛŋ^{24}mɛ^{5}

苞麦 pɔ^{51}mɛ^{5} 玉米

棉花 min^{24}fɔu^{51}

油菜 iu^{24}tsʰɔi^{42} 油料作物，不是蔬菜

油麻 iu^{24}mɔu^{24} 芝麻

　麻子 mɔu^{24}tsɿ^{44}

朝阳菊 ʧʰiau^{24}iɛŋ^{24}kak^{2} 向日葵

tsʰuɔn^{24}tau^{33} 蚕豆

荷兰豆 hɔu^{24}luɔn^{24}tau^{33} 豌豆的一种

　雪豆 syt^{2}tau^{33} 豌豆的一种，不吃豆荚只吃豆籽

番豆 fuɔn^{51}tau^{33} 花生

黄豆 vœ^{24}tau^{33}

绿豆 lak^{5}tau^{33}

豆角 tau^{33}kœ^{2} 豇豆

黄芽白 vœ^{24}ŋɔu^{24}pɛ^{5} 大白菜

椰菜 ia^{24}tsʰɔi^{42} 包心菜

角菜 kœ^{2}tsʰɔi^{42} 菠菜

芹菜 kʰan^{24}tsʰɔi^{42}

莴笋 vɔu^{51}san^{44}

韭菜 kiu^{44}tsʰɔi^{42}

芫荽 yn^{24}sɿ^{51} 香菜

葱 tsʰaŋ^{51}

蒜子 syn^{42}tsɿ^{44} 蒜

姜 kiɛŋ^{51}

洋葱头 iɛŋ^{24}tsʰaŋ^{51}tiu^{24}

　洋葱 iɛŋ^{24}tsʰaŋ^{51}

辣子 luɔt^{5}tsɿ^{44} 辣椒

茄子 kʰɔi^{24}tsɿ^{44}

番茄 fuɔn^{51}kʰɔi^{24} 西红柿

萝卜 lɔu^{24}piɛk^{5}

红萝卜 haŋ^{24}lɔu^{24}piɛk^{5} 胡萝卜

生食瓜 ʃɛ^{51}ʃɛi^{51}kuɔu^{51} 黄瓜

水瓜 ʃy^{44}kuɔu^{51} 无棱的丝瓜

番瓜 fuɔn^{51}kuɔu^{51} 南瓜

麻荠 mɔu^{24}tsʰai^{24} 荸荠

番薯 fuɔn^{51}ʃy^{24} 红薯

荷兰薯 hɔu^{24}luɔn^{24}ʃy^{24} 马铃薯

芋头 vu^{33}tiu^{24} ①芋；②芋头

山脉薯 ʃuɔn^{51}mɛ^{5}ʃy^{24} 圆柱形的山药

　山白薯 ʃuɔn^{51}pɛ^{5}ʃy^{24} 野生山药，学名叫薯蓣，中药叫淮山

　淮山 vɔi^{24}ʃuɔn^{51} 种植的山药

莲藕 lin^{24}ŋau^{21} 藕

四　动物

老虎 lɔ^{21}fu^{44}

马骝 mɔu^{21}liu^{24} 猴子

蛇 ʃɛi^{24}

老鼠 lɔ^{21}ʃy^{44}

飞鼠 fai^{51}ʃy^{44} 蝙蝠

雀崽 tsiɛk^{2}tsa^{44} 鸟儿

麻雀崽 mɔu^{24}tsiɛk^{2}tsa^{44} 麻雀

屎缸鸟 ʃi^{44}kœ^{51}tiau^{51} 喜鹊

　阿鹊 ɔu^{51}sai^{21}

乌鸦 vu^{51}ɔu^{51}

白鸽 pɛ^{5}kuɔt^{2} 鸽子

翅 ʧʰi^{42} 翅膀

爪 ʧɔ^{44} 爪子

尾 mai^{21} 尾巴

窦 tau^{42} 窝：雀崽～

虫 ʧʰaŋ^{24} 虫子

蝴蝶 vu^{24}tit^{5}

扬⁼眉⁼ iɛŋ^{24}mai^{24} 蜻蜓

蜜崽 mat^{5}tsa^{44} 蜜蜂

蜜糖 mat^{5}tœ^{24} 蜂蜜

蝉 ʃin^{24} 知了

蚁公 ŋa^{21}kaŋ^{51} 蚂蚁

□ nan^{44} 蚯蚓

蚕 ts^{h}uɔn^{24}

蟧蟧 k^{h}an^{24}lau^{24} 会结网的蜘蛛

蚊崽 man^{24}tsa^{44} 蚊子

蚊虫 man^{24}ʧ^{h}aŋ^{24} 苍蝇

狗虱 kau^{44}ʃat^{2} 跳蚤

虱婆 ʃat^{2}pɔu^{24} 虱子

鱼 ȵy^{24}

鲤鱼 lai^{21}ȵy^{24}

大头鱼 tuɔi^{33}tiu^{24}ȵy^{24} 胖头鱼

鲫鱼 tsai^{21}ȵy^{24}

甲鱼 kiak^{2}ȵy^{24}

鳞 lan^{24}

虾公 hɔu^{51}kaŋ^{51} 虾

虾□ hɔu^{51}luɔt^{2} 螃蟹

蜴□ kua^{44}ȵia^{44} 小青蛙

蛤婆 kyt^{2}pɔu^{24} 比常见的青蛙大，有的叫田鸡

蟧蝶婆 k^{h}yn^{24}ʃy^{24}pɔu^{24} 癞蛤蟆

马 mɔu^{21}

牛 ȵiu^{24}

牛牯 ȵiu^{24}ku^{44} 公牛

牛婆 ȵiu^{24}pɔu^{24} 母牛

守牛 ʧiu^{44}ȵiu^{24} 放牛

羊 iɛŋ^{24}

猪 tɔi^{51}

猪种 tɔi^{51}ʧaŋ^{44}

猪郎公 tɔi^{51}lœ^{24}kaŋ^{51} 种猪，即配种用的公猪

猪牯 tɔi^{51}ku^{44} 成年的，已阉的公猪

猪公 tɔi^{51}kaŋ^{51}

猪婆 tɔi^{51}pɔu^{24} 成年的，未阉的母猪

猪崽 tɔi^{51}tsa^{44} 小猪

猪□ tɔi^{51}lak^{5} 猪圈

养猪 iɛŋ^{21}tɔi^{51}

猫 mɔ^{42}

猫牯 mɔ^{42}ku^{44} 公猫

猫公 mɔ^{42}kaŋ^{51} ①猫；②公猫

猫婆 mɔ^{42}pɔu^{24} 母猫

狗 kau^{44}

狗牯 kau^{44}ku^{44} 公狗

狗婆 kau^{44}pɔu^{24} 母狗

狗吠 kau^{44}pai^{33} 狗叫

狗□ kau^{44}vɔ^{44}

兔崽 t^{h}au^{42}tsa^{44} 兔子

鸡 ka^{51}

生鸡头 ʃɛ^{51}ka^{51}tiu^{24} 成年的，未阉的公鸡

鸡公 ka^{51}kaŋ^{51} 成年的公鸡

鸡婆 ka^{51}pɔu^{24} 已下过蛋的母鸡

鸡啼 ka^{51}ta^{24} 公鸡叫

生 ʃɛ^{51} 下：鸡～春

菢 pɔu^{33} 孵：～鸡崽

鸭 vuɔt^{2}

鹅 ŋɔu^{24}

阉 in^{51} ～猪牯

阉 in^{51} ～猪婆

阉 in^{51} ～鸡公

俵 piau^{42} 喂：～猪

劏猪 tœ^{51}tɔi^{51} 杀猪

劏 tœ^{51} 杀：～鱼

五 房舍器具

村寨 tsʰan^{51}ʧʰuɔi^{33} 村庄：我鲁⁼寨个传统节日摎其他村寨个传统节日可能有滴唔同

巷 hœ^{33} 胡同：死～、～崽

街道 kuɔi^{51}tʰɔ^{42}

起屋 hai^{44}ak^{2} 盖房子：临今个石蛤塘村个村民后生个劳动力就去打工，打工哩钱就寄转来～

屋 ak^{2} 房子

房 fœ^{24} 屋子

房 fœ^{24} 卧室

茅寮 mɔ^{24}liau^{24} 茅屋

灶前 tsɔ^{42}tsʰin^{24} 厨房

灶头 tsɔ^{42}tiu^{24} 灶

铛 ʧʰɛ^{51} 锅

饭铛 fuɔn^{33}ʧʰɛ^{51} 饭锅

菜铛 tsʰɔi^{42}ʧʰɛ^{51} 菜锅

粪槽 pan^{42}tsʰɔ^{24} 旧式的厕所

桁条 hɛ^{24}tiau^{24} 檩

水桁 ʃy^{44}hɛ^{24}

柱 ʧʰy^{21} 柱子

大门 tuɔi^{33}man^{24}

门槛 man^{24}kʰin^{21}

光穿 kuœ^{51}ʧʰyn^{51} 旧式的窗

梯 tʰuɔi^{51} 可移动的梯子

* 扫秆 sɔ^{42}kun^{44}

扫地 sɔ^{42}tai^{33}

□□ lat^{5}sat^{2} 垃圾

家具 kɔu^{51}kɔi^{42}

工夫 kaŋ^{51}fu^{51} ①东西：细屋堆～，大屋住人；②礼物

床 ʧʰœ^{24}

枕头 ʧan^{44}tiu^{24}

被 pai^{21} 被子

棉被 min^{24}pai^{21} 棉絮

床单 ʧʰœ^{24}tuɔn^{51}

床垫 ʧʰœ^{24}tin^{33} 褥子

席 tsʰai^{51} 席子

蚊帐 man^{24}ʧiɛŋ^{42}

枱桌 tui^{24}ʧœ^{2} ①桌子；②专指饭桌

柜 kʰuai^{33} 柜子

推箱 tʰui^{51}siɛŋ^{51} 抽屉

神枱 ʃan^{24}tui^{24} 案子

椅 ai^{44} 椅子

凳 tiɛŋ^{42} 凳子

尿桶 niau^{33}tʰaŋ^{44} 马桶

菜刀 tsʰɔi^{42}tɔ^{51}

水勺 ʃy^{44}ʃiɛk^{5} 瓢

缸 kœ^{51} 大口而无颈的陶器

埕崽 ʧʰɛ^{24}tsa^{44} 坛子，可用于装酒

樽 tsan^{51} 瓶子

盖 kɔi^{42} 杯子的盖子

碗 vun^{44}

筷子 kʰuɔi^{42}tsɿ^{44}

调羹 tiau^{24}kɛ^{51} 汤匙

柴 ʃuɔi^{24}

柴火 ʃuɔi^{24}fɔu^{44}

火柴 fɔu^{44}ʃuɔi^{24}

锁 sɔu^{44}

锁匙 sɔu^{44}ʃi^{24} 钥匙

暖水壶 nyn^{21}ʃy^{44}vu^{24} 暖水瓶

面盆 min^{33}pan^{24} 脸盆

洗面水 sa^{44}min^{33}ʃy^{44} 洗脸水

手巾 ʃiu^{44}kan^{51} 洗脸用的毛巾

手巾崽 ʃiu^{44}kan^{51}tsa^{44} 手绢

番碱 fuɔn^{51}kuɔn^{44} 肥皂

梳 ʃœ^{51} 旧式的梳子

针 ʧan^{51} 缝衣针

铰剪 kɔ^{51}tsin^{44} 剪子

蜡烛 luɔt^{5}ʧak^{2}

电筒 tin^{33}taŋ^{24} 手电筒

雨遮 y^{21}ʧɛi^{51} 雨伞

单车 tuɔn^{51}ʧʰɛi^{51} 自行车

六　服饰饮食

衣裳 ai^{51}ʃiɛŋ^{24} 衣服

着 tiɛk^{2} 穿

脱 tʰyt^{2}

绑 pœ^{44} ①系：～鞋带；②绑：～人

恤衫 syt^{5}ʃuɔn^{51} 衬衫

线挂 sin^{42}kuɔu^{42} 背心，属于内衣

冷衫 lɛ^{21}ʃuɔn^{51} 毛衣

棉衫 min^{24}ʃuɔn^{51} 棉衣

衫袖 ʃuɔn^{51}tsʰiu^{33} 袖子

衣裳袋 ai^{51}ʃiɛŋ^{24}tui^{33} 衣服上的口袋

裤 fu^{42} 裤子

牛头裤 ȵiu^{24}tiu^{24}fu^{42} 外穿的短裤

裤脚 fu^{42}kiɛk^{2} 裤腿

帽 mɔ^{33} 帽子

鞋 huɔi^{24} 鞋子

袜 muɔt^{5} 袜子

冷巾 lɛ^{21}kan^{51} 围巾

围裙 vai^{24}kʰuan^{24}

尿垫 niau^{33}tin^{33} 尿布

扣 kʰau^{42} 扣子

扣 kʰau^{42} ～扣

戒指 kuɔi^{42}ʧi^{44}

手鈪 ʃiu^{44}ɛ^{2} 手镯

剃头 tʰa^{42}tiu^{24} 理发

梳头 ʃœ^{51}tiu^{24}

饭 fuɔn^{33} 米饭

粥 ʧak^{2} 稀饭

面粉 min^{33}fan^{44}

面条 min^{33}tiau^{24}

粉 fan^{44} 面儿：辣子～

馒头 muɔn^{33}tiu^{24}

包子 pɔ^{51}tsɿ^{44}

饺子 kɔ^{44}tsɿ^{44}

云吞 van^{24}tʰan^{51} 馄饨

馅 huɔn^{33} 馅儿

油条 iu^{24}tiau^{24}

豆浆 tau^{33}tsiɛŋ^{51}

豆腐花 tau^{33}fu^{33}fɔu^{51} 豆腐脑

汤圆 tʰœ^{51}yn^{24} 元宵

粽糍 tsaŋ^{42}tsʰai^{24} 粽子

点心 tin^{44}san^{51}

菜 tsʰɔi^{42}

菜干 tsʰɔi^{42}kun^{51} 干菜

豆腐 tau^{33}fu^{33}

猪血 tɔi^{51}hyt^{2}

　猪红 tɔi^{51}haŋ^{24} 猪血

猪蹄 tɔi^{51}ta^{24} 猪脚

猪口舌 tɔi^{51}hau^{44}ʃit^{5} 猪舌头

　猪脷 tɔi^{51}lai^{33}

猪润 tɔi^{51}ian^{33}

　猪肝 tɔi^{51}kun^{51}

下水 hɔu^{33}ʃy^{44} 猪牛羊的内脏

鸡春 ka^{51}tʃʰan^{51} 鸡蛋

寒春 hun^{24}tʃʰan^{51} 松花蛋

　皮春 pai^{24}tʃʰan^{51}

猪油 tɔi^{51}iu^{24}

麻籽油 mɔu^{24}tsɿ^{44}iu^{24} 香油

豉油 ʃi^{33}iu^{24} 酱油，包括生抽、老抽等

盐 in^{24}

醋 tsʰau^{42}

烟崽 in^{51}tsa^{44} 香烟

烟皮 in^{51}pai^{24} 旱烟

白酒 pɛ^{5}tsiu^{44} 蒸馏而成，无色，酒精度较高

黄酒 vœ^{2}tsiu^{44}

甜酒 tin^{24}tsiu^{44} 江米酒

茶叶 tʃʰɔu^{24}it^{5}

冲 tʃʰaŋ^{51} 沏：～茶

雪条 syt^{2}tiau^{24} 冰棍儿

煮饭 tʃy^{44}fuɔn^{33} 做饭，包括做菜

煮菜 tʃy^{44}tsʰɔi^{42} 炒菜

煠 tʃʰuɔt^{5} 煮：～鸡春

煎 tsin^{51} ～鸡春

罩 tʃɔ^{42} 炸：～肠

蒸 tʃɛ^{51} ～鱼

□ tʃʰuɔi^{51} 揉：～面

□ ŋuɔt^{5} 擀：～面条

　辘 lak^{2}

食朝 ʃɛi^{51}tiau^{51} 吃早饭

食晏 ʃɛi^{51}vuɔn^{42} 吃午饭

食夜 ʃɛi^{51}iɛi^{33} 吃晚饭

食 ʃɛi^{51} 吃：～饭

食 ʃɛi^{51} 喝：～酒

食 ʃɛi^{51} 喝：～茶

食 ʃɛi^{51} 抽：～烟

舀 iau^{21} 盛：～饭

钳 kʰin^{24} 夹：～菜

箅 pai^{42} 斟：～酒

　斟 tʃan^{51}

颈□ kɛ^{44}lin^{44} 口渴：我食嘴茶了还～

饿 ŋɔu^{33}

哽颈 kʰɛ^{44}kɛ^{44} 噎住

七　身体医疗

头 tiu^{24}

头发 tiu^{24}fuɔt^{2}

编子 pin^{51}tsɿ^{44} 辫子

旋 tsʰyn^{33} 头发旋儿

蜜门头 mat^{5}man^{24}tiu^{24} 额头

相貌 sieŋ^{42}mɔ^{33}

面 min^{33} ①脸；②表面

眼睛 ŋuɔn^{21}tsɛ^{51}

眼睛核 ŋuɔn^{21}tsɛ^{51}vat^{5} 眼珠

眼水 ŋuɔn^{21}ʃy^{44} 眼泪

眼眉毛 ŋuɔn^{21}mai^{24}mɔ^{24} 眉毛

耳朵 ȵi^{21}tɔu^{44}

鼻头 pai^{33}tiu^{24} 鼻子

鼻水 pai^{33}ʃy^{44} 稀鼻涕

　鼻齈 pai^{33}naŋ^{24} 稠鼻涕

擤 sɛ^{42} ～鼻涕

口 hau^{44} 人的嘴

口唇 hau^{44}ʃan^{24} 嘴唇

口水 hau^{44}ʃy^{44}

口舌 hau^{44}ʃit^{5} 舌头

牙齿 ŋɔu^{24}tʃʰi^{44}

下杷 =hɔu^{33}pɔu^{24} 下巴

胡子 vu^{24}tsɿ^{44}

颈 kɛ^{44} 脖子

喉咙 hau^{24}laŋ^{24}

膊头 pœ^{2}tiu^{24} 肩膀

手髀 ʃiu^{44}pi^{44} 胳膊，即肩膀以下手腕以上的部分

手 ʃiu^{44} 上肢前端能拿东西的部分，也包括臂

左手 tsɔu^{44}ʃiu^{44}

右手 iu^{42}ʃiu^{44}

拳头 kʰyn^{24}tiu^{24}

手指头 ʃiu^{44}ʧi^{44}tiu^{24} 手指

手指婆 ʃiu^{44}ʧi^{44}pɔu^{24} 大拇指

手指崽 ʃiu^{44}ʧi^{44}tsa^{44} 食指

中指 ʧaŋ^{51}ʧi^{44}

手指尾 ʃiu^{44}ʧi^{44}mai^{21} 小拇指

手指甲 ʃiu^{44}ʧi^{44}kʰuɔt^{2} 指甲

脚 kiɛk^{2} 脚，整条腿

脚 kiɛk^{2}

膝头牯 tsʰit^{2}tiu^{24}ku^{44} 膝盖

背 pai^{42} 背部

肚 tau^{21} 肚子

　肚崽 tau^{21}tsa^{44}

肚脐 tau^{21}tsʰɿ^{24} 肚脐眼

𥚃 nɛn^{33} 女性的乳房

屎窟 ʃi^{44}fat^{2} 屁股

屎窟眼 ʃi^{44}fat^{2}ŋuɔn^{21} 肛门

□崽 kin^{44}tsa^{44} 男阴，阴茎

閪 hai^{51} 女阴

　支$^{=}$屄 ʧi^{51}pit^{2}

屌 tiau^{44} 肏

□屎 kin^{44}ʃi^{44} 精液

发大水 fuɔt^{2}tuɔi^{33}ʃy^{44} 来月经

屙屎 ɔu^{51}ʃi^{44} 拉屎

屙尿 ɔu^{51}niau^{33} 撒尿

屙屁 ɔu^{51}pʰai^{42} 放屁

病啰 pɛ^{33}lɔ^{33} 病了

冷倒 lɛ^{21}tɔ^{44} 着凉

瘕 hɔu^{51} 咳嗽

发热 fuɔt^{2}ȵit^{5} 发烧

颤 ʧʰan^{51} 发抖

肚痛 tau^{21}tʰaŋ^{42} 肚子疼

屙肚 ɔu^{51}tau^{21} 拉肚子

发冷 fuɔt^{2}lɛ^{21} ①发冷；②疟疾

热倒 ȵit^{5}tɔ^{44} 中暑

肿 ʧaŋ^{44}

攻脓 kaŋ^{51}naŋ^{24} 化脓

疤 pɔu^{51}

癣 syn^{44}

痣 ʧi^{42}

□ pak^{5} 蚊子咬后形成的疙瘩

臭鼻□ ʧʰiu^{42}pai^{33}nœ^{24} 狐臭

望病 miɛŋ^{33}pɛ^{33} 看病

摸脉 mɔu^{44}mɛ^{5} 号脉

　打脉 tɔu^{44}mɛ^{5}

针灸 ʧan^{51}kiu^{42}

打针 tɔu^{44}ʧan^{51}

打吊针 tɔu^{44} tiau^{42}ʧan^{51}

食药 ʃɛi^{51}iɛk^{5} 吃药

药茶 iɛk^{5}ʧʰɔu^{24} 汤药

病轻啰 pɛ^{33}hɛ^{51}lɔ^{33} 病轻了

八　婚丧信仰

做媒人 tsau^{42}mai^{24}ȵian^{24} 说媒

媒人婆 mai^{24}ȵian^{24}pɔu^{24} 媒人
　媒人公 mai^{24}ȵian^{24}kaŋ^{51}
望老婆 miɛŋ^{33}lɔ^{21}pɔu^{24} 相亲
定婚 tɛ^{33}kʰuan^{51} 订婚
嫁妆 kɔu^{42}ʧœ^{51}
结婚 kit^{2}kʰuan^{51}
讨婆 tʰɔ^{44}pɔu^{24} 娶妻子
出嫁 ʧʰat^{2}kɔu^{42}
拜堂 puɔi^{42}tœ^{24}
新郎公 san^{51}lœ^{24}kaŋ^{51} 新郎
新妇娘 san^{51}pau^{21}ȵiɛŋ^{24} 新娘子
四眼婆 sai^{42}ŋuɔn^{21}pɔu^{24} 孕妇
　大肚婆 tuɔi^{33}tau^{21}pɔu^{24}
驮崽 tɔu^{24}tsa^{44} 怀孕
蓝四眼 au^{42}sai^{42}ŋuɔn^{21} 害喜
养崽 iɛŋ^{21}tsa^{44} 分娩
　生崽 ʃɛ^{51}tsa^{44}
□胎 fuɔn^{21}tʰɔi^{51} 流产
双花崽 ʃœ^{51}fɔu^{51}tsa^{44} 双胞胎
坐月 tsʰɔu^{21}ȵyt^{5} 坐月子
食⿰羊乚 ʃɛi^{51}nɛn^{33} 吃奶
戒⿰羊乚 kuɔi^{42}nɛn^{33} 断奶
　断⿰羊乚 tyn^{21}nɛn^{33}
满月 muɔn^{21}ȵyt^{5}
生日 ʃɛ^{51}ȵiat^{5}
*做生日 tsau^{42}ʃɛ^{51}ȵiat^{5}
死 sai^{44}
过身 ku^{42}ʃan^{51} 死的委婉说法
自□ sɿ^{33}ka^{42} 自杀
断气 tyn^{21}hai^{42} 咽气
入殓 ȵiat^{5}lin^{33}
木头 mak^{5}tiu^{24} 棺材
出山 ʧʰat^{2}ʃuɔn^{51} 出殡
神尸牌 ʃan^{24}ʃi^{51}puɔi^{24} 灵位
坟 fan^{24} 坟墓
*挂纸 kuɔu^{42}ʧi^{44} 上坟
　拜山 puɔi^{42}ʃuɔn^{51}
纸钱 ʧi^{44}tsʰin^{24}
公老头 kaŋ^{51}lɔ^{21}tiu^{24} 老天爷
菩萨 pau^{24}ʃuɔt^{2}
观音 kun^{51}an^{51}
灶老爷 tsɔ^{42}lɔ^{21}iɛi^{24} 灶王爷
　灶神 tsɔ^{42}ʃan^{24}
庙 miau^{33} 寺庙
祠堂 tsʰɿ^{24}tœ^{24}
和尚 vɔu^{24}ʃiɛŋ^{33}
尼姑 na^{24}ku^{51}
南无佬 nuɔn^{24}mɔu^{24}lɔ^{44} 道士
算命 syn^{42}mɛ^{33}
运气 van^{33}hai^{42}
保佑 pɔ^{44}iu^{42}

九　人品称谓

人 ȵian^{24}
男子佬 nuɔn^{24}tsɿ^{44}lɔ^{44} 成年男性
　男人 nuɔn^{24}ȵian^{24}
女人婆 ȵy^{21}ȵian^{24}pɔ^{24} ①女人；②女人气较足的男人
　女人 ȵy^{21}ȵian^{24} 三四十岁的已婚女性
单身佬 tuɔn^{51}ʃan^{51}lɔ^{44} 单身汉
老姑娘 lɔ^{21}ku^{51}ȵiɛŋ^{24}
伢崽 ŋɛi^{51}tsa^{44} 婴儿
细□崽 sa^{24}tɛi^{51}tsa^{44} 小孩
　细崽 sa^{24}tsa^{44}

男崽 nuɔn^{24}tsa^{44} 男孩

狗牯崽 kau^{44}ku^{44}tsa^{44} 谑指男孩儿

女崽 ȵy^{21}tsa^{44} 女孩

狗牸崽 kau^{44}sɿ^{33}tsa^{44} 谑指女孩儿

老家伙 lɔ^{21}kɔu^{51}fɔu^{44} 老头子，带贬义

亲戚 tsʰan^{51}tsʰai^{51}

朋友 pɛ^{24}iu^{21}

隔篱 kɛ^{21}ai^{24} 邻居：每一次我都摎～□[kat^{2}]穧姐一下去个

客人 kʰɛ^{21}ȵian^{24}

耕田人 kɛ^{51}tin^{24}ȵian^{24} 农民

生意人 ʃɛ^{51}ai^{42}ȵian^{24} 商人

生意崽 ʃɛ^{51}ai^{42}tsa^{44}

手艺人 ʃiu^{44}ŋa^{33}ȵian^{24}

泥水师傅 na^{24}ʃy^{44}sɿ^{51}fu^{33} 泥水匠

木匠师傅 mak^{5}tsʰiɛŋ^{33}sɿ^{51}fu^{33} 木匠

裁缝佬 tsʰui^{24}faŋ^{24}lɔ^{44} 裁缝

剃头佬 tʰa^{42}tiu^{24}lɔ^{44} 理发师

厨子佬 ʧʰy^{24}tsɿ^{44}lɔ^{44} 厨师

师傅 sɿ^{51}fu^{33}

徒弟 tau^{24}tai^{33} 学徒

教化佬 kɔu^{42}fɔu^{42}lɔ^{44}

藤⁼食佬 tiɛŋ^{24}ʃɛi^{51}lɔ^{44} 乞丐

老举婆 lɔ^{21}kɔi^{44}pɔu^{24} 妓女

婊子婆 piau^{44}tsɿ^{44}pɔu^{24}

烂崽头 luɔn^{33}tsa^{44}tiu^{24} 流氓恶棍

贼 tsʰiɛk^{5}

贼头 tsʰiɛk^{5}tiu^{24}

瞎眼佬 huɔt^{2}ŋuɔn^{21}lɔ^{44} 瞎子，盲人

矇眼佬 maŋ^{24}ŋuɔn^{21}lɔ^{44}

聋耳佬 laŋ^{24}ȵi^{21}lɔ^{44} 聋子

哑佬 ɔu^{44}lɔ^{44} 哑巴

哑崽 ɔu^{44}tsa^{44}

拱背佬 kaŋ^{44}pai^{42}lɔ^{44} 驼子

跛脚佬 pa^{51}kiɛk^{2}lɔ^{5} 瘸子

癫崽 tin^{51}tsa^{44} 疯子

癫婆 tin^{51}pɔu^{24}

傻崽 ʃɔu^{24}tsa^{44} ①傻子；②智力低下不明事理的人

傻婆 ʃɔu^{24}pɔu^{44} 傻子

□崽 ŋœ^{42}tsa^{44}

□婆 ŋœ^{42}pɔu^{24}

笨集⁼崽 pan^{42}tsʰat^{5}tsa^{44} 笨蛋

阿爹 a^{33}tɛi^{51} 用于呼称爷爷

阿公 a^{33}kaŋ^{51}

阿㜷 a^{33}na^{21} 用于呼称奶奶

阿婆 a^{33}pɔu^{24}

公爹 kaŋ^{51}tɔi^{51} 用于叙称外祖父

婆爹 pɔu^{24}tɔi^{51} 用于叙称外祖母

阿叔阿母 a^{33}ʃak^{2}a^{33}mu^{21} 父母合称

老子 lɔ^{21}tsɿ^{44} ①父亲：我～七十岁；②老头儿

老娘 lɔ^{21}ȵiɛŋ^{24} 母亲：我～七十岁

阿婢 a^{33}pai^{21}

阿叔 a^{33}ʃak^{2} 用于呼称爸爸

阿爸 a^{33}pa^{51}

阿母 a^{33}mu^{21} 用于呼称妈妈

阿妈 a^{33}ma^{44}

契父爷 kʰa^{42}fu^{33}iɛi^{24} 用于叙称继父

契父娘 kʰa^{42}fu^{33}ȵiɛŋ^{24} 用于叙称继母

后到娘 hau^{42}tɔ^{42}ȵiɛŋ^{24}

岳父佬 ŋœ^{5}fu^{24}lɔ^{44} 用于叙称岳父

岳母 ŋœ^{5}mau^{21}

家公 kɔu^{51}kaŋ^{51} 用于叙称公公

公老头 kaŋ^{51}lɔ^{21}tiu^{24}

家婆 kɔu^{51}pɔu^{24} 用于叙称婆婆

婆老头 pɔu^{24}lɔ^{21}tiu^{24}

爷 iɛi^{24} 用于呼称伯父

娘 ȵiɛŋ^{24} 用于呼称伯母

叔 ʃak^{2} 用于呼称叔父

阿叔崽 a^{33}ʃak^{2}tsa^{44} 用于呼称排行最小的叔父

叔母 ʃak^{2}mu^{21}

姑 ku^{51} 用于呼称姑姑

姑爷 ku^{51}iɛi^{24} 用于呼称姑父

阿舅 a^{33}k^{h}iu^{21} 用于呼称舅舅

舅母 k^{h}iu^{21}mu^{21} 用于呼称舅妈

姨 i^{24}

姨丈 i^{24}ʧ^{h}iɛŋ^{21} 用于呼称姨父

兄弟 hɛ^{51}ta^{21} 弟兄合称

姊妹 tsɿ^{44}mui^{33} ①姐妹；②兄弟姐妹

阿哥 a^{33}kɔu^{51} 用于呼称哥哥

阿嫂 a^{33}sɔ^{44} 用于呼称嫂子

细佬 sa^{42}lɔ^{44} 用于叙称弟弟

细佬嫂 sa^{42}lɔ^{44}sɔ^{44} 用于叙称弟媳

阿姐 a^{33}tsɛi^{44} 用于呼称姐姐

姐夫 tsɛi^{44}fu^{51}

老妹 lɔ^{21}mui^{33} 用于叙称妹妹

妹郎 mui^{33}lœ^{24} 用于叙称妹夫

叔伯兄弟 ʃak^{2}pɛ^{2} hɛ^{51}ta^{21} 用于叙称堂兄弟

老表 lɔ^{21}piau^{44} 用于叙称表兄弟

妯母 ʃak^{2}mu^{21} 弟兄妻子的合称

连襟 lin^{24}k^{h}an^{51} 用于叙称姊妹丈夫的关系

崽 tsa^{44} 用于叙称儿子

新妇 san^{51}pau^{21} 用于叙称儿媳妇

女 ȵy^{21} 用于叙称女儿

郎 lœ^{24} 用于叙称女婿

孙 san^{51} 孙子

息崽 siɛk^{2}tsa^{44} 重孙子

侄子 ʧ^{h}at^{5}tsɿ^{44} 侄子，包括妻子的侄子

外甥 ŋui^{33}ʃɛ^{51} 姐妹之子

外甥 ŋui^{33}ʃɛ^{51} 女儿之子

公婆 kaŋ^{51}pɔu^{24} 夫妻合称

老公 lɔ^{21}kaŋ^{51} 用于叙称丈夫

老婆 lɔ^{21}pɔu^{24} 用于叙称妻子

名 mɛ^{24} 名字

花名 fɔu^{51}mɛ^{24} 绰号

十　农工商文

做工夫 tsau^{42}kaŋ^{51}fu^{51} 干活儿

做工 tsau^{42}kaŋ^{51}

事情 ʃi^{33}ts^{h}ɛ^{24}

莳田 ʃi^{33}tin^{24} ①种水稻；②插秧

割禾 kut^{2}vɔu^{24} 割稻

种菜 ʧaŋ^{44}ts^{h}ɔi^{42}

*犁 la^{24} 铁[illegible]

*锄头 ʧ^{h}œ^{24}tiu^{24}

禾镰 vɔu^{24}lin^{24} 有齿的镰刀

刀柄 tɔ^{51}pɛ^{42} 刀把

转□ tyn^{42}kyn^{51} 扁担

*箩 lɔu^{24} 箩筐

筛 ʃa^{51} 筛子，眼儿较大，筛稻、米等用的

撮箕 ʧ^{h}œt^{2}kai^{51} 簸箕，三面有边沿，一面敞口，用来簸粮食等

簸箕 pui^{42}kai^{51} 篾条编的圆形浅帮的用于晒物等的竹器

单轮车 tuɔn^{51}lan^{24}ʧ^{h}ɛi^{51} 独轮车

轮 lan^{24} 旧式的轮子，如独轮车上的

碓 tɔi^{42} 旧时舂米的器具

□ hun^{44} 臼

磨 mɔu^{33} 石磨

收成 ʃiu^{51}ʃɛ^{24} 年成

走江湖 tsau^{44}kœ^{51}vu^{24}

打工 tɔu^{44}kaŋ^{51}

斧头 pau^{44}tiu^{24} 斧子

钳 kʰin^{24} ①钳子；②镊子

螺丝□ lɔu^{24}sɿ^{51}pa^{51} 螺丝刀

锤崽 ʧʰy^{24}tsa^{44} 锤子

铁钉 tʰit^{2}tɛ^{51} 钉子

索 sœ^{2} 绳子，一般较小

棍崽 kuan^{42}tsa^{44} 棍子

做生意 tsau^{42}ʃɛ^{51}ai^{42} 做买卖

铺头 pʰau^{42}tiu^{24} 商店

饭店 fuɔn^{33}tin^{42} 饭馆

旅店 lɔi^{21}tin^{42} 旅馆

贵 kuai^{42} 价钱～

平 pɛ^{24} 便宜：价钱～

着数 ʧʰiɛk^{5}ʃau^{42} 合算

折扣 ʃit^{5}kʰau^{42}

折本 ʃit^{5}pan^{44} 亏本

银纸 ŋan^{24}ʧi^{44} ①钱；②钞票

　钱 tsʰin^{24}

散纸 suɔn^{44}ʧi^{44} 零钱

　零钱 lɛ^{24}tsʰin^{24}

铁银 tʰit^{2}ŋan^{24} 硬币

　银崽 ŋan^{24}tsa^{44}

本 pan^{44} 本钱

人工钱 ȵian^{24}kaŋ^{51}tsʰin^{24} 工钱

路费 lau^{33}fai^{42} 盘缠

花 fɔu^{51} ～钱

藤⁼ tiɛŋ^{24} 赚：～钱

藤⁼ tiɛŋ^{24} 挣：～钱

少出 ʃiau^{44}ʧʰat^{2} 欠

　欠 kʰyn^{42} ～渠三百文

算盘 syn^{42}pun^{24}

秤 ʧʰɛ^{42} 杆秤

称 ʧɛ^{51} ～重

去墟 hau^{42}hɔi^{51} 赶集

　上墟 ʃiɛŋ^{21}hɔi^{51}

墟 hɔi^{51} 集市

庙会 miau^{33}vai^{33}

学堂 hœ^{5}tœ^{24} ①学校；②私塾

课室 kʰɔu^{42}ʃat^{2} 教室

去读书 hau^{42}tak^{5}ʃy^{51} 上学

　开蒙 hɔi^{51}maŋ^{24} 上小学

放学 fœ^{42}hœ^{5}

考试 kʰɔ^{44}ʃi^{42}

书包 ʃy^{51}pɔ^{51}

簿 pau^{21} 本子

铅笔 yn^{24}pat^{2}

钢笔 kœ^{42}pat^{2}

　水笔 ʃy^{44}pat^{2}

圆珠笔 yn^{24}ʧy^{51}pat^{2}

毛笔 mɔ^{24}pat^{2}

墨 miɛk^{5}

墨盘 miɛk^{5}pun^{24} 砚台

信 san^{42} 写～

公崽书 kaŋ^{51}tsa^{44}ʃy^{51} 连环画

摸人 mɔu^{44}ȵian^{24} 捉迷藏，一人蒙住眼睛，摸索着去捉在他身边来回躲避的人

跳绳 tʰiau^{42}ʃan^{24}

燕子 in^{42}tsɿ^{44} 毽子

纸鹞 ʧi^{44}iau^{42} 风筝

舞狮子 mau^{21}sɿ^{51}tsɿ^{44} 舞狮

纸炮 ʧi^{44}pʰɔ^{42} 鞭炮

唱歌 ʧʰiɛŋ^{42}kɔu^{51}

唱戏 ʧʰiɛŋ^{42}kʰai^{42} 演戏

锣鼓 lɔu^{24}ku^{44}

二胡 ȵi^{33}vu^{24}

横箫 vɛ^{24}siau^{51} 笛子

猜码 ʧʰuɔi^{51}mɔu^{21} 喝酒时划拳

猜拳 ʧʰuɔi^{51}kʰyn^{24} 划拳，两人各出拳伸指，同时各喊一数字，符合双方指数之和者胜

下棋 hɔu^{21}kʰai^{24}

扢□牌 kuat^{2}pʰɛ^{44}puɔi^{24} 打扑克

搞纸牌 kɔ^{44}ʧi^{44}puɔi^{24}

扢麻雀 kuat^{2}mɔu^{24}tsiɛk^{2} 打麻将

弄把戏 laŋ^{33}pɔu^{44}kʰai^{42} 变魔术

讲古崽 kœ^{44}ku^{44}tsa^{44} 讲故事

猜估崽 ʧʰuɔi^{51}ku^{44}tsa^{44} 猜谜语

要 ʃɔu^{42} 玩儿：我食晡夜哟，出去～下儿□lɛ^{44}

过家要 ku^{42}kɔu^{51}ʃɔu^{42} 串门儿

行亲戚 hɛ^{24}tsʰan^{51}tsʰai^{51} 走亲戚

十一　动作行为

望 miɛŋ^{33} 看：～电视

听 tʰɛ^{51} ～歌

□ȵiaŋ^{42} 闻：你～□[ti^{33}]朵花香唔香

吸 kʰat^{2} ～气

撑 ʧʰɛ^{42} 睁：～眼睛

眯 mai^{42} 闭：～眼睛

瞩 ʃit^{2} 眨：～眼睛

撑 ʧʰɛ^{42} 张：～口

合 hut^{5} 闭：～口

咬 ŋɔ^{21} ①咬：狗～乌龟；②嗑：～瓜子

嘸 tsʰiau^{33} 嚼：～番豆肉

吞 tʰan^{51} 咽：～药丸

舐 ʃa^{21} 舔：～盘

含 hun^{24} ～一口水

亲嘴 tsʰan^{51}tsɔi^{44}

啜嘴 ʧœt^{2}tsɔi^{44}

啜 ʧœt^{2} 吮吸：～羟吸奶

□tʰœ^{42} 吐掉

呕 au^{44} 呕吐

打□□ tɔu^{44}at^{2}ʧʰiu^{42} 打喷嚏

□ȵiɔu^{44} ①拿：就～去卖，卖倒哩咁就有收入啰；②表示以什么材料、工具、方式等：～毛笔写字过慢

俵 piau^{42} ①给：～渠三本书；②喂：～羟细崽食

摸 mɔu^{44} ～头

抻 tʃʰyn^{44} 伸：～手

□kʰuɛi^{24} 挠：～痒

挠 ȵiɔ^{51}

□nai^{44} 用食指、拇指的指甲掐

扭 niu^{44} 拧：～螺丝

扭 niu^{44}：拧：～毛巾

搂 nɔu^{24} 用拇指和食指来回捻碎

□ma^{51} 掰：～柑子

□ma^{51} 剥：～番豆

撕 sɿ^{51}：～纸

拗 ɔ^{44} 折：～树□[ŋɛ^{44}] 折树枝

搣 mɛ^{42} 拔：～萝卜

折 ʃit^{5} 摘：～花

徛 kʰai^{21} ①站：门口～紧一帮人；②陡

□ piɛŋ^{33} 倚：～行墙头

跍 kʰau^{24} 蹲

坐 tsʰɔu^{21}

跳 tʰiau^{42} ～绳哩跳绳

□ kʰa^{42} 迈，跨

踩 ʧʰuɔi^{44} ①～单车，～高脚踩高跷；②脚乱～

翘 kʰiau^{33} ～脚

弯 vuɔn^{51} ～腰

顶 tɛ^{44} ～胸挺胸

覆 pʰak^{2} 趴：～行桌上

爬 pɔu^{24} ①～树；②细崽行地上～

行 hɛ^{24} 走：～啲三日□[tsiɛŋ^{24}]～到

走 tsau^{44} 跑

逃 tɔ^{24} 小偷～走了

追 ʧy^{51}

□ nɛ^{5} 抓：～贼

抱 pɔ^{21} ～细崽

孭 mɛi^{51} 背：～细崽

扶 pau^{24} ～老人

推 tʰɔi^{51} ～车

　□ aŋ^{44}

□ kuɛ^{44} 摔跌

撞 ʧʰœ^{42}

挡 tœ^{44} 遮

屏 pɛ^{42} 躲

屏 pɛ^{42} 藏

放 fœ^{42}

层 tsʰan^{24} 摞

埋 muɔi^{24} ～行地下

　壅 aŋ^{51} ①埋：～行地下；②填：～土

□ kʰan^{44} 盖：～被

矺 ʧɛ^{2} 压

揿 kʰyn^{33} 按：～图钉

洞$^{=}$ taŋ^{33} 捅：□[ȵiɔu^{44}]尖刀来～

插 ʧʰuɔt^{2} ～进去

抵 ta^{44} 戳

斩 ʧuɔn^{44} 砍：～树

□ tœ^{2} 剁：～肉

剕 pʰɛ^{51} 削：～果崽皮

爆坼 pɔ^{42}ʧʰɛ^{2} 裂开

□ ȵiu^{42} 皱：衣裳～啲

糜烂 mai^{24}luɔn^{33} 腐烂

擦 tsʰuɔt^{2} ①～汗；②□[ȵiɔu^{44}]手巾～手；
　③搓：～绳子；④淘：～米

倒 tɔ^{44} 工夫～掉

物$^{=}$ vat^{5} 丢弃

　丢 tiu^{51}

物$^{=}$ vat^{5} 投掷

　丢 tiu^{51}

跌 tit^{2} 掉落，坠落

滴 ta^{42} 水～落来

跌 tit^{2} 丢失

藤 tiɛŋ^{24} 寻找

拾 ʃit^{5} ①捡：～起来；②收拾：～行李

拕 tɔu^{24} 提：～水

担 tuɔn^{51} 挑：～担

孭 mɛi^{51} 扛

抬 tui^{24} ～轿

举 kɔi^{44} ～手

撑 ʧʰɛ^{51} ～伞

□ kʰiau^{33} 撬

挑 tʰiau^{51} 挑选，选择

拾 ʃit^{5} 收拾：～工夫

□ n̥iɔt^{2} 挽：～衫袖

哴 lœ^{44} 涮：～杯崽

洗 sa^{44} ～衣裳

□ lai^{51} 打捞：～鱼捞鱼

绹 tɔu^{24} 拴：～牛

捆 k^{h}uan^{44} ～柴火

解 kuɔi^{44}

移 i^{24} 挪

捧 p^{h}aŋ^{44} ①～番豆；②端：～碗

□ mɛ^{5} ①摔：发脾气～工夫；②丢失，摒除，扔掉

□ k^{h}ɔ^{42} ①掺：酒～水；②混合：水泥同沙～匀

烧 ʃiau^{51} ～柴

拆 tʃ^{h}ɛ^{2} ～开

转 tyn^{42} ～圈儿

捶 tʃ^{h}y^{24}

扢 kuat^{2} 打

扢交 kuat^{2}kɔ^{51} 打架、械斗：皇帝～ [illegible] 争天下

推交 t^{h}ɔi^{51}kɔ^{51} 两人行□ [ti^{33}] ～牵

敨力 t^{h}au^{44}lai^{51} 休息

开口擘舌 hɔi^{51}kau^{44}mɛ^{2}ʃit^{5} 打哈欠

舂眼睏 tʃaŋ^{51}ŋuɔn^{21}fan^{42} 打瞌睡

眠眼 min^{24}ŋuɔn^{21} 睡

拖鼻鼾 t^{h}ɔu^{51}pai^{33}hun^{24} 打呼噜

扯鼻鼾 tʃ^{h}ɛi^{44}pai^{33}hun^{24}

发梦 fuɔt^{2}maŋ^{33} 做梦

起身 hai^{44}ʃan^{51} 起床

刷牙 ʃœt^{2}ŋɔu^{24}

洗身 sa^{44}ʃan^{51} 洗澡

谂 nan^{44} 想：我～下儿，都系决定唔去

心挂挂 san^{51}kuɔu^{42}kuɔu^{42} 想念

打算 tɔu^{44}syn^{42}

记住 kai^{42}tʃ^{h}y^{33} 记得

冇记着 mɔ^{21}kai^{42}tʃ^{h}iɛk^{5} 忘记：渠几紧，紧倒连食饭都～

恐 faŋ^{44} ①害怕：胆细～事；②恐怕：～有五十斤咁得

相信 siɛŋ^{51}san^{42}

信 san^{42}

愁 sɛu^{24} 发愁

小心 siau^{44}san^{51}

中意 tʃaŋ^{51}ai^{42} 喜欢

唔中意 m̩^{24}tʃaŋ^{51}ai^{42} 讨厌

舒服 ʃy^{44}fak^{5}

难抵 nuɔn^{24}ta^{44} 难受

难顶 nuɔn^{24}tɛ^{44}

难抵 nuɔn^{24}ta^{44} 难过

难顶 nuɔn^{24}tɛ^{44}

欢喜 fun^{51}hai^{44} 高兴：渠～到死

嬲 nau^{51} 生气

发性 fuɔt^{2}sɛ^{42}

怪意 kuɔi^{42}ai^{42} 责怪

后悔 hau^{42}fai^{44}

眼热 ŋuɔn^{21}n̥it^{5} 忌妒

恐羞 faŋ^{44}siu^{51} 害羞

丢面 tiu^{51}min^{33} 丢脸

冇面 mɔ^{21}min^{33}

虾$^{=}$人 hɔu^{51}n̥ian^{24} 欺负

装 tʃœ^{51} ～病

惜 sai^{21} 疼爱：～细崽

爱 vui^{42} ①要：～落雨哩，快走；②得：□ [tsiɛŋ^{24}] 写倒一

半，还～写；③会：渠明日唔～来

有 iu^{21} ～时间

冇得 mɔ^{21}tai^{21} 没有：□[ti^{33}]崽～书

系 hai^{33} 是：～鸡，还～鸭

唔系 m̩^{24}hai^{33} 不是：渠□日见个系老张，～老王

　□得 mai^{51}tai^{21}

行 hɛ^{24} 在

冇行 mɔ^{21}hɛ^{24} 不在

知得 tai^{51}tai^{21} 知道：金牛星～了天上个仙女爱下凡

唔知得 m̩^{24}tai^{51}tai^{21} 不知道

懂 taŋ^{44}

唔懂 m̩^{24}taŋ^{44} 不懂

熟 ʃak^{5} 会

　晓得 hiau^{44}tai^{21}

唔熟 m̩^{24}ʃak^{5} 不会

　唔晓得 m̩^{24}hiau^{44}tai^{21}

认得 ȵian^{33}tai^{21} 认识：我鲁⁼系同一个管理区个，行学前班就开始～渠了

认唔得 ȵian^{33}m̩^{24}tai^{21} 不认识

　唔认得 m̩^{24}ȵian^{33}tai^{21}

得 tai^{21} 行

唔得 m̩^{24}tai^{21} 不行

响⁼hiɛŋ^{44} 肯：渠唔～食

应该 ɛ^{51}kɔi^{51}

可以 kʰɔu^{44}i^{21}

讲 kœ^{44} ～话

话 vɔu^{33} 说～

倾解 kʰɛ^{51}kuɔi^{44} 聊天

□vɔ^{44} 叫，喊：金牛星～牛郎第二朝一早去个湖边

大声喝 tuɔi^{33}ʃɛ^{51}huɔt^{2} 吆喝

哭 hak^{2}

咒 ʧiu^{42} 骂：我～渠系穧大笨穧，渠也冇嬲

争交 ʧɛ^{51}kɔ^{51} 吵架：渠鲁⁼两穧哩相差六岁，都经常扝交、～

骗 pʰin^{42} 欺骗

　拐 kua^{44}

哄 haŋ^{44} ～细崽

讲大话 kœ^{44}tuɔi^{33}vɔu^{33} 撒谎

吹牛皮 ʧʰy^{51}ȵiu^{24}pai^{24} 吹牛

　车大炮 ʧʰɛi^{51}tuɔi^{33}pʰɔ^{42}

捧大脚 paŋ^{44}tuɔi^{33}kiɛk^{2} 拍马屁

　拍马屎窟 pʰɛ^{2}mɔu^{21}ʃi^{44}fat^{2}

讲笑 kœ^{44}siau^{44} 开玩笑

讲俵……知 kœ^{44}piau^{42}…tai^{51} 告诉

多谢 tɔu^{51}tsʰɛi^{33} 谢谢

对唔住 tɔi^{42}m̩^{24}ʧʰy^{33} 对不起

再见 tsuɔi^{42}kin^{42}

十二　性质状态

大 tuɔi^{33}

细 sa^{42} ①小；②细：～沙

粗 tsʰau^{51} ～沙

　大辘 tuɔi^{33}lak^{2} 粗：索～绳子粗

细 sa^{42}

长 ʧʰiɛŋ^{24} 线～

短 tyn^{44} 线～

长 ʧʰiɛŋ^{24} 时间～

短 tyn^{44} 时间～

阔 fut^{2} 宽：其实就系天河，好～好～

阔 fut^{2} 宽敞

狭 kʰit^{5} 窄

高 kɔ^{51}

低 ta^{51} 雀崽飞得～

高 kɔ^{51} ①哥哥儿～；②楼房很～

矮 vɔi^{44} ①渠很～；②平房很～

远 yn^{21} 路～

近 k^{h}an^{21} 路～

深 ʃan^{51}

浅 ts^{h}in^{44}

清 ts^{h}ɛ^{51}

浊 ʧ^{h}œ^{5} 浑

圆 vin^{24}

扁 pin^{44}

四方 sai^{42}fœ^{51} 方

尖 tsin^{51}

平 pɛ^{24} 路好～

肥 fai^{24} ①～肉；②腻：吃肥肉不怕～

瘦 ʃau^{42} ～肉

肥 fai^{24} 动物～

肥 fai^{24} 人～

瘦 ʃau^{42}

黑 hiɛk^{2}

白 pɛ^{5}

红 haŋ^{24}

黄 vœ^{24}

蓝 luɔn^{24}

绿 lak^{5}

紫 tsɿ^{44}

灰 fai^{51} ～色

多 tɔu^{51}

少 ʃiau^{44}

重 ʧ^{h}aŋ^{21}

轻 hɛ^{51}

直 ʧ^{h}ai^{51}

徛 k^{h}ai^{21} 陡：～坡

弯 vuɔn^{51} 弯曲

□ ʧ^{h}ɔi^{44} 歪：帽子戴～了

厚 hau^{21}

薄 pœ^{5}

□ k^{h}yt^{5} 稠：粥太过～

□ vɛ^{42} 稀：粥太过～

密 mat^{5} 禾苗太过～

疏 ʃœ^{51} 禾苗太过～

光 kuœ^{51} ①太阳～；②亮：房间好～

黑 hiɛk^{2} 暗：房间好～

热 ȵit^{5} 天气～

暖 nyn^{21} 暖和：天气～

凉 liɛŋ^{24} 凉快：天气～

冷 lɛ^{21} 天气～

热 ȵit^{5} 水～

□ ts^{h}ai^{21} 凉：水～

干 kun^{51} 衣裳～了

湿 ʃat^{2}

伶俐 lɛ^{24}lai^{33} 干净：枱桌抹～羊$^{=}$?

爊糟 vui^{51}tsɔ^{51} 不干净：□[ti^{33}]条手巾儿～，丢嘴渠

利 lai^{33} 锋利：刀～

□ k^{h}uat^{5} 钝：刀～

钝 tan^{33}

快 fɔi^{42} 讲话～

慢 muɔn^{33} 讲话～

早 tsɔ^{44} 来得～

迟 ʧ^{h}i^{24} 来得～

夜 iɛi^{33} 晚：天色～

松 saŋ^{51} 鞋带～了

紧 kan^{44} 绑得～滴□[nai^{51}]

易得 i^{33}tai^{21} 容易

难 nuɔn^{24}

新 san^{51} 衣裳～

旧 kʰiu^{33} 衣裳～

老 lɔ^{21} ①不年轻；②菜～

后生 hau^{42}ʃɛ^{51} 年轻：不过我鲁⁼～个就按照前辈要求过好节日就算了

软 ȵyn^{21} 饭～

硬 ŋɛ^{33}

烂 luɔn^{33} 煮得很～

燶 naŋ^{51} 煳：饭～了

硬净 ŋɛ^{33}tsʰɛ^{33} 结实：工夫～

烂 luɔn^{33} 破：～衣服

富 fu^{42}

穷 kʰaŋ^{24}

忙 mœ^{24} 忙碌

　紧 kan^{44}

闲 huɔn^{24}

蹶 kʰui^{33} 疲劳，劳累：夜头转到屋个时候，就觉得好～啰

痛 tʰaŋ^{42} 疼

□ hui^{24} 痒：身上觉得～

　痒 iɛŋ^{21}

闹热 nɔ^{33}ȵit^{5} 热闹

熟悉 ʃak^{5}sai^{21}

唔熟悉 m̩^{44}ʃak^{5}sai^{21} 陌生

味道 mai^{33}tɔ^{33}

财⁼ tsʰui^{24} 气味

咸 huɔn^{24}

淡 tuɔn^{21} ①菜太～；②茶太～

酸 syn^{51} 柑子～

甜 tin^{24} 糖～

苦 fu^{44}

辣 luɔt^{5}

清甜 tsʰɛ^{51}tin^{24} 鲜：肉汤～

香 hiɛŋ^{51}

臭 ʧʰiu^{42}

馊 sau^{51}

腥 sɛ^{51}

好 hɔ^{44} 人～

坏 vɔi^{33} 人～

□ ia^{24} 差：工夫质量～

对 tɔi^{42}：账算～了

错 tsʰɔu^{42}：账算～了

靓 lɛ^{42} 漂亮：人～

歪怪 va^{51}kuɔi^{42} 丑：人～

勤力 kʰan^{24}lai^{51} 勤快：金牛星好中意牛郎，因为牛郎～，心地好

懒 luɔn^{21}

听话 tʰɛ^{51}vɔu^{33} ①小孩听话，乖巧；②老实

百厌 pɛ^{2}in^{42} 顽皮

老实 lɔ^{21}ʃat^{5}

傻 ʃɔu^{24}

　□ ŋœ^{42}

笨 pan^{42}

舍得 ʃɛi^{44}tai^{21} 大方

小气 siau^{44}hai^{42}

爽快 ʃœ^{44}fɔi^{42} 直爽：性格～

硬颈 ŋɛ^{33}kɛ^{44} 执拗，固执任性：死鸡撑～——死顶

十三　数量

一 at^{2}

二ȵi^{33}
三suɔn^{51}
四sai^{42}
五m̩^{21}
六lak^{5}
七ts^{h}at^{2}
八puɔt^{2}
九kiu^{44}
十ʃat^{5}
二十ȵi^{33}ʃat^{5}
三十suɔn^{51}ʃat^{5}
一百at^{2}pɛ^{2}
一千at^{2}ts^{h}in^{51}
一万at^{2}vuɔn^{33}
一百〇五at^{2}pɛ^{2}lɛ^{24}m̩^{21}
百五pɛ^{2}m̩^{21}一百五十
第一tai^{33}at^{2}
二两ȵi^{33}liɛŋ^{21}
几穧kai^{44}ts^{h}a^{33}几个？
两穧liɛŋ^{21}ts^{h}a^{33}俩：你鲁$^{=}$～
三穧suɔn^{51}ts^{h}a^{33}仨：你鲁$^{=}$～
□把ts^{h}a^{33}pɔu^{44}个把
□ts^{h}a^{33}一～人
只ʧai^{21}一～马
只ʧai^{21}一～牛
只ʧai^{21}一～猪
只ʧai^{21}一～狗
只ʧai^{21}一～鸡
只ʧai^{21}一～蚊
条tiau^{24}一～鱼
条tiau^{24}一～蛇
把pɔu^{44}一～嘴
张ʧiɛŋ^{51}一～桁桌
床ʧ^{h}œ^{24}一～被
床ʧ^{h}œ^{24}一～席
对tɔi^{42}①一～鞋；②一～花瓶
张ʧiɛŋ^{51}一～刀
把pɔu^{44}一～锁
条tiau^{24}一～索绳子
管kun^{44}一～毛笔
副fu^{42}一～眼镜
块k^{h}uɔi^{42}一～镜子
□pak^{5}一～香皂
架kɔu^{42}一～车
部pau^{33}
座ts^{h}ɔu^{33}①一～山；②一～屋
渡tau^{33}一～桥
条tiau^{24}一～河
条tiau^{24}一～路
蔸tau^{51}①一～树；②一～草
朵tœ^{44}一～花
□kau^{21}颗：一～珠
□nan^{51}粒：一～米
餐ts^{h}uɔn^{51}一～饭
剂tsa^{42}一～中药
照ʧiau^{42}股：一～香味
行hœ^{24}一～字
元yn^{24}一～钱
角kœ^{2}一～钱
件k^{h}in^{33}①一～衣裳；
②一～事情
□min^{44}点儿：一～工夫
□min^{44}些：一一～工夫
下hɔu^{33}打一～

下儿 hɔu^{33}ȵi^{51} 坐嘞一～

轮 lan^{24} 打一～

照 tʃiau^{42} 阵：一～风

轮 lan^{24} 趟：去嘞一～

十四　代副介连词

我 ŋɔ^{21}

你 ni^{21}

你 ni^{21} 您

渠 kai^{21} 他

我鲁⁼ ŋɔ^{21}lau^{21} 我们

　我佬 ŋɔ^{21}lɔ^{44}

　我□佬 ŋɔ^{21}na^{42}lɔ^{44}

我鲁⁼ ŋɔ^{21}lau^{21} 咱们

　我佬 ŋɔ^{21}lɔ^{44}

　我□佬 ŋɔ^{21}na^{42}lɔ^{44}

你鲁⁼ ni^{21}lau^{21} 你们

　你佬 ni^{21}lɔ^{44}

　你□佬 ni^{21}na^{42}lɔ^{44}

渠鲁⁼ kai^{21}lau^{21} 他们

　渠佬 kai^{21}lɔ^{44}

　渠□佬 kai^{21}na^{42}lɔ^{44}

大家 tuɔi^{33}kɔu^{51}

　大围众 tuɔi^{33}vɔi^{24}tʃaŋ^{42}

自己 sɿ^{33}kai^{44} 自己，自个儿，也有人说 sɿ^{24}kai^{44}、tʃʰi^{33}kai^{44} 等

□ ȵia^{51} 别人：～都来啰，你都冇来

我叔 ŋɔ^{21}ʃak^{2} 我爸

你叔 ni^{21}ʃak^{2} 你爸

渠叔 kai^{21}ʃak^{2} 他爸

□穧 ti^{33}tsʰa^{33} 这个

□穧 kat^{2}tsʰa^{33} 那个

□穧 pi^{51}tsʰa^{33} 哪个

□穧 pi^{51}tsʰa^{33} 谁

□□ ti^{33}pʰœ^{42} 这里

　□崽 ti^{33}tsa^{44}

□□ kat^{2}pʰœ^{42} 那里

　□□ kat^{2}ti^{33}

□□ pi^{51}ti^{33} 哪里

咁□ kʰan^{33}tai^{33} 这样：～做，也有人说 kan^{33}tai^{33}

咁□ kʰan^{33}tai^{33} 那样：□[mai^{51}]得～做，系～做，也有人说 kan^{33}tai^{33}

□子 kiɛŋ^{33}tsɿ^{44} 怎样：～做

　□□ kiɛŋ^{33}tai^{33}

咁 kʰan^{33} ①这么：～高；②那么：～高，也有人说 kan^{33}

□子 kiɛŋ^{33}tsɿ^{44} 怎么：～写

□□ pi^{51}man^{24} 什么：□[ti^{33}]穧系～字？

□□ pi^{51}man^{24} 什么：你藤～？

做□□ tsau^{42}pi^{51}man^{24} 为什么：你～唔讨？

做□□ tsau^{42}pi^{51}man^{24} 干什么：你～？

几多 kai^{44}tɔu^{51} 多少：～钱

几 kai^{44} ①很，非常：你讲得～好；②多：～大

　好 hɔ^{44} 渠行路行倒～快

特别 tʰat^{2}pʰit^{5} 非常

更加 kɛ^{42}kɔu^{51} 更

太过 tʰuɔi^{42}ku^{42} 太，过于：菜～咸，唔好食

最 tsɔi^{42} ～大

都 tau^{51} ～走了

一共 at^{2}kʰaŋ^{42} ～几多钱？

　总总 tsaŋ^{44}tsaŋ^{44}

一下 at^{2}hɔu^{33} 一起

就 tsʰiu^{33} 只：先遍～讨牵一本书

啱线 ŋuɔn^{44}sin^{42} 刚

□ tsiɛŋ^{24} 刚：我～到

□ tsiɛŋ^{24} 才：柿崽熟了～好食

就 tsʰiu^{33}

时时 ʃi^{24}ʃi^{24} 经常

又 iu^{33}

还 han^{33} 弟弟比哥哥～高

□ tsiɛŋ^{24} 再

也 ia^{51} 你～听唔懂

横直 vɛ^{24}ʧʰai^{51} 反正：唔理你去唔去，～我系爱去个

冇得 mɔ^{21}tai^{21} 没有

唔 m̩^{24} 不：讲倈你知，你也～懂

[唔好] mɔ^{44} 别：～将单车丢嗬

□ mai^{51} 甭，不要：来得就来，来唔得就～

快 fɔi^{42} 天～亮了

争□□ ʧɛ^{51}min^{44}ȵin^{24} 差点儿：人～倈扢伤

宁愿 nɛ^{24}ȵyn^{33} 宁可

有意 iu^{21}ai^{42} 故意

随便 tsʰɔi^{24}pin^{33}

白 pɛ^{5} ～跑一轮

肯定 han^{44}tɛ^{33}

恐系 faŋ^{44}hai^{33} 可能

一面 at^{2}min^{33} 一边：～行，～讲

摎 lɔ^{51} 和：我～渠都唔系广东人

摎 lɔ^{51} 和：老王～老张一样高

对 tɔi^{42} 对：渠～我几好

向 hiɛŋ^{42} 往：行连南～广州运工夫

摎 lɔ^{51} 向：渠～我借过书

照 ʧiau^{42} 按

摎 lɔ^{51} 替：你～我讨包烟

系估 hai^{33}ku^{44} 如果：～我十点钟有来，你就唔使等啰

唔管 m̩^{24}kun^{44} 不管

第二节

《汉语方言词语调查条目表》

一　天文
二　地理
三　时令时间
四　农业
五　植物
六　动物
七　房舍
八　器具用品
九　称谓
十　亲属
十一　身体
十二　疾病医疗
十三　衣服穿戴
十四　饮食
十五　红白大事
十六　日常生活
十七　讼事
十八　交际
十九　商业交通
二十　文化教育
二十一　文体活动
二十二　动作
二十三　位置
二十四　代词等
二十五　形容词
二十六　虚词
二十七　量词
二十八　拟声词
二十九　数字等

一　天文

天 tʰin^{51}

天上 tʰin^{51}ʃiɛŋ^{33} ～雷公，地下舅公

半天 pun^{42}tʰin^{51} 半空：～有只雀崽

天底下 tʰin^{51}ta^{44}hɔu^{33} ～都冇得咁□[tai^{33}]个事

天边 tʰin^{51}pin^{51} 近行眼前，远行～

热头出啰 ȵit^{5}tiu^{24}ʧʰat^{2}lɔ^{33} 日出

落岗 lœ^{5}kœ^{51} 下山：热头～

阳光 iɛŋ^{24}kuœ^{51}

热头细 ȵit^{5}tiu^{24}sa^{42} 阳光稀疏，特指多云时稀疏的阳光，也指太阳快下山时较小的阳光

热头大 ȵit^{5}tiu^{24}tuɔi^{33} 阳光猛烈

热头猛 ȵit^{5}tiu^{24}mɛ^{21}

光线 kuœ^{51}sin^{42}

挡阴 tœ^{44}an^{51} 背阴，阳光照不到的地方

影 ɛ^{44} 影子：今日冇热头，行路冇得～

热光影 ȵit^{5}kuœ^{51}ɛ^{44} 日光影

向阳 hiɛŋ^{42}iɛŋ^{24}

西晒 sa^{51}ʃuɔi^{42}

热头担枷 ȵit^{5}tiu^{24}tuɔn^{51}kɔu^{51} 日晕，即太阳周围形成的彩色光环，内红外紫

蛾眉月 ŋɔu^{24}mai^{24}ȵyt^{5} 月牙儿

圆月 yn^{24}ȵyt^{5}

月光担枷 ȵyt^{5}kuœ^{51}tuɔn^{51}kɔu^{51} 月晕，即月亮周围形成的彩色光环，内红外紫

嫦娥 ʃiɛŋ^{24}ŋɔu^{24}

天河 t^{h}in^{51}hɔu^{24} 银河

北斗星 piɛk^{2}tau^{44}sɛ^{5} 在北天排列成斗形的七颗亮星

北极星 piɛk^{2}k^{h}at^{5}sɛ^{51} 天空北部一颗亮的恒星

天光星 t^{h}in^{51}kuœ^{51}sɛ^{51} 启明星

星子过位 sɛ^{51}tsɿ^{44}ku^{42}vai^{33} 流星

扫把星 sɔ^{42}pɔu^{44}sɛ^{51} 彗星

牛郎织女 ȵiu^{24}lœ^{24}ʧai^{21}ȵy^{21}

七仙女 ʦ^{h}at^{2}sin^{51}ȵy^{21}

大风 tuɔi^{33}faŋ^{51} 狂风

细风 sa^{42}faŋ^{51} 微风

风灾 faŋ^{51}ʧuɔi^{51}

冷风 lɛ^{21}faŋ^{51} 寒风

旋风 ʦ^{h}yn^{33}faŋ^{51} 螺旋状运动的风

顺头风 ʃan^{33}tiu^{24}faŋ^{51} 跟行进方向相同的风

对头风 tɔi^{42}tiu^{24}faŋ^{51} 也叫迎面风，即跟行进方向相反的风

对面风 tɔi^{42}min^{33}faŋ^{51} 迎面风

东风 taŋ^{51}faŋ^{51}

西风 sa^{51}faŋ^{51}

南风 nuɔn^{24}faŋ^{51}

北风 piɛk^{2}faŋ^{52}

起风头 hai^{44}faŋ^{51}tiu^{24} 起风

吹风 ʧ^{h}y^{51}faŋ^{51} 刮风

风停了 faŋ^{51}tɛ^{24}lɛi^{33}

黑云 hiɛk^{2}van^{24} 乌云

白云 pɛ^{5}van^{24}

彩云 ʦ^{h}ɔi^{44}van^{24}

云散了 van^{24}suɔn^{42}lɛi^{33}

红霞 haŋ^{24}hɔu^{24}

霹雷 p^{h}ai^{21}lɔi^{24} 霹雳，又急又响的雷

哑雷 ɔu^{44}lɔi^{24} 闷雷，天气阴沉沉的没有下雨，却打雷

响雷 hiɛŋ^{44}lɔi^{24} 打雷

雷公劈 lɔi^{24}kaŋ^{51}p^{h}ai^{21} 雷击，雷劈

雨水 y^{21}ʃy^{44} 今年～多

雨点 y^{21}tin^{44} 雨点儿

蒙蒙雨 maŋ^{51}maŋ^{51}y^{21} 毛毛雨

微风细雨 mai^{24}faŋ^{51}sa^{42}y^{21} 连绵小雨

细雨 sa^{42}y^{21} 小雨

大雨 tuɔi^{33}y^{21}

暴雨 pɔ^{42}y^{21}

雷阵雨 lɔi^{24}ʧ^{h}an^{33}y^{21}

热黄雨 ȵit^{5}vœ^{24}y^{21} 太阳雨，即又出太阳又下雨

冷雨 lɛ^{21}y^{21} 冻雨

大风大雨 tuɔi^{33}faŋ^{51}tuɔi^{33}y^{21} 风雨交加

及时雨 k^{h}it^{5}ʃi^{24}y^{21}

落得□ lœ^{5}tai^{21}vuɔn^{44} 指雨水下得及时，缓解了旱情

淋雨 lan^{24}y^{21}

湿身 ʃat^{2}ʃan^{51} 被大雨淋而湿透

雨停了 y^{21}tɛ^{24}lɛi^{33}

挡雨 tœ^{44}y^{21} 躲雨

龙食水 laŋ^{24}ʃɛi^{51}ʃy^{44} 天空出现彩虹

落雪 lœ^{5}syt^{2} 下雪

米碎雪 ma^{21}sɔi^{42}syt^{2} 霰雪，小粒状雪

棉花大雪 min^{24}fɔu^{51}tuɔi^{33}syt^{2} 鹅毛大雪

雨夹雪 y^{21}kɔu^{51}syt^{2}

拱地雪 kaŋ^{51}tai^{33}syt^{2} 芽霜

冰条 pɛ^{51}tiau^{24} 棒冰

雪条 syt^{2}tiau^{24} ①冰凌；②冰棍

结冰 kit^{2}pɛ^{51} 封冻，即水体上面冻结

融 iaŋ^{24} 化：冰～了

融雪 iaŋ^{24}syt^{2} 冰雪～

落雹 lœ^{5}pak^{5} 下冰雹

有雾水 iu^{21}mau^{33}ʃy^{44} 下露

露水大 mau^{33}ʃy^{44}tuɔi^{33} 露水重

白头霜 pɛ^{5}tiu^{24}ʃœ^{51} 不是很严重的霜降

下霜 hɔu^{33}ʃœ^{51}

　落霜 lœ^{5}ʃœ^{51}

起雾 hai^{44}mau^{33}

　下雾 hɔu^{21}mau^{33}

冇得雾了 mɔ^{21}tai^{21}mau^{33}lɛi^{33} 雾散了

打雾 tɔu^{44}mau^{33} 被露侵蚀

雾散 mau^{33}suɔn^{42}

水汽 ʃy^{44}hai^{42}

水蒸气 ʃy^{44}ʧɛ^{51}hai^{42}

乌烟瘴气 vu^{51}in^{51}ʧiɛŋ^{42}hai^{42}

落雨天 lœ^{5}y^{21}tʰin^{51} 雨天

梅雨天 mai^{24}y^{21}tʰin^{51}

天冷 tʰin^{51}lɛ^{21} 天气冷

天凉 tʰin^{51}liɛŋ^{24} 天气凉

雪天 syt^{2}tʰin^{51} 冰雪天

雨季 y^{21}kuai^{42}

倒春寒 tɔ^{42}ʧʰan^{51}hun^{24} 春天里出现的寒冷天气，好像回到冬天

变天 pin^{42}tʰin^{51} ①天气突然变坏；②比喻造反

回南天 vai^{24}nuɔn^{24}tʰin^{51} 春夏之交暖和、潮湿的天气

潮湿 ʧʰiau^{24}ʃat^{2} ①天气～；②东西受潮

焗 kʰak^{5} 闷热：天气～

好热 hɔ^{44}ȵit^{5} 暑热，酷热

　好焗 hɔ^{44}kʰak^{5}

阴冷 an^{51}lɛ^{21}

天旱 tʰin^{51}hun^{21}

发大涝 fuɔt^{2}tuɔi^{33}lɔ^{33} 涝了

水灾 ʃy^{44}ʧuɔi^{51}

二　地理

田地 tin^{24}tai^{33}

地 tai^{33} 土地：全村共一百亩～

地势 tai^{33}ʃa^{42}

大峒 tuɔi^{33}taŋ^{33} 开阔的田野：～好耕作

平地 pɛ^{24}tai^{33} ①平地；②平原

　平洋 pɛ^{24}iɛŋ^{24}

窝地 vɔu^{51}tai^{33} 洼地，盆地

笪坡地 tsʰɛi^{42}pɔu^{51}tai^{33} 坡地

好地 hɔ^{44}tai^{33} 肥沃的土地

肥 fai^{24} ①土地肥沃；②肥料

肥泥地 fai^{24}na^{24}tai^{33} 肥沃的土地

瘦 ʃau^{42} 土地不肥沃

瘦地 ʃau^{42}tai^{33}

黄泥骨 vœ^{24}na^{24}kuat^{2} 贫瘠的土地，难于耕种

沙坝地ʃɔu^{51}pɔu^{42}tai^{33}滩地

沙泥地ʃɔu^{51}na^{24}tai^{33}沙土地，土质松散，宜于耕种

烂涟田luɔn^{33}puɔn^{33}tin^{24}烂泥田，也叫沼泽田，人畜陷下最深可达一米左右，可用于种植莲藕等

深脚田ʃan^{51}kiɛk^{2}tin^{24}深泥田

试验田ʃi^{42}nin^{33}tin^{24}

梯田t^{h}uɔi^{51}tin^{24}

蒸尝田ʧɛ^{51}ʃiɛŋ^{24}tin^{24}土改之前，土地租给别人，收入用来祭祀祖宗，即祭祀田

田缺tin^{24}k^{h}yt^{2}田坝口，用于引水或排水

高□kɔ^{51}hun^{42}梯田等的田坎儿

禾田vɔu^{24}tin^{24}稻田

秧田iɛŋ^{51}tin^{24}

蔗田ʧɛi^{42}tin^{24}甘蔗园

果园kuɔu^{44}yn^{24}

菜园ts^{h}ɔi^{42}yn^{24}菜地

荒地fɛ^{51}tai^{33}

草坪ts^{h}ɔ^{44}pɛ^{24}

山区ʃuɔn^{51}k^{h}ɔi^{51}

山脉ʃuɔn^{51}mɛ^{5}

岭岗lɛ^{21}kœ^{51}土山

山崽ʃuɔn^{51}tsa^{44}小山

大山tuɔi^{33}ʃuɔn^{51}人迹罕至的深山

　深山ʃan^{51}ʃuɔn^{51}

石离⁼ʃɛi^{51}lai^{24}石头很多的石山

石离⁼山ʃɛi^{51}lai^{24}ʃuɔn^{51}石山

火烧山fɔu^{44}ʃiau^{51}ʃuɔn^{51}火烧过的山

　火烧岭fɔu^{44}ʃiau^{51}lɛ^{21}

树山ʃy^{33}ʃuɔn^{51}长较多树木的山岭

柴山ʃuɔi^{24}ʃuɔn^{51}多灌木，用于取柴火烧的浅山

山顶ʃuɔn^{51}tɛ^{44}①山顶；②山峰，山突出的尖顶

　岭顶lɛ^{21}tɛ^{44}

山腰ʃuɔn^{51}iau^{51}

笪坡ts^{h}ɛi^{42}pɔu^{51}①山坡；②斜坡

山坡ʃuɔn^{51}pɔu^{51}

山脚ʃuɔn^{51}kiɛk^{2}

山坳ʃuɔn^{51}ɔ^{42}山坳，山洼，山间的小平地

山坑水ʃuɔn^{51}hɛ^{51}ʃy^{44}山涧，山间的溪流

岭墩lɛ^{21}tan^{51}山包

高山岭顶kɔ^{51}ʃuɔn^{51}lɛ^{21}tɛ^{44}形容崇山峻岭

落⁼箕岭lœ^{5}kɔi^{51}lɛ^{21}没有树木只长茅草的山地，茅草岭

公山kaŋ^{51}ʃuɔn^{51}集体所有的山林

后龙山hau^{42}laŋ^{24}ʃuɔn^{51}村寨后的风水山，不得随便动土、砍伐

风景林faŋ^{51}kan^{44}lan^{24}村后的风水林

山崩ʃuɔn^{51}pɛ^{51}滑坡

荒山fœ^{51}ʃuɔn^{51}

竹山ʧak^{2}ʃuɔn^{51}

背光山pai^{42}kuœ^{51}ʃuɔn^{51}①背阳的山，晒不到太阳；②当地地名

河hɔu^{24}大河，较大的水道

河底hɔu^{24}ta^{44}

□水tan^{44}ʃy^{44}在河中拦水灌溉农田

圳ʧan^{42}水渠，人工开凿的水道

贡⁼kaŋ^{42}①涵洞；②下水道

水库ʃy^{44}k^{h}u^{42}

潭tuɔn^{24}深的，天然的潭

深水潭ʃan^{51}ʃy^{44}tuɔn^{24}

塘基tœ^{24}kai^{51}水塘的堤岸

水池 ʃy^{44}tʃ^{h}i^{24}

河墩 hɔu^{24}tan^{51} 沙洲

瀑布 p^{h}au^{42}pau^{33}

海 hɔi^{44}

海岛 hɔi^{44}tɔ^{44} 岛

水浪 ʃy^{44}lœ^{33} 波浪

堤 tai^{24}

防洪堤 fœ^{24}haŋ^{24}tai^{24}

潮水 tʃ^{h}iau^{24}ʃy^{44}

水涨 ʃy^{44}tʃiɛŋ^{42} 涨潮

水退 ʃy^{44}t^{h}ɔi^{42} 退潮

淡水 tuɔn^{21}ʃy^{44}

咸水 huɔn^{24}ʃy^{44}

生水 ʃɛ^{51}ʃy^{44} ①活水；②没有烧的水

死水 sai^{44}ʃy^{44} 不流动的池水、湖水等

伶俐水 lɛ^{24}lai^{33}ʃy^{44} 清水

浊水 tʃ^{h}œ^{5}ʃy^{44} 浑水

□糟水 vɛi^{51}tsɔ^{51}ʃy^{44} 脏水

□底 k^{h}ɛ^{24}ta^{44} 沉淀，将水澄清

河水 hɔu^{24}ʃy^{44}

坑冲 hɛ^{51}tʃ^{h}aŋ^{51} 峡谷、山涧形成的溪流

坑水 hɛ^{51}ʃy^{44} 峡谷、山涧里流出来的水

冲水 tʃ^{h}aŋ^{51}ʃy^{44}

竹笕水 tʃak^{2}kuɔn^{44}ʃy^{44} 山区用毛竹作为管道从山上饮取的清水

石流水 ʃɛi^{51}liu^{24}ʃy^{44} 岩石水

水漩 ʃy^{44}ts^{h}yn^{33} 深水中的漩涡

冷水 lɛ^{21}ʃy^{44} 凉水

岩水 ŋuɔn^{24}ʃy^{44} 泉水

温泉 van^{51}ts^{h}yn^{24}

暖水 nyn^{21}ʃy^{44} 温水

抛心滚 p^{h}ɔ^{51}san^{51}kuɔn^{44} 烧开的水沸腾

水面 ʃy^{44}min^{33} 鸭崽多数游行～

源头 yn^{24}tiu^{24} 水源头

水头 ʃy^{44}tiu^{24} ①水源；②沟渠的源头，水流较大

水尾 ʃy^{44}mai^{21} 沟渠的末尾，水流较小

出水窿 tʃ^{h}at^{2}ʃy^{44}laŋ^{51} 水口，即沟渠的出口处

漏水 lau^{33}ʃy^{44} 渗水

起水泡 hai^{44}ʃy^{44}p^{h}ɔ^{42} 冒水泡

大石头 tuɔi^{33}ʃɛi^{51}tiu

细石头 sa^{42}ʃɛi^{51}tiu^{24} 小石头

马卵石 mɔu^{21}lyn^{21}ʃɛi^{51} 鹅卵石

黄蜡石 vœ^{24}luɔt^{5}ʃɛi^{51}

英石 ɛ^{51}ʃɛi^{51}

麻石 mɔu^{24}ʃɛi^{51} 连山境内较多，也称石灰石

青石 ts^{h}ɛ^{51}ʃɛi^{51} 石灰石

石灰岩 ʃɛi^{51}fai^{51}ŋuɔn^{24}

花岗岩 fɔu^{51}kœ^{51}ŋuɔn^{24}

红石头 haŋ^{24}ʃɛi^{51}tiu^{24} 红岩

白石银 pɛ^{5}ʃɛi^{51}ŋan^{24} 白岩，可用于制造玻璃

石壁头 ʃɛi^{51}pai^{21}tiu^{24} 山崖

石壁 ʃɛi^{51}pai^{21}

石板 ʃɛi^{51}puɔn^{44}

石笋 ʃɛi^{51}san^{44}

山氹 ʃuɔn^{51}tœn^{21} 石山的山坑

石岩 ʃɛi^{51}ŋuɔn^{24} 山洞

石头罅 ʃɛi^{51}tiu^{24}lɛi^{42} 石缝

石头窿 ʃɛi^{51}tiu^{24}laŋ^{51} 较小的岩洞

石窿窖 ʃɛi^{51}laŋ^{51}kɔ^{42} 很深的岩洞

沙坝 ʃɔu^{51}pɔu^{42} 河边的沙滩

矿山 k^{h}œ^{42}ʃuɔn^{51}

矿 k^{h}œ^{42}

金 kan^{51}

白金 pɛ^{5}kan^{51}

银 ŋan^{24}

白银 pɛ^{5}ŋan^{24}

玉 ȵiak^{5}

翡翠 fai^{44}ts^{h}ɔi^{42}

旧玉 k^{h}iu^{33}ȵiak^{5} 老玉

珍珠 ʧan^{51}ʧy^{51}

铜 taŋ^{24}

铜矿 taŋ^{24}k^{h}œ^{42}

生铜 ʃɛ^{51}taŋ^{24} 青铜

熟铜 ʃak^{5}taŋ^{24} 经过煅烧可制铜器的铜

铁矿 t^{h}it^{2}k^{h}œ^{42}

铁 t^{h}it^{2}

生铁 ʃɛ^{51}thit^{2}

铸铁 ʧy^{42}t^{h}it^{2}

熟铁 ʃak^{5}tit^{2} 经过煅烧可制铁具的铁

铁渣 t^{h}it^{2}ʧɔu^{51}

烂铜烂铁 luɔn^{33}taŋ^{24}luɔn^{33}t^{h}it^{2} 烂铜废铁

铁水 t^{h}it^{2}ʃy^{44}

铁皮 t^{h}it^{2}pai^{24}

铁鉎 t^{h}it^{2}sɛ^{42} 铁锈

上鉎 ʃiɛŋ^{21}sɛ^{42} 生锈

钢 kœ^{42}

锡 sai^{21}

铝 lɔi^{21}

铅 yn^{24}

水银 ʃy^{44}ŋan^{24}

硫黄 liu^{24}vœ^{24}

砒霜 p^{h}a^{51}ʃœ^{51}

石膏 ʃɛi^{51}kɔ^{51}

雄黄 haŋ^{24}vœ^{24} 矿物质，橘黄色，可入药

朱砂 ʧy^{51}ʃɔu^{51}

碱 kuɔn^{44}

水碱 ʃy^{44}kuɔn^{44} 水壶中沉淀的水垢

火药 fɔu^{21}iɛk^{5}

炸药 ʧɔu^{42}iɛk^{5}

硝 siau^{51} 用于制火药的

白硝 pɛ^{5}siau^{51} 墙上结的白色硝化物，可做火药

黑硝 hiɛk^{2}siau^{51} 黑色火药

泥土 na^{24}t^{h}au^{44}

田泥 tin^{24}na^{24}

泥皮 na^{24}pai^{24} 带草的泥土的表层

土质 t^{h}au^{44}ʧat^{2}

红泥 haŋ^{24}na^{24} 红色的酸性泥土

黄泥 vœ^{24}na^{24} 黄泥土

黑泥 hiɛk^{2}na^{24} 黑糊泥

塘泥 tœ^{24}na^{24} 池塘里的淤泥

白黏泥 pɛ^{5}ʧ^{h}i^{51}na^{24} 一种灰白色的黏土，可用于制造陶瓷

黄泥水 vœ^{24}na^{24}ʃy^{44} 黄泥浆渗出的浊水

黄泥骨□ vœ^{24}na^{24}kuat^{2}ʧ^{h}œ^{5} 很脏的黄泥水

烂泥 luɔn^{33}na^{24} 烂泥，稀泥巴

泥浆 na^{24}tsiɛŋ^{51}

泥粉 na^{24}fan^{44} 干的泥巴粉

泥尘 na^{24}ʧ^{h}an^{24} ①灰尘；②泥粉形成的灰尘

埲尘 p^{h}aŋ^{51}ʧ^{h}an^{24} 飘在空中的灰尘

粉 fan^{44} 粉末

渣 ʧɔu^{51} 渣子：煤～

煤矿 mai^{24}k^{h}œ^{42}

煤球 mai^{24}k^{h}iu^{24} 蜂窝煤

煤饼 mai^{24}pɛ^{44} 煤粑

煤渣 mai^{24}ʧɔu^{51}

煤尘 mai^{24}ʧ^{h}an^{24} 煤矿中的瓦斯

烟煤 in^{51}mai^{24}

油煤 iu^{24}mai^{24} 烟煤

柴煤 ʃuɔi^{24}mai^{24} 一般的煤炭

冇烟煤 mɔ^{21}in^{51}mai^{24} 无烟煤

煤烟 mai^{24}in^{51} 烧煤而形成的烟尘

石煤 ʃɛi^{51}mai^{24} 含风化石多的燃烧值低的煤炭

汽油 k^{h}ai^{42}iu^{24}

柴油 ʃuɔi^{24}iu^{24}

山火 ʃuɔn^{51}fɔu^{44}

火路 fɔu^{44}lau^{33}

火种 fɔu^{44}ʧaŋ^{44}

火星 fɔu^{44}sɛ^{51} 火花

火苗 fɔu^{44}miau^{24}

火光 fɔu^{44}kuœ^{51}

火尾 fɔu^{44}mai^{21} 火焰

大火 tuɔi^{33}fɔu^{44} 烈火

放火 fœ^{42}fɔu^{44}

火灾 fɔu^{44}ʧuɔi^{51}

救火 kiu^{42}fɔu^{44} 救火

旺 vœ^{33} 火～

烧伤 ʃiau^{51}ʃiɛŋ^{51} 灼伤

灶窟火 tsɔ^{42}fat^{2}fɔu^{44} 灶火

白烟 pɛ^{5}in^{5} 青烟

浓烟 ȵiaŋ^{24}in^{51}

出烟 ʧ^{h}at^{2}in^{51} 冒烟

干柴 kun^{51}ʃuɔi^{24}

生柴 ʃɛ^{51}ʃuɔi^{24} 未干的木柴

竹柴 ʧak^{2}ʃuɔi^{24} 小竹子砸碎，置水中浸泡十天左右，晒干扎成火把，夜间外出照明之用

松柴 ts^{h}aŋ^{24}ʃuɔi^{24} 用于作为燃料的松木

柴堆 ʃuɔi^{24}tɔi^{51} 柴垛

火堆 fɔu^{44}tɔi^{51} 篝火，瑶族较常见

罅 lɛi^{42} ①缝隙；②裂痕

窿 laŋ^{51} 洞，眼儿

地窿 tai^{33}laŋ^{51} 地洞

窿口 laŋ^{51}hau^{44} 洞口

角□头 kœ^{2}nœ^{2}tiu^{24} 角落：～有□□ [lat^{5}sat^{2}] 唔好扫

地沉 tai^{33}ʧ^{h}an^{24} 地陷

环境 vuɔn^{24}kɛ^{42}

风景 faŋ^{51}kɛ^{44}

分界线 fan^{51}kuɔi^{42}sin^{42} 两地的分界

界线牌 kuɔi^{42}sin^{42}puɔi^{24} 界牌

地界 tai^{33}kuɔi^{42}

石碑 ʃɛi^{51}pai^{51} 界碑

省会 ʃɛ^{44}vai^{33}

县城 yn^{33}ʃɛ^{24}

城市 ʧ^{h}ɛ^{24}ʃi^{33}

农村 naŋ^{24}ts^{h}an^{51}

*瑶岭 iau^{24}lɛ^{21}

瑶排 iau^{24}puɔi^{24}

寨 ʧ^{h}uɔi^{33} 村子

寨口 ʧ^{h}uɔi^{33}hau^{44} 村口

老住居 lɔ^{21}ʧ^{h}y^{33}kɔi^{51} 故乡

故乡 ku^{42}hiɛŋ^{51}

水土 ʃy^{44}t^{h}au^{44} ～唔服

中国 ʧaŋ^{51}kuœ^{2}

南洋 nuɔn^{24}iɛŋ^{24}

美国 mai^{44}kuœ^{2}

俄国 ŋɔu^{24}kuœ^{2}

越南 yt^{5}nuɔn^{24}

广东 kuœ^{44}taŋ^{51}

湖南 vu^{24}nuɔn^{24}

广西 kuœ^{44}sa^{51}

福建 fak^{2}kin^{42}

海南 hɔi^{44}nuɔn^{24}

连州 lin^{24}ʧiu^{51} 邻县县名

河村 hɔu^{24}tsʰan^{51} 邻县连州的地名

阳山 iɛŋ^{24}ʃuɔn^{51} 邻县县名

连山 lin^{24}ʃuɔn^{51} 邻县县名

连南 lin^{24}nuɔn^{24} 本县县名

三江 suɔn^{51}kœ^{51} 本县县城

金坑 kan^{51}hɛ^{51} 本县地名

寨岗 ʧʰuɔi^{33}kœ^{51} 本县地名

寨南 ʧʰuɔi^{33}nuɔn^{24} 本县地名

大麦山 tuɔi^{33}mɛ^{5}ʃuɔn^{51} 本县地名

三排 suɔn^{51}puɔi^{24} 本县地名

涡水 vœ^{51}ʃy^{44} 本县地名

大坪 tuɔi^{33}pɛ^{24} 本县地名

香坪 hiɛŋ^{51}pɛ^{24} 本县地名

南岗 nuɔn^{24}kœ^{51} 本县地名

石蛤塘 ʃɛi^{51}kyt^{2}tœ^{24} 本村地名

塘冲口 tœ^{24}ʧʰaŋ^{51}hau^{44} 本镇地名

横山头 vɛ^{24}ʃuɔn^{51}tiu^{24} 本镇地名

元墩 yn^{24}tan^{51} 本镇地名

凉水岩 liɛŋ^{24}ʃy^{44}ŋuɔn^{24} 本镇地名

高岭 kɔ^{51}lɛ^{21} 本镇地名

新立寨 san^{51}lat^{5}ʧʰuɔi^{33} 本镇地名

老虎头 lɔ^{21}fu^{44}tiu^{24} 本镇地名

铜锣营 taŋ^{24}lɔu^{24}iɛ^{24} 本镇地名

寨脚 ʧʰuɔi^{33}kiɛk^{2} 本镇地名

香花 hiɛŋ^{51}fɔu^{51} 本镇地名

烂塘庙 luɔn^{33}tœ^{24}miau^{33} 本镇地名

岩口 ŋuɔn^{24}hau^{44} 本镇地名

元陂 yn^{24}pai^{51} 本镇地名

三江墟 suɔn^{51}kœ^{51}hɔi^{51} 集市名

寨岗墟 ʧhuɔi^{42}kœ^{51}hɔi^{51} 集市名

瑶山 iau^{24}ʃuɔn^{51} 当地山名

罗围山 lɔu^{24}vai^{24}ʃuɔn^{51} 当地山名

白竹陂 pɛ^{5}ʧak^{2}pai^{51} 当地山名

暗冲顶 vun^{42}ʧʰaŋ^{51}tɛ^{44} 当地山名

鸡公山 ka^{51}kaŋ^{51}ʃuɔn^{51} 当地山名

猫公山 mɔ^{42}kaŋ^{51}ʃuɔn^{51} 山名

老虎笼 lɔ^{21}fu^{44}laŋ^{24} 山名

寨肚 ʧʰuɔi^{33}tau^{21} 地名，猫公山和老虎笼两座山之间一个凹地

三江河 ʃuɔn^{51}kœ^{51}hɔu^{24} 当地河名

连山河 lin^{24}ʃuɔn^{51}hɔu^{24} 当地河名

涡水河 vœ^{51}ʃy^{44}hɔu^{24} 当地河名

元陂河 yn^{24}pai^{51}hɔu^{24} 当地河名

大塘 tuɔi^{44}tœ^{24} 当地池塘名

菱角塘 lɛ^{24}kœ^{2}tœ^{24} 当地池塘名

三眼塘 suɔn^{51}ŋuɔn^{44}tœ^{24} 当地田地名

门口塘 man^{24}hau^{44}tœ^{24} 当地田地名

长岭 ʧʰiɛŋ^{24}lɛ^{21} 当地田地名

南蛇岭 nuɔn^{24}ʃɛi^{24}lɛ^{21} 当地田地名

冬瓜娄 taŋ^{51}kuɔu^{51}lɔu^{21} 当地田地名

南门桥 nuɔn^{24}man^{24}kʰiau^{24} 当地桥名

张村桥 ʧaŋ^{51}tsʰan^{51}kʰiau^{24} 当地桥名

牛脚桥 ȵiu^{24}kiɛk^{2}kʰiau^{24} 当地桥名

五谷庙 m̩^{21}kak^{2}miau^{33} 当地庙宇名

张公庙 ʧaŋ^{51}kaŋ^{51}miau^{33} 当地庙宇名

暗冲庙 vun^{42}ʧʰaŋ^{51}miau^{33} 本村庙宇名，已毁

牛王庙 ȵiu^{24}vœ^{24}miau^{33} 本村庙宇名，已毁

□水庙 tan^{44}ʃy^{44}miau^{33} 本村庙宇名，已毁

三　时令时间

年份 nin24fan33

月份 ȵyt5fan33

四季 sai42kuai42

夏天 hɔu33thin51

三伏天 suɔn51fak5thin51 三伏

秋天 tshiu51thin51

春天 ʧhan51thin51

冬天 taŋ51thin51

寒冬腊月 hun24taŋ51luɔt5ȵyt5

元旦 yn24tuɔn42

节日 tsit2ȵiat5

过节 ku42tsit2

过年 ku42nin24 春节

门对 man24tui42 对联

年货 nin24fɔu42

团圆 tyn24yn24

拜年 puɔi42nin24

初一十五 ʧhœ51at2ʃat5m̩21 泛指初一十五

*二十赖=败=ȵi33ʃat5luɔi33puɔi33

九月九 kiu44ȵyt5kiu44 重阳日

　重阳节 ʧhaŋ24iɛŋ24tsit2

盘王节 pun24vœ24tsit2 每年十月十六瑶族的重大节日，纪念瑶族的祖先盘王

*耍歌堂 ʃɔu42kɔu51tœ24

瑶胞节 iau24pɔ51tsit2 特指三月三瑶族节日

三月三 suɔn51ȵyt5suɔn51 开耕节，三月三瑶族的节日

六月六 lak5ȵyt5lak5 尝新节，六月六瑶族的节日

七月七 tshat2ȵyt5tshat2 ①七夕；②瑶族的鬼节

节索=tsit2sœ2 指传统二十四节气

立春 lat5ʧhan51

雨水 y21ʃy44

惊蛰 kɛ51ʧhai51

春分 ʧhan51fan51

谷雨 kak2y21

立夏 lat5hɔu33

小满 siau44mun21

芒种 mœ24ʧaŋ44

夏至 hɔu33ʧi42

小暑 siau44ʃy44

大暑 tuɔi33ʃy44

立秋 lat5tshiu51

处暑 ʧhi42ʃy44

白露 pɛ5lau33

秋分 tshiu51fan51

寒露 hun24lau33

霜降 ʃœ51kœ42

立冬 lat5taŋ51

小雪 siau44syt2

大雪 tuɔi33syt2

小寒 siau44hun24

大寒 tuɔi33hun24

大前年 tuɔi33tshin24nin24

早几年 tsɔ44kai44nin24 前几年

第一年 tai33at2nin24

　头年 tiu24nin24

头几年 tiu24kai44nin24 刚开始的几年

跟尾一年 kan51mai21at2nin24 最后一年

大后年 tuɔi33hau42nin24

半年 pun42nin24

上半年 siɛŋ33pun42nin24

下半年 hɔu^{33}pun^{42}nin^{24}

每年 mai^{21}nin^{24}

年年 nin^{24}nin^{24} 每年

□年 kɛ^{44}nin^{24} 整年

闰年 ian^{33}nin^{24}

好年头 hɔ^{44}nin^{24}tiu^{24}

唔好年头 m̩^{24}hɔ^{44}nin^{24}tiu^{24} 坏年头

　唔顺年头 m̩^{24}ʃan^{33}nin^{24}tiu^{24}

年纪 nin^{24}kai^{44}

月 ȵyt^{5}

大月 tuɔi^{33}ȵyt^{5}

细月 sa^{42}ȵyt^{5} 小月

二月 ȵi^{33}ȵyt^{5}

三月 ʃuɔn^{51}ȵyt^{5}

四月 sai^{42}ȵyt^{5}

五月 m̩^{21}ȵyt^{5}

六月 lak^{5}ȵyt^{5}

七月 ts^{h}at^{2}ȵyt^{5}

八月 puɔt^{2}ȵyt^{5}

九月 kiu^{44}ȵyt^{5}

十月 ʃat^{5}ȵyt^{5}

十一月 ʃak^{5}ak^{2}ȵyt^{5}

闰月 ian^{33}ȵyt^{5}

月头 ȵyt^{5}tiu^{24} 月初

　月初 ȵyt^{5}ʧ^{h}œ^{51}

月尾 ȵyt^{5}mai^{21} 月底

　月底 ȵyt^{5}ta^{44}

一穧月 at^{2}ts^{h}a^{33}ȵyt^{5} 一个月

号 hɔ^{33} 日：十二～

初一 ʧ^{h}œ^{51}ak^{2}

初二 ʧ^{h}œ^{51}ȵi^{33}

初三 ʧ^{h}œ^{51}suɔn^{51}

初四 ʧ^{h}œ^{51}sai^{42}

初五 ʧ^{h}œ^{51}m̩^{21}

初六 ʧ^{h}œ^{51}lak^{5}

初七 ʧ^{h}œ^{51}ts^{h}at^{2}

初八 ʧ^{h}œ^{51}puɔt^{2}

初九 ʧ^{h}œ^{51}kiu^{44}

初十 ʧ^{h}œ^{51}ʃak^{5}

十五 ʃat^{5}m̩^{21} 农历十五

明朝 mɛ^{24}tiau^{51} 明天上午

前几日 ts^{h}in^{24}kai^{44}ȵiat^{5} 前几天

一穧星期 at^{2}ts^{h}a^{33}sɛ^{51}k^{h}ai^{24} 一星期

礼拜 lai^{21}puɔi^{42} 星期/礼拜

上礼拜 ʃiɛŋ^{33}lai^{21}puɔi^{42} 上星期

下礼拜 hɔu^{33}lai^{21}puɔi^{42} 下星期

一日到夜 ak^{2}ȵiat^{5}tɔ^{42}iɛi^{21} 一天到晚，整天

隔一日 kɛ^{2}at^{2}ȵiat^{5} 隔日

第二日 tai^{33}ȵi^{33}ȵiat^{5} 次日，改天

十几日 ʃat^{5}kai^{44}ȵiat^{5} 十几天

半日 pun^{42}ȵiat^{5} 半天

大半日 tuɔi^{33}pun^{42}ȵiat^{5} 大半天

天快光 t^{h}in^{51}fɔi^{42}kuœ^{51} 凌晨

白日 pɛ^{5}ȵiat^{5} 白天

白日夜头 pɛ^{5}ȵiat^{5}iɛi^{33}tiu^{24} 昼夜

有日冇夜 iu^{21}ȵiat^{5}mɔ^{21}iɛi^{33} 没日没夜，指忙碌

天大光 t^{h}in^{51}tuɔi^{33}kuœ^{51} 天明，天大亮

天黑啰 t^{h}in^{51}hiɛk^{2}lɔ^{33} 天黑了

三更半夜 suɔn^{51}kɛ^{51}pun^{42}iɛi^{33} 深更半夜

上半夜 ʃiɛŋ^{33}pun^{42}iɛi^{33}

下半夜 hɔu^{33}pun^{42}iɛi^{33}

□夜 kɛ^{44}iɛi^{33} 整夜，通宵

夜夜 iɛi^{33}iɛi^{33} 每天晚上

隔夜 kɛ^{2}iɛi^{33}

日子 ȵiat^{5}tsɿ^{44} 指日期

吉日 kat^{2}ȵiat^{5} 好日子

唔好日子 m̩^{24}hɔ^{44}ȵiat^{5}tsɿ^{44} 坏日子

对时 tɔi^{42}ʃi^{24} 二十四小时

扢更 kuat^{2}kɛ^{51} 旧时打更报时

时辰 ʃi^{24}ʃan^{24}

时间 ʃi^{24}kuɔn^{51}

天干 t^{h}in^{51}kun^{51}

甲 kuɔt^{2}

乙 yt^{2}

丙 pɛ^{44}

丁 tɛ^{51}

戊 vu^{42}

己 kai^{44}

庚 kɛ^{51}

辛 san^{51}

壬 ian^{24}

癸 kuai^{42}

地支 tai^{33}ʧi^{51}

子 tsɿ^{44}

丑 ʧ^{h}iu^{44}

寅 ian^{24}

卯 mɔ^{21}

辰 ʃan^{24}

巳 sɿ^{33}

午 m̩^{21}

未 vai^{33}

申 ʃan^{51}

酉 iu^{21}

戌 sat^{2}

亥 hui^{33}

小时 siau^{44}ʃi^{24}

一点钟 at^{2}tin^{44}ʧaŋ^{51} 一小时

一穧钟头 at^{2}ts^{h}a^{33}ʧaŋ^{51}tiu^{24}

半点钟 pun^{42}tin^{44}ʧaŋ^{51} 半小时

半穧钟头 pun^{42}ts^{h}a^{33}ʧaŋ^{51}tiu^{24}

三穧字 suɔn^{51}ts^{h}a^{33}sɿ^{33} 一刻钟

分零钟 fan^{51}lɛ^{24}ʧaŋ^{51} 分钟

前世 ts^{h}in^{24}ʃa^{42}

来世 lui^{24}ʃa^{42}

一下儿 at^{2}hɔu^{33}ȵi^{51} ①一会儿；②一下子：渠屋路$^{=}$～死嗻三只猪

下儿 hɔu^{33}ȵi^{51} 一会儿：我走了，你佬两穧坐久～

老时 lɔ^{21}ʃi^{24} 古代时候

旧时 k^{h}iu^{33}ʃi^{24}

年代 nin^{24}tɔi^{33}

朝代 ʧ^{h}iau^{24}tɔi^{33}

民国 mɛ^{24}kuœ^{2}

清朝 ts^{h}ɛ^{51}ʧ^{h}iau^{24}

明朝 mɛ^{24}ʧ^{h}iau^{24}

宋朝 saŋ^{42}ʧ^{h}iau^{24}

唐朝 tœ^{24}ʧ^{h}iau^{24}

三国 suɔn^{51}kuœ^{2}

属相 ʃak^{5}sieŋ^{42}

属鼠 ʃak^{5}ʃy^{44}

属牛 ʃak^{5}ȵiu^{24}

属虎 ʃak^{5}fu^{44}

属兔 ʃak^{5}t^{h}au^{42}

属龙 ʃak^{5}laŋ^{24}

属蛇 ʃak^{5}ʃɛi^{24}

属马 ʃak^{5}mɔu^{21}

属羊 ʃak^{5}ieŋ^{24}

属猴 ʃak^{5}hau^{24}

属鸡ʃak^{5}ka^{51}

属狗ʃak^{5}kau^{44}

属猪ʃak^{5}tɔi^{51}

闲时间huɔn^{24}ʃi^{24}kuɔn^{44}向来，平时：渠～冇□□[pi^{51}man^{24}]食茶

三不时suɔn^{51}pat^{2}ʃi^{24}时不时

□先tsiɛŋ^{24}sin^{51}刚才：□[pi^{51}]稍～讲我老师来

跟尾kan^{51}mai^{21}后来：～哩，起嗬个庙

四 农业

生产ʃɛ^{51}ʧʰœn^{44}

开工hɔi^{51}kaŋ^{51}

出工ʧʰat^{2}kaŋ^{51}上工

收工ʃiu^{51}kaŋ^{51}

*耕田kɛ^{51}tin^{24}

种工夫ʧaŋ^{42}kaŋ^{51}fu^{51}种植作物

□lɔ^{33}季，指作物种植

头□tiu^{24}lɔ^{33}早季

二□ɲi^{33}lɔ^{33}晚季

春耕ʧʰan^{51}kɛ^{51}

开耕hɔi^{51}kɛ^{51}

割头□kut^{2}tiu^{24}lɔ^{33}夏收

割二□kut^{2}ɲi^{33}lɔ^{33}秋收

冬种taŋ^{51}tsaŋ^{42}

夏收hɔu^{33}ʃiu^{51}夏天抢收庄稼抢种庄稼

农忙naŋ^{24}mœ^{24}

下田hɔu^{21}tin^{24}下地干活

犁田la^{24}tin^{24}耕地

耙田pɔu^{24}tin^{24}牛拉动耙以碎土、平地

*下谷种hɔu^{21}kak^{2}ʧaŋ^{44}

□尼龙纸kʰan^{44}na^{24}laŋ^{24}ʧi^{44}春天育秧苗时用塑料薄膜为秧苗保暖，防止冻死

催秧tsʰɔi^{51}iɛŋ^{51}施肥育秧

扯秧ʧʰɛi^{44}iɛŋ^{51}拔秧

补转后pau^{44}tyn^{42}hau^{42}补苗

搣疏mɛ^{42}ʃœ^{51}禾苗等太密，减苗，间苗

减苗kuɔn^{44}miau^{24}

减少渠kuɔn^{44}ʃiau^{44}kai^{21}

搣草mɛ^{42}tsʰɔ^{44}拔草

刮草kuɔt^{2}tsʰɔ^{44}锄草

薅田hɔ^{51}tin^{24}耘田，薅草，用手拔草

□禾秆ʧʰiu^{24}vɔu^{24}kun^{44}扎稻草把子

晒谷ʃuɔi^{42}kak^{2}晒谷子

□谷lɔ^{44}kak^{2}晒谷子时不时翻动谷子使之受热均匀

盘谷pun^{24}kak^{2}把晒的谷子聚拢成堆

交公粮谷kɔ^{51}kaŋ^{51}liɛŋ^{24}kak^{2}交公粮

收成好ʃiu^{51}ʃɛ^{24}hɔ^{44}

丰收faŋ^{51}ʃiu^{51}

减产kuɔn^{44}ʧʰœ^{44}因灾害等收成减少

成头低ʃɛ^{24}tiu^{24}ta^{51}歉收

冇收成mɔ^{21}ʃiu^{51}ʃɛ^{24}颗粒无收

冇成头mɔ^{21}ʃɛ^{24}tiu^{24}

种ʧaŋ^{42}栽种

移植i^{24}ʧʰai^{51}移栽

淋菜lan^{24}tsʰɔi^{42}浇菜

种禾麦ʧaŋ^{42}vɔu^{24}mɛ^{5}播麦子

种苞麦ʧaŋ^{42}pɔ^{51}mɛ^{5}种玉米

拗苞麦ɔ^{44}pɔ^{51}mɛ^{5}掰玉米

种番薯ʧaŋ^{42}fuɔn^{51}ʃy^{24}种红薯

种烟ʧaŋ^{42}in^{51}种烟草

□红薯vɛi^{44}fuɔn^{51}ʃy^{24}挖红薯

□蔗tœ^{2}ʧɛi^{42}砍甘蔗

开荒 hɔi^{51}fœ^{51}

干塘 kun^{51}tœ^{24} 干水塘

烧山 ʃiau^{51}ʃuɔn^{51}

修水库 siu^{51}ʃy^{44}kʰu^{42}

清理水沟 tsʰɛ^{51}lai^{21}ʃy^{44}kau^{51} 疏沟渠

修圳 siu^{51}ʧan^{51} 疏大的沟渠

修沟 siu^{51}kau^{42} 疏小的沟渠

排水 puɔi^{24}ʃy^{44}

望水 miɛŋ^{33}ʃy^{44} 到田间地头看护灌溉

荫水 an^{42}ʃy^{44} 灌溉

　荫田 an^{42}tin^{24}

放水 fœ^{42}ʃy^{44} 引水浇地

淋水 lan^{24}ʃy^{44} 浇水

整地 ʧɛ^{44}tai^{33} 平整土地，使之可以种植

锄地 tsʰœ^{24}tai^{33} 挖土

刮地 kuɔt^{2}tai^{33} 松土

肥料 fai^{24}liau^{33}

放肥 fœ^{42}fai^{24} 施肥

撒化肥 suɔt^{2}fɔu^{44}fai^{24} 施化肥

淋肥 lan^{24}fai^{24} 浇肥

淋粪 lan^{24}pan^{42} 浇粪

积肥 tsai^{21}fai^{24}

牛栏粪 ȵiu^{24}luɔn^{24}pan^{42} 牛圈肥

出牛栏粪 ʧʰat^{2}ȵiu^{24}luɔn^{24}pan^{42} 出牛圈肥

粪水 pan^{42}ʃy^{44} 粪肥

猪屎粪 tɔi^{51}ʃi^{44}pan^{42} 猪粪肥

鸡屎 ka^{51}ʃi^{44} 鸡粪肥

牛屎 ȵiu^{24}ʃi^{44} 牛粪肥

拾粪 ʃit^{5}pan^{42}

粪泥 pan^{42}na^{24} 粪土

绿肥 lak^{5}fai^{24} 植物茎叶等发酵而成的肥料

沤肥 au^{42}fai^{24} 作物茎秆、绿肥、杂草等植物性物质与河、塘泥及人粪尿同置于积水坑中，经微生物分解、发酵而成肥料

火土泥 fɔu^{44}tʰau^{44}na^{24} 烧火肥

草木灰 tsʰɔ^{44}mak^{5}fai^{51} 植物燃烧后的残余物，主要成分是碳酸钾

化肥 fɔu^{42}fai^{24}

尿素 niau^{33}sau^{42}

炭氨 tʰuɔn^{42}vun^{51}

磷肥 lan^{24}fai^{24} 过磷酸钙

复合肥 fak^{5}hut^{5}fai^{24}

农药 naŋ^{24}iɛk^{5}

六六粉 lak^{5}lak^{5}fan^{44}

敌敌畏 tʰit^{5}tʰit^{5}vai^{33}

乐果 lœ^{5}kuɔu^{44}

钾氨磷 kuɔt^{2}vun^{51}lan^{24}

除草剂 ʧʰy^{24}tsʰɔ^{44}tsa^{42}

抲农药 kuat^{2}naŋ^{24}iɛk^{5} 打农药

洒农药 suɔt^{2}naŋ^{24}iɛk^{5} 施农药

除虫 ʧʰy^{24}ʧʰaŋ^{24} 下农药杀虫

照蛾灯 ʧiau^{42}ŋɔu^{24}tiɛŋ^{51} 灭蛾灯

喷雾器 pʰan^{42}mau^{33}kʰai^{42}

水井 ʃy^{44}tsɛ^{44}

井水 tsɛ^{44}ʃy^{44}

井底 tsɛ^{44}ta^{44}

吊水 tiau^{42}ʃy^{44} 从井里打水

竹笕 ʧak^{2}kuɔn^{44} 从山涧引水的竹筒等

渡槽 tau^{33}tsʰɔ^{24}

粪桶 pan^{42}tʰaŋ^{44} 浇粪用的，可以挑

粪勺 pan^{42}ʃiɛk^{5} 浇粪用的，有长柄

龙骨车 laŋ^{24}kuat^{2}ʧʰɛi^{51} 长槽形的水车

大水车 tuɔi^{33}ʃy^{44}ʧʰɛi^{51} 轮辊形的水车

车水 tʃʰɛi^{51}ʃy^{44} 用水车等汲水

戽斗 fu^{42}tau^{44} 两边有绳，两人引绳，提斗汲水的农具

戽水 fu^{42}ʃy^{44} 洒水

绹牛 tɔ^{24}ȵiu^{24} 栓牛

守牛棍 tʃiu^{44}ȵiu^{24}kuan^{42} 赶牛的鞭子或树枝、竹枝

　牛鞭 ȵiu^{24}pin^{51}

铁犁 tʰit^{2}la^{24} 铁制作的犁，故名

犁壁 la^{24}pai^{21} 犁镜，安在犁铧上方，用铸铁等制成的一块弯板

犁头 la^{24}tiu^{24} 犁铧，安在犁下端的铁器，略呈三角形

犁手尾 la^{24}ʃiu^{44}mai^{21} 犁把

牛轭 ȵiu^{24}ɛ^{2} 架在牛脖子上用于拉东西的器具

串鼻索 tʃʰyn^{42}pai^{33}sœ^{2} 牛鼻绳

牛鼻针 ȵiu^{24}pai^{33}tʃan^{51} 牛鼻桊，穿在牛鼻子上的小木棍儿或小铁环

串牛鼻头 tʃʰyn^{42}ȵiu^{24}pai^{33}tiu^{24} 穿牛鼻

牛筒嘴 ȵiu^{24}taŋ^{24}tsɔi^{44} 牛笼嘴，牛套嘴

* 耙 pɔu^{24}

碌头 lak^{2}tiu^{24} 碌碡，碎土、平地的农具，牛拉，人站其上，为了防水一般是用松木做的

□禾机 fɛ^{2}vɔu^{24}kai^{51} 脱粒机

石辘 ʃɛi^{51}lak^{2} 滚筒

禾桶 vɔu^{24}tʰaŋ^{44} 旧时收割稻子脱粒用的大木桶

谷仓 kak^{2}tʃʰœ^{51}

谷柜 kak^{2}kʰuai^{33} 存放粮食的器具

谷围 kak^{2}vai^{24} 囤席

番豆箕 fuɔn^{51}tau^{33}kai^{51} 花生脱粒的工具

谷盘 kak^{2}pun^{24} 晒谷物的农具

　谷□ kak^{2}kʰuɛi^{24}

笪 tuɔt^{2} 簟，摊晒粮食等的竹席

布袋 pau^{42}tui^{33}

麻布袋 mɔu^{24}pau^{42}tui^{33} 麻袋

蛇皮袋 ʃɛi^{24}pai^{24}tui^{33} 编织袋

尼龙纸 na^{24}laŋ^{24}tʃi^{44} 塑料薄膜

尼龙拱 na^{24}laŋ^{24}kaŋ^{44} 育秧时为了防冻在秧田支撑起塑料薄膜的拱形竹篾

竹签 tʃak^{2}tsʰin^{51} 插在地上供藤本作物攀爬的竹条

茅人 mɔ^{24}ȵian^{24} 稻草人

风柜 faŋ^{51}kʰuai^{33} 扇车，也称风车

石碌 ʃɛi^{51}lak^{2} 石磙，又称碌碡，用于轧谷物，平场地

米磨 ma^{21}mɔu^{33} 砻，脱谷皮的器具

磨米 mɔu^{33}ma^{21} 用砻脱谷皮

石磨 ʃɛi^{51}mɔu^{33}

水磨 ʃy^{44}mɔu^{33} 用水力带动的磨盘

磨盘 mɔu^{33}pun^{24} 磨扇，即磨的上下两片石盘

磨心 mɔu^{33}san^{51} 磨脐儿，即磨扇中心的铁轴

大筛 tuɔi^{33}ʃa^{51} 粗眼筛

细筛 sa^{42}ʃa^{51}

筛糠筛 ʃa^{51}hœ^{51}ʃa^{51} 糠筛

罗斗 lɔu^{24}tau^{44} 罗，眼儿较小，用于筛粉末状细物的

碓针 tɔi^{42}tʃan^{51} 碓杵

水碓 ʃy^{44}tɔi^{42}

石□ ʃɛi^{51}hun^{44} 石臼，用于舂米等

洋锄 iɛŋ^{24}tʃʰœ^{24} 镐，用于刨硬地的，两头尖，或一头尖一头扁平

镰刮 lin^{24}kuɔt^{2} 宽的板锄，用于菜地翻土

搭耙 tuɔt^{2}pɔu^{24} 钉耙，松土用的一种农具，可用来打田基

锄头柄 ʧʰœ^{24}tiu^{24}pɛ^{42} 锄柄

鬬锄头柄 tau^{42}ʧʰœ^{24}tiu^{24}pɛ^{42} 安装锄柄

三齿□ suɔn^{51}ʧʰi^{44}kʰuɛi^{24} 三齿锄

两齿□ liɛŋ^{21}ʧʰi^{44}kʰuɛi^{24} 两齿锄，用于菜地松土

六齿□ lak^{5}ʧʰi^{44}kʰuɛi^{24} 有长柄，一端有铁齿、木齿或竹齿的耙子

柴刀 ʃuɔi^{24}tɔ^{51} 砍柴刀

篾刀 mit^{5}tɔ^{51} 破竹篾的刀

猪草□ tɔi^{51}tsʰɔ^{44}pa^{51} 一种没有刀尖的割猪草的刀

围割镰 vai^{24}kut^{2}lin^{24} 砍小树、竹子的刀

镰刀 lin^{24}tɔ^{51} 无齿的钩柴刀、割草刀，一般有木柄

木薯刀 mak^{5}ʃy^{24}tɔ^{51} 砍木薯的刀

锹 tsʰiau^{51} 铁锹

洞锹 taŋ^{33}tsʰiau^{51} 用于挖淮山等的锹类器具

洋铲 iɛŋ^{24}ʧʰœn^{44} 一种农具，用来铲土、铲沙等

*粪箕 pan^{42}kai^{51}

□箕 tsʰiu^{51}kai^{51} 土箕

米箩 ma^{21}lɔu^{24} 箩箩

谷箩 kak^{2}lɔu^{24}

缆 luɔn^{33} 麻绳，大绳，一般用苎麻做的

杠 kœ^{42} 杠子

木杠 mak^{5}kœ^{42} 抬物用的杠子

竹杠 ʧak^{2}kœ^{42}

木转□ mak^{5}tyn^{42}kyn^{51} 木扁担

竹转□ ʧak^{2}tyn^{42}kyn^{51} 竹扁担

柴络 ʃuɔi^{24}lœ^{5} 用来挑柴火的器具

担钩 tuɔn^{51}kɛu^{51} 当地一种两头带绳子和铁钩的挑具

禾梢 vɔu^{24}ʃɔ^{51} 两头尖的扁担，用来挑柴草

竹扫吹 ʧak^{2}sɔ^{42}ʧʰy^{51} 用竹枝扎，较大的竹扫帚

棕扫 tsaŋ^{51}sɔ^{42} 一种用棕毛做的长扫，用于清扫房屋的高处

抽水机 ʧʰiu^{51}ʃy^{44}kai^{51}

拖拉机 tʰɔu^{51}luɔi^{51}kai^{51}

碾米机 ʧin^{44}ma^{21}kai^{51}

五　植物

庄稼 ʧœ^{51}kɔu^{42}

五谷 m̩^{21}kak^{2}

谷米 kak^{2}ma^{21} 粮食

公粮 kaŋ^{51}liɛŋ^{24}

杂粮 tsʰuɔt^{5}liɛŋ^{24}

芽 ŋɔu^{24}

嫩芽 nan^{33}ŋɔu^{24}

禾麦 vɔu^{24}mɛ^{5} 麦子

麦□ mɛ^{5}ȵiaŋ^{42} 麦穗

麦须 mɛ^{5}sɔi^{51} 麦芒

狗尾粟 kau^{44}mai^{21}sak^{2} 粟的一种

糯米麦 nɔu^{33}ma^{21}mɛ^{5} 糯玉米

苞麦梗 pɔ^{51}mɛ^{5}kuɛ^{44} 玉米秆

苞麦须 pɔ^{51}mɛ^{5}sɔi^{51} 玉米须

苞麦衣 pɔ^{51}mɛ^{5}ai^{51} 玉米衣

禾 vɔu^{24} ①稻子；②禾苗

水稻 ʃy^{44}tɔ^{42}

种 ʧaŋ^{44} 种子

谷种 kak^{2}ʧaŋ^{44}

秧 iɛŋ^{51} 作物幼苗

秧苗 iɛŋ^{51}miau^{24} 稻秧

禾花 vɔu^{24}fɔu^{51} 稻花

早禾 ʦɔ^{44}vɔu^{24} 早稻

常规种 ʃiɛŋ^{24}k^{h}uai^{51}ʧaŋ^{44} 普通稻谷

头□禾 tiu^{24}lɔ^{33}vɔu^{24} 早稻

二□禾 ȵi^{33}lɔ^{33}vɔu^{24} 晚稻

中造 ʧaŋ^{51}ʦ^{h}ɔ^{42} 中稻

旱禾 hun^{21}vɔu^{24} 旱稻

杂交 ʦ^{h}uɔt^{5}kɔ^{51} 杂交稻

糯谷 nɔu^{33}kak^{2} 糯稻

□谷 p^{h}ɛ^{42}kak^{2} 秕谷

禾线 vɔu^{24}sin^{42} 稻穗

　谷□ kak^{2}ȵiaŋ^{42}

禾蔸 vɔu^{24}tau^{51} 稻茬儿，割了稻子后留下的头

禾秆堆 vɔu^{24}kun^{44}tɔi^{51} 稻草堆，稻草垛

秆荐 kun^{44}ʦin^{42} 稻草编的垫子，用于铺床的

草索 ʦ^{h}ɔ^{44}sœ$^{?}$ 草绳

稗 pa^{33} 稗子

米 ma^{21} 大米

占米 ʧin^{51}ma^{21} 日常吃的大米，与糯米相对

油占米 iu^{24}ʧin^{51}ma^{21} 米粒细长，油脂量高，把饭粒放到纸上有油迹留下，故称。以曲江马坝所产的最有名

猫牙米 mɔ^{42}ŋɔu^{24}ma^{21} 品质最好的一种占米

红米 haŋ^{24}ma^{21} 籼米的一种，不好吃，可酿酒

黑米 hiɛk^{2}ma^{21}

糯米 nɔu^{33}ma^{21}

早米 ʦɔ^{44}ma^{21}

头□米 tiu^{24}lɔ^{33}ma^{21} 早米

二□米 ȵi^{33}lɔ^{33}ma^{21} 晚米

糙米 ʦ^{h}ɔ^{42}ma^{21}

老糠 lɔ^{21}hœ^{51} 谷壳

　老糠□ lɔ^{21}hœ^{51}ʃɛ^{2}

玉糠 ȵiak^{5}hœ^{51} 米糠

米糠 ma^{21}hœ^{51}

烟 in^{51} 烟草

大烟 tuɔi^{33}in^{51} 罂粟，是制取鸦片的主要原料

生烟 ʃɛ^{51}in^{51}

烤烟 k^{h}ɔ^{44}in^{51} 烤烟

晒烟 ʃuɔi^{42}in^{51} 与烤烟相对，当地以晒烟为常见

烟皮 in^{51}pai^{24} 烟叶

烟丝 in^{51}sɿ^{51}

黄麻 vœ^{24}mɔu^{24}

苎麻 ʧ^{h}y^{21}mɔu^{24}

棉桃 min^{24}tɔ^{24}

棉花核 min^{24}fɔu^{44}vat^{5} 棉籽

朝阳菊 ʧ^{h}iau^{24}iɛŋ^{24}kak^{2} ①葵花；②葵花籽

黄心番薯 vœ^{24}san^{51}fuɔn^{51}ʃy^{24} 黄心红薯

白心番薯 pɛ^{5}san^{51}fuɔn^{51}ʃy^{24} 白心红薯

紫心番薯 ʦɿ^{44}san^{51}fuɔn^{51}ʃy^{24} 紫心红薯

红皮番薯 haŋ^{24}pai^{24}fuɔn^{51}ʃy^{24} 红皮红薯

乌龟麒龙 vu^{51}kuai^{51}k^{h}ai^{24}laŋ^{24} 里外都是黄的长条状红薯

五爪薯 m̩^{21}ʧɔ^{44}ʃy^{24} 叶子专用于食用的红薯品种

木薯 mak^{5}ʃy^{24}

大薯 tuɔi^{33}ʃy^{24} 薯莨

番鬼薯 fuɔn^{51}kuai^{44}ʃy^{24} 豆薯，块根可以生吃，有的地方叫凉薯

香芋 hiɛŋ^{51}vu^{33}

红芽芋 haŋ^{24}ŋɔu^{24}vu^{33} 芋之一种

早芋 tsɔ^{44}vu^{33} 芋之一种

水芋 ʃy^{44}vu^{33} 芋之一种

芋头崽 vu^{33}tiu^{24}tsa^{44} 小芋头

芋梗 vu^{33}kuɛ^{44} 芋的茎

芋口 vu^{33}huɔt^{2} 芋的叶子

百合 pɛ^{2}hut^{5}

蕨 kyt^{2} 蕨菜

莲子 lin^{24}tsɿ^{44}

茨菰 tsʰɿ^{24}ku^{51} 慈姑

菱角 lɛ^{24}kœ^{2}

蓖麻 pai^{51}mɔu^{24}

蓖麻籽 pai^{42}mɔu^{24}tsɿ^{44}

豆 tau^{33}

豆芽 tau^{33}ŋɔu^{24} 豆芽菜

豆苗 tau^{33}miau^{24}

豆壳 tau^{33}hœ^{2} 豆荚

豆藤 tau^{33}tiɛŋ^{24}

黑豆 hiɛk^{2}tau^{33}

懒人豆 luɔn^{21}ȵian^{24}tau^{33}

红豆 haŋ^{24}tau^{33}

四季豆 sai^{42}kuai^{42}tau^{33}

蛾眉豆 ŋɔu^{24}mai^{24}tau^{33} 扁豆

刀板豆 tɔ^{51}puɔn^{44}tau^{33} 刀豆

蚕豆 tsʰuɔn^{24}tau^{33}

豆杆 tau^{33}kun^{44} 豆秸，豆类作物脱粒后剩下的茎

大豆 tuɔi^{33}tau^{33} 果实大的花生

珠豆 ʧy^{51}tau^{33} 果实小的花生，较香

六月豆 lak^{5}ȵyt^{5}tau^{33} 农历六月收的花生

翻秋豆 fuɔn^{51}tsʰiu^{51}tau^{33} 农历十月收的花生，产量较低

番豆藤 fuɔn^{51}tau^{33}tiɛŋ^{24} 花生藤

番豆壳 fuɔn^{51}tau^{33}hœ^{2} 花生壳儿

番豆衣 fuɔn^{51}tau^{33}ai^{51} 花生衣

番豆肉 fuɔn^{51}tau^{33}ȵiak^{5} 花生米

番豆米 fuɔn^{51}tau^{33}ma^{21}

菜 tsʰɔi^{42} ①青菜；②下饭的菜肴

菜梗 tsʰɔi^{42}kuɛ^{44} 青菜的茎

茄子髀 kʰɔi^{24}tsɿ^{44}pi^{44} 茄子柄

瓜 kuɔu^{51}

瓜口 kuɔu^{51}nɛn^{42} 瓜蒂

瓜藤 kuɔu^{51}tiɛŋ^{24} 瓜蔓

蒡瓜 liɛk^{5}kuɔu^{51} 刺黄瓜

丝瓜 sɿ^{51}kuɔu^{51} 有棱的丝瓜

苦瓜 fu^{44}kuɔu^{51}

番瓜藤 fuɔn^{51}kuɔu^{51}tiɛŋ^{24} 南瓜蔓

番瓜口 fuɔn^{51}kuɔu^{51}nɛn^{51} 南瓜蒂

冬瓜 taŋ^{51}kuɔu^{51}

丰收瓜 faŋ^{51}ʃiu^{51}kuɔu^{51} 佛手

葫芦瓜 fu^{24}lau^{24}kuɔu^{51} 葫芦状的瓠瓜

牛角瓜 ȵiu^{24}kœ^{2}kuɔu^{51} 长条状的瓠瓜

瓜棚 kuɔu^{51}pɛ^{24}

瓜熟 kuɔu^{51}ʃak^{5} 瓜果成熟

火葱 fɔu^{44}tsʰaŋ^{51} 头部红色的葱

四季葱 sai^{42}kuai^{42}tsʰaŋ^{51} 头部白色的葱

葱头 tsʰaŋ^{51}tiu^{24}

蒜口 syn^{42}kiau^{51} 蒜苗

蒜头 syn^{42}tiu^{24}

蒜米 syn^{42}ma^{21} 蒜泥

藠 kʰiau^{21}

藠头 kʰiau^{21}tiu^{24} 藠的头部，常用于腌制

韭黄 kiu^{44}vœ^{24}

韭菜花 kiu^{44}tsʰɔi^{42}fɔu^{51}

大苋 tuɔi^{33}huɔn^{33} 大叶韭，瑶胞种植和食用较多，也称为瑶胞菜

苋菜 huɔn^{33}ts^{h}ɔi^{42}

红苋 haŋ^{24}huɔn^{33} 红色的苋菜

青苋 ts^{h}ɛ^{51}huɔn^{33} 绿色的苋菜

藏姜 ts^{h}œ^{24}kiɛŋ^{51} 老姜

子姜 tsɿ^{44}kiɛŋ^{51} 嫩姜

姜头 kiɛŋ^{51}tiu^{24} 姜的根茎

红辣子 haŋ^{24}luɔt^{5}tsɿ^{44} 红椒

青辣子 ts^{h}ɛ^{51}luɔt^{5}tsɿ^{44} 青椒

灯笼辣 tiɛŋ^{51}laŋ^{24}luɔt^{5} 柿子椒，果实近球形，表面有纵沟，味不辣

指天辣 tʃi^{44}t^{h}in^{51}luɔt^{5} 朝天椒

辣子崽 luɔt^{5}tsɿ^{44}tsa^{44} 米椒，特别辣

鸡心辣 ka^{51}san^{51}luɔt^{5} 形似鸡心的辣椒，特别辣

辣子干 luɔt^{5}tsɿ^{44}kun^{51} 干辣椒

辣子粉 luɔt^{5}tsɿ^{44}fan^{44} 辣椒面

胡椒 vu^{24}tsiau^{51}

青菜 ts^{h}ɛ^{51}ts^{h}ɔi^{42} ①芥菜；②非主菜，小菜

茼蒿 taŋ^{24}k^{h}ɔ^{51}

猪婆菜 tɔi^{51}pɔu^{24}ts^{h}ɔi^{42} 莙荙菜

  铜勺菜 taŋ^{24}ʃiɛk^{5}ts^{h}ɔi^{42}

  勺婆菜 ʃiɛk^{5}pɔu^{24}ts^{h}ɔi^{42}

白菜 pɛ^{5}ts^{h}ɔi^{42} 小白菜

白菜种 pɛ^{5}ts^{h}ɔi^{42}tʃaŋ^{44} 小白菜的种子

花菜 fɔu^{51}ts^{h}ɔi^{42}

□心 p^{h}au^{42}san^{51} 糠了，萝卜失掉水分而中空，不好吃

萝卜叶 lɔu^{24}piɛk^{5}it^{5} 萝卜缨儿

萝卜干 lɔu^{24}piɛk^{5}kun^{51} 萝卜干儿

芥蓝□ kuɔi^{42}luɔn^{24}pak^{5} 芜菁，大头菜

  芥蓝头 kuɔi^{42}luɔn^{24}tiu^{24}

芥蓝 kuɔi^{42}luɔn^{24} 一种十字花科蔬菜

大头菜 tuɔi^{33}tiu^{24}ts^{h}ɔi^{42} 一种可用于腌制的菜根茎，似葑菜，有的地方称为“冲菜”

禾笋 vɔu^{24}san^{44} 茭白

苦麦菜 fu^{44}mɛ^{5}ts^{h}ɔi^{42} 一种莴苣属的蔬菜

  莜麦菜 iu^{24}mɛ^{5}ts^{h}ɔi^{42}

生菜 ʃɛ^{51}ts^{h}ɔi^{42} 莴苣的俗称

春菜 tʃ^{h}an^{51}ts^{h}ɔi^{42} 当地一种可以生吃的莴苣属的蔬菜，叶子略带玫瑰色

油菜 iu^{24}ts^{h}ɔi^{42}

油菜梗 iu^{24}ts^{h}ɔi^{42}kuɛ^{44} 油菜薹

油菜籽 iu^{24}ts^{h}ɔi^{42}tsɿ^{44} 油菜的果实，可榨油

蕹菜 œ^{42}ts^{h}ɔi^{42}

西洋菜 sa^{51}iɛŋ^{24}ts^{h}ɔi^{42}

紫苏 tsɿ^{44}sau^{51}

狗崽香 kau^{44}tsa^{44}hiɛŋ^{51} 一种调味的植物，比紫苏还浓香

薄荷 pœ^{5}hɔu^{24}

秋葵 ts^{h}iu^{51}k^{h}uai^{24}

猪草 tɔi^{51}ts^{h}ɔ^{44} 猪食菜

鹅草 ŋɔu^{24}ts^{h}ɔ^{44} 鹅食菜

山林 ʃuɔn^{51}lan^{24}

种树 tʃaŋ^{42}ʃy^{33}

嫁接 kɔu^{42}tsit^{2}

树苗 ʃy^{33}miau^{24}

树身 ʃy^{33}ʃan^{51} 树干

树筒 ʃy^{33}taŋ^{24} 锯成一段段的树干

树尾 ʃy^{33}mai^{21} 树梢

树皮 ʃy^{33}pai^{24}

树蕴 ʃy^{33}kiɛŋ^{44} 树根

正蕴 tʃɛ^{42}kiɛŋ^{44} 主根

杈蔃 ʧʰɔu^{42}kiɛŋ^{44} 次根

树叶 ʃy^{33}it^{5}

跌叶 tit^{2}it^{5} 落叶

黄叶 vœ^{24}it^{5}

嫩叶 nan^{33}it^{5}

树□ ʃy^{33}ŋɛ^{44} 树枝

树节 ʃy^{33}tsit^{2} 树干上长出枝丫的地方

开椏树 hɔi^{51}ŋɔu^{51}ʃy^{33} 分杈的树

树墩 ʃy^{33}tan^{51} 砍树之后留下的树头

树螺纹 ʃy^{33}lɔu^{24}van^{24} 年轮

　树纹 ʃy^{33}van^{24}

死树 sai^{44}ʃy^{33} 枯树

空心树 haŋ^{51}san^{51}ʃy^{33}

火筦树 fɔu^{44}kuɔn^{44}ʃy^{33} 被火烧过或被雷劈过的树

树脚下 ʃy^{33}kiɛk^{2}hɔu^{33} ①树下；②树荫

松毛 tsʰaŋ^{24}mɔ^{24} 松针

松树子 tsʰaŋ^{24}ʃy^{33}tsɿ^{44} 松球

松香 tsʰaŋ^{24}hiɛŋ^{51}

松光 tsʰaŋ^{24}kuœ^{51} 松明

百子树 pɛ^{2}tsɿ^{44}ʃy^{33} 当地一种吉祥树，办喜事时树枝置于装礼品的箩筐中，寓意“百子百孙”

沙树木 ʃɔu^{51}ʃy^{33}mak^{5} 杉树的木头

沙树皮 ʃɔu^{51}ʃy^{33}pai^{24} 杉树皮

沙树艻 ʃɔu^{51}ʃy^{33}liɛk^{5} 杉针

□树 hun^{42}ʃy^{33} 桉树

荷树 hɔu^{24}ʃy^{33} 不落叶乔木，木质坚硬，坚果似荷花

榕树 iaŋ^{24}ʃy^{33}

榕树蔃 iaŋ^{24}ʃy^{33}kiɛŋ^{44} 榕根

乌柏树 vu^{51}kʰiu^{21}ʃy^{33} 乌柏

樟树 ʧiɛŋ^{51}ʃy^{33}

樟树油 ʧiɛŋ^{51}ʃy^{33}iu^{24}

桑树 ʃœ^{51}ʃy^{33}

桑叶 ʃœ^{51}it^{5}

桑果崽 ʃœ^{51}kuɔu^{44}tsa^{44} 桑葚

枫树 faŋ^{51}ʃy^{33}

□树 ʧʰiu^{24}ʃy^{33} 当地山上一种质地很硬的树木，可制作扁担、锄柄等

木棉树 mak^{5}min^{24}ʃy^{33} 木棉树

桐油树 taŋ^{24}iu^{24}ʃy^{33} 油桐

桐油籽 taŋ^{24}iu^{24}tsɿ^{44} 桐果

牛皮桐 ȵiu^{24}pai^{24}taŋ^{24} 一种皱皮的油桐果

苦楝树 fu^{44}lin^{33}ʃy^{33}

漆树 tsʰat^{2}ʃy^{33} 对生漆过敏者皮肤接触这种树即引起红肿、痒痛

椿芽树 ʧʰan^{51}ŋɔu^{24}ʃy^{33} 椿树，嫩叶可食

铁树 tʰit^{2}ʃy^{33}

棕树 tsaŋ^{51}ʃy^{33}

棕毛 tsaŋ^{51}mɔ^{24}

黄栀子 vœ^{24}kɛ^{51}tsɿ^{44} 栀子，有的地方叫水横枝

雀崽花叶 tsiɛk^{2}tsa^{44}fɔu^{44}it^{5} 鸭嘴花，开白花，叶子可做药材

弓箭树 kaŋ^{51}tsin^{42}ʃy^{33} 一种树，叶子较大，果子可以吃，现在罕见

纸炮树 ʧi^{44}pʰɔ^{42}ʃy^{33} 当地一种高大的乔木，长得快，叶子似凤凰木

饭汤树 fuɔn^{33}tʰœ^{51}ʃy^{33} 一种木质松软的大叶乔木

石榴柴 ʃɛi^{51}liu^{24}ʃuɔi^{24} 一种灌木，常做燃料

盐霜柏 in^{24}ʃœ^{51}pʰɛ^{2} 盐肤木，一种灌木，冬天结成串的果粒，表面有盐分

杂木 tsʰuɔt⁵mak⁵ 各种不知名的木头

苗竹 miau²⁴tʃak² 毛竹，叶披针形，是优良的建料，也可制造器物

吊思茅 tiau⁴²sɿ⁵¹mɔ²⁴ 青皮竹，竿高达9至12米，竹笋有毛

大竹 tuɔi³³tʃak² 青皮竹，竿高达9至12米，竹笋无毛

青篙竹 tsʰɛ⁵¹kʰɔ⁵¹tʃak² 可做竹篙的一种竹子

金竹 kan⁵¹tʃak² 表皮金黄色的小竹子

苦竹 fu⁴⁴tʃak² 植株呈小乔木或灌木状，竿高3至5米

箭竹 tsin⁴²tʃak² 叶子可做粽叶的小竹子

水竹 ʃy⁴⁴tʃak² 一种观赏植物

冬笋 taŋ⁵¹san⁴⁴ 冬天的毛竹笋，品质较好

春笋 tʃʰan⁵¹san⁴⁴ 春天的竹笋

苦竹笋 fu⁴⁴tʃak²san⁴⁴ 苦的小竹笋

笋壳 san⁴⁴hœ² 箨，即竹笋上一片一片的皮

笋干 san⁴⁴kun⁵¹

竹篙 tʃak²kʰɔ⁵¹ 晾衣用的竹竿儿

竹叉 tʃak²tʃʰɔu⁵¹ 两根带有杈桠竹子，竖立在地上或靠在墙上用以支撑竹竿等

竹节头 tʃak²tsit²tiu²⁴ 竹节

竹叶 tʃak²it⁵ ①竹叶儿；②粽叶

竹蕻 tʃak²kiɛŋ⁴⁴ 竹根

竹篾 tʃak²mit⁵

篾囊 mit⁵nœ²⁴ 篾黄，外皮以内，质地较脆

篾皮 mit⁵pai²⁴ 篾青，外皮

篾箍 mit⁵kʰu⁵¹ 竹篾编成的用于箍桶的篾圈儿

果崽干 kuɔu⁴⁴tsa⁴⁴kun⁵¹ 干果

水果皮 ʃy⁴⁴kuɔu⁴⁴pai²⁴

大肉桃 tuɔi³³ȵiak⁵tɔ²⁴ 当地的一种大桃

毛桃崽 mɔ²⁴tɔ²⁴tsa⁴⁴ 毛桃

阳桃 iɛŋ²⁴tɔ²⁴

水蜜桃 ʃy⁴⁴mat⁵tɔ²⁴

三华李 suɔn⁵¹vɔu²⁴lai²¹ 三华李，翁源县三华镇是三华李的发源地

结⁼屎李 kit²ʃi⁴⁴lai²¹ 酸涩苦的李子，不好吃

山楂 ʃuɔn⁵¹tʃɔu⁵¹

*蝉楂崽 ʃin²⁴tʃɔu⁵¹tsa⁴⁴

酸梅 syn⁵¹mai²⁴ 梅子

杨梅崽 iɛŋ²⁴mai²⁴tsa⁴⁴

葡萄崽 pau²⁴tɔ²⁴tsa⁴⁴ 葡萄

水樱崽 ʃy⁴⁴ɛ⁵¹tsa⁴⁴ 野葡萄

沙梨 ʃɔu⁵¹lai²⁴ 本地产的一种梨

铁沙梨 tʰit²ʃɔu⁵¹lai²⁴ 本地产的一种梨，黄色，较硬

青皮沙梨 tsʰɛ⁵¹pai²⁴ʃɔu⁵¹lai²⁴ 本地产的一种梨

高山沙梨 kɔ⁵¹ʃuɔn⁵¹ʃɔu⁵¹lai²⁴ 连州产的一种梨

鸭沙梨 vuɔt²ʃɔu⁵¹lai²⁴ 鸭梨，当地不产

棠梨崽 tœ²⁴lai²⁴tsa⁴⁴ 豆梨，即野梨、棠梨

棠梨口 tœ²⁴lai²⁴nɛn⁴² 一种小野果，果蒂很长

枇杷 pai²⁴pɔu²⁴

黄皮 vœ²⁴pai²⁴

柿崽饼 tʃʰa²¹tsa⁴⁴pɛ⁴⁴ 柿饼

野柿崽 iɛi²¹tʃʰa²¹tsa⁴⁴ 野柿子

鸡屎果 ka⁵¹ʃi⁴⁴kuɔu⁴⁴ 番石榴

椎崽 tʃy⁵¹tsa⁴⁴ 椎栗

椎崽树 tʃy⁵¹tsa⁴⁴ʃy³³ 椎栗树

口碌囊 pak²lak²nœ²⁴ 柚子的肉皮

金橘 kan⁵¹kat²

橙子 tʃʰɛ²⁴tsɿ⁴⁴

木瓜 mak⁵kuɔu⁵¹

龙眼 laŋ²⁴ŋuɔn²¹ 桂圆

龙眼干 laŋ^{24}ŋuɔn^{21}kun^{51} 桂圆干

荔枝 lai^{33}ʧi^{51}

狗崽糖 kau^{44}tsa^{44}tœ^{24} 一种果子，果实弯曲状

核 vat^{5} 龙眼、荔枝等的核儿

杧果 mœ^{51}kuɔu^{44}

椰子 ia^{24}tsɿ^{44}

槟榔 pan^{51}lœ^{24}

菠萝 pɔu^{51}lɔu^{24}

橄榄 kuɔn^{44}luɔn^{44}

西瓜 sa^{51}kuɔu^{51}

香蕉 hiɛŋ^{51}tsiau^{51}

大蕉 tuɔi^{33}tsiau^{51} 芭蕉，果皮上有三个棱，两端较细，中间较粗

粉蕉 fan^{44}tsiau^{51}

牙蕉 ŋɔu^{24}tsiau^{51} 龙牙蕉，一种较小的、较好吃的香蕉

野香蕉 iɛi^{21}hiɛŋ^{51}tsiau^{51} 野生的蕉类

美人蕉 mai^{21}ȵian^{24}tsiau^{51}

蔗渣 ʧɛi^{42}ʧɔu^{51} 甘蔗渣

黑皮蔗 hiɛk^{2}pai^{24}ʧɛi^{42} 食用的黑色蔗

糖蔗 tœ^{24}ʧɛi^{42} 较大较硬的一种甘蔗，可榨糖

屎缸蔗 ʃi^{44}kœ^{51}ʧɛi^{42} 较小的一种甘蔗，可榨糖

蔗节 ʧɛi^{42}tsit^{2}

蔗叶 ʧɛi^{42}it^{5}

蔗皮 ʧɛi^{42}pai^{24}

茶籽树 ʧʰɔu^{24}tsɿ^{44}ʃy^{33} 油茶树

茶籽花 ʧʰɔu^{24}tsɿ^{44}fɔu^{51} 山茶花

菊花 kak^{2}fɔu^{51}

野菊花 iɛi^{21}kak^{2}fɔu^{51}

水仙花 ʃy^{44}sin^{51}fɔu^{51} 野生的一种花

金银花 kan^{51}ŋan^{24}fɔu^{51}

石榴花 ʃɛi^{51}liu^{24}fɔu^{51} 杜鹃花

鸡冠花 ka^{51}kuɔn^{51}fɔu^{51}

百合花 pɛ^{2}hut^{5}fɔu^{51}

桃崽花 tɔ^{24}tsa^{44}fɔu^{51} 桃花

桂花 kuai^{42}fɔu^{51}

香花树 hiɛŋ^{51}fɔu^{51}ʃy^{42} 桂花树

芙蓉 fu^{24}iaŋ^{24} 木芙蓉

芙蓉花 fu^{24}iaŋ^{24}fɔu^{51}

仙人掌 sin^{51}ȵian^{24}ʧiɛŋ^{44}

□ nɛn^{42} 蒂，指瓜、果、花等与茎、枝相连的部分

花□ fɔu^{51}ȵiɔi^{21} 花蕊

花粉 fɔu^{51}fan^{44}

花开 fɔu^{51}hɔi^{51} 开花

开花 hɔi^{51}fɔu^{51}

谢 tsʰɛi^{33} 凋谢

菌脚 kʰuan^{51}kiɛk^{2} 菌柄

茶树菇 ʧʰɔu^{24}ʃy^{33}ku^{51}

松树菌 tsʰaŋ^{24}ʃy^{33}kʰuan^{21} 一种野生菌

猪油菌 tɔi^{51}iu^{24}kʰuan^{21} 一种野生菌

毒菌 tak^{5}kʰuan^{21}

毒蘑菇 tak^{5}mɔu^{24}ku^{51}

鸡嘴菌 ka^{51}tsɔi^{44}kʰuan^{21} 一种野生菌

牛屎菌 ȵiu^{24}ʃi^{44}kʰuan^{21} 牛粪中长出的菌

雪耳 syt^{2}ȵi^{21} 银耳，白木耳

金针 kan^{51}ʧan^{51} 黄花菜

棺材菌 kuɔn^{51}tsʰui^{24}kʰuan^{21} 灵芝

落⁼萁 lœ^{5}kɔi^{51} 芒萁，是长在山上的一种蕨类植物，以前农村用于作为燃料

落⁼箕蕨 lœ^{5}kɔi^{51}kyt^{2} 芒萁的蕨

鸡骨篱 ka^{51}kuat^{2}lai^{24} 当地一种常见的芒草

黄茅 vœ^{24}mɔ^{24} 茅草，白茅根的株，开白花

黄茅薤 vœ^{24}mɔ^{24}kiɛŋ^{44} 白茅根，性寒清热，可入药

大阔芒 tuɔi^{33}hut^{2}miɛŋ^{24} 一种很常见的阔叶芒草，可用于盖茅草屋

鸡崽芒 ka^{51}tsa^{44}miɛŋ^{24} 一种很常见的细叶芒草，可喂牛

土黄连 t^{h}au^{44}vœ^{24}lin^{24} 野生的黄连

纱麻叶 ʃɔu^{51}mɔu^{24}it^{5} 一种纤维植物，可用于编织麻袋等

竻棚窦 liɛk^{5}pœ^{24}tau^{42} 刺丛

□珠竻 huɔi^{24}ʧy^{51}liɛk^{5} 荆棘，在山野中丛生的，带刺的小灌木

水草 ʃy^{44}ts^{h}ɔ^{44} 莎草，可用以来编草席等

凉粉子 liɛŋ^{24}fan^{44}tsɿ^{44} 凉粉草，仙人草，夏天用以做凉粉，拌糖吃，清火爽口

茯苓 fak^{5}lɛ^{24}

土茯苓 t^{h}au^{44}fak^{5}lɛ^{24} 根块可熬汤喝，祛湿

大禾□ tuɔi^{33}vɔu^{24}p^{h}ɔ^{51} 野生草莓

　竻□ liɛk^{5}p^{h}ɔ^{51}

榄柿崽 luɔn^{44}ʃi^{33}tsa^{44} 桃金娘，一种野生浆果，熟时暗紫色

鼻□崽 pai^{33}nan^{51}tsa^{44} 一种治拉肚子的野果，类似桃金娘

金米崽 kan^{51}mai^{21}tsa^{44} 一种可治痢疾的野果，俗话说“六月六，金米崽熟”

艾 ŋui^{33}

臭艾 ʧ^{h}iu^{42}ŋui^{33} 芸香，一种草本植物，叶细味浓，可以驱寒暖胃

艾公 ŋui^{33}kaŋ^{51} 益母草，形似艾草，故名，可以活血调经，利尿消肿

虱婆头 ʃat^{2}pɔu^{24}tiu^{24} 苍耳

凤尾草 faŋ^{33}mai^{21}ts^{h}ɔ^{44}

四方梗 sai^{42}fœ^{51}kuɛ^{44} 当地一种野草，可入药

车前草 ʧ^{h}ɛ^{51}ts^{h}in^{24}ts^{h}ɔ^{44}

鱼腥草 ȵy^{24}sɛ^{51}ts^{h}ɔ^{44}

牛尾蕨 ȵiu^{24}mai^{21}kyt^{2} 一种蕨类草药，煮水喝可以祛风散寒，除湿消肿，舒筋活血

田七 tin^{24}ts^{h}ak^{2}

石蒜头 ʃɛi^{51}suɔn^{42}tiu^{24} 长在石缝上，形状似蒜，可入药

马鞭草 mɔu^{21}pin^{51}ts^{h}ɔ^{44}

枸杞菜 kau^{44}kai^{44}ts^{h}ɔi^{42} 枸杞

枸杞子 kau^{44}kai^{44}tsɿ^{44}

四叶莲 sa^{42}it^{5}lin^{24} 四叶草，可以去肝火

臭绑草 ʧ^{h}iu^{42}pœ^{44}ts^{h}ɔ^{44} 臭牡丹

千金吊 ts^{h}in^{51}kan^{51}tiau^{42} 一种植物，凉血的药材，开紫色小花

青蒿 ts^{h}ɛ^{51}k^{h}ɔ^{51}

火荆柴 fɔu^{44}kɛ^{51}ʃuɔi^{24} 牡荆，一种灌木，叶子是凉性的，可入药

红蒜藤 haŋ^{24}syn^{42}tiɛŋ^{24} 何首乌

猪婆藤 tɔi^{51}pɔu^{24}tiɛŋ^{24} 乌蔹莓，可喂猪

竹叶草 ʧak^{2}it^{5}ts^{h}ɔ^{44} 一种叶子像竹子的野草

　□□草 pit^{2}pat^{2}ts^{h}ɔ^{44}

灯笼草 tiɛŋ^{51}laŋ^{24}ts^{h}ɔ^{44} 一种唇形科野草，果实似小灯笼，全株可入药

假芫荽 kɔu^{44}yn^{24}sɿ^{51} 窃衣，田头、水边很常见的一种野草，样子类似芫荽

酸筒梗 syn^{51}taŋ^{24}kuɛ^{44} 火炭母，一种常见野菜，可食，味酸

□芋头 hui^{24}vu^{33}tiu^{24} 海芋，样子类似芋头，根茎大，皮肤接触后会发痒

禾虫草 vɔu^{24}ʧ^{h}aŋ^{24}ts^{h}ɔ^{44} 猪殃殃，田头、水边

非常常见的一种杂草，可喂猪

老虎须lɔ^{21}fu^{44}sɔi^{51}威灵仙，一种可入药的野草，祛风通筋络

芦荟lau^{24}vai^{33}外用可治疗烫伤等

石仙桃ʃɛi^{51}sin^{51}tɔ^{24}一种长在树上或岩石上的草本植物，具有清热、化痰、滋阴、润肺等药用价值

钩藤ŋɛu^{51}tiɛŋ^{24}攀缘于树上的一种藤本植物，具有清热平肝、息风定惊的药用价值

篓条lau^{21}tiu^{24}莎草的根茎，称为香附，具有理气解郁，调经止痛的药用价值

草鞋板tsʰɔ^{44}huɔi^{24}puɔn^{44}苦地胆，又称土公英，一种可以凉血、清热、解毒、利尿的中草药

假薄荷kɔu^{44}pœ^{5}hɔu^{24}一种野草，开浅粉红色花，叶子带齿状，形似薄荷，可以入药

夏枯草hɔu^{33}ku^{51}tsʰɔ^{44}可以清热、解毒，也可治高血压等病

金钱草kan^{51}tsʰin^{24}tsʰɔ^{44}叶子近圆形，可清热、利尿、解毒的一种中草药，也可以治疗肾结石、胆结石等

金樱崽kan^{51}ɛ^{51}tsa^{44}金樱子，果实有刺儿可用于泡酒，可固肾涩精，祛风除湿，活血散瘀

鸡骨草ka^{51}kuat^{2}tsʰɔ^{44}用于熬汤，清热利湿，舒肝止痛

牛大力ȵiu^{24}tuɔi^{33}lai^{51}当地近年引进种植的一种药材，以根入药，补虚润肺，强筋活络

大叶茶tuɔi^{33}it^{5}ʧʰɔu^{24}断肠草

青苔tsʰɛ^{51}tui^{24}

　滑苔vit^{5}tui^{24}

薸piau^{24}浮萍

水浮莲ʃy^{44}fau^{24}lin^{24}大浮萍，一种水生植物

水莲藕ʃy^{44}lin^{24}ŋau^{21}水葫芦

六　动物

畜生ʧʰak^{2}ʃɛ^{51}牲口

　头牲tiu^{24}ʃɛ^{51}

皮pai^{24}

毛mɔ^{24}羽毛

绒毛iaŋ^{24}mɔ^{24}

蹄ta^{24}蹄子

牛皮ȵiu^{24}pai^{24}

牛角ȵiu^{24}kœ^{2}

牛蹄ȵiu^{24}ta^{24}

牛牸ȵiu^{24}sɿ^{44}小母牛

牛𪃷ȵiu^{24}nɛn^{33}牛奶

抓牛𪃷ʧɔu^{51}ȵiu^{24}nɛn^{33}挤牛奶

花牛fɔu^{51}ȵiu^{24}

黄牛vœ^{24}ȵiu^{24}

水牛ʃy^{44}ȵiu^{24}

水牛牯ʃy^{44}ȵiu^{24}ku^{44}公水牛

水牛婆ʃy^{44}ȵiu^{24}pɔu^{24}母水牛

山牛ʃuɔn^{51}ȵiu^{24}

　野牛iɛi^{21}ȵiu^{24}

牛崽ȵiu^{24}tsa^{44}牛犊

牛推交ȵiu^{24}tʰɔi^{51}kɔ^{51}牛打架

牛反草ȵiu^{24}fuɔn^{44}tsʰɔ^{44}牛反刍

牛□ȵiu^{24}vɔ^{44}牛叫

骑牛背脊kʰai^{24}ȵiu^{24}pai^{42}tsai^{21}骑牛背

山羊ʃuɔn^{51}iɛŋ^{24}

黑山羊 hiɛk^{2}ʃuɔn^{51}iɛŋ^{24}

羊牯 iɛŋ^{24}ku^{44}

　羊公 iɛŋ^{24}kaŋ^{51}

羊婆 iɛŋ^{24}pɔu^{24} 母羊

羊崽 iɛŋ^{24}tsa^{44} 羊羔

羊臊财⁼iɛŋ^{24}sɔ^{51}ts^{h}ui^{24} 羊的膻气

狗牸 kau^{44}sɿ^{33} 未下崽的母狗

狗配种 kau^{44}p^{h}ai^{42}tʃaŋ^{44} 狗交配

狗崽屎 kau^{44}tsa^{44}ʃi^{44} 乳狗

狗崽 kau^{44}tsa^{44} 狗崽子

猎狗 lit^{5}kau^{44}

守门狗 tʃiu^{44}man^{24}kau^{44} ①看家狗；②比喻胆小不敢出家门的小孩

□尾狗 k^{h}uat^{5}mai^{21}kau^{44} 短尾狗

狼狗 lœ^{24}kau^{44}

癫狗 tin^{51}kau^{44} 疯狗

花狗 fɔu^{51}kau^{44}

老狗 lɔ^{21}kau^{44} 十年八年的狗

黄狗 vœ^{24}kau^{44}

白狗 pɛ^{5}kau^{44}

黑狗 hiɛk^{2}kau^{44}

野狗 iɛi^{21}kau^{44} 流浪狗

狗□ kau^{44}kin^{44} 狗鞭

狗屎 kau^{44}ʃi^{44}

狗推交 kau^{44}t^{h}ɔi^{51}kɔ^{51} 狗咬狗

□狗 liu^{42}kau^{44} 呼唤狗

猫崽 mɔ^{42}tsa^{44}

野猫 iɛi^{21}mɔ^{42}

猫□花 mɔ^{42}vɔ^{44}fɔu^{51} 猫发情

担⁼tuɔn^{51} 叼：鱼俵猫～走了

赶猪郎公 kun^{44}tɔi^{51}lœ^{24}kaŋ^{51} 赶公猪配种

配种 p^{h}ai^{42}tʃaŋ^{44} 猪配种

阉过个猪 in^{51}ku^{42}kɔ^{42}tɔi^{51} 骟过的猪

肥猪 fai^{24}tɔi^{51} ①大肥猪；②指胖男人

肉猪 ȵiak^{5}tɔi^{51}

山猪 ʃuɔn^{51}tɔi^{51}

　野猪 iɛi^{21}tɔi^{51}

箭猪 tsin^{42}tɔi^{51} 豪猪

阉猪 in^{51}tɔi^{51}

猪□泥 tɔi^{51}hiau^{42}na^{24} 猪拱土

猪发瘟 tɔi^{51}fuɔt^{2}van^{51}

白兔 pɛ^{5}t^{h}au^{42}

灰兔 fai^{51}t^{h}au^{42}

野兔 iɛi^{21}t^{h}au^{42}

三鸟 suɔn^{51}niau^{21} 指鸡、鸭、鹅三种家禽

生鸡崽 ʃɛ^{51}ka^{51}tsa^{44} 鸡角，未成年的鸡

鸡项⁼ka^{51}hœ^{33} 小母鸡，未生过蛋的鸡

鸡拉⁼ka^{51}luɔi^{51} 小鸡儿：二十赖⁼败⁼刬～

　鸡崽 ka^{51}tsa^{44}

赖菢鸡 luɔi^{33}pɔu^{33}ka^{51} 抱窝鸡

线鸡 sin^{42}ka^{51} 阉过的鸡

阉鸡 in^{51}ka^{51}

阉鸡佬 in^{51}ka^{51}lɔ^{44} 阉鸡师傅

踩水 tʃ^{h}uɔi^{44}ʃy^{44} 鸡交配

养鸡 iɛŋ^{21}ka^{51}

俵鸡 piau^{42}ka^{51} 喂鸡

□鸡 liu^{42}ka^{51} 呼唤鸡

□ tœn^{51} 啄：鸡～米

鸡□工夫 ka^{51}tœn^{51}kaŋ^{51}fu^{51} 鸡刨食

鸡推交 ka^{51}t^{h}ɔi^{51}kɔ^{51} 公鸡相斗

山鸡 ʃuɔn^{51}ka^{51} 野鸡

　野鸡 iɛi^{21}ka^{51}

麻鸡 mɔu^{24}ka^{51}

黄鸡 vœ^{24}ka^{51} 黄色的鸡

乌鸡 vu^{51}ka^{51}

竹鸡 ʧak^{2}ka^{51} 一种野鸡

春壳 ʧʰan^{51}hœ^{2} 鸡蛋壳

春白 ʧʰan^{51}pɛ^{5} 蛋白，蛋清

春黄 ʧʰan^{51}vœ^{24} 蛋黄

双黄春 ʃœ^{51}vœ^{24}ʧʰan^{51} 双黄蛋

软壳春 ȵyn^{21}hœ^{2}ʧʰan^{51} 软蛋

鸡冠 ka^{51}kuɔn^{51}

鸡爪 ka^{51}ʧɔ^{44} 鸡爪子

鸡嗉 ka^{51}sɔi^{42} 鸡嗉子

鸡□ ka^{51}tsɿ^{51} 长在鸡等家禽身上的极细小的虫儿

鸡屎窟 ka^{51}ʃi^{44}fat^{2} 鸡的肛门

鸡□ ka^{51}man^{51} 鸡屁股，腔上囊

鸡翅毛 ka^{51}ʧʰi^{42}mɔ^{24} 鸡尾毛

鸡瘟 ka^{51}van^{51}

发鸡瘟 fuɔt^{2}ka^{51}van^{51}

打冷蹄 tɔu^{44}lɛ^{21}ta^{24} 鸡等动物临死前伸腿

鸭公 vuɔt^{2}kaŋ^{51} 公鸭

鸭婆 vuɔt^{2}pɔu^{24} 母鸭

鸭崽 vuɔt^{2}tsa^{44} 小鸭子

水鸭 ʃy^{44}vuɔt^{2}

野鸭 iɛi^{21}vuɔt^{2}

洋鸭 iɛŋ^{24}vuɔt^{2} 面颊为红色的番鸭

泥鸭 na^{24}vuɔt^{2}

麻鸭 mɔu^{24}vuɔt^{2} 一种毛比较黑的鸭，当地最常见

扣鸭 kʰau^{42}vuɔt^{2} 番鸭与麻鸭的杂交鸭

白鸭 pɛ^{5}vuɔt^{2}

鸭爪 vuɔt^{2}tsɔ^{44} 鸭爪子

鸭□ vuɔt^{2}man^{51} 鸭屁股，腔上囊

鸭沕水 vuɔt^{2}mai^{42}ʃy^{44} 鸭潜水觅食

做记认 tsau^{42}kai^{42}ȵian^{33} 给自家的鸡鸭做记号，以跟别人家的区分开来

鹅公 ŋɔu^{24}kaŋ^{51} 公鹅

鹅婆 ŋɔu^{24}pɔu^{24} 母鹅

鹅崽 ŋɔu^{24}tsa^{44} 小鹅

鹅脚 ŋɔu^{24}kiɛk^{2}

鹅□ ŋɔu^{24}ȵiɔ^{44} 鹅掌

野兽 iɛi^{21}ʧʰiu^{42}

大笨象 tuɔi^{33}pan^{42}tsʰiɛŋ^{42} 大象

象牙 tsʰiɛŋ^{42}ŋɔu^{24}

老虎婆 lɔ^{21}fu^{44}pɔu^{24} 母老虎

老虎□ lɔ^{21}fu^{44}vɔ^{44} 老虎吼叫

狮子 sɿ^{51}tsɿ^{44}

豹虎 pɔ^{42}fu^{44} 豹子

熊 iaŋ^{24} ①黑～；②熊猫

熊脚 iaŋ^{24}kiɛk^{2} 熊掌

熊胆 iaŋ^{24}tuɔn^{44}

猴子 hau^{24}tsɿ^{44} ①也称为“马骝”；②谑称瘦小的小孩

金丝猴 kan^{51}sɿ^{51}hau^{24}

猴子崽 hau^{24}tsɿ^{44}tsa^{44} 小猴

马骝崽 mɔu^{21}liu^{24}tsa^{44}

鹿 lak^{5}

鹿茸 lak^{5}iaŋ^{24}

黄猄 vœ^{24}kɛ^{51} 麂子

乌猄 vu^{51}kɛ^{51} 黑的麂子

麝香 ʃɛi^{33}hiɛŋ^{51}

狐狸 vɔu^{24}lai^{24}

果狸 kuɔu^{44}lai^{24} 一种会上树吃水果的动物

黄竹筒 vœ^{24}ʧak^{2}taŋ^{24} 黄鼠狼

射野工夫 ʃɛi^{33}iɛi^{21}kaŋ^{51}fu^{51} 打猎

装野工夫 ʧœ^{51}iɛi^{21}kaŋ^{51}fu^{51} 设陷阱捕捉猎物

闹⁼老鼠 nɔ^{33}lɔ^{21}ʃy^{44} 用药饵毒老鼠

装老鼠 ʧœ^{51}lɔ^{21}ʃy^{44} 用机关捕老鼠

田鼠 tin^{24}ʃy^{44}

芒鼠 miɛŋ^{24}ʃy^{44}

竹鼠 ʧak^{2}ʃy^{44} 吃竹根的鼠类

水鬼崽 ʃy^{44}kuai^{44}tsa^{44} ①水獭；②水鬼

水马骝 ʃy^{44}mɔu^{21}liu^{24}

蛇公 ʃɛi^{24}kaŋ^{51} 公蛇

蛇婆 ʃɛi^{24}pɔu^{24} 母蛇

毒蛇 tak^{5}ʃɛi^{24}

冇毒个蛇 mɔ^{21}tak^{5}kɔ^{42}ʃɛi^{24} 无毒蛇

饭铲头 fuɔn^{33}ʧʰœn^{44}tiu^{24} 一种眼镜蛇

过山风 ku^{42}ʃuɔn^{51}faŋ^{51} 眼镜王蛇，比眼镜蛇更大更长，性情更凶猛

十二间 ʃat^{5}ȵi^{33}kuɔn^{42} 银环蛇

乌肉蛇 vu^{51}ȵiak^{5}ʃɛi^{24} 一种黑色的毒蛇

五步蛇 m̩^{21}pau^{44}ʃɛi^{24} 蝮蛇

黄肚崽 vœ^{24}tau^{21}tsa^{44} 一种肚皮黄色的毒蛇

青竹蛇 tsʰɛ^{51}ʧak^{2}ʃɛi^{24} 竹叶青，身体绿色

泥蛇 na^{24}ʃɛi^{24}

水蛇 ʃy^{44}ʃɛi^{24} 生活在水边上的蛇，善游水

南蛇 nuɔn^{24}ʃɛi^{24} 蟒蛇

三索线 suɔn^{51}sœ^{2}sin^{42} 一种身上有三条黄线的毒蛇

红颈蛇 haŋ^{24}kɛ^{44}ʃɛi^{24} 红脖子的蛇

草花蛇 tsʰɔ^{44}fɔu^{51}ʃɛi^{24} 一种小蛇

蛇皮 ʃɛi^{24}pai^{24}

蜕壳 tʰɔi^{42}hœ^{2} 蜕皮：蛇～

蛇圈紧 ʃɛi^{24}kʰyn^{51}kan^{44} 盘卷：蛇～

七寸 tsʰat^{2}tsʰan^{42}

蛇胆 ʃɛi^{24}tuɔn^{44}

蛇春 ʃɛi^{24}ʧʰan^{51} 蛇蛋

交龙蛇 kɔ^{51}laŋ^{24}ʃɛi^{24} 蛇交配

蛇窿 ʃɛi^{24}laŋ^{51} 蛇洞

蛇入窿 ʃɛi^{24}ȵiat^{5}laŋ^{51} 蛇钻洞

搦蛇 nɛ^{5}ʃɛi^{24} 捕蛇

咬 ŋɔ^{21} 俫蛇～

四脚蛇 sai^{42}kiɛk^{2}ʃɛi^{24} 蜥蜴

穿山甲 ʧʰyn^{51}ʃuɔn^{51}kuɔt^{2}

雀崽 tsiɛk^{2}tsa^{44} ①鸟儿；②幼鸟

天光雀 tʰin^{51}kuœ^{51}tsiɛk^{2} 一种野鸟，可能是布谷鸟

啄木鸟 tœ^{2}mak^{5}niau^{21}

画眉 vɔu^{33}mai^{24} 画眉鸟

燕子 in^{42}tsɿ^{44}

雁鹅 ŋuɔn^{33}ŋɔu^{24} 雁

天鹅 tʰin^{51}ŋɔu^{24}

斑鸠 puɔn^{51}kau^{51}

鹧鸪 ʧɛi^{42}ku^{51}

鹩哥 liau^{33}kɔu^{51} 八哥

白鹤 pɛ^{5}hœ^{5} ①鹤；②白鹤

孔雀 kʰaŋ^{44}tsiɛk^{2}

鸳鸯 in^{51}iɛŋ^{51}

担⁼鱼雀 tuɔn^{51}ȵy^{24}tsiɛk^{2} 鱼翠鸟，专在河边叼鱼

鸬鹚 lau^{24}tsʰɿ^{24}

猫头鹰 mɔ^{42}tiu^{24}an^{51}

鹞婆 iau^{33}pɔu^{24} 老鹰

鹰爪 an^{51}ʧɔ^{44}

鹞婆定⁼鸡崽 iau^{33}pɔu^{24}tɛ^{33}ka^{51}tsa^{44} 老鹰抓小鸡

暗鹑雀 vun^{42}ʧʰan^{24}tsiɛk^{2} 鹌鹑

嘴 tsɔi^{44} 鸟类之尖嘴

雀崽□ tsiɛk^{2}tsa^{44}vɔ^{44} 鸟鸣

雀崽窦 tsiɛk^{2}tsa^{44}tau^{42} 鸟窝

雀崽春 tsiɛk^{2}tsa^{44}ʧʰan^{51} 鸟蛋

有毒蠄蟧 iu^{21}tak^{5}kʰan^{24}lau^{24} 毒蜘蛛

蠄蟧网 kʰan^{24}lau^{24}mœ^{21} 蜘蛛网

结网 kit^{2}mœ^{21} 蜘蛛结网

算命公 syn^{42}mɛ^{33}kaŋ^{51} 一种多足的昆虫，与蜘蛛相似

黑蚁公 hiɛk^{2}ŋa^{21}kaŋ^{51} 黑蚁

白蚁公 pɛ^{5}ŋa^{21}kaŋ^{51} 白蚁

黄丝蚁 vœ^{24}sɿ^{51}ŋa^{21} 小黄蚁

蚁公王 ŋa^{21}kaŋ^{51}vœ^{24} 蚂蚁王

蚂公春 ŋa^{21}kaŋ^{51}ʧʰan^{51} 蚂蚁蛋

蚂公窦 ŋa^{21}kaŋ^{51}tau^{42} 蚂蚁窝

蚁公担窦 ŋa^{21}kaŋ^{51}tuɔn^{51}tau^{42} 蚂蚁做窝

蚁公搬窦 ŋa^{21}kaŋ^{51}pun^{51}tau^{42} 蚂蚁搬家

土狗崽 tʰau^{44}kau^{44}tsa^{44} 蝼蛄

蚕种 tsʰuɔn^{24}ʧaŋ^{44}

*养蚕 iɛŋ^{21}tsʰuɔn^{24}

蚕包 tsʰuɔn^{24}pɔ^{51} 蚕茧

蚕蛹 tsʰuɔn^{24}iaŋ^{44} 蚕蛹

蚕丝 tsʰuɔn^{24}sɿ^{51}

蚕笪 tsʰuɔn^{24}tuɔt^{2} 养蚕的用具，用竹篾编成

□螺 iɛi^{24}lɔu^{24} 蜗牛

□螺壳 iɛi^{24}lɔu^{24}hœ^{2} 蜗牛壳

鼻齆虫 pai^{33}naŋ^{24}ʧʰaŋ^{24} 一种软体昆虫

牛屎□□ ȵiu^{24}ʃi^{44}tan^{51}tɛ^{51} 蜣螂，即屎壳郎

红蚣虫 haŋ^{24}kaŋ^{51}ʧʰaŋ^{24} 蜈蚣

爬地 pɔu^{24}tai^{33} 爬行：虫～

蝎子 hit^{2}tsɿ^{44}

檐蛇 in^{24}ʃɛi^{24} 壁虎

屎蚊虫 ʃi^{44}man^{24}ʧʰaŋ^{24} 红头或绿头的苍蝇

□ lau^{51} 叮：苍蝇～

蚊蜜崽 man^{24}mat^{2}tsa^{44} 蠓，小蚊子

沙虫 ʃɔu^{51}ʧʰaŋ^{24} 孑孓，蚊子的幼虫，体细长

乌啮崽 vu^{51}ŋuɔt^{2}tsa^{44} 蠓，墨蚊

花鸡婆 fɔu^{51}ka^{51}pɔu^{24} 一种室外的蚊虫，多早上出现

山蚊 ʃuɔn^{51}man^{24} 山上树林中一种黑色的蚊子

虱婆春 ʃat^{2}pɔu^{24}ʧʰan^{51} 虱卵

樟蜚 ʧiɛŋ^{51}pai^{51} 臭虫，身体扁平，赤褐色，腹大，吸人畜的血液

牛蚊虫 ȵiu^{24}man^{24}ʧʰaŋ^{24} 牛虻，身体长椭圆形，雌的吸食牛等家畜的血液

蟋蟀 ʃɛi^{51}tsʰɔi^{51}

蟋蟀推交 ʃɛi^{51}tsʰɔi^{51}tʰɔi^{51}kɔ^{51} 斗蟋蟀

灶鸡 tsɔ^{42}ka^{51} 灶蟋蟀

甲⁼蚻 kuɔt^{2}tsʰuɔt^{5} 蟑螂

蜢 mɛ^{44} 蝗虫，也即蚂蚱，口器坚硬，善飞行，是农业害虫

大蜢 tuɔi^{33}mɛ^{44} 形体大的蝗虫

鬼蜢 kuai^{44}mɛ^{44} 一种身体细长，翅和腿也很长的蝗虫

虾蜢 hɔu^{51}mɛ^{44}

草蜢 tsʰɔ^{44}mɛ^{44} 绿蝗

老虎大哥 lɔ^{21}fu^{44}tuɔi^{33}kɔu^{51} 螳螂，绿色或土黄色，头三角形，翅两对，食害虫

草结⁼ tsʰɔ^{44}kit^{2} 一种牛吃了会中毒的虫

蜂 faŋ^{51}

蜂窦 faŋ^{51}tau^{42} 蜂窝

蜂蜡 faŋ^{51}luɔt^{5}

蜜蜂王 mat^{5}faŋ^{51}vœ^{24} 蜂王

黄蜂 vœ^{24}faŋ^{51} 胡蜂

下地牯 hɔu^{21}tai^{33}ku^{44} 胡蜂之一种，在地下

狮子头 sɿ^{51}tsɿ^{44}tiu^{24} 一种蜂窝很大，像狮子头的胡蜂

黄蛀娘 vœ^{24}ʧy^{42}ȵiɛŋ^{24} 一种较小的胡蜂

龙蜂 laŋ^{24}pʰaŋ^{5} 也属于胡蜂一类的蜂

龙蜂公 laŋ^{24}pʰaŋ^{51}kaŋ^{51} 雄胡蜂

龙蜂婆 laŋ^{24}pʰaŋ^{51}pɔu^{24} 雌胡蜂

龙蜂针 laŋ^{24}pʰaŋ^{51}ʧan^{51} 胡蜂刺

炎火虫 in^{24}fɔu^{44}ʧʰaŋ^{24} 萤火虫

金鸡 kan^{51}ka^{51} 金龟子，一种体壳坚硬，多为铜绿色的昆虫

臭鼻虫 ʧʰiu^{42}pai^{33}ʧʰaŋ^{24} 椿象，身体圆形或椭圆形，有的能放出恶臭

　臭鼻□ ʧʰiu^{42}pai^{33}kʰyn^{21}

□硬⁼ ȵi^{44}ŋɛ^{33} 一种叫声很大的昆虫，似蝉

蛀虫 ʧy^{42}ʧʰaŋ^{24}

蛀竹虫 ʧy^{42}ʧak^{2}ʧʰaŋ^{24} 竹虫

笋虫 san^{51}ʧʰaŋ^{24}

蛀 ʧy^{42} ①木头俵虫～；②蜇：蜂～人

禾虫 vɔu^{24}ʧʰaŋ^{24} 稻叶虫

卷叶虫 kyn^{44}it^{5}ʧʰaŋ^{24}

硬壳虫 ŋɛ^{33}hœ^{2}ʧʰaŋ^{24} 菜虫

　青虫 tsʰɛ^{51}ʧʰaŋ^{24}

蚜虫 ŋɔu^{24}ʧʰaŋ^{24}

蛀米虫 ʧy^{42}ma^{21}ʧʰaŋ^{24} 米虫

蛔虫 vai^{24}ʧʰaŋ^{24}

屎虫 ʃi^{44}ʧʰaŋ^{24} 屎蛆

猪肉发虫 tɔi^{51}ȵiak^{5}fuɔt^{2}ʧʰaŋ^{24} 肉腐败以后长出的蛆虫

黑蝴蝶 hiɛk^{2}vu^{24}tit^{5}

花蝴蝶 fɔu^{51}vu^{24}tit^{5}

蛾虫 ŋɔu^{24}ʧʰaŋ^{24} 飞蛾

　蛾崽 ŋɔu^{24}tsa^{44}

扬⁼眉⁼配种 iɛŋ^{24}mai^{24}pʰai^{42}ʧaŋ^{44} 蜻蜓交尾

扬⁼眉⁼食水 iɛŋ^{24}mai^{24}ʃɛi^{51}ʃy^{44} 蜻蜓点水

淡水鱼 tuɔn^{33}ʃy^{44}ȵy^{24}

塘鱼 tœ^{24}ȵy^{24} 池塘里养的鱼

山坑鱼 ʃuɔn^{51}hɛ^{51}ȵy^{24} 山涧里的小鱼

草鱼 tsʰɔ^{44}ȵy^{24}

白鲢 pɛ^{5}lin^{24} 鲢鱼

花鱼 fɔu^{51}ȵy^{24} 一种有花纹的小鱼，味美

黄角鱼 vœ^{24}kœ^{2}ȵy^{24} 黄骨鱼

鲳鱼 ʧʰœ^{51}ȵy^{24} 身体短而侧扁，也叫平鱼

带鱼 tuɔi^{42}ȵy^{24}

角鳅鱼 kœ^{2}tsʰiu^{51}ȵy^{24} 鲇鱼，表面多黏液，无鳞，背苍黑色

贼佬鱼 tsʰiɛk^{5}lɔ^{44}ȵy^{24} 鲇鱼的一种

镰拐鱼 lin^{24}kua^{44}ȵy^{24} 鲇鱼的一种，黄色

翻生鱼 fuɔn^{51}ʃɛ^{51}ȵy^{24} 黑鱼，乌鳢的通称。圆柱形，头扁，口大，有齿

白鳝 pɛ^{5}ʃin^{21} 白色的鳝鱼

黄鳝 vœ^{24}ʃin^{21} 黄色的鳝鱼

泥鳅 na^{24}tsʰiu^{51}

海鱼 hɔi^{44}ȵy^{24} 咸水鱼

墨鱼 miɛk^{5}ȵy^{24} 乌贼

鱿鱼 iu^{24}ȵy^{24}

咸鱼 huɔn^{24}ȵy^{24} 腌制的水产品

鱼须 ȵy^{24}sɔi^{51}

鱼泡 ȵy^{24}pʰɔ^{42} 鱼鳔，即鱼腹内白色的囊状器官

鱼鳃 ȵy^{24}suɔi^{51} 鱼的呼吸器官

鱼翅 ȵy^{24}ʧʰi^{42} 鱼翅膀，鱼鳍

鱼骨头 ȵy^{24}kuat^{2}tiu^{24}

鱼刺 ȵy^{24}tsʰɿ^{42}

鱼春 ȵy^{24}ʧʰan^{51} 鱼子

鱼苗 ȵy^{24}miau^{24} 鱼苗儿

鱼崽 ȵy^{24}tsa^{44} 小鱼

钓鱼 tiau^{42}ȵy^{24}

钓鱼棍 tiau^{42}ȵy^{24}kuan^{42} 钓鱼竿儿

钓钩 tiau^{42}ŋɛu^{51}

钓鱼料 tiau^{42}ȵy^{24}liau^{33} 鱼饵

浮标 fau^{24}piau^{51}

上钩 siɛŋ^{21}ŋɛu^{51} 鱼～

鱼□ ȵy^{24}lan^{51} 鱼篓儿，颈长口小肚大

虾公笱 hɔu^{51}kaŋ^{51}kau^{44} 笱，一种捕虾的竹制工具

鱼笱 ȵy^{24}kau^{44} 笱，一种捕鱼的竹制工具

鱼叉 ȵy^{24}tʃ^{h}ɔu^{51} 捕鱼用的铁叉子

渔网 ȵy^{24}mœ^{21}

搦鱼 nɛ^{5}ȵy^{24} 捕鱼

□鱼 lai^{51}ȵy^{24} 捞鱼

网鱼 mœ^{21}ȵy^{24}

电鱼 tin^{33}ȵy^{24}

闹$^{=}$鱼 nɔ^{33}ȵiu^{24} 毒鱼

鱼浮头 ȵy^{24}fau^{24}tiu^{24}

鱼跳水 ȵy^{24}t^{h}iau^{42}ʃy^{44}

虾公 hɔu^{51}kaŋ^{51} ①虾；②谑指瘦子

大蜢虾 tuɔi^{33}mɛ^{44}hɔu^{51} 虾蛄，濑尿虾

虾肉 hɔu^{51}ȵiak^{5} 鲜虾仁儿

虾米 hɔu^{51}ma^{21} 干的虾米

虾公皮 hɔu^{51}kaŋ^{51}pai^{24} 虾皮

龟 kuai^{51}

缩头乌龟 sak^{2}tiu^{24}vu^{51}kuai^{51} 缩头乌龟

脚鱼 kiɛk^{2}ȵy^{24} 鳖

石□ ʃɛi^{51}luɔt^{2} 较大的螃蟹，壳很坚硬

虾□黄 hɔu^{51}luɔt^{2}vœ^{24} 蟹黄

虾□壳 hɔu^{51}luɔt^{2}hœ^{2} 蟹壳

虾□钳 hɔu^{51}luɔt^{2}k^{h}in^{24} ①蟹夹，蟹钳；②鬼针草

青铜蚂 ts^{h}ɛ^{51}taŋ^{24}kua^{44} 绿皮蛙

上树蚂 ʃiɛŋ^{21}ʃy^{33}kua^{44} 斑腿树蛙

石蛤 ʃɛi^{51}kyt^{2} 石蛙

□碌□ pak^{2}lak^{2}kuai^{42} 蝌蚪

蟥蜞 vœ^{24}k^{h}ai^{24} 水蛭，又称蚂蟥

山蟥蜞 ʃuɔn^{51}vœ^{24}k^{h}ai^{24} 山蚂蟥

蚬崽 hin^{44}tsa^{44} 蚬

白壳蚬崽 pɛ^{5}hœ^{2}hin^{44}tsa^{44} 沙白

田螺 tin^{24}lɔu^{24} 田里的螺蛳

石螺 ʃɛi^{51}lɔu^{24} 山涧里的螺蛳

海螺 hɔi^{44}lɔu^{24}

福寿螺 fak^{2}ʃiu^{33}lɔu^{24}

扭丝螺 niu^{44}sɿ^{51}lɔu^{24} 钉螺，钉状的螺蛳

蚌 pœ^{21}

蚌壳 pœ^{21}hœ^{2}

放生 fœ^{42}ʃɛ^{51} ～动物

七 房舍

厅屋 t^{h}ɛ^{51}ak^{2} 堂屋

门口坪 man^{24}hau^{44}pɛ^{24} 场院，屋前平坦的空地

地塘 tai^{33}tœ^{24} 晒谷坪

天井 t^{h}in^{51}tsɛ^{44} 庭院中像井状的露天处

砖瓦屋 tʃyn^{51}ŋɔu^{24}ak^{2}

泥砖屋 na^{24}tʃyn^{51}ak^{2}

平房 pɛ^{24}fœ^{24}

水泥屋 ʃy^{44}na^{24}ak^{2} 钢筋水泥房，即新式楼房

□上 lœ^{42}ʃiɛŋ^{33} 楼上

□下 lœ^{42}hɔu^{33} 楼下

二架□ ȵi^{33}kɔu^{42}lœ^{42} 阁楼：泥砖屋□[tsiɛŋ^{24}]

有～

大板梯 tuɔi^{33}puɔn^{44}t^{h}uɔi^{51} 固定的楼梯

手扶梯 ʃiu^{44}pau^{24}t^{h}uɔi^{51} 小梯子

木梯 mak^{5}t^{h}uɔi^{51}

竹梯 ʧak^{2}t^{h}uɔi^{51}

托 t^{h}œ^{2} 梯级，一般是7级或9级，也有的11级

栏杆 luɔn^{24}kun^{51}

骑楼 k^{h}ai^{24}lau^{24} 以前的用木头做的阳台

天台 t^{h}in^{51}tui^{24} 晒台，在楼房屋顶，晒东西或乘凉用

屋栋顶 ak^{2}taŋ^{42}tɛ^{44} 房脊上

屋顶 ak^{2}tɛ^{44} 房顶：徛行～

屋背 ak^{2}pai^{42} 瓦房上面铺瓦的地方

瓦舷 ŋɔu^{21}hin^{24} 屋檐

屋舷 ak^{2}hin^{24} 屋檐下

封舷板 faŋ^{51}hin^{24}puɔn^{44} 屋檐口的长木板，保护椽子和防止瓦片脱落

跌水板 tit^{2}ʃy^{44}puɔn^{11}

屋舷水 ak^{2}hin^{24}ʃy^{44} 屋檐上流下的雨水

屋角 ak^{2}kœ^{2}

天花板 t^{h}in^{51}fɔu^{51}puɔn^{44}

泥砖 na^{24}ʧyn^{51} 砌房的土坯

大水砖 tuɔi^{33}ʃy^{44}ʧyn^{51}

生砖 ʃɛ^{51}ʧyn^{51} 砖坯

烂砖 luɔn^{33}ʧyn^{51} 不完整的碎砖

红砖 haŋ^{24}ʧyn^{51}

青砖 ʦ^{h}ɛ^{51}ʧyn^{51}

火砖 fɔu^{44}ʧyn^{51} 一般指青砖

打砖 tɔu^{44}ʧyn^{51} 制砖

整砖 ʧɛ^{44}ʧyn^{51}

烧砖 ʃiau^{51}ʧyn^{51}

砖格 ʧyn^{51}kɛ^{2} 砖模

红瓦 haŋ^{24}ŋɔu^{21}

青瓦 ʦ^{h}ɛ^{51}ŋɔu^{21}

□瓦 k^{h}an^{44}ŋɔu^{21} 盖瓦

拾屋背 ʃit^{5}ak^{2}pai^{42} 捡漏

瓦坑 ŋɔu^{21}hɛ^{51} 瓦槽，瓦沟

瓦婆 ŋɔu^{21}pɔu^{24} 盖在瓦沟上凹槽朝上者

瓦公 ŋɔu^{21}kaŋ^{51} 盖在瓦垄上凹槽朝下者

烂瓦 luɔn^{33}ŋɔu^{21} 碎瓦

明瓦 mɛ^{24}ŋɔu^{21}

石棉瓦 ʃɛi^{51}min^{24}ŋɔu^{21}

琉璃瓦 liu^{24}lai^{24}ŋɔu^{21}

砖瓦窑 ʧyn^{51}ŋɔu^{21}iau^{24} 烧制砖瓦等的窑

整瓦 ʧɛ^{44}ŋɔu^{21} 制瓦

瓦板 ŋɔu^{21}puɔn^{44} 瓦模

生瓦 ʃɛ^{51}ŋɔu^{21} 瓦坯

玻璃 pɔu^{51}lai^{24}

顶梁 tɛ^{44}liɛŋ^{24} 中梁

上梁 ʃiɛŋ^{21}liɛŋ^{24} 安装屋顶最高的一根梁，是建房的重要一环，按习俗要找良辰吉日，而且要包红包给师傅

安梁 vun^{51}liɛŋ^{24}

瓦桷板 ŋɔu^{21}kœ^{2}puɔn^{44} 椽子

船皮板 ʃyn^{24}pai^{24}puɔn^{44}

跳手 t^{h}iau^{42}ʃiu^{44} 屋檐下突出墙体的木头，起支撑屋檐的作用

金字架 kan^{51}sɿ^{33}kɔu^{42} 旧式砖瓦房屋顶的一种金字形木构架

榫头 san^{51}tiu^{24}

柱墩 ʧ^{h}y^{21}tan^{44} 柱下石

种柱 ʧaŋ^{42}ʧ^{h}y^{21} 立柱

木料 mak^{5}liau^{33}

圆木 vin^{24}mak^{5}

四方木 sai^{42}fœ^{51}mak^{5} 方木

木板 mak^{5}puɔn^{44} 比较厚，做床板或楼板

木桩 mak^{5}ʧœ^{51}

櫼 tsin^{51} ①木楔；②挤：～上车

木糠 mak^{5}hœ^{51} 锯末

木屎 mak^{5}ʃi^{44}

柴碎 ʃuɔi^{24}sɔi^{42} 木材碎片

斧口 pau^{44}hau^{44}

刨花 pɔ^{24}fɔu^{51}

石灰 ʃɛi^{51}fai^{51}

生石灰 ʃɛ^{51}ʃɛi^{51}fai^{51}

石灰窑 ʃɛi^{51}fai^{51}iau^{24}

白水泥 pɛ^{5}ʃy^{44}na^{24}

钢筋 kœ^{42}kan^{51}

地皮 tai^{33}pai^{24} 土地表层

地脚 tai^{33}kiɛk^{2} 房屋的地基

扢地基 kuat^{2}tai^{33}kai^{51} 打地基

砌大脚 ts^{h}a^{42}tuɔi^{33}kiɛk^{2} 用石头砌地基

倒大脚 tɔ^{44}tuɔi^{33}kiɛk^{2} 用水泥等打地基

墙 ts^{h}iɛŋ^{24}

墙脚 ts^{h}iɛŋ^{24}kiɛk^{2} 墙根

舂墙 ʧaŋ^{51}ts^{h}iɛŋ^{24} 筑土墙

板障 puɔn^{44}ʧ^{h}iɛŋ^{42} 板墙

砌墙 ts^{h}a^{42}ts^{h}iɛŋ^{24}

批荡 p^{h}a^{51}t^{h}œ^{42}

荡墙 t^{h}œ^{42}ts^{h}iɛŋ^{24} 刷墙

刮刷 kuɔt^{2}ʃœt^{2}

油油漆 iu^{24}iu^{24}ts^{h}at^{2} 给家具等上油漆

阴沟 an^{51}kau^{51} 地面下的排水沟

□tɛ^{42} 台阶儿

石□ʃɛi^{51}tɛ^{42} 石阶

门 man^{24}

门板 man^{24}puɔn^{44}

后门 hau^{33}man^{24}

小门 siau^{44}man^{24} 侧门

门闩 man^{24}ʃœn^{51}

门墩 man^{24}tan^{51} 托住门扇转轴的石墩子

门□man^{24}pak^{5} 门当，位于门的顶部，可辟邪

门神 man^{24}ʃan^{24} 贴在两扇大门上的图画，一般是关羽、张飞的像

横头 vɛ^{24}tiu^{24} 门楣

门架 man^{24}kɔu^{42} 门框

横额 vɛ^{24}ŋɛ^{2} 门匾

门罅 man^{24}lɛi^{42} 门缝

门扣 man^{24}k^{h}au^{42} 小门上关门用的

门环 man^{24}vuɔn^{24} 大门上的门环子

门链 man^{24}lin^{33} 大门上锁门用的铁条和铁环等

安门 vun^{51}man^{24} 安装大门，要找良辰吉日，而且要包红包给师傅

大光穿 tuɔi^{33}kuœ^{51}ʧ^{h}yn^{51} 大门上方的窗户

光穿横 kuœ^{51}ʧ^{h}yn^{51}vɛ^{33} 窗棂子

窗台 ʧ^{h}œ^{51}tui^{24}

天窗 t^{h}in^{51}ʧ^{h}œ^{51} 房顶上的采光口

狗窿 kau^{44}laŋ^{51} 大门边供狗出入的一个洞，也有人称之为财门

走廊 tsau^{44}lœ^{24}

砌灶 ts^{h}a^{42}tsɔ^{42}

灶窟窿 tsɔ^{42}fat^{2}laŋ^{51} 灶门边一个小方洞，用以放火柴

灶窟门 tsɔ^{42}fat^{2}man^{24} 灶门

烟通 in^{51}t^{h}aŋ^{51} 烟囱

柴屋ʃuɔi^{24}ak^{2}柴房

　柴寮ʃuɔi^{24}liau^{24}

舂米屋ʧaŋ^{51}ma^{21}ak^{2}碓房

水碓屋ʃy^{44}tɔi^{42}ak^{2}水碓房

磨米屋mɔu^{33}ma^{21}ak^{2}磨坊，磨面粉等的作坊、厂房

粪槽pan^{42}tsʰɔ^{24}①旧式厕所；②粪池

屎缸ʃi^{44}kœ^{51}旧式厕所的屎坑

牛栏ȵiu^{24}luɔn^{24}牛圈

猪笼tɔi^{51}laŋ^{24}

狗窦kau^{44}tau^{42}狗窝

鸡窦ka^{51}tau^{42}鸡窝

鸡□ka^{51}lak^{5}用竹子做的关鸡的器具

鸡笼ka^{51}laŋ^{24}

鸡罩ka^{51}ʧɔ^{42}竹子编的关鸡的器具，下大上小，呈吊钟形

围墙vai^{24}tsʰiɛŋ^{24}

菜园围tsʰɔi^{42}yn^{24}vai^{24}篱笆

蔑笪mit^{5}tuɔt^{2}用竹篾做的菜园门

围笪vai^{24}tuɔt^{2}围菜园的竹篱笆

棚pɛ^{24}棚子，顶部是平的

厂ʧʰœ^{44}寮子，屋顶用茅草或杉木皮盖，顶部一边倾斜

石屋ʃɛi^{51}ak^{2}

板障屋puɔn^{44}ʧiɛŋ^{42}ak^{2}用杉木板等建的木房子

沙树皮屋ʃɔu^{51}ʃy^{33}pai^{24}ak^{2}杉木皮房

闲屋huɔn^{24}ak^{2}杂物间，一般放农具和养鸡鸭等

仓库tsʰœ^{51}fu^{42}

门楼man^{24}lau^{24}村寨门

炮眼pʰɔ^{42}ŋuɔn^{21}旧时村寨围墙上的枪眼

凉亭liɛŋ^{24}tɛ^{24}路边供休息的亭子

八　器具用品

老古董lɔ^{21}ku^{44}taŋ^{44}古董

高柜kɔ^{51}kʰuai^{33}立式，有拉门的橱柜

高橱kɔ^{51}ʧʰy^{24}立式橱柜，有拉门

衣裳柜ai^{51}ʃiɛŋ^{24}kʰuai^{33}衣橱

碗柜vun^{44}kʰuai^{33}碗橱

箱siɛŋ^{51}

牛皮箱ȵiu^{24}pai^{24}siɛŋ^{51}皮箱

手提箱ʃiu^{44}tai^{24}siɛŋ^{51}

木箱mak^{5}siɛŋ^{51}

纸皮箱ʧi^{44}pai^{24}siɛŋ^{51}纸箱

圆枱vin^{24}tui^{24}圆桌

大圆枱tuɔi^{33}vin^{24}tui^{24}直径达到一米四左右的大圆桌

四方桌sai^{42}fœ^{51}ʧœ^{2}大方桌

神位ʃan^{24}vai^{33}

枱桌脚tui^{24}ʧœ^{2}kiɛk^{2}桌腿

竹椅ʧak^{2}ai^{44}竹子做的有靠背的小椅子

藤椅tiɛŋ^{24}ai^{44}藤条等做的躺椅

懒人椅luɔn^{21}ȵian^{24}ai^{44}摇椅，可半躺

长椅ʧʰiɛŋ^{24}ai^{44}

凭椅piɛŋ^{33}ai^{44}靠椅

椅横ai^{44}vɛ^{33}椅子掌儿，椅腿中间的横木

椅凭ai^{44}piɛŋ^{33}椅子靠背

板凳puɔn^{44}tiɛŋ^{42}

长凳ʧʰiɛŋ^{24}tiɛŋ^{42}较窄的长板凳

日字凳ȵiat^{5}sɿ^{33}tiɛŋ^{42}方凳

　四方凳sai^{42}fœ^{51}tiɛŋ^{42}

四脚凳sai^{42}kiɛk^{2}tiɛŋ^{42}一种较高大的方凳

高脚凳kɔ^{51}kiɛk^{2}tiɛŋ^{42}

圆凳 vin^{24}tiɛŋ^{42}

细板凳 sa^{42}puɔn^{44}tiɛŋ^{42} 小板凳儿

沙发凳 ʃɔu^{51}fuɔt^{2}tiɛŋ^{42} 可睡可坐的有靠背的器具

杂木凳 tsʰuɔt^{5}mak^{5}tiɛŋ^{42} 用杂木做凳子

木墩 mak^{5}tan^{51} 一种坐具

草墩 tsʰɔ^{44}tan^{51} 一种坐具，一般是用稻草编织的

织墩 ʧai^{21}tan^{51} 草编织而成之圆形扁平坐具

禾秆墩 vɔu^{24}kun^{44}tan^{51} 稻草编织而成之圆形扁平坐具

石墩 ʃɛi^{51}tan^{51} 一种坐具

折凳 ʧit^{2}tiɛŋ^{42} 马扎，折叠小凳子

坐包 tsʰɔu^{21}pɔ^{51} 自行车等的坐垫

窗帘 ʧʰœ^{51}lin^{24}

门帘 man^{24}lin^{24}

花盆 fɔu^{51}pan^{24}

床板 ʧʰœ^{24}puɔn^{44}

竹床 ʧak^{2}ʧʰœ^{24} 单人睡的竹床

床秆 ʧʰœ^{24}kun^{44} 稻草编制的床垫，冬天使用，可以保暖

毡 ʧin^{51} 毯子，以前没有床垫，一般用于做褥子

蚊帐钩 man^{24}ʧiɛŋ^{42}ŋɛu^{51} 帐钩

蚊帐篙 man^{24}ʧiɛŋ^{42}kʰɔ^{51} 帐竿

被窦 pai^{21}tau^{42} 被窝儿

被面 pai^{21}min^{33}

被单 pai^{21}tuɔn^{51}

草席 tsʰɔ^{44}tsʰai^{51}

竹席 ʧak^{2}tsʰai^{51}

枕头巾 ʧan^{44}tiu^{24}kan^{51} 枕巾

枕头套 ʧan^{44}tiu^{24}tʰɔ^{42} 枕套

枕头芯 ʧan^{44}tiu^{24}san^{51} 枕芯

竹枕 ʧak^{2}ʧan^{44}

火炉 fɔu^{44}lau^{24} 炉子

煤炉 mai^{24}lau^{24}

电炉 tin^{33}lau^{24}

火笼 fɔu^{44}laŋ^{24} 用竹篾做一个竹笼状，中置一陶碗，用以放燃烧的木炭等，供老人取暖用

热水袋 ȵit^{5}ʃy^{44}tui^{33} 汤壶，放被窝里取暖的

风箱 faŋ^{51}siɛŋ^{51}

吹火筒 ʧʰy^{51}fɔu^{44}taŋ^{24}

　火吹筒 fɔu^{44}ʧʰy^{51}taŋ^{24}

火叉 fɔu^{44}ʧʰɔu^{51} 通炉条，通炉子用的

火钳 fɔu^{44}kʰin^{24}

火盆 fɔu^{44}pan^{24} 炭火盆，冬天室内取暖用

□炭铲 pat^{2}tʰuɔn^{42}ʧʰœn^{44} 火铲

火柴盒 fɔu^{44}ʃuɔi^{24}hut^{5}

火柴扢 fɔu^{44}ʃuɔi^{24}kuat^{2} 火柴梗

扢火机 kuat^{2}fɔu^{44}kai^{51} 打火机

扢火石 kuat^{2}fɔu^{44}ʃɛi^{51} 打火石

火镰石 fɔu^{44}lin^{24}ʃɛi^{51} 火镰，旧时取火用具，形状像镰刀

　火镰钢 fɔu^{44}lin^{24}kœ^{42}

纸卷 ʧi^{44}kun^{44} 纸煤儿，瑶胞是用艾叶晒干，卷实来引火

□鸡 nuɔt^{2}ka^{51} 电烙铁

烟筒 in^{51}taŋ^{24} 烟锅，一般用竹管制的

烟筒袋 in^{51}taŋ^{24}tui^{33} 烟袋

烟筒嘴 in^{51}taŋ^{24}tsɔi^{44} 烟锅嘴，一般是铜做的

烟盒 in^{51}hut^{5}

烟纸 in^{51}ʧi^{44}

锑煲 tʰai^{51}pɔu^{51} 铝锅

瓦煲 ŋɔu^{21}pɔu^{51} 砂锅

不锈钢煲 pat^{2}siu^{42}kœ^{42}pɔu^{51} 钢精锅

压力煲 vuɔt^{2}lai^{51}pɔu^{51} 高压锅

大铛 tuɔi^{33}tʃ^{h}ɛ^{51} 煮猪食的大锅

龙槽镬 laŋ^{24}ts^{h}ɔ^{24}vœ^{5} 直径达一米多的大锅

云鼎 van^{24}tɛ^{44} 一种炊具

铛耳 tʃ^{h}ɛ^{51}ȵi^{21} 锅耳

铛盖 tʃ^{h}ɛ^{51}kɔi^{42} 锅盖

铛铲 tʃ^{h}ɛ^{51}tʃ^{h}œn^{44} 锅铲

铛刷 tʃ^{h}ɛ^{51}ʃœt^{2} 炊帚，用于刷洗锅碗

丝瓜瓤 sɿ^{51}kuɔu^{51}nœ^{24} 丝瓜络，用于刷洗锅碗

箅饭箕 pai^{42}fuɔn^{33}kai^{51} 用竹篾做成的，做饭时隔在烧沸的米汤上，以便滗出多余的米汤

茶煲 tʃ^{h}ɔu^{24}pɔu^{51} 水壶，烧开水用

　水煲 ʃy^{44}pɔu^{51}

陶瓷 tɔ^{24}ts^{h}ɿ^{24}

食饭碗 ʃei^{51}fuɔn^{33}vun^{44} 饭碗

大碗 tuɔi^{33}vun^{44} 海碗

□碗 k^{h}uai^{51}vun^{44} 早期一种装菜肴的大碗，当地有“十二大□[k^{h}uai^{51}]”之说

细饭碗 sa^{42}fuɔn^{33}vun^{44} 小碗

瓷碗 ts^{h}ɿ^{24}vun^{44} 搪瓷碗

碗边 vun^{44}pin^{51}

崩缺 pɛ^{51}k^{h}yt^{2} 碗等的缺口

崩缺碗 pɛ^{51}k^{h}yt^{2}vun^{44} 缺口碗

钵头 put^{2}tiu^{24} 陶制的装菜的器具

盘 pun^{24} 盘子

碟 tit^{5} 碟子

饭勺 fuɔn^{33}ʃiɛk^{5}

饭盒 fuɔn^{33}hut^{5}

竹筷子 tʃak^{2}k^{h}uɔi^{42}tsɿ^{44} 竹筷

铁筷子 t^{h}it^{2}k^{h}uɔi^{42}tsɿ^{44}

筷子筒 k^{h}uɔi^{42}tsɿ^{44}taŋ^{24} 筷子笼

牙签 ŋɔu^{24}ts^{h}in^{51}

茶壶 tʃ^{h}ɔu^{24}vu^{24} 沏茶用的，带有嘴儿

酒壶 tsiu^{44}vu^{24}

暖酒壶 nyn^{21}tsiu^{44}vu^{24} 旧时用的温酒壶

茶托 tʃ^{h}ɔu^{24}t^{h}œ^{2} 茶盘

杯 pai^{51} 杯子

哴口盅 lœ^{44}hau^{44}tʃaŋ^{51} 口杯

玻璃杯 pɔu^{51}lai^{24}pai^{51}

茶杯 tʃ^{h}ɔu^{24}pai^{51} 陶瓷做的，有时带有把儿的小茶杯

茶瓯 tʃ^{h}ɔu^{24}au^{51} 大茶杯，一般没有把儿，也指带盖儿的茶碗

酒杯 tsiu^{44}pai^{51}

酒樽 tsiu^{44}tsan^{51} 酒瓶

埕 tʃ^{h}ɛ^{24} 瓮，小口而形体较大的陶器

酒埕 tsiu^{44}tʃ^{h}ɛ^{24} 酒瓮，酒坛子

米瓮 ma^{21}aŋ^{42} 米缸，一般是木制的

水缸 ʃy^{44}kœ^{51}

牛耳 ȵiu^{24}ȵi^{21} 陶制的用于酿酒的器具，现罕见

*菜□⿰钅乏 ts^{h}ɔi^{42}tʃɔu^{44}t^{h}uɔt^{2}

罐 kun^{42} 罐子

瓦缸 ŋɔu^{21}kœ^{51} 瓦罐

茶叶罐 tʃ^{h}ɔu^{24}it^{5}kun^{42} 茶罐

　茶叶缸 tʃ^{h}ɔu^{24}it^{5}kœ^{51}

盐缸 in^{24}kœ^{42} 盐罐

油缸 iu^{24}kœ^{51} 装食用油的罐子

米筒 ma^{21}taŋ^{24} 量杯，专用于量米

木撮 mak^{5}tʃ^{h}œt^{2} 松木做的，作用相当于撮箕

笊篱 tʃɔ^{42}lai^{24} 捞箕

菜箕 tsʰɔi^{42}kai^{51} 筲箕，淘米洗菜等用的竹器，可漏水

菜篮 tsʰɔi^{42}luɔn^{24} 篮子

竹菜篮 tʃak^{2}tsʰɔi^{42}luɔn^{24} 竹篮子

□lat^{2} 背篓，一般是竹篾做的

竹□tʃak^{2}lat^{2} 竹背篓

樽盖 tsan^{51}kɔi^{42} 瓶盖儿

樽窒 tsan^{51}tsat^{2} 瓶塞

花瓶 fɔu^{51}pɛ^{24}

番薯刷 fuɔn^{51}ʃy^{24}ʃœt^{2} 礤床，把萝卜等刨成丝儿的器具

  番薯刨 fuɔn^{51}ʃy^{24}pɔ^{24}

刀 tɔ^{51}

刀口 tɔ^{51}hau^{44}

刀背 tɔ^{51}pai^{42}

刀□tɔ^{51}lan^{51} 竹子做的刀鞘

刀鞘 tɔ^{51}tsʰiau^{42} 木头做的装刀的容器

削骨刀 siɛk^{2}kuat^{2}tɔ^{51} 骨头刀

尖刀 tsin^{51}tɔ^{51}

大刀婆 tuɔi^{33}tɔ^{51}pɔu^{24} 大刀

刀崽 tɔ^{51}tsa^{44} ①小刀；②铅笔刀

刣猪刀 tʰœ^{51}tɔi^{51}tɔ^{51} 杀猪刀

肉桌 ȵiak^{5}tʃœ^{2} 屠案

磨刀石 mɔu^{24}tɔ^{51}ʃɛi^{51}

案板 vun^{42}puɔn^{44} 砧板

  砧板 tan^{51}puɔn^{44}

□面板 ŋuɔi^{51}min^{33}puɔn^{44} 面板，用于做面食

辘面棍 lak^{2}min^{33}kuan^{42} 擀面棍

水桶 ʃy^{44}tʰaŋ^{44} ①挑水或提水用的；②从井里打水用的，用长绳系着

水桶把 ʃy^{44}tʰaŋ^{44}pɔu^{42} 桶梁

桶箍 tʰaŋ^{44}kʰu^{51} 竹篾做的圈儿，用于箍木桶

研船 ŋuɔn^{24}ʃyn^{24} 铁制研药材的船形用具

胡椒□vu^{24}tsiau^{51}mœ^{2} 擂钵，研磨辣椒等的钵头

饭甑 fuɔn^{33}tsiɛŋ^{51}

饭桶 fuɔn^{33}tʰaŋ^{44} 用来盛饭的木桶

竹筒 tʃak^{2}taŋ^{24} 装饭、装水、装酒等的竹筒

蒸饭筷 tʃɛ^{51}fuɔn^{33}kʰuɔi^{42} 蒸饭的同时蒸其他食品，用于隔开的两根竹筷子

蒸笼 tʃɛ^{51}laŋ^{24}

水隔 ʃy^{44}kɛ^{2} 蒸锅中的井字形木架子

  木架 mak^{5}kɔu^{42}

篾盖 mit^{5}kɔi^{42} 用竹篾做的用以罩住饭桌上的碗碟以防止苍蝇等的器具，一般是圆形的

糠水 hœ^{51}ʃy^{44} 泔水，潲水

糠水桶 hœ^{51}ʃy^{44}tʰaŋ^{44} 泔水桶

糠水勺 hœ^{51}ʃy^{44}ʃiɛk^{5} 泔水勺

糠盆 hœ^{51}pan^{24} 猪食槽

  糠兜 hœ^{51}tau^{51}

条枱 tiau^{24}tui^{24} 梳妆台

镜 kɛ^{42} 镜子

衣架 ai^{51}kɔu^{42}

轿笼 kʰiau^{33}laŋ^{24} 一种毛竹做的婴幼儿的坐具

轿□kʰiau^{33}lat^{2} 一种背婴幼儿的器具，类似湘西的背篓

尿盆 niau^{33}pan^{24}

洗身桶 sa^{44}ʃan^{51}tʰaŋ^{44} 洗澡桶

脚盆 kiɛk^{2}pan^{24} 澡盆，洗脚用的盆子

面盆架 min^{33}pan^{24}kɔu^{42} 脸盆架

木盆 mak^{5}pan^{24}

香碱 hiɛŋ^{51}kuɔn^{44} 香皂

皂角豆 tsɔ^{42}kœ^{2}tau^{33} 皂角，洗涤的一种天然原料，可煎汁代替肥皂

洗衣粉 sa^{44}ai^{51}fan^{44}

□ p^{h}ɔ^{21} 泡沫儿：番碱～

洗衣板 sa^{44}ai^{51}puɔn^{44} 洗衣板儿

木槌 mak^{5}ʧ^{h}y^{24} 棒槌，洗衣用的

牙刷 ŋɔu^{24}ʃœt^{2}

牙膏 ŋɔu^{24}kɔ^{51}

牙灰 ŋɔu^{24}fai^{51} 稻谷壳烧制的，早期用以洁牙

抹脚布 muɔt^{5}kiɛk^{2}pau^{42} 擦脚布

耳□崽 ȵi^{21}vɛi^{44}tsa^{44} 耳挖子

抹布 muɔt^{5}pau^{42} ①抹布；②板擦儿

拖把 t^{h}ɔu^{51}pɔu^{44}

拖布 t^{h}ɔu^{51}pau^{42} 拖把

刷 ʃœt^{2} 刷子

鸡毛扫 ka^{51}mɔ^{24}sɔ^{42} 鸡毛掸子

叉 ʧ^{h}ɔu^{51} 叉子

钩 ŋɛu^{51} 钩子

竹□ ʧak^{2}ŋɛ^{44} 竹鞭，小竹子或竹板做的，做鞭打的工具

扇 ʃin^{42} 扇子

葵扇 k^{h}uai^{24}ʃin^{42} 蒲扇

洞$^{=}$棍 taŋ^{33}kuan^{42} 中式拐杖

臭珠 ʧ^{h}iu^{42}ʧy^{51} 樟脑丸

蚊香 man^{24}hiɛŋ^{51}

抹屎纸 muɔt^{5}ʃi^{44}ʧi^{44} 手纸

□屎棍 pin^{21}ʃi^{44}kuan^{42} 揩屎棍

水火油灯 ʃy^{44}fɔu^{44}iu^{24}tiɛŋ^{51} 小煤油灯

灯芯 tiɛŋ^{51}san^{51}

灯通 tiɛŋ^{51}t^{h}aŋ^{51} 油灯的灯罩，玻璃做的

灯笼 tiɛŋ^{51}laŋ^{24}

花灯 fɔu^{51}tiɛŋ^{51}

马灯 mɔu^{21}tiɛŋ^{51} 手提的防风雨的煤油灯

银包 ŋan^{24}pɔ^{51} 钱包

袋 tui^{33} 袋子

手袋 ʃiu^{44}tui^{33} 手提包

纸角 ʧi^{44}kœ^{2} 旧时店铺用旧报纸等折成三角形纸袋，用于包装出售的商品

膊头垫 pœ^{2}tiu^{24}tin^{33} 垫肩，挑或扛东西时放在肩上的垫子

钟 ʧaŋ^{51} 时钟

电线 tin^{33}sin^{42}

开关 hɔi^{51}kuɔn^{51}

插头 ʧ^{h}uɔt^{2}tiu^{24}

电笔 tin^{33}pat^{2}

电风扇 tin^{33}faŋ^{51}ʃin^{42}

电视机 tin^{33}ʃi^{33}kai^{51}

收音机 ʃiu^{51}an^{51}kai^{51}

洗衣机 sa^{44}ai^{51}kai^{51}

电灯 tin^{33}tiɛŋ^{51}

电灯泡 tin^{33}tiɛŋ^{51}p^{h}ɔ^{51}

汽灯 k^{h}ai^{42}tiɛŋ^{51}

细灯泡 sa^{42}tiɛŋ^{51}p^{h}ɔ^{51} 手电筒里的小灯泡

电池 tin^{33}ʧ^{h}i^{24}

木马 mak^{5}mɔu^{21} ①木工用具；②儿童玩具

刨 pɔ^{24} 刨子，刮平木料用的手工工具

锯 kɔi^{42} 锯子

龙锯 laŋ^{24}kɔi^{42} 大锯，两个人使的锯大木头的工具

锯齿 kɔi^{42}ʧ^{h}i^{44}

木工锯 mak^{5}kaŋ^{51}kɔi^{42} 一人单手用的锯子

电锯 tin^{33}kɔi^{42}

锯锏 kɔi^{42}tɔ^{24} 锉刀

凿 tsʰœ^{5} 凿子

圆凿 vin^{24}tsʰœ^{5} 圆的凿子

扁凿 pin^{44}tsʰœ^{5} 扁的凿子

钻 tsyn^{42} 木匠打眼儿的工具，手摇的

角尺 kœ^{2}ʧʰai^{21} 曲尺，木工用来求直角的尺

钢尺 kœ^{42}ʧʰai^{21} 钢卷尺

墨斗 miɛk^{5}tau^{44}

墨斗线 miɛk^{5}tau^{44}sin^{42}

螺丝钉 lɔu^{24}sɿ^{51}tɛ^{51}

马钉 mɔu^{21}tɛ^{51} 蚂蟥钉

螺丝帽 lɔu^{24}sɿ^{51}mɔ^{33}

铰钳 kɔ^{51}kʰin^{24} 老虎钳，钳口有刃，多用来起钉子或夹断铁丝

铁锤 tʰit^{2}ʧʰy^{24} 大铁锤，双手使，一般重达十几斤

扳手 puɔn^{51}ʃiu^{44}

铁丝 tʰit^{2}sɿ^{51}

合页 hut^{5}it^{5} 两片金属构成铰链，多装在门窗等上

砖刀 ʧyn^{51}tɔ^{51} 瓦刀，用来砍断砖瓦，涂抹泥灰

荡板 tʰœ^{42}puɔn^{44} 抹子，抹刀。瓦工用来抹灰泥的器具

铁凿 tʰit^{2}tsʰœ^{5} 錾子，凿石头或金属的，一头尖

铁砧头 tʰit^{2}tan^{51}tiu^{24} 砧子，捶或砸东西时垫在底下的器具

剃头凳 tʰa^{42}tiu^{24}tiɛŋ^{42} 理发椅

剃头刀 tʰa^{42}tiu^{24}tɔ^{51} 剃刀，理发工具，刮脸用的刀子

胡须刀 vu^{24}sɔi^{51}tɔ^{51} 剃须刀

飞剪 fai^{51}tsin^{44} 推剪，理发工具，有上下重叠的两排带刃的齿儿

篦梳 pa^{33}ʃœ^{51} 梳齿很密的梳子

搒布 pœ^{51}pau^{42} 鐾刀布，反复摩擦使剃刀锋利的布块

顶指 tɛ^{44}ʧi^{44} 顶针儿

车辘 ʧʰɛi^{51}lak^{2} 线轴儿

针鼻 ʧan^{51}pai^{33} 针鼻儿，穿线孔

针嘴 ʧan^{51}tsɔi^{44} 针尖

串针 ʧʰyn^{42}ʧan^{51} 穿针

鞋锥 huɔi^{24}ʧy^{51} 锥子

衣车 ai^{51}ʧʰɛi^{51} 缝纫机

尺 ʧʰai^{21} 尺子

烫斗 tʰœ^{42}tau^{44} 熨斗

纺车 fœ^{44}ʧʰɛi^{51}

织布机 ʧai^{21}pau^{42}kai^{51} 旧式的织布机

梭 sœ^{51} 织布用的

弓 kaŋ^{51} ①弓子，弹棉花的；②弓箭

箭 tsin^{42}

挑子 tʰiau^{51}tsɿ^{44} 长矛

消灭崽 siau^{51}mit^{5}tsa^{44} 匕首

土雷 tʰau^{44}lɔi^{24} 土炸弹

火药枪 fɔu^{44}iɛk^{5}tsʰiɛŋ^{51} 土铳，火枪，鸟枪

驳壳枪 pœ^{2}hœ^{2}tsʰiɛŋ^{51} 手枪

子弹 tsɿ^{44}tuɔn^{33}

子弹壳 tsɿ^{44}tuɔn^{33}hœ^{2}

九　称谓

肥猪婆 fai^{24}tɔi^{51}pɔu^{24} 胖女人

肥猪牯 fai^{24}tɔi^{51}ku^{44} 谑指胖男孩

马骝仔 mɔu^{21}liu^{24}tsa^{44} 比喻敏捷、可爱的小孩

流鼻虫 liu^{24}pai^{33}ʧʰaŋ^{24} 鼻涕虫，指爱流鼻涕的小孩

□屎叔 la^{21}ʃi^{44}ʃak^{2} 指尚不能生活自理的小男孩

鬼崽屎 kuai^{44}tsa^{44}ʃi^{44} 小家伙，小孩儿

老太婆 lɔ^{21}tuɔi^{33}pɔu^{24}

后生崽 hau^{33}ʃɛ^{51}tsa^{44} 小伙子

肥妹 fai^{24}mui^{33} 胖姑娘

高佬牯 kɔ^{51}lɔ^{44}ku^{44} 高个儿

蜢公 mɛ^{44}kaŋ^{51} 谑指瘦子

四眼狗 sai^{42}ŋuɔn^{21}kau^{44} 谑指戴眼镜的人

居民佬 kɔi^{51}mɛ^{24}lɔ^{44} 城里人

乡下人 hiɛŋ^{51}hɔu^{33}ȵian^{24}

山佬牯 ʃuɔn^{51}lɔ^{44}ku^{44} 山里人，带贬义

自己人 sɿ^{33}kai^{44}ȵian^{24}

外人 ŋui^{33}ȵian^{24} 不是自己人

好人 hɔ^{44}ȵian^{24}

恶人 œ^{2}ȵian^{24}

　恶牯 œ^{2}ku^{44}

熟人 ʃak^{5}ȵian^{24}

生疏人 ʃɛ^{51}ʃœ^{51}ȵian^{21} 生人

恩人 ŋan^{51}ȵian^{24}

仇人 ʧ^{h}iu^{24}ȵian^{24}

敌人 t^{h}it^{5}ȵian^{24}

有钱人 iu^{21}ts^{h}in^{24}ȵian^{24} 富人

穷人 k^{h}aŋ^{24}ȵian^{24}

苦命人 k^{h}u^{44}mɛ^{33}ȵian^{24}

新妇崽 san^{51}pau^{21}tsa^{44} 童养媳

翻头婆 fuɔn^{51}tiu^{24}pɔu^{24} 二婚头，旧时指再嫁的妇女

孤头公 ku^{51}tiu^{24}kaŋ^{51} 鳏夫

孤头婆 ku^{51}tiu^{24}pɔu^{24} 寡妇

寡婆 kuɔu^{44}pɔu^{24}

老鸡婆 lɔ^{21}ka^{51}pɔu^{24} 老妓女，也可指老鸨

老举崽 lɔ^{21}kɔi^{44}tsa^{44} 男妓，也指以男色事人的人，面首

老契公 lɔ^{21}k^{h}a^{42}kaŋ^{51} 通奸的男方

老契婆 lɔ^{21}k^{h}a^{42}pɔu^{24} 通奸的女方

契公 k^{h}a^{42}kaŋ^{51} 情夫

契婆 k^{h}a^{42}pɔu^{24} 情妇

妖精 iau^{51}tsɛ^{51} 比喻以姿色迷人的女子

狐狸精 vu^{24}lai^{24}tsɛ^{51}

靓妹 lɛ^{42}mui^{33} 美女

猪八戒 tɔi^{51}puɔt^{2}kuɔi^{42} 丑八怪

姣婆 hɔ^{24}pɔu^{24} 荡妇，骚货

　老姣 lɔ^{21}hɔ^{24}

野崽 iɛi^{21}tsa^{44} 私生子

孤寒佬 ku^{51}hun^{24}lɔ^{44} 吝啬鬼

　孤寒鬼 ku^{51}hun^{24}kuai^{44}

衰神 sɔi^{51}ʃan^{24} 倒霉蛋

懒鬼 luɔn^{21}kuai^{44} 懒汉

好食懒做 hɔ^{42}ʃɛi^{51}luɔn^{21}tsau^{42} 好吃懒做的人

好食佬 hɔ^{42}ʃɛi^{51}lɔ^{44} 贪吃鬼

酒鬼 tsiu^{44}kuai^{44}

车大炮 ʧ^{h}ɛi^{51}tuɔi^{33}p^{h}ɔ^{42} 爱吹牛夸口的人

败家崽 puɔi^{33}kɔu^{51}tsa^{44} 败家子

暴发户 pɔ^{42}fuɔt^{2}vu^{33}

冇娘崽 mɔ^{21}ȵiɛŋ^{24}tsa^{44} 孤儿

二流懒汉 ȵi^{33}liu^{24}luɔn^{21}hun^{42} 流浪汉

难民崽 nuɔn^{33}mɛ^{24}tsa^{44} 逃荒、逃难者

白粉崽 pɛ^{5}fan^{44}tsa^{44} 吸毒者

拐子佬 kua^{44}tsɿ^{44}lɔ^{44} 骗子

地头蛇 tai^{33}tiu^{24}ʃɛi^{24}

浪荡崽 lœ^{24}tœ^{42}tsa^{44} 花花公子

打手 tɔu^{44}ʃiu^{44}

土匪 t^{h}au^{44}fai^{44}

打抢佬 tɔu^{44}tsʰiɛŋ^{44}lɔ^{44} 强盗

扒手 pɔu^{24}ʃiu^{44}

　三只手 suɔn^{51}ʧai^{21}ʃiu^{44}

英雄 ɛ^{51}haŋ^{24}

好汉 hɔ^{44}hun^{42}

叛徒 puɔn^{33}tau^{24}

老人精 lɔ^{21}ȵian^{24}tsɛ^{51} 人精

大笨集 ⁼tuɔi^{33}pan^{42}tsʰat^{5} 大笨蛋

笑面虎 siau^{42}min^{33}fu^{44}

半桶水 pun^{42}tʰaŋ^{44}ʃy^{44} 半懂不懂之人

工人 kaŋ^{51}ȵian^{24}

工头 kaŋ^{51}tiu^{24}

长工 ʧʰiɛŋ^{24}kaŋ^{51}

短工 tyn^{44}kaŋ^{51}

临时工 lan^{24}ʃi^{24}kaŋ^{51} 零工

搬运工 pun^{51}van^{33}kaŋ^{51}

担担公 tuɔn^{51}tuɔn^{42}kaŋ^{51} 挑夫

抬轿佬 tui^{24}kʰiau^{33}lɔ^{44} 轿夫

保镖 pɔ^{44}piau^{51}

牛贩佬 ȵiu^{24}fuɔn^{42}lɔ^{44} 牛贩

摆街 puɔi^{44}kuɔi^{51} 摆摊儿的

中间人 ʧaŋ^{51}kuɔn^{51}ȵian^{24}

　调解人 tiau^{24}kuɔi^{44}ȵian^{24}

担保人 tuɔn^{51}pɔ^{44}ȵian^{24}

老板 lɔ^{21}puɔn^{44}

老板娘 lɔ^{21}puɔn^{44}ȵiɛŋ^{24}

店主 tin^{42}ʧy^{4}

账房先生 ʧiɛŋ^{42}fœ^{24}sin^{51}ʃɛ^{51} 旧时的账房先生

出纳 ʧʰat^{2}nuɔt^{5}

会计 vai^{33}ka^{42}

屋主 ak^{2}ʧy^{44} 房东

伙计 fɔu^{44}kai^{42} ①店员；②合作伙伴

人客 ȵian^{24}kʰɛ^{2} 顾客

朋友兄弟 pɛ^{21}iu^{21}hɛ^{51}ta^{21} 弟兄，哥们

司机 sɿ^{51}kai^{51}

凿石 tsʰœ^{5}ʃɛi^{51} 石匠

织篾师傅 ʧai^{21}mit^{5}sɿ^{51}fu^{33} 篾匠

打铁佬 tɔu^{44}tʰit^{2}lɔ^{44} 铁匠

打银师傅 tɔu^{44}ŋan^{24}sɿ^{51}fu^{33} 银匠

磨刀师傅 mɔu^{24}tɔ^{51}sɿ^{51}fu^{33}

整鞋佬 ʧɛ^{44}huɔi^{24}lɔ^{44} 鞋匠

补鞋佬 pau^{44}huɔi^{24}lɔ^{44} 补鞋师傅

刜猪佬 tʰœ^{51}tɔi^{51}lɔ^{44} 屠户

当家 tœ^{51}kɔu^{51} 当家做主：我来～

部下人 pau^{33}hɔu^{33}ȵian^{24} 下属

帮工 pœ^{51}kaŋ^{51}

保姆 pɔ^{44}mau^{21} 女佣

奴婢崽 nau^{21}pai^{21}tsa^{44} 婢女，丫鬟

接生娘 tsit^{2}ʃɛ^{51}ȵiɛŋ^{24} 接生婆

赌鬼 tau^{44}kuai^{44} 赌棍

土皇帝 tʰau^{44}vœ^{24}ta^{42}

　恶霸 œ^{2}pɔu^{42}

皇帝 vœ^{24}ta^{42}

皇帝婆 vœ^{24}ta^{42}pɔu^{24} 皇后

皇帝崽 vœ^{24}ta^{42}tsa^{44} 太子

忠臣 ʧaŋ^{51}ʃan^{24}

奸臣 kuɔn^{51}ʃan^{24}

姓 sɛ^{42}

廖 liau^{33} 姓氏

沈 ʃan^{44} 姓氏

赖 luɔi^{42} 姓氏

房 fœ^{24} 瑶族姓氏

邓 tiɛŋ^{33} 瑶族姓氏

唐 tœ^{24} 瑶族姓氏

盘 pun^{24} 瑶族姓氏

同名 taŋ^{24}mε^{24}

玉名 ȵiak^{5}mε^{24} 正式名字

廖盛情 liau^{33}ʃε^{33}ts^{h}ε^{24} 发音人姓名

廖观所 liau^{33}kun^{51}sɔu^{44} 发音人姓名

廖秀莲 liau^{33}siu^{42}lin^{24} 发音人姓名

廖建锋 liau^{33}kin^{42}faŋ^{51} 发音人姓名

廖吉云 liau^{42}kat^{2}van^{24} 发音人姓名

同年 taŋ^{24}nin^{24} ①同庚，岁数相同；②结拜兄弟，不一定同岁

汉族 hun^{42}ts^{h}ak^{5}

瑶族 iau^{24}ts^{h}ak^{5}

壮族 ʧ^{h}œ^{42}ts^{h}ak^{5}

平地人 pε^{24}tai^{33}ȵian^{24} 汉人

* 瑶胞佬 iau^{24}pɔ^{51}lɔ^{44}

　瑶崽佬 iau^{24}tsa^{44}lɔ^{44}

大裤脚 tuɔi^{33}fu^{42}kiεk^{2} 借代瑶族人

　大裤裉 tuɔi^{33}fu^{42}nœ^{42}

瑶公 iau^{24}kaŋ^{51} 瑶族男人

瑶公□ iau^{24}kaŋ^{51}kuε^{42} 瑶族老汉

瑶婆 iau^{24}pɔu^{24} 瑶族妇女

瑶婆乸 iau^{24}pɔu^{24}na^{21} 瑶族年老的妇女

瑶崽屎 iau^{24}tsa^{44}ʃi^{44} 瑶族小孩

瑶王 iau^{24}vœ^{24} 瑶老，瑶族的族长

寄山佬 kai^{42}ʃuɔn^{51}lɔ^{44} 石蛤塘人

倨子佬 ŋa^{42}tsɿ^{44}lɔ^{44} 附近的客家人

客家佬 k^{h}ε^{2}kɔu^{51}lɔ^{44} 客家人

广州佬 kuœ^{44}ʧiu^{51}lɔ^{44} 广州人

□佬 nε^{51}lɔ^{44} 潮汕人

湖广佬 vu^{24}kuœ^{44}lɔ^{44} 湖南人

　湖南佬 vu^{24}nuɔn^{24}lɔ^{44}

广西佬 kuœ^{44}sa^{51}lɔ^{44} 广西人

连县佬 lin^{24}yn^{33}lɔ^{44} 连州人

阳山佬 iεŋ^{24}ʃuɔn^{51}lɔ^{44} 阳山人

连山佬 lin^{24}ʃuɔn^{51}lɔ^{44} 连山人

外地人 ŋui^{33}tai^{33}ȵian^{24}

本地人 pan^{44}tai^{33}ȵian^{24}

外国人 ŋui^{33}kuœ^{2}ȵian^{24}

番鬼佬 fuɔn^{51}kuai^{44}lɔ^{44} ①西洋人；②办事先后颠倒的人

华侨 vɔu^{24}k^{h}iau^{24} 归侨

十　亲属

长辈 ʧiεŋ^{44}pai^{42}

太太 t^{h}uɔi^{42}t^{h}uɔi^{42} 太祖父

太太婆 t^{h}uɔi^{42}t^{h}uɔi^{42}pɔu^{24} 太祖婆

太公 t^{h}uɔi^{42}kaŋ^{51} 曾祖父

　阿太 a^{33}t^{h}uɔi^{42}

太婆 t^{h}uɔi^{42}pɔu^{24} 曾祖母

伯公 pε^{2}kaŋ^{51} 伯祖父

伯婆 pε^{2}pɔu^{24} 伯祖母

叔公 ʃak^{2}kaŋ^{51} 叔祖父

叔婆 ʃak^{2}pɔu^{24} 叔祖母

我老子 ŋɔ^{21}lɔ^{21}tsɿ^{44} 我父亲：～冇行屋

契爷 k^{h}a^{42}iεi^{24} 干爹

契娘 k^{h}a^{42}ȵiεŋ^{24} 干妈

大伯 tuɔi^{33}pε^{2} 大伯父

大爷 tuɔi^{33}iεi^{24} ①大伯父；②大伯子

二爷 ȵi^{33}iεi^{24} 二伯父

大娘 tuɔi^{33}ȵiεŋ^{24} 大伯母

二娘 ȵi^{33}ȵiεŋ^{24} 二伯母

四叔 sai^{42}ʃak^{2} 排行第四的叔父

五叔 m̩^{21}ʃak^{2} 排行第五的叔父

四母 sai^{42}mu^{21} 四叔母

大舅 tuɔi^{33}kʰiu^{21}

细舅 sa^{42}kʰiu^{21} 小舅舅

晚舅 muɔn^{21}kʰiu^{21} 最小的舅舅

大舅母 tuɔi^{33}kʰiu^{21}mu^{21}

细舅母 sa^{42}kʰiu^{21}mu^{21} 小舅母

晚舅母 muɔn^{21}kʰiu^{21}mu^{21} 最小的舅母

大姑 tuɔi^{33}ku^{51} ①姑妈，年纪比父亲大；②大姑子

细姑 sa^{42}ku^{51} ①姑妈，年纪比父亲小；②小姑子

大姨 tuɔi^{33}i^{24} ①姨妈，年纪比母亲大；②大姨子

细姨 sa^{42}i^{24} 姨妈，年纪比母亲小

舅公 kʰiu^{21}kaŋ^{51} 舅公，父或母之舅父

舅婆 kʰiu^{21}pɔu^{24} 舅婆，父或母之舅母

姑公 ku^{51}kaŋ^{51} 姑爷爷，父之姑父

姑婆 ku^{51}pɔu^{24} 姑奶奶，父之姑母

姨公 i^{24}kaŋ^{51} 姨公，父之姨父

姨婆 i^{24}pɔu^{24} 姨婆，父之姨母

同辈 taŋ^{24}pai^{42} 平辈

两公婆 liɛŋ^{21}kaŋ^{51}pɔu^{24} 夫妻俩

大婆 tuɔi^{33}pɔu^{24} 正房

细婆 sa^{42}pɔu^{24} 小老婆

妾侍 tsʰit^{2}ʃi^{33} 小妾

阿叔崽 a^{33}ʃak^{2}tsa^{44} 小叔子

晚姑 muɔn^{21}ku^{51} 最小的小姑子

大舅佬 tuɔi^{33}kʰiu^{21}lɔ^{44} 大舅子

细舅佬 sa^{42}kʰiu^{21}lɔ^{44} 小舅子

细姨崽 sa^{42}i^{24}tsa^{44} 小姨子

大哥 tuɔi^{33}kɔu^{51} 排行老大

二哥 ȵi^{33}kɔu^{51} 排行老二

晚崽 muɔn^{21}tsa^{44} ①排行老幺；②最小的儿子

大佬 tuɔi^{33}lɔ^{44} 背称哥哥

嫂 sɔ^{44} 嫂子

屋头佬 ak^{2}tiu^{24}lɔ^{44} 同房，宗族中同一支的

堂兄 tœ^{24}hɛ^{51}

堂大佬 tœ^{24}tuɔi^{33}lɔ^{44}

堂细佬 tœ^{24}sa^{42}lɔ^{44} 堂弟

堂姐 tœ^{24}tsɛi^{44}

堂妹 tœ^{24}mui^{33}

认同年 ȵian^{33}taŋ^{24}nin^{24} 结拜兄弟，一般与瑶胞结拜，不一定同岁

认兄弟 ȵian^{33}hɛ^{51}ta^{21} 结拜兄弟

表哥 piau^{44}kɔu^{51}

表嫂 piau^{44}sɔ^{44}

表姐 piau^{44}tsɛi^{44}

表姐夫 piau^{44}tsɛi^{44}fu^{51}

表妹 piau^{44}mui^{33}

下一辈 hɔu^{33}at^{2}pai^{42} 晚辈

崽女 tsa^{44}ȵy^{21} 子女

崽孙 tsa^{44}san^{51} 子孙

大崽 tuɔi^{33}tsa^{44} 长子，最大的儿子

尾拉$^{=}$崽 mai^{21}luɔi^{51}tsa^{44} 最小的儿子

细崽 sa^{42}tsa^{44} 小儿子

接崽 tsit^{2}tsa^{44} 养子

契崽 kʰa^{42}tsa^{44} 干儿子

晚女 muɔn^{21}ȵy^{211} 最小的女儿

上门狗 ʃiɛŋ^{21}man^{24}kau^{44} 赘婿，上门的女婿

孙嫂 san^{51}sɔ^{44} 孙媳妇

大孙 tuɔi^{33}san^{51} 长孙，最大的孙子

长头孙 ʧiɛŋ^{44}tiu^{24}san^{51}

孙女 san^{51}ȵy^{21}

孙郎 san^{51}lœ^{24} 孙女婿

外甥女 ŋui^{33}ʃɛ^{51}ȵy^{21} ①外甥女；②外孙女

侄嫂 tʃʰat^{5}sɔ^{44} 侄媳

侄女 tʃʰat^{5}ȵy^{21}

侄郎 tʃʰat^{5}lœ^{24} 侄婿

姑嫂 ku^{51}sɔ^{44} ～冇和

亲家 tsʰɛ^{51}kɔu^{51}

亲家母 tsʰɛ^{51}kɔu^{51}mau^{21}

两崽娘 liɛŋ^{21}tsa^{44}ȵiɛŋ^{24} 娘儿俩

两崽爷 liɛŋ^{21}tsa^{44}iɛi^{24} 爷儿俩，父亲和子女

两婆媳 liɛŋ^{21}pɔu^{24}sat^{2} 婆媳俩

两公孙 liɛŋ^{21}kaŋ^{51}san^{51} 爷孙俩

两婆孙 liɛŋ^{21}pɔu^{24}san^{51} 婆孙俩，奶奶和孙子

外家 ŋui^{33}kɔu^{51} 娘家

家族 kɔu^{51}tsʰak^{5}

祖宗 tsau^{44}tsaŋ^{51}

祖公 tsau^{44}kaŋ^{51} 祖先，祖宗：我老～行河村搬来个

后代 hau^{33}tui^{33}

辈分 pai^{42}fan^{33} 字辈

宗字辈 tsaŋ^{51}sɿ^{33}pai^{42} 石蛤塘廖姓字辈：渠系～，我系盛字辈

盛字辈 ʃɛ^{33}sɿ^{33}pai^{42} 石蛤塘廖姓字辈

永字辈 vɛ^{21}sɿ^{33}pai^{42} 石蛤塘廖姓字辈

兴字辈 hɛ^{51}sɿ^{33}pai^{42} 石蛤塘廖姓字辈

隆字辈 laŋ^{24}sɿ^{33}pai^{42} 石蛤塘廖姓字辈

排行 puɔi^{24}hɛ^{24}

寨老 tʃʰuɔi^{33}lɔ^{21} 族长

　寨主 tʃʰuɔi^{33}tʃy^{44}

族谱 tsʰak^{5}pʰau^{44}

十一　身体

身体 ʃan^{51}tʰai^{44}

体质 tʰai^{44}tʃat^{2} 体质：渠～唔好

□身 kɛ^{44}ʃan^{51} 浑身：渠～系汗

上□身 ʃiɛŋ^{21}kʰyt^{5}ʃan^{51} 上身

下□身 hɔu^{33}kʰyt^{5}ʃan^{51} 下身

头顶 tiu^{24}tɛ^{44}

后枕 hau^{33}tʃan^{44} 后脑勺子

颈柄 kɛ^{44}pɛ^{42} 后脑窝子，颈后凹处

脱头发 tʰyt^{2}tiu^{24}fuɔt^{2} 掉头发

光头勺 kuœ^{51}tiu^{24}ʃiɛk^{5} 秃顶

脑囟鸡 nɔ^{21}san^{42}ka^{51} 囟门

耳朵边 ȵi^{21}tɔu^{44}pin^{51} 鬓角

髻 ka^{42}

引子 ian^{21}tsɿ^{44} 刘海儿

双旋 ʃœ^{51}tsʰyn^{33} 双旋儿

白头发 pɛ^{5}tiu^{24}fuɔt^{2} 白发

头皮 tiu^{24}pai^{24} 头屑

面墩 min^{33}tan^{51} 脸颊

面色 min^{33}ʃai^{21} ～唔好

面墩骨 min^{33}tan^{51}kuat^{2} 颧骨

酒窝 tsiu^{44}vɔu^{51}

眼□ ŋuɔn^{21}kʰuɛ^{2} 眼眶

白云 pɛ^{5}van^{24} 白眼珠儿

黑云 hiɛk^{2}van^{24} 黑眼珠儿

眼睛核 ŋuɔn^{21}tsɛ^{51}vat^{5} 瞳仁儿

眼角 ŋuɔn^{21}kœ^{2} 眼角儿

眼屎 ŋuɔn^{21}ʃi^{44} 眼眵

眼皮 ŋuɔn^{21}pai^{24} 眼皮儿

双眼皮 ʃœ^{51}ŋuɔn^{21}pai^{24}

单眼皮 tuɔn^{51}ŋuɔn^{21}pai^{24}

眼睛好利 ŋuɔn^{21}tsɛ^{51}hɔ^{44}lai^{33} 眼尖，眼力好，视觉敏锐

眼睛毛 ŋuɔn^{21}tsɛ^{51}mɔ^{24} 眼睫毛

眼眉 ŋuɔn^{21}mai^{24} 眉

鼻头窿 pai^{33}tiu^{24}laŋ^{51} 鼻孔

鼻头毛 pai^{33}tiu^{24}mɔ^{24} 鼻毛

鼻头尖 pai^{33}tiu^{24}tsin^{51} 鼻尖

鼻梁 pai^{33}liɛŋ^{24}

鼻屎痂 pai^{33}ʃi^{44}kɔu^{51} 鼻牛儿，鼻垢

鼻头好灵 pai^{33}tiu^{24}hɔ^{44}lɛ^{24} 鼻子尖，嗅觉灵敏

人中 ȵian^{24}tʃaŋ^{51}

口水花 hau^{44}ʃy^{44}fɔu^{51} 唾沫星儿

口痰 hau^{44}tuɔn^{24} 痰

口舌尖 hau^{44}ʃit^{5}tsin^{51} 舌尖

　口舌头 hau^{44}ʃit^{5}tiu^{24}

口舌苔 hau^{44}ʃit^{5}tui^{24} 舌苔

门牙 man^{24}ŋɔu^{24}

大牙 tuɔi^{33}ŋɔu^{24} 槽牙，臼齿

虎牙 fu^{44}ŋɔu^{24} 突出的犬牙

翘牙齿 kʰiau^{33}ŋɔu^{24}tʃʰi^{44} 龅牙

乳牙 y^{21}ŋɔu^{24}

换牙齿 vun^{33}ŋɔu^{24}tʃʰi^{44} 小孩换牙

搣牙 mɛ^{42}ŋɔu^{24}tʃʰi^{44} 拔牙

假牙 kɔu^{44}ŋɔu^{24}

牙罅 ŋɔu^{24}lɛi^{42} 牙缝

牙黄 ŋɔu^{24}vœ^{24} 牙垢

牙肉 ŋɔu^{24}ȵiak^{5} ①牙床；②牙龈

虫牙 tʃʰaŋ^{24}ŋɔu^{24}

耳朵脚 ȵi^{21}tɔu^{44}kiɛk^{2} 耳垂

耳朵窿 ȵi^{21}tɔu^{44}laŋ^{51} 耳孔

耳朵背 ȵi^{21}tɔu^{44}pai^{42} 耳根

耳屎 ȵi^{21}ʃi^{44} 耳垢

耳朵好灵 ȵi^{21}tɔu^{44}hɔ^{44}lɛ^{24} 耳尖，听觉敏锐

耳朵软 ȵi^{21}tɔu^{44}ȵyn^{21} 容易听信奉承或挑拨的话

算盘子 syn^{42}pun^{24}tsɿ^{44} 喉结

食道 ʃɛi^{51}tʰɔ^{42}

气管 hai^{42}kun^{44}

胡连子 vu^{24}lin^{24}tsɿ^{44} 络腮胡子

八字胡 puɔt^{2}sɿ^{33}vu^{24}

手⿰月争𡱁 ʃiu^{44}tʃɛ^{51}tak^{2} 胳膊肘儿

胳肋下 kuɔt^{2}luɔt^{2}hɔu^{33} 胳肢窝

打赤□ tɔu^{44}tʃʰɛ^{2}lɛ^{2} 赤膊

手棍 ʃiu^{44}kuan^{42} 手的上臂

手腕 ʃiu^{44}vun^{44}

硬皮 ŋɛ^{33}pai^{24} 手茧子

虎口 fu^{44}hau^{44}

手指罅 ʃiu^{44}tʃi^{44}lɛi^{42} 手指缝儿

手掌 ʃiu^{44}tʃiɛŋ^{44}

手心 ʃiu^{44}san^{51}

手背 ʃiu^{44}pai^{42}

手汗 ʃiu^{44}hun^{33}

脶 lɔu^{24} 斗，圆形的指纹

箕 kai^{51} 箕，簸箕形的指纹

大脚髀 tuɔi^{33}kiɛk^{2}pi^{44} 大腿

脚棍 kiɛk^{2}kuan^{42} 小腿，从膝盖到踝子骨的一段

脚肚囊 kiɛk^{2}tau^{21}nœ^{24} 腿肚儿

跷脚坐 kʰiau^{33}kiɛk^{2}tsʰɔu^{21} 二郎腿

裤⿰衤良底 fu^{42}nœ^{42}ta^{44} 胯裆，两腿的中间

脚较⁼ kiɛk^{2}kɔ^{42} 脚腕子

脚背 kiɛk^{2}pai^{42} 脚面

脚板底 kiɛk^{2}puɔn^{44}ta^{44} 脚掌，脚接触地面的部分

脚腰 kiɛk^{2}iau^{51} 脚心

脚趾婆 kiɛk^{2}tʃi^{44}pɔu^{24} 脚趾头

脚趾甲 kiɛk^{2}tʃi^{44}kuɔt^{2}

脚⿰月争 kiɛk^{2}tʃɛ^{51} 脚后跟

脚印 kiɛk^{2}an^{42} 脚印儿

脚汗 kiɛk^{2}hun^{33}

赤脚 tʃʰɛ^{2}kiɛk^{2}

脚步 kiɛk^{2}pau^{33}

心口 san^{51}hau^{44} 心口儿

胸脯 haŋ^{51}pau^{33}

⿱羽上崽头 nɛn^{33}tsa^{44}tiu^{24} 乳头

⿱羽上水 nɛn^{33}ʃy^{44} 奶汁

小肚 siau^{44}tau^{21} 小腹

小□ siau^{44}in^{44} 胸腹两侧

腰 iau^{51} ①腰部；②肾

黄蜂腰 vœ^{24}faŋ^{51}iau^{51}

　水蛇腰 ʃy^{44}ʃɛi^{24}iau^{51}

背脊 pai^{42}tsai^{21} 脊背

腰骨 iau^{51}kuat^{2} 脊梁骨

皮肤 pai^{24}fu^{51}

汗毛 hun^{33}mɔ^{24} 寒毛

汗毛窿 hun^{33}mɔ^{24}laŋ^{51} 寒毛眼儿

□ nai^{51}（身上的）垢

血 hyt^{2}

血管 hyt^{2}kun^{44}

肉 ȵiak^{5}

青筋 tsʰɛ^{51}kan^{51} 筋

　血筋 hyt^{2}kan^{51}

脉 mɛ^{5}

骨头 kuat^{2}tiu^{24}

腰椎 iau^{51}tʃy^{51} 脊椎

膊头尖 pœ^{2}tiu^{24}tsin^{51} 肩胛骨

排骨 puɔi^{24}kuat^{2} ①肋骨；②（猪）排骨

脚眼 kiɛk^{2}ŋuɔn^{21} 踝子骨

脚筒骨 kiɛk^{2}taŋ^{24}kuat^{2} 小腿骨

五寸棍 m̩^{21}tsʰan^{42}kuan^{42} 小腿骨近踝子骨处

一把骨 at^{2}pɔu^{44}kuat^{2} 骷髅

内脏 nɔi^{33}tsʰœ^{33}

肺 fai^{42}

肝 kun^{51}

胆 tuɔn^{44}

胃 vai^{33}

肠 tʃʰiɛŋ^{24} 肠子

尿袋 niau^{33}tui^{33} 膀胱

屎窟臀 ʃi^{44}fat^{2}tan^{24} 屁股蛋儿

屎窟□□ ʃi^{44}fat^{2}lat^{2}pat^{2} 光屁股

屎 ʃi^{44}

尿 niau^{33}

□毛 kin^{44}mɔ^{24} 阴毛

囊泡 nœ^{51}pʰɔ^{51} 阴囊

囊仁 nœ^{51}ŋan^{24} 睾丸

茨菰□ tsʰɿ^{24}ku^{51}nɛn^{42} 鸡鸡（赤子阴）

鸟閪 tiau^{44}hai^{51} 交合

十二　疾病医疗

有病 iu^{21}pɛ^{33} 生病

唔妥当 m̩^{24}tʰɔu^{44}tœ^{42} 不舒服

细病 sa^{42}pɛ^{33} 小病

重病 tʃʰaŋ^{21}pɛ^{33} 大病，重病

急病 kat^{2}pɛ^{33} 急性病

恶病 œ^{2}pɛ^{33} 绝症

轻啰 hɛ^{51}lɔ^{33} 轻了：病～

好啰 hɔ^{44}lɔ^{33} 好了：病～

翻发 fuɔn^{51}fuɔt^{2} 复发：病～

　病复 pɛ^{33}fak^{5}

医院 ɔi^{51}yn^{33}

中医 tʃaŋ^{51}ɔi^{51}

西医 sa^{51}ɔi^{51}

医生 ɔi^{51}ʃɛ^{51}
护士 vu^{33}ʃi^{33}
土医生 tʰau^{44}ɔi^{51}ʃɛ^{51} 土郎中
医 ɔi^{51} 治（病）
□医生 vɔ^{44}ɔi^{51}ʃɛ^{51} 请医生
藤⁼医生 tiɛŋ^{24}ɔi^{51}ʃɛ^{51} 找医生
药 iɛk^{5}
开药方 hɔi^{51}iɛk^{5}fœ^{51} 开药方子
偏方 pʰin^{51}fœ^{51}
草头药 tsʰɔ^{44}tiu^{24}iɛk^{5} 中药，中草药
西药 sa^{51}iɛk^{5}
草药 tsʰɔ^{44}iɛk^{5}
药草 iɛk^{5}tsʰɔ^{44}
拾药 ʃit^{5}iɛk^{5} 抓中药
讨西药 tʰɔ^{44}sa^{51}iɛk^{5} 买西药
药材铺 iɛk^{5}tsʰui^{24}pʰau^{42} 中药铺
药房 iɛk^{5}fœ^{24} 西药房
药煲 iɛk^{5}pɔu^{51} 药罐子
煲茶 pɔu^{51}ʧʰɔu^{24} 煎药
　煲药 pɔu^{51}iɛk^{5}
药头 iɛk^{5}tiu^{24} 药渣
药膏 iɛk^{5}kɔ^{51} 膏剂，属于西药
搽药膏 ʧʰɔu^{24}iɛk^{5}kɔ^{51} 搽药膏
药粉 iɛk^{5}fan^{44} 药面儿
药丸 iɛk^{5}yn^{24}
药水 iɛk^{5}ʃy^{44}
红药水 haŋ^{24}iɛk^{5}ʃy^{44}
　糖药水 tœ^{24}iɛk^{5}ʃy^{44}
蓝药水 luɔn^{24}iɛk^{5}ʃy^{44}
药酒 iɛk^{5}tsiu^{44}
补药 pau^{44}iɛk^{5}
膏药 kɔ^{51}iɛk^{5} 中药外用的一种薄贴
包药 pɔ^{51}iɛk^{5} 上药
　擦药 tsʰuɔt^{2}iɛk^{5}
有效 iu^{21}hɔ^{42} 药～
注射筒 ʧy^{42}ʃɛi^{33}taŋ^{24} 注射器
吊针 tiau^{42}ʧan^{51} 吊瓶
　吊针瓶 tiau^{42}ʧan^{51}pɛ^{24}
抢救 tsʰiɛŋ^{44}kiu^{42}
手术 ʃiu^{44}sat^{5}
包伤 pɔ^{51}ʃiɛŋ^{51} 包扎伤口
白胶布 pɛ^{5}kɔ^{51}pau^{42} 胶布
角⁼药 kœ^{2}iɛk^{5} 拔火罐子
钳痧 kʰin^{24}ʃɔu^{51} 抓痧，民间治疗中暑的一种方法
按摩 vun^{42}mɔu^{24}
禁口 kan^{42}hau^{44} 忌口
屙鼻□ ɔu^{51}pai^{33}nan^{51} 多次小量地拉肚子，带有粒状物
肚平胀 tau^{21}pɛ^{24}tiɛŋ^{42} 积滞
屙屎唔出 ɔu^{51}ʃi^{44}m̩^{24}ʧʰat^{2} 便秘
起鸡皮 hai^{44}ka^{51}pai^{24} 起鸡皮疙瘩
发汗 fuɔt^{2}hun^{33}
感冒 kun^{44}mɔ^{33}
上火□ ʃiɛŋ^{21}fɔu^{44}ʃɛ^{42} 上火
气紧 hai^{42}kan^{44} 气喘
心口痛 san^{51}hau^{44}tʰaŋ^{42} 胸口疼
头晕 tiu^{24}van^{24}
晕车 van^{24}ʧʰɛi^{51}
头痛 tiu^{24}tʰaŋ^{42} 头疼
想呕 siɛŋ^{44}au^{44} 恶心，要呕吐
痨瘕 lɔ^{24}hɔu^{51} 哮喘
气管炎 hai^{42}kun^{44}in^{24}
扯瘕离⁼ ʧʰɛi^{44}hɔu^{51}lai^{24} 气管炎

阑尾炎 luɔn^{24}mai^{21}in^{24}

胃病 vai^{33}pɛ^{33}

心脏病 san^{51}ts^{h}œ^{33}pɛ^{33}

囊泡胀 nœ^{51}p^{h}ɔ^{51}tiɛŋ^{42} 疝气

大肠头出 tuɔi^{33}tʃ^{h}iɛŋ^{24}tiu^{24}tʃ^{h}at^{2} 脱肛

打蜗□ tɔu^{44}kua^{44}ȵia^{44} 发疟子

出麻 tʃ^{h}at^{2}mɔu^{24} 出麻疹

出水痘 tʃ^{h}at^{2}ʃy^{44}tau^{33} 一种急性传染病，患者多为儿童

天花 t^{h}in^{51}fɔu^{51}

种痘 tʃaŋ^{42}tau^{33}

伤寒 ʃiɛŋ^{51}hun^{24}

麻风 mɔu^{24}faŋ^{51}

黄疸 vœ^{24}tuɔn^{44}

肝炎 kun^{51}in^{24}

肺炎 fai^{42}in^{24}

肾炎 ʃan^{21}in^{24}

痨病 lɔ^{24}pɛ^{33} 肺结核

癌症 ŋuɔn^{24}tʃɛ^{42}

发瘟 fuɔt^{2}van^{51} 瘟疫

发人瘟 fuɔt^{2}ȵian^{24}van^{51} 霍乱

发鼠瘟 fuɔt^{2}ʃy^{44}van^{51} 鼠疫

发狗癫 fuɔt^{2}kau^{44}tin^{51} 狂犬病

吸血虫病 k^{h}at^{2}hyt^{2}tʃ^{h}aŋ^{24}pɛ^{33} 血吸虫病

惹倒 ȵiɛi^{21}tɔ^{44} 传染

刮脱皮 kuɔt^{2}t^{h}yt^{2}pai^{24} 蹭破皮儿

□倒 vat^{2}tɔ^{44} 扭伤：脚～了

脱较 $^{=}$t^{h}yt^{2}kɔ^{42} 脱臼

出血 tʃ^{h}at^{2}hyt^{2}

紫血 tsɿ^{44}hyt^{2} 瘀血

红肿 haŋ^{24}tʃaŋ^{44}

发炎 fuɔt^{2}in^{24}

破伤风 p^{h}ɔu^{42}ʃiɛŋ^{51}faŋ^{51}

结痂 kit^{2}kɔu^{51}

猪头肥 tɔi^{51}tiu^{24}fai^{24} 腮腺炎

老鼠□ lɔ^{21}ʃy^{44}lai^{51} 颈脖边长的疙瘩

生疮 ʃɛ^{51}tʃ^{h}œ^{51} 长疮

生疔 ʃɛ^{51}tɛ^{51} 长疔

痔疮 tʃi^{42}tʃ^{h}œ^{51}

疥疮 kuɔi^{42}tʃ^{h}œ^{51}

冻疮 taŋ^{42}tʃ^{h}œ^{51}

瘌痢头 luɔt^{2}lai^{24}tiu^{24} 头上长黄癣

烂口角 luɔn^{33}hau^{44}kœ^{2} 嘴角溃烂

口臭 hau^{44}tʃ^{h}iu^{42}

热泡崽 ȵit^{5}p^{h}ɔ^{42}tsa^{44} 痱子

青春痘 ts^{h}ɛ^{51}tʃ^{h}an^{51}tau^{33} 青春痘

蚊虫屎 man^{24}tʃ^{h}aŋ^{24}ʃi^{44} 雀斑

大颈嗉 tuɔi^{33}kɛ^{44}sɔi^{42} 大脖子

鼻塞 pai^{33}siɛk^{2} 囔鼻儿，鼻不通气

鸭公声 vuɔt^{2}kaŋ^{51}ʃɛ^{51} 公鸭嗓儿，嗓音沙哑

红眼病 haŋ^{24}ŋuɔn^{21}pɛ^{33}

生狗閪 ʃɛ^{51}kau^{44}hai^{51} 麦粒肿，睑板腺急性化脓感染，俗称“针眼”

瞎眼 huɔt^{2}ŋuɔn^{21} 眼盲

眼朦 ŋuɔn^{21}maŋ^{24}

发鸡朦 fuɔt^{2}ka^{51}maŋ^{24} 鸡盲眼，夜盲症

色朦 ʃai^{21}maŋ^{24} 色盲

近视眼 kan^{42}ʃi^{33}ŋuɔn^{21}

老花眼 lɔ^{21}fɔu^{51}ŋuɔn^{21}

独眼龙 tak^{5}ŋuɔn^{21}laŋ^{24} 一只眼儿

眼睛暴 ŋuɔn^{21}tsɛ^{51}pɔ^{42} 鼓眼泡儿

斗鸡眼 tau^{42}ka^{51}ŋuɔn^{21} 斗鸡眼儿

发羊吊 fuɔt^{2}iɛŋ^{24}tiau^{42} 癫痫

惊风 kɛ^{51}faŋ^{51} 惊风，小儿病

水肿 ʃy^{51}tʃaŋ^{44}

中风 tʃaŋ^{42}faŋ^{51}

瘫痪 t^{h}uɔn^{51}vun^{42}

结舌 kit^{2}ʃit^{5} 结巴

朦眼妹 maŋ^{24}ŋuɔn^{21}mui^{33} 盲姑娘

发癫 fuɔt^{2}tin^{51} 发疯

踔手佬 pa^{51}ʃiu^{44}lɔ^{44} 拽子，手残者

光头佬 kuœ^{51}tiu^{24}lɔ^{44} 秃子

麻子 mɔu^{24}tsɿ^{44} 天花留下的疤痕

麻子佬 mɔu^{24}tsɿ^{44}lɔ^{44} 有麻子的人

崩口佬 pɛ^{51}hau^{44}lɔ^{44} 豁唇子

崩牙佬 pɛ^{51}ŋɔu^{24}lɔ^{44} 豁牙子

　崩牙婆 pɛ^{51}ŋɔu^{24}pɔu^{24}

六手佬 lak^{5}ʃiu^{44}tʃi^{44} 六指儿

左手佬 tsɔu^{44}ʃiu^{44}lɔ^{44} 左撇子

十三　衣服穿戴

布 pau^{42}

湖广布 vu^{24}kuœ^{44}pau^{42} 土布

　粗纱布 ts^{h}au^{51}ʃɔu^{51}pau^{42}

纱布 ʃɔu^{51}pau^{42}

棉布 min^{24}pau^{42}

灯芯绒布 tiɛŋ^{51}san^{51}iaŋ^{24}pau^{42} 灯芯绒，表面形成纵向绒条的棉织物

绸子 tʃ^{h}iu^{24}tsɿ^{44}

长衫 tʃ^{h}iɛŋ^{24}ʃuɔn^{51}

马褂 mɔu^{21}kuɔu^{42} 马褂儿

旗袍 k^{h}ai^{24}pɔ^{24}

中山装 tʃaŋ^{51}ʃuɔn^{51}tʃœ^{51}

皮衣 pai^{24}ai^{51} 皮袄

大衣 tuɔi^{33}ai^{51} 较长的西式外衣

冷线 lɛ^{21}sin^{42} 毛线

面衫 min^{33}ʃuɔn^{51} 外衣

外衫 ŋui^{33}ʃuɔn^{51} 内衣

背搭 pai^{42}tuɔt^{2} 坎肩，不带袖子的上衣

背心 pai^{42}san^{51} 汗背心

棉背搭 min^{24}pai^{42}tuɔt^{2} 棉背心

衣襟 ai^{51}kan^{51} 衣襟儿，上衣的前幅

对空 tɔi^{42}haŋ^{51} 对襟儿，中式的，两襟相对，纽扣在正中

衣裳脚 ai^{51}ʃiɛŋ^{24}kiɛk^{2} 下摆

里 lai^{21} 里子

颈领 kɛ^{44}lɛ^{21} 领子

长袖 tʃ^{h}iɛŋ^{24}ts^{h}iu^{33}

短袖 tyn^{44}ts^{h}iu^{33}

贴扁 t^{h}it^{2}pin^{44} 贴边，缝在衣服里子边上的窄条

裙 k^{h}uan^{24} 裙子

裤头 fu^{42}tiu^{24} ①裤衩儿，贴身穿的；②裤腰

水裤 ʃy^{44}fu^{42} 外穿的短裤

开裉裤 hɔi^{51}nœ^{42}fu^{42} 开裆裤

密裉裤 mat^{5}nœ^{42}fu^{42} 连裆裤

裤裉 fu^{42}nœ^{42} 裤裆

裤头带 fu^{42}tiu^{24}tuɔi^{42} 裤腰带

荷包 hɔu^{24}pɔ^{51} ①兜儿，衣服上的口袋；②钱包

布扣 pau^{42}k^{h}au^{42} 中式的纽扣

布扣窿 pau^{42}k^{h}au^{42}laŋ^{51} 扣襻，中式的，用布做的扣住纽扣的套

骨扣 kuat^{2}k^{h}au^{42} 西式的扣儿

扣窿 k^{h}au^{42}laŋ^{51} 西式的扣眼儿

拉链 luɔi^{51}lin^{33}

拖鞋 t^{h}ɔu^{51}huɔi^{24}

人字拖 ȵian^{24}sɿ^{33}t^{h}ɔu^{51} 人字拖鞋

棉鞋 min^{24}huɔi^{24}

皮鞋 pai^{24}huɔi^{24}

布鞋 pau^{42}huɔi^{24}

绣花鞋 siu^{42}fɔu^{51}huɔi^{24}

扎脚鞋 ʧuɔt^{2}kiɛk^{2}huɔi^{24} 旧时的女弓鞋

　细脚鞋 sa^{42}kiɛk^{2}huɔi^{24}

草鞋 tsʰɔ^{44}huɔi^{24}

解放鞋 kuɔi^{44}fœ^{42}huɔi^{24}

高踭鞋 kɔ^{51}ʧɛ^{51}huɔi^{24} 高跟鞋

靴 kʰœ^{51} 靴子

高筒鞋 kɔ^{51}tʰaŋ^{44}huɔi^{24} 高筒的雨鞋

胶鞋 kɔ^{51}huɔi^{24} 低筒的雨鞋

木屐 mak^{5}kʰai^{51}

拖屐 tʰɔu^{51}kʰai^{51} 木屐

鞋底 huɔi^{24}ta^{44} 鞋底儿

鞋踭 huɔi^{24}ʧɛ^{51} 鞋后跟

鞋带 huɔi^{24}tuɔi^{42} 鞋带儿

鞋垫 huɔi^{24}tin^{33} 鞋垫子

鞋模 huɔi^{24}mau^{24} 鞋楦子，制鞋时所用的模型

鞋刷 huɔi^{24}ʃœt^{2} 鞋刷子

长袜 ʧʰiɛŋ^{24}muɔt^{5} 长袜

袜筒 muɔt^{5}taŋ^{24} 穿在脚腕以上的部分

绑脚布 pœ^{44}kiɛk^{2}pau^{42} 裹脚布

扎脚 ʧuɔt^{2}kiɛk^{2} 绑腿

　绑脚 pœ^{44}kiɛk^{2}

面盆帽 min^{33}pan^{24}mɔ^{33} 西式的礼帽

□□帽 nin^{44}nin^{44}mɔ^{33} 瓜皮帽

军帽 kuan^{51}mɔ^{33}

草帽 tsʰɔ^{44}mɔ^{33}

南无佬帽 nuɔn^{24}mɔu^{24}lɔ^{44}mɔ^{33} 道士等所戴的师公帽

帽边 mɔ^{33}pin^{51} 帽檐儿

雨帽 y^{21}mɔ^{33} 斗笠

蓑衣 sɔu^{51}ai^{51}

水衣 ʃy^{44}ai^{51} 新式雨衣

油纸遮 iu^{24}ʧi^{44}ʧɛi^{51}

手袜 ʃiu^{44}muɔt^{5} 手套

颈链 kɛ^{44}lin^{33} 项链

银牌 ŋan^{24}puɔi^{24} 一种银质饰物

长命锁 ʧʰiɛŋ^{24}mɛ^{33}sɔu^{44} 给小孩戴的银质饰物，呈古锁长形状，寓意长命百岁

簪 tsuɔn^{51} 簪子

银钗 ŋan^{24}ʧʰɔu^{51} 女性插头的一种银饰品

耳环 ȵi^{21}vuɔn^{24}

扣针 kʰau^{42}ʧan^{51} 别针儿

缩筋 sak^{2}kan^{51} ①松紧带；②橡皮筋

绑头发索 pœ^{44}tiu^{24}fuɔt^{2}sœ^{2} 头绳

围裙布 vai^{24}kʰuan^{24}pau^{42} 围头布

胭脂 in^{51}ʧi^{51}

水粉 ʃy^{44}fan^{44} 粉：涂脂抹～

面油 min^{33}iu^{24} 雪花膏

口水枷 hau^{44}ʃy^{44}kɔu^{51} 围嘴儿

肚搭 tau^{33}tuɔt^{2} 肚兜

领带 lɛ^{44}tuɔi^{42}

孭带 mɛ51tuɔi42 背带，用于背负婴幼儿的织物

□被 pʰɛ^{51}pai^{21} 包裹婴儿以挡风的布巾

眼镜 ŋuɔn^{21}kɛ^{42}

手表 ʃiu^{44}piau^{51}

表 piau^{51} 怀表

十四　饮食

伙食 fɔu^{44}ʃɛi^{51}

食个工夫 ʃɛi^{51}kɔ^{42}kaŋ^{51}fu^{51} 食物

正餐 ʧɛ^{42}tsʰuɔn^{51}

宵夜 siau^{51}iɛi^{33} 夜宵

饭团 fuɔn^{33}tyn^{24}

饭□ fuɔn^{33}nan^{51} 饭粒

糯米饭 nɔu^{33}ma^{21}fuɔn^{33}

糯米团 nɔu^{33}ma^{21}tyn^{24}

番薯饭 fuɔn^{51}ʃy^{24}fuɔn^{33} 红薯饭

番薯干 fuɔn^{51}ʃy^{24}kun^{51} 红薯干

竹筒饭 ʧak^{2}taŋ^{24}fuɔn^{33}

生心饭 ʃɛ^{51}san^{51}fuɔn^{33} 夹生饭

硬饭崽 ŋɛ^{33}fuɔn^{33}tsa^{44} 硬饭，与软饭相对

□饭 nyn^{24}fuɔn^{33} 软饭，与硬饭相对

冻饭 taŋ^{42}fuɔn^{33} 剩饭，剩下的饭

隔年饭 kɛ^{2}nin^{24}fuɔn^{33} 除夕特别剩下的供年初一吃的饭

发霉 fuɔt^{2}mai^{24}

饭焦 fuɔn^{33}tsiau^{51} 锅巴

□粥 vɛ^{42}ʧak^{2} 稀粥

□粥 kʰyt^{5}ʧak^{2} 稠粥

擦米水 tsʰuɔt^{2}ma^{21}ʃy^{44} 淘米水

二□擦米水 ȵi^{33}lɔ^{33}tsʰuɔt^{2}ma^{21}ʃy^{44} 第二遍的淘米水

饭汤 fuɔn^{33}tʰœ^{51} 米汤

米糊羹 ma^{21}vu^{24}kɛ^{51} 米糊

米粉 ma^{21}fan^{44} 大米加工成的细条食品

粉皮 fan^{44}pai^{24} 河粉

粉崽 fan^{44}tsa^{44} 粉条，粗条的米粉

真丝 ʧan^{51}sɿ^{51} 绿豆粉做的粉丝

冬粉 taŋ^{51}fan^{44} 米磨成浆经晒干后用于做年糕等的米制品

糯米糍 nɔu^{33}ma^{21}tsʰai^{24} 糍粑，糯米做的食品

艾糍 ŋui^{33}tsʰai^{24} 清明节用嫩艾叶和糯米等做成的食品

包叶糍 pɔ^{51}it^{5}tsʰai^{24} 粽子

油煮糍 iu^{24}ʧy^{44}tsʰai^{24} 一种用油炸的节俗食品

水糍 ʃy^{44}tsʰai^{24} 一种用水煮或蒸的节俗食品

虾公糍 hɔu^{51}kaŋ^{51}tsʰai^{24} 一种节俗食品，占米团在带孔的木板上来回搓，形成的条块落入开水中煮熟，因形状似虾，故名

碱水 kuɔn^{44}ʃy^{44} 土法烧草木灰，用布包好放水中煮，所得的水有碱性，可用于制作粽子等食品

灰水糍 fai^{51}ʃy^{44}tsʰai^{24} 草木灰做碱水，用碱水做的糍粑

铜荡糍 taŋ^{24}tʰœ^{42}tsʰai^{24} 类似粤式肠粉的一种米制食品，但没有馅儿

卷筒糍 kyn^{44}taŋ^{24}tsʰai^{24} 类似粤式肠粉的一种米制食品，但没有馅儿

* 糖环 tœ^{24}vuɔn^{24}

* 角崽 kœ^{2}tsa^{44}

* 切酥 tsʰit^{2}sau^{51}

苞麦粉 pɔ^{51}mɛ^{5}fan^{44} 玉米粉

发粉种 fuɔt^{2}fan^{44}ʧaŋ^{44} 酵子

糖包 tœ^{24}pɔ^{51} 糖包子

肉包 ȵiak^{5}pɔ^{51} 肉包子

面饼 min^{33}pɛ^{44} 饼状的生面条

炕饼 kʰœ^{42}pɛ^{44} 烧饼

煎饼 tsin^{51}pɛ^{44}

饼干 pɛ^{44}kun^{51}

月饼 ȵyt^{5}pɛ^{44}

大饼 tuɔi^{33}pɛ^{44}

月光茶 ȵyt^{5}kuœ^{51}ʧʰɔu^{24} 中秋节摆放敬拜月亮的茶点等

炒石螺 tʃʰɔ^{44}ʃɛi^{51}lɔu^{24} 洗净的石螺和狗崽香调料等一起炒，是中秋节的特色食品，平时也吃

边炉 pin^{51}lau^{24} 火锅

牛肉 ȵiu^{24}ȵiak^{5}

牛百叶 ȵiu^{24}pɛ^{2}it^{5}

牛杂 ȵiu^{24}tsʰuɔt^{5} 指以牛内脏等为主做成的食品

猪肉 tɔi^{51}ȵiak^{5}

肥膘 fai^{24}piau^{44} 肥肉

瘦肉 ʃau^{42}ȵiak^{5}

五花腩 m̩^{21}fɔu^{51}nuɔn^{21} 五花肉

脊肉 tsai^{21}ȵiak^{5} 里脊

猪头皮 tɔi^{51}tiu^{24}pai^{24} 猪头肉

猪脚 tɔi^{51}kiɛk^{2} 猪腿

猪脚筋 tɔi^{51}kiɛk^{2}kan^{51} 蹄筋

猪脷 tɔi^{51}lai^{33} 猪舌头

上水 ʃiɛŋ^{33}ʃy^{44} 肝肺心肾下水，猪牛羊的内脏

猪肺 tɔi^{51}fai^{42}

猪横脷 tɔi^{51}vɛ^{24}lai^{33} 猪的胰脏

猪腰 tɔi^{51}iau^{51} 猪腰子

猪板油 tɔi^{51}puɔn^{44}iu^{24} 板油，猪的体腔内壁上呈板状脂肪

猪大油 tɔi^{51}tuɔi^{33}iu^{24}

粉肠油 fan^{44}tʃʰiɛŋ^{24}iu^{24} 猪内脏上的油脂

网油 mœ^{21}iu^{24}

大肠 tuɔi^{33}tʃʰiɛŋ^{24}

大肠头 tuɔi^{33}tʃʰiɛŋ^{24}tiu^{24} 猪最靠近肛门处的直肠

白肠 pɛ^{5}tʃʰiɛŋ^{24} 猪靠近肛门的最好的一段直肠

粉肠 fan^{44}tʃʰiɛŋ^{24} 猪的小肠

花肠 fɔu^{51}tʃʰiɛŋ^{24} 香肠

腊香肠 luɔt^{5}hiɛŋ^{51}tʃʰiɛŋ^{24} 风干、晒干的香肠

腊肉 luɔt^{5}ȵiak^{5}

腊猪肉 luɔt^{5}tɔi^{51}ȵiak^{5}

*罩肠 tʃɔ^{42}tʃʰiɛŋ^{24}

火烟肉 fɔu^{44}in^{51}ȵiak^{5} 熏肉，指冬天时生猪肉放调料中腌几个小时，晒几天之后挂在生柴火上熏

　火□肉 fɔu^{44}lœ^{42}ȵiak^{5}

　瑶胞肉 iau^{24}pɔ^{51}ȵiak^{5}

*扣肉 kʰau^{42}ȵiak^{5}

梅菜扣肉 mai^{24}tsʰɔi^{42}kʰau^{42}ȵiak^{5} 五花肉和梅菜做成的扣肉

香芋扣肉 hiɛŋ^{51}vu^{33}kʰau^{42}ȵiak^{5} 五花肉和香芋做成的扣肉

狗肉 kau^{44}ȵiak^{5}

鸡肉 ka^{51}ȵiak^{5}

盐焗鸡 in^{24}kʰak^{5}ka^{51} 杀好的鸡整只抹上盐焗料，干蒸后再切块

白斩鸡 pɛ^{5}tʃuɔn^{44}ka^{51} 杀好的鸡整只放水中煮熟，火候以切块时骨头略带血色为佳

豉油鸡 ʃi^{33}iu^{24}ka^{51} 酱油鸡

鸡髀 ka^{51}pi^{44} 鸡腿

鸡翅尖 ka^{51}tʃʰi^{42}tsin^{51} 鸡翅

鸡杂 ka^{51}tsʰuɔt^{5} 鸡杂儿

鸡肾 ka^{51}ʃan^{21} 鸡肫

鸡金 ka^{51}kan^{51} 鸡内金

鸭肉 vuɔt^{2}ȵiak^{5}

*罩鸭 tʃɔ^{42}vuɔt^{2}

烧鸭 ʃiau^{51}vuɔt^{2}

鹅肉 ŋɔu^{24}ȵiak^{5}

烧鹅ʃiau^{51}ŋɔu^{24}

咸春huɔn^{24}tʃʰan^{51}咸鸭蛋

茶叶春tʃʰɔu^{24}it^{5}tʃʰan^{51}茶叶蛋

*甜酸鱼tin^{24}syn^{51}ȵy^{24}

小菜siau^{44}tsʰɔi^{42}

斋菜tʃuɔi^{51}tsʰɔi^{42}素菜

荤菜kʰuan^{51}tsʰɔi^{42}

咸菜huɔn^{24}tsʰɔi^{42}

菜□tsʰɔi^{42}tʃɔu^{44}酸菜

　酸浸缸syn^{51}tsan^{42}kœ^{51}

　酸菜syn^{51}tsʰɔi^{42}

榨菜tʃɔu^{42}tsʰɔi^{42}

梅菜mai^{24}tsʰɔi^{42}芥菜经过洗净、晾晒、切段、搓盐、腌制、水煮、日晒等多道工序制成的干菜，香气浓郁，可用于做梅菜扣肉等

酿茄子ȵiɛŋ^{33}kʰɔi^{24}tsɿ^{44}在茄子中夹带肉馅儿一起烧煮

炸茄子tʃɔu^{42}kʰɔi^{24}tsɿ^{44}油炸茄子，在茄子中夹带肉馅儿一起油炸

酿辣子ȵiɛŋ^{33}luɔt^{5}tsɿ^{44}有肉馅儿的大辣椒，或煮或油炸

煮十二大块tʃy^{44}ʃat^{5}ȵi^{33}tuɔi^{33}kʰuɔi^{42}除夕大餐所煮的荤菜

水豆腐ʃy^{44}tau^{33}fu^{33}新鲜的嫩豆腐

水浸鬼ʃy^{44}tsan^{42}kuai^{44}一种表皮油炸过的大块豆腐

　油熝牯iu^{24}lak^{5}ku^{44}

油豆腐iu^{24}tau^{33}fu^{33}油炸过的豆腐块

炸豆腐tʃɔu^{42}tau^{33}fu^{33}

豆腐干tau^{33}fu^{33}kun^{51}豆腐干儿

*酿豆腐ȵiɛŋ^{33}tau^{33}fu^{33}

豆腐头tau^{33}fu^{33}tiu^{24}豆腐渣

腐竹fu^{33}tʃak^{2}

豆腐乳tau^{33}fu^{33}ȵiɔi^{33}

汤tʰœ^{51}

肉汤ȵiak^{5}tʰœ^{51}

菜汤tsʰɔi^{42}tʰœ^{51}

老火汤lɔ^{21}fɔu^{44}tʰœ^{51}

酸辣汤syn^{51}luɔt^{5}tʰœ^{51}

莲藕粉lin^{24}ŋau^{21}fan^{44}藕粉

豆豉tau^{33}ʃi^{33}

木薯粉mak^{5}ʃy^{24}fan^{44}

生粉ʃɛ^{51}fan^{44}芡粉

海参hɔi^{44}san^{51}

海带hɔi^{44}tuɔi^{42}

紫菜tsɿ^{44}tsʰɔi^{42}

海蜇hɔi^{51}tʃit^{2}

番豆油fuɔn^{51}tau^{33}iu^{24}花生油

茶油tʃʰɔu^{24}iu^{24}

菜籽油tsʰɔi^{42}tsɿ^{44}iu^{24}

粗盐tsʰau^{51}in^{24}

大□盐tuɔi^{33}nan^{51}in^{24}粗盐

卤水lau^{21}ʃy^{44}盐卤，熬盐剩下的黑色液体，能使豆浆凝成豆腐

蚝油hɔ^{24}iu^{24}

辣子酱luɔt^{5}tsɿ^{44}tsiɛŋ^{42}辣椒酱

酸辣子syn^{51}luɔt^{5}tsɿ^{44}酸辣椒

调味精tiau^{24}mai^{33}tsɛ^{51}味精

香料hiɛŋ^{51}liau^{33}作料

八角puɔt^{2}kœ^{2}

桂皮kuai^{42}pai^{24}

花椒子fɔu^{51}tsiau^{51}tsɿ^{44}花椒

胡椒粉vu^{24}tsiau^{51}fan^{44}

五香粉 m̩^{21}hiɛŋ^{51}fan^{44}

黄糖 vœ^{24}tœ^{24} 红糖

砂糖 ʃɔu^{51}tœ^{24}

白糖 pɛ^{5}tœ^{24}

冰糖 pɛ^{51}tœ^{24}

　石头糖 ʃɛi^{51}tiu^{24}tœ^{24}

麦芽糖 mɛ^{5}ŋɔu^{24}tœ^{24}

番豆糖 fuɔn^{51}tau^{33}tœ^{24} 花生糖

爆米花 pɔ^{42}ma^{21}fɔu^{51} 米花糖

雪糕 syt^{2}kɔ^{51}

瓜子 kuɔu^{51}tsɿ^{44}

旺口 vœ^{33}hau^{44} 零食

喇叭筒 la^{33}pa^{33}taŋ^{24} 喇叭状的手卷烟

烟油 in^{51}iu^{24} 烟油子

烟灰 in^{51}fai^{51}

烟头 in^{51}tiu^{24} 烟蒂

鸦屁烟 ɔu^{51}pʰai^{42}in^{51} 鸦片

茶叶渣 tʃʰɔu^{24}it^{5}tʃɔu^{51}

茶 tʃʰɔu^{24} 茶水

乌龙茶叶 vu^{51}laŋ^{24}tʃʰɔu^{24}it^{5} 乌龙茶

红茶叶 haŋ^{24}tʃʰɔu^{24}it^{5} 红茶

普洱茶叶 pʰau^{44}ȵi^{21}tʃʰɔu^{24}it^{5} 普洱茶

绿茶 lak^{5}tʃʰɔu^{24}

苦丁茶叶 fu^{44}tɛ^{51}tʃʰɔu^{24}it^{5} 苦丁茶

擂茶 lɔi^{24}tʃʰɔu^{24}

茶点 tʃʰɔu^{24}tin^{44}

大茶 tuɔi^{33}tʃʰɔu^{24} 用山楂叶等泡的饮品

细茶 sa^{42}tʃʰɔu^{24} 一般的茶，比如铁观音、毛尖等

藤婆茶 tiɛŋ^{24}pɔu^{24}tʃʰɔu^{24} 当地的一种凉茶

酒 tsiu^{44} ①白～；②料酒

浓酒 ȵiaŋ^{24}tsiu^{44}

高度酒 kɔ^{51}tau^{33}tsiu^{44} 浓酒

淡酒 tuɔn^{21}tsiu^{44}

低度酒 ta^{51}tau^{33}tsiu^{44} 淡酒

米酒 ma^{21}tsiu^{44} 味淡，瑶胞多喝这种酒

高粱麦酒 kɔ^{51}liɛŋ^{24}mɛ^{5}tsiu^{44} 高粱酒

水酒 ʃy^{44}tsiu^{44}

蛇酒 ʃɛi^{24}tsiu^{44}

酒饼 tsiu^{44}pɛ^{44} 酒曲

酒糟 tsiu^{44}tsɔ^{51}

酒娘 tsiu^{44}ȵiɛŋ^{24} 米饭、酒曲发酵成的母酒

啤酒 pai^{51}tsiu^{44}

色 ʃai^{21} 食物的色泽

十五　红白大事

谈婚 tuɔn^{24}kʰuan^{51} 恋爱

抛绣球 pʰɔ^{51}siu^{42}kʰiu^{24}

提亲 tai^{24}tsʰan^{51}

择日子 tœ^{5}ȵiat^{5}tsɿ^{44} 挑选吉日

送礼 saŋ^{42}lai^{21} ①送聘礼；②送礼物

讨新妇 tʰau^{44}san^{51}pau^{21} 娶儿媳妇

抢婚 tsʰiɛŋ^{44}kʰuan^{51}

嫁老公 kɔu^{42}lɔ^{21}kaŋ^{51} 出嫁：女子～

送嫁 saŋ^{42}kɔu^{42} 送亲，娘家人送新娘到男家

接新妇娘 tsit^{2}san^{51}pau^{21}ȵiɛŋ^{24} 接亲

花轿 fɔu^{51}kʰiau^{33}

新妇娘入屋 san^{51}pau^{21}ȵiɛŋ^{24}ȵiat^{5}ak^{2} 过门

公婆酒 kaŋ^{51}pɔu^{24}tsiu^{44} 交杯酒

新妇娘房 san^{51}pau^{21}ȵiɛŋ^{24}fœ^{24} 新房，洞房

回门 vai^{24}man^{24} 婚后若干天内新夫妇一起到女家

离婚 lai^{24}kʰuan^{51}

守寡 ʃiu^{44}kuɔu^{44}

翻头嫁 fuɔn51tiu24kɔu42 再醮，寡妇再嫁
翻嫁 fuɔn51kɔu42 改嫁，离婚再嫁
驳脚 pœ2kiɛk2 续弦，从男方说
填房 tin24fœ24 女子嫁给死了妻子的人
招郎上门 ʧiau51lœ24ʃiɛŋ21man24 招赘
上门 ʃiɛŋ21man24 入赘
难产 nuɔn24ʧʰuɔn44
引产 ian21ʧʰuɔn44 打胎
接生 tsit2ʃɛ51
胞衣 pɔ51ai51 胎盘
肚脐带 tau21tsʰɿ24tuɔi42 脐带
头胎 tiu24tʰɔi51
俵羏细崽食 piau42nɛn33sa42tsa44ʃɛi51 给孩子喂奶
羏嘴 nɛn33tsɔi44 奶嘴儿，装在奶瓶口上的，用橡皮制成
屙尿床 ɔu51niau33ʧʰœ24 尿床
三朝 suɔn51tiau51 三天，特指婴儿出生后三天
洗三朝 sa44suɔn51tiau51 小孩出生后三天洗澡
百佬 pɛ2lɔ44 小孩出生一百天
对岁 tɔi42sɔi42 周岁，特指婴儿出生后满一个月
安名 vun51mɛ24 取名
投胎 tiu24tʰɔi51
长命 ʧʰiɛŋ24mɛ33 长寿
短命 tyn44mɛ33 ①短寿；②夭折
短命崽 tyn44mɛ33tsa44 夭折者
白事 pɛ5ʃi33 丧事
哭紧转 hak2kan44tyn42 奔丧
哭死佬 hak2sai44lɔ44 哭丧
冇气 mɔ21hai42 断气
跳水 tʰiau42ʃy44 投水：～自尽
浸死 tsan42sai44 溺死
吊颈 tiau42kɛ44 上吊
食农药 ʃɛi51naŋ24iɛk5 喝农药
毒死 tak5sai44
死佬床 sai44lɔ44ʧʰœ24 灵床
死尸床 sai44ʃi51ʧʰœ24
寿 ʃiu33 生前预制的寿材
死佬衣 sai44lɔ44ai51 寿衣
死人衣 sai44ȵian24ai51
死佬帽 sai44lɔ44mɔ33 寿帽
死人帽 sai44ȵian24mɔ33
守紧 ʧiu44kan44 守灵
讨水 tʰau44ʃy44 担幡买水
送山 saŋ42ʃuɔn51 送葬
送终 saŋ42ʧaŋ51
戴孝 tuɔi42hɔ42
孝杖棍 hɔ42ʧʰiɛŋ42kuan42 哭丧棒
孝衣 hɔ42ai51
白帽 pɛ5mɔ33 麻布做的孝帽
孝崽 hɔ42tsa44 孝子
孝孙 hɔ42san51
*灵屋 lɛ24ak2
死佬纸花 sai44lɔ44ʧi44fɔu51 丧纸扎
*五色纸 m̩21ʃai21tʃi44
*地府纸 tai33fu44tʃi44
头七 tiu24tsʰat2 亲人死后第七天，此后还包括“二七”“三七”一直到“七七”。一般是“三七”之后才开始祭奠
*撞七 ʧʰœ42tsʰat2
坟场 fan24tœ24 坟地，坟所在地
坟碑 fan24pai51 墓碑
窟 fat2 墓穴

抬棺材 tui^{24}kun^{51}tsʰui^{24} 抬棺

抬棺材个人 tui^{24}kun^{51}tsʰui^{24}kɔ^{42}ȵian^{24} 抬棺人

埋死佬 muɔi^{24}sai^{44}lɔ^{44} 埋葬

死尸 sai^{44}ʃi^{51} 尸体

骨灰 kuat^{2}fai^{51}

死佬骨 sai^{44}lɔ^{44}kuat^{2} 骨殖，尸骨

金罂 kan^{51}ɛ^{51} 骨殖坛子

起地 hai^{44}tai^{33} 挖开坟墓取出骨殖

拾骨头 ʃit^{5}kuat^{2}tiu^{24} 捡骨殖，二次葬

拜天 puɔi^{42}tʰin^{51} 拜老天爷

佛 fat^{5}

太上老君 tʰuɔi^{33}ʃiɛŋ^{21}lɔ^{21}kuan^{51}

八仙 puɔt^{2}sin^{51}

财神 tsʰui^{24}ʃan^{24} 财神爷

土地伯公 tʰau^{44}tai^{33}pɛ^{2}kaŋ^{51} 土地庙

关老爷庙 kuɔn^{51}lɔ^{21}iɛi^{24}miau^{33} 关帝庙

尼姑院 na^{24}ku^{51}yn^{33} 庵

阎罗王 in^{24}lɔu^{24}vœ^{24} 阎王

地府 tai^{33}fu^{44} 阴间

阳间 iɛŋ^{24}kuɔn^{51}

鬼 kuai^{44}

野鬼 iɛi^{21}kuai^{44}

饿死鬼 ŋɔu^{33}sai^{44}kuai^{44}

鬼火 kuai^{44}fɔu^{44} 磷火，多于夏季干燥天出现在坟墓间

妖怪 iau^{51}kuɔi^{42}

精怪 tsɛ^{51}kuɔi^{42}

供样 kaŋ^{42}iɛŋ^{33} 祭祀祖宗

奉神 faŋ^{33}ʃan^{24} 上供祭拜，摆上祭祀物品祭拜：去五角庙奉神时间我鲁⁼做细崽晓唔得啰

蜡烛台 luɔt^{5}ʧak^{2}tui^{24} 烛台

白蜡 pɛ^{5}luɔt^{5} 照明用的白蜡烛

线香 sin^{42}hiɛŋ^{51} 敬神的那种香

香炉钵 hiɛŋ^{51}lau^{24}put^{2} 香炉

烧香 ʃiau^{51}hiɛŋ^{51}

拜神 puɔi^{42}ʃan^{24}

问仙 man^{33}sin^{51} 旧时指问神

徛坛 kʰai^{21}tuɔn^{24} 旧时指扶乩

求签 kʰiu^{24}tsʰin^{51} 旧时占卜的其中一种形式

签诗 tsʰin^{51}ʃi^{51} 旧时寺庙中供卜问吉凶所编的诗句

解签 kuɔi^{44}tsʰin^{51}

上签 ʃiɛŋ^{21}tsʰin^{51}

下签 hɔu^{33}tsʰin^{51}

打卦 tɔu^{44}kuɔu^{42} 卜卦

八卦 puɔt^{2}kuɔu^{42}

珓 kʰɔ^{42} 占卜用，通常是一正一反两片竹片制成

阴珓 an^{51}kʰɔ^{42} 两片珓的面都朝下

阳珓 iɛŋ^{24}kʰɔ^{42} 两片珓的面都朝上

圣珓 ʃɛ^{42}kʰɔ^{42} 两片珓一正一反

八字 puɔt^{2}sɿ^{33} 生辰八字，指一个人出生时的干支历日期

算八字 syn^{51}puɔt^{2}sɿ^{33} 测字

算时辰 syn^{42}ʃi^{24}ʃan^{24} 测时

*风水 faŋ^{51}ʃy^{44}

风水先生 faŋ^{51}ʃy^{44}sin^{51}ʃɛ^{51}

望风水 miɛŋ^{33}faŋ^{51}ʃy^{44} 旧时指看风水

望地 miɛŋ^{33}tai^{33}

罗盘 lɔu^{24}pun^{24}

算命先生 syn^{42}mɛ^{33}sin^{51}ʃɛ^{51}

命运 mɛ^{33}van^{33}

好运 hɔ^{44}van^{33} 走运

运气好 van^{33}hai^{42}hɔ^{44}

运气来 van^{33}hai^{42}lui^{24} 转运

来运气 lui^{24}van^{33}hai^{42}

吉利 kat^{2}lai^{33}

义头 ȵi^{33}tiu^{24} 兆头

禁祭 kan^{42}tsa^{42} 禁忌

望相先生 mieŋ^{33}sieŋ^{42}sin^{51}sɛ^{51} 看相的

望相 mieŋ^{33}sieŋ^{42} 看相

手相 ʃiu^{44}sieŋ^{42}

食斋饭 ʃɛi^{51}ʧuɔi^{51}fuɔn^{33} 吃素

仙婆 sin^{51}pɔu^{24} 巫婆

送鬼 saŋ^{42}kuai^{44} 跳神

做斋 tsau^{42}ʧuɔi^{51} 做道场，做法事

唱喏 ʧ^{h}ieŋ^{42}iɔu^{21} 念经：和尚唱喏——有口冇心

招魂魄 ʧiau^{51}van^{24}p^{h}ɛ^{2} 招魂

打醮 tɔu^{44}tsiau^{42}

演眼法 in^{44}ŋuɔn^{21}fuɔt^{2} 法术

神水 ʃan^{24}ʃy^{44} 法水

符咒 fu^{24}ʧiu^{42}

灵验 lɛ^{24}nin^{33}

许愿 hœ^{44}ȵyn^{33}

还愿 vuɔn^{24}ȵyn^{33}

信教 san^{42}kɔ^{42}

基督教 kai^{51}tak^{2}kɔ^{42}

十六　日常生活

舞滴工夫 vu^{44}ti^{33}kaŋ^{51}fu^{51} 做点儿事情

做屋路=工 tsau^{42}ak^{2}lau^{33}kaŋ^{51} 做家务

做家务 tsau^{42}kɔu^{51}mau^{33}

着倒 tiɛk^{2}tɔ^{44} 衣着

打扮 tɔu^{44}puɔn^{33}

着衣裳 tiɛk^{2}ai^{51}ʃieŋ^{24} 穿衣裳

脱衣裳 t^{h}yt^{2}ai^{51}ʃieŋ^{24}

换衣裳 vun^{33}ai^{51}ʃieŋ^{24} 换衣服

量衣裳 lieŋ^{24}ai^{51}ʃieŋ^{24} 量衣

做衣裳 tsau^{42}ai^{51}ʃieŋ^{24} 做衣服

车衣裳 ʧ^{h}ɛi^{51}ai^{51}ʃieŋ^{24}

洗衣裳 sa^{44}ai^{51}ʃieŋ^{24} 洗衣服

过清 ku^{42}ts^{h}ɛ^{51} 投，用清水漂洗

晒衣裳 ʃuɔi^{42}ai^{51}ʃieŋ^{24} 晒衣服

晾衣裳 lœ^{33}ai^{51}ʃieŋ^{24} 晾衣服

浆衣裳 tsieŋ^{51}ai^{51}ʃieŋ^{24} 浆衣服

烫 t^{h}œ^{42} ～衣裳

补 pau^{44} ～衣裳

钉扣 tɛ^{51}k^{h}ɔu^{42} 钉扣子

绣花 siu^{42}fɔu^{51} 绣花儿

着鞋 tiɛk^{2}huɔi^{24} 穿鞋

脱鞋 t^{h}yt^{2}huɔi^{24}

整鞋底 ʧɛ^{44}huɔi^{24}ta^{44} 纳鞋底

上鞋底 ʃieŋ^{21}huɔi^{24}ta^{44}

扎细脚 ʧuɔt^{2}sa^{42}kiɛk^{2} 裹脚

戴帽 tuɔi^{42}mɔ^{33} 戴帽子

点痣 tin^{44}ʧi^{42}

文身 van^{24}ʃan^{51}

起火 hai^{44}fɔu^{44} 生火

烧火 ʃiau^{51}fɔu^{44}

黑啰 hiɛk^{2}lɔ^{33} 灭了：火～嘀

斩柴 ʧuɔn^{44}ʃuɔi^{24} 砍柴：上山～

□柴 tœ^{2}ʃuɔi^{24} 砍柴，在家里把柴砍断放置好

藤=柴 tieŋ^{24}ʃuɔi^{24} 拾柴

舂米 ʧaŋ^{51}ma^{21}

碾米 ʧin^{44}ma^{21}

擦米 ts^{h}uɔt^{2}ma^{21} 淘米

焖饭 man^{51}fuɔn^{33}

蒸饭 ʧɛ^{51}fuɔn^{33}

云$^{=}$粥 van^{24}ʧak^{2} 熬粥

发酵 fuɔt^{2}hɔ^{33} 发面

蒸馒头 ʧɛ^{51}muɔn^{33}tiu^{24}

包粽糍 pɔ^{51}tsaŋ^{42}ts^{h}ai^{24} 裹粽子

煨番薯 vai^{51}fuɔn^{51}ʃy^{24} 烤红薯

蒸番薯 ʧɛ^{51}fuɔn^{51}ʃy^{24} 蒸红薯

折菜 ʃit^{5}ts^{h}ɔi^{42} 摘菜

择菜 tœ^{5}ts^{h}ɔi^{42}

切菜 ts^{h}it^{2}ts^{h}ɔi^{42}

签猪 ts^{h}in^{51}tɔi^{51} 杀猪时给猪放血

刨皮 pɔ^{24}pai^{24} 杀猪时给猪剥皮

刨毛 pɔ^{24}mɔ^{24} 杀猪时给猪刮毛

破开 p^{h}ɔu^{42}hɔi^{51} 杀猪时给猪开膛

反肠 fuɔn^{44}ʧ^{h}iɛŋ^{24} 杀猪时给猪翻肠

刬鸡 tœ^{51}ka^{51} 杀鸡

放血 fœ^{42}hyt^{2} 杀鸡鸭放血

割鸡 kut^{2}ka^{51} 杀鸡放血

搣毛 mɛ^{42}mɔ^{24} 杀鸡鸭拔毛

刬鱼 tœ^{51}ȵy^{24} 杀鱼

破鱼 p^{h}ɔu^{42}ȵy^{24} 剖鱼

刮鱼鳞 kuɔt^{2}ȵy^{24}lan^{24} 杀鱼去鳞

煮菜 ʧy^{44}ts^{h}ɔi^{42} 做菜

焖 man^{51} 主辅料下锅后加水长时间煮烂

煨 vai^{51} 把番薯等放在灰烬中烧熟

炒 ʧ^{h}ɔ^{44} ～田螺

煲汤 pɔu^{51}t^{h}œ^{51} 熬汤

炖汤 tan^{51}t^{h}œ^{51}

箅汤 pai^{42}t^{h}œ^{51} 滗汤

放盐 fœ^{42}in^{24}

酿花肠 ȵiɛŋ^{33}fɔu^{51}ʧ^{h}iɛŋ^{24} 灌香肠

舀饭 iau^{21}fuɔn^{33} 盛饭

食饭 ʃɛi^{51}fuɔn^{33} 吃饭

嘣食 ʃœt^{2}ʃɛi^{51} 吃白食

刨饭 pɔ^{24}fuɔn^{33} 用筷子扒饭

骨头哽颈 kuat^{2}tiu^{24}k^{h}ɛ^{44}kɛ^{44} 骨头卡喉

钳菜 k^{h}in^{24}ts^{h}ɔi^{42} 搛菜

送 saŋ^{42} 下：～酒

□汤 pat^{2}t^{h}œ^{51} 舀汤

用筷子 iaŋ^{33}k^{h}uɔi^{42}tsɿ^{44} 使筷子

打□□ tɔu^{44}œt^{2}ʧœt^{2} 吃饱后打嗝儿

胀 tiɛŋ^{42} 吃太多撑着了

藤$^{=}$食 tiɛŋ^{24}ʃɛi^{51} 讨饭

泡茶 p^{h}ɔ^{42}ʧ^{h}ɔu^{24} 沏茶

食茶 ʃɛi^{51}ʧ^{h}ɔu^{24} 喝茶

撈甜酒 lɔ^{51}tin^{24}tsiu^{44} 酿酒

蒸酒 ʧɛ^{51}tsiu^{44}

食酒 ʃɛi^{51}tsiu^{44} 喝酒

饮酒 an^{44}tsiu^{44}

食醉酒 ʃɛi^{51}tsɔi^{42}tsiu^{44} 酒醉

发酒癫 fuɔt^{2}tsiu^{44}tin^{51} 发酒疯

讲醉话 kœ^{44}tsɔi^{42}vɔu^{33} 说酒话

食烟 ʃɛi^{51}in^{51} 抽烟

住 ʧ^{h}y^{33} 居住，定居：一般瑶族～行半山、高山顶，所以连南也有“百里瑶山”之称

宿夜 sak^{2}iɛi^{33} 住宿，过夜：嫁出去个女行□[ti^{33}]日唔可以行娘家～

分家 fan^{51}kɔu^{51}

守屋 ʧiu^{44}ak^{2} 看家

折被 ʧit^{2}pai^{21} 叠被

洗手 sa^{44}ʃiu^{44}

洗面 sa^{44}min^{33} 洗脸

喉口 lœ^{44}hau^{44} 漱口

抹粉 muɔt^{5}fan^{44}

剃胡子 tʰa^{42}vu^{24}tsɿ^{44} 刮胡子

辫编子 pin^{21}pin^{51}tsɿ^{44}

剪手甲 tsin^{44}ʃiu^{44}kuɔt^{2} 剪指甲

抹身 muɔt^{5}ʃan^{51} 擦澡

□尿 kʰau^{51}niau^{33} 把尿

敨凉 tʰau^{44}liɛŋ^{24} 乘凉

晒热头 ʃuɔi^{42}ȵit^{5}tiu^{24} 晒太阳

炙火 ʧai^{21}fɔu^{44} 烤火取暖

点灯 tin^{44}tiɛŋ^{51}

吹黑灯 ʧʰy^{51}hiɛk^{2}tiɛŋ^{51} 熄灯

拉灯 luɔi^{51}tiɛŋ^{51} 开灯

搣灯 mɛ^{42}tiɛŋ^{51}

关灯 kuɔn^{51}tiɛŋ^{51}

伸懒腰 ʃan^{51}luɔn^{21}iau^{51}

铺草席 pʰau^{51}tsʰɔ^{44}tsʰai^{51} 铺席子

暖被窦 nyn^{21}pai^{21}tau^{42} 暖被窝

眠下 min^{24}hɔu^{21} 躺下睡觉

眠着啰 min^{24}ʧʰiɛk^{5}lɔ^{33} 睡着了

敨气 tʰau^{44}hai^{42} 呼吸

眠唔着 min^{24}m̩^{24}ʧʰiɛk^{5} 睡不着

春午眠眼 ʧaŋ^{51}m̩^{21}min^{24}ŋuɔn^{21} 睡午觉

仰天眠 ŋœ^{21}tʰin^{51}min^{24} 仰面睡

打侧眠 tɔu^{44}ʧɛ^{2}min^{24} 侧着睡

覆倒眠 pʰak^{2}tɔ^{44}min^{24} 伏着睡

失枕 ʃat^{2}ʧan^{44} 落枕

抽筋 ʧʰiu^{51}kan^{51} 抽筋了

讲梦话 kœ^{44}maŋ^{33}vɔu^{33} 说梦话

通奸 tʰaŋ^{51}kuɔn^{51} 私通，偷情

偷男人 tʰau^{51}nuɔn^{24}ȵian^{24} 与男人私通

偷女人 tʰau^{51}ȵy^{21}ȵian^{24} 与女人私通

出远门 ʧʰat^{2}yn^{21}man^{24}

行夜路 hɛ^{24}iɛi^{33}lau^{33} 走夜路

行山路 hɛ^{24}ʃuɔn^{51}lau^{33}

弯远路 vuɔn^{51}yn^{21}lau^{33} 绕远路

行近路 hɛ^{24}kʰan^{21}lau^{33} 抄近路

行横 hɛ^{24}vɛ^{24} 走散，走失

经过 kɛ^{51}ku^{42} 路过：～石蛤塘

去到 hau^{42}tɔ^{42} 回家

转屋 tyn^{42}ak^{2} 我鲁⁼暑假结束诶爱～诶

转屋路⁼ tyn^{42}ak^{2}lau^{33} 出去个女行初六都爱～转娘家

行街 hɛ^{24}kuɔi^{51} 逛街

流浪 liu^{24}lœ^{33}

出国 ʧʰat^{2}kuœ^{2}

十七　讼事

县 yn^{33}

乡 hiɛŋ^{51}

镇 ʧan^{44}

公社 kaŋ^{51}ʃɛi^{33}

大队 tuɔi^{33}tɔi^{42}（tɔi^{33}）

村 tsʰan^{51}

合作社 hut^{5}tsœ^{2}ʃɛi^{33}

干部 kun^{42}pau^{33}

贪官 tʰuɔn^{51}kun^{51}

好官 hɔ^{44}kun^{51} 清官

当官 tœ^{51}kun^{51}

主席 ʧy^{44}tsʰai^{51}

书记 ʃy^{51}kai^{42}

县长 yn^{33}ʧiɛŋ^{44}

乡长 hiɛŋ^{51}ʧiɛŋ^{44}

镇长 ʧan^{44}ʧiɛŋ^{44}

村长 tsʰan^{51}tʃiɛŋ^{44}

甲长 kʰuɔt^{2}tʃiɛŋ^{44}

保长 pɔ^{44}tʃiɛŋ^{44}

老百姓 lɔ^{21}pɛ^{2}sɛ^{42}

社员 ʃɛi^{33}yn^{24}

村民 tsʰan^{51}mɛ^{24}

地主 tai^{33}tʃy^{44}

富农 fu^{42}naŋ^{24}

贫农 pan^{24}naŋ^{24}

中农 tʃaŋ^{51}naŋ^{24}

雇农 ku^{42}naŋ^{24}

送钱 saŋ^{42}tsʰin^{24} 行贿

收钱 ʃiu^{51}tsʰin^{24} 受贿

罚钱 fuɔt^{5}tsʰin^{24} 罚款

参军 tsʰuɔn^{51}kuan^{51}

　当兵 tœ^{51}pɛ^{51}

打税 tɔu^{44}ʃɔi^{42} 交税

地契 tai^{33}kʰa^{42}

公家 kaŋ^{51}kɔu^{51}

私人 sɿ^{51}ȵian^{24}

章 tʃiɛŋ^{51} 私人的图章

公章 kaŋ^{51}tʃiɛŋ^{51}

乡规民约 hiɛŋ^{51}kʰuai^{51}mɛ^{24}iɛk^{2}

警察 kan^{44}tʃʰuɔt^{2}

法官 fuɔt^{2}kun^{51}

原告 ȵyn^{24}kɔ^{42}

被告 pai^{33}kɔ^{42}

告状 kɔ^{42}tʃʰœ^{33}

讲出 kœ^{44}tʃʰat^{2} 供：～出同伙

同谋 taŋ^{24}mau^{24} 同伙

证据 tʃɛ^{42}kɔi^{42}

人证 ȵian^{24}tʃɛ^{42}

冤枉 yn^{51}vœ^{44}

冤告 yn^{51}kɔ^{42} 诬告

对质 tɔi^{42}tʃat^{2}

招 tʃiau^{51} 招供

翻供 fuɔn^{51}kaŋ^{51}

打手印 tɔu^{44}ʃiu^{44}an^{42} 按手印

　打手模 tɔu^{44}ʃiu^{44}mau^{24}

签名 tsʰin^{51}mɛ^{24}

犯法 fuɔn^{33}fuɔt^{2}

犯罪 fuɔn^{33}tsʰɔi^{33}

谋杀 mau^{24}ʃuɔt^{2}

打抢 tɔu^{44}tsʰiɛŋ^{44} 抢劫

食毒 ʃɛi^{51}tak^{5} 吸毒

做老举 tsau^{42}lɔ^{21}kɔi^{44} 卖淫

　做婊子 tsau^{42}piau^{44}tsɿ^{44}

　卖阔 muɔi^{33}hai^{51}

　卖支屄 muɔi^{33}tʃi^{51}pit^{2}

　卖屎窟 muɔi^{33}ʃi^{44}fat^{2}

耙灰 pɔu^{24}fai^{51} 嫖娼

做贼 tsau^{42}tsʰiɛk^{5} 偷盗

呃骗 ŋak^{5}pʰin^{42} 拐卖

拐子 kua^{44}tsɿ^{44} 行骗

放毒 fœ^{42}tak^{5} 投毒

做土匪 tsau^{42}tʰau^{44}fai^{44} 当土匪

拘留 kʰɔi^{51}liu^{24}

包庇 pɔ^{51}pai^{42}

保 pɔ^{44} 保释

自首 tsʰɿ^{33}ʃiu^{44}

有期徒刑 mɔ^{21}kʰai^{24}tau^{24}hɛ^{24} 无期徒刑

死刑 sai^{44}hɛ^{24}

斩头 tʃuɔn^{44}tiu^{24} 斩首

打靶 tɔu^{44}pɔu^{44} 枪毙

刽子手 kʰuai^{42}tsɿ^{44}ʃiu^{44}

扢屎窟 kuat^{2}ʃi^{44}fat^{2} 打屁股，旧时刑罚

手镣 ʃiu^{44}liau^{24} 手铐

颈钳 kɛ^{44}kʰin^{24} 枷，旧时囚具

监房 kuɔn^{51}fœ^{24} 监狱

监房佬 kuɔn^{51}fœ^{24}lɔ^{44} 囚犯

□起来 van^{42}hai^{44}lui^{24} 囚禁起来

坐监 tsʰɔu^{21}kuɔn^{51} 坐牢

偷走 tʰau^{51}tsau^{44} 逃跑，越狱

劳改 lɔ^{24}kɔi^{44}

探监 tʰuɔn^{42}kuɔn^{51}

批斗 pʰa^{51}tau^{42}

游街 iu^{24}kuɔi^{51}

跪瓦片 kʰuai^{44}ŋɔu^{21}pʰin^{42} 跪瓦砾

　跪瓦扎 kʰuai^{44}ŋɔu^{21}ʧuɔt^{2}

唔服 m̩^{24}fak^{5} 不服：对判决等～

上诉 ʃiɛŋ^{33}sau^{42}

上访 ʃiɛŋ^{33}fœ^{44}

十八　交际

屋路⁼人 ak^{2}lau^{33}ȵian^{24} 老乡

　家乡人 kɔu^{51}hiɛŋ^{51}ȵian^{24}

　同稍寨 taŋ^{24}tsʰa^{33}ʧʰuɔi^{33}

佮朋友 kuɔt^{2}pɛ^{24}iu^{21} 交朋友

做伴 tsau^{42}pun^{42}

佮伙 kuɔt^{2}fɔu^{44} 合伙儿

　合股 hut^{5}ku^{44}

贵客 kuai^{42}kʰɛ^{2}

请酒 tsʰɛ^{44}tsiu^{44} 请客

招呼 ʧiau^{51}fu^{51} 招待

红包 haŋ^{24}pɔ^{51} 用红色纸袋装的钱，一般忌讳四十、四百等

封包 faŋ^{51}pɔ^{51}

利是 lai^{33}ʃi^{33} ①红包；②压岁钱

道礼 tɔ^{33}lai^{21} 礼节

收红包 ʃiu^{51}haŋ^{24}pɔ^{51}

　收礼 ʃiu^{51}lai^{21}

还道礼 vuɔn^{24}tɔ^{33}lai^{21} 还礼

　还人情 vuɔn^{24}ȵian^{24}tsʰɛ^{24}

　还礼 vuɔn^{24}lai^{21}

失礼 ʃat^{2}lai^{21}

人情 ȵian^{24}tsʰɛ^{24}

求人走后门 kʰiu^{24}ȵian^{24}tsau^{44}hau^{42}man^{24} 托人，走后门

陪客 pai^{24}kʰɛ^{2} 陪客人

唔得送你 m̩^{24}tai^{21}saŋ^{42}ni^{21} 不送了，主人说的客气话

[唔好]客气 mɔ^{44}kʰɛ^{2}kʰai^{42} 不用客气

咁做客 kʰan^{33}tsau^{42}kʰɛ^{2} 讲客气

□出去 tai^{21}ʧʰat^{2}hau^{42} 撵出去

斟茶 ʧan^{51}ʧʰɔu^{24} 倒茶

　箅茶 pai^{42}ʧʰɔu^{24}

摆桌 puɔi^{44}ʧœ^{2} 摆酒席

请帖 tsʰɛ^{44}tʰit^{2}

帖子 tʰit^{2}tsɿ^{44} 请帖

　喜帖 hai^{44}tʰit^{2}

去食酒 hau^{42}ʃɛi^{51}tsiu^{44} 赴宴

入桌 ȵiat^{5}ʧœ^{2} 入席

上横 ʃiɛŋ^{33}vɛ^{24} 上座

下横 hɔu^{33}vɛ^{24} 下座

出菜 ʧʰat^{2}tsʰɔi^{42} 上菜

敬酒 kɛ^{42}tsiu^{44}

确杯 kʰœ^{2}pai^{51} 碰杯

干杯 kun^{51}pai^{51}

一点钟 at²tin⁴⁴ʧaŋ⁵¹ 喝酒划拳用语，双方指数之和为一

两家好 lieŋ²¹kɔu⁵¹hɔ⁴⁴ 喝酒划拳用语，双方指数之和为二

三大点 suɔn⁵¹tuɔi³³tin⁴⁴ 喝酒划拳用语，双方指数之和为三

四发财 sai⁴²fuɔt²tsʰuɔi²⁴ 喝酒划拳用语，双方指数之和为四

五福来 m̩²¹fak²lui²⁴ 喝酒划拳用语，双方指数之和为五

六就六 lak⁵tsʰiu³³lak⁵ 喝酒划拳用语，双方指数之和为六

六畜 lak⁵ʧʰak² 喝酒划拳用语，双方指数之和为六

礼拜日 lai²¹puɔi⁴²ȵiat⁵ 喝酒划拳用语，双方指数之和为七

八骑马 puɔt²kʰai²⁴mɔu²¹ 喝酒划拳用语，双方指数之和为八

几几来 kiu⁴⁴kai⁴⁴lui²⁴ 喝酒划拳用语，双方指数之和为九

开了渠 hɔi⁵¹liau²¹kai²¹ 喝酒划拳用语，双方指数之和为十

派烟 pʰuɔi⁴²in⁵¹ 发烟，敬烟

写信 sɛi⁴⁴san⁴²

寄信 kai⁴²san⁴²

寄工夫 kai⁴²kaŋ⁵¹fu⁵¹ 寄包裹

抲电话 kuat²tin³³vɔu³³ 打电话

□人 vɔ⁴⁴ȵian²⁴ 打招呼

打招呼 tɔu⁴⁴ʧiau⁵¹fu⁵¹

理闲事 lai²¹huɔn²⁴ʃi³³ 管闲事

充当大头狗 ʧʰaŋ⁵¹tœ⁵¹tuɔi³³tiu²⁴kau⁴⁴ 充好汉

食空饭 ʃɛi⁵¹kʰaŋ⁵¹fuɔn³³ 吃空饷

帮手 pœ⁵¹ʃiu⁴⁴ 帮忙

帮倒忙 pœ⁵¹tɔ⁴²mœ²⁴

照顾 ʧiau⁴²ku⁴²

虾⁼生人 hɔu⁵¹ʃɛ⁵¹ȵian²⁴ 欺生

撩事生非 liau²⁴ʃi³³ʃɛ⁵¹fai⁵¹

惹事 ȵiɛi²¹ʃi³³

生是非 ʃɛ⁵¹ʃi³³fai⁵¹ 挑拨

生是生非 ʃɛ⁵¹ʃi³³ʃɛ⁵¹fai⁵¹ 造谣

造谣 ʧʰɔ⁴²iau²⁴

捉弄 ʧak²laŋ³³

得罪 tai²¹tsʰɔi³³

报仇 pɔ⁴²ʧʰiu²⁴

同情 taŋ²⁴tsʰɛ²⁴

讲义气 kœ⁴⁴ȵi³³hai⁴²

有情义 iu²⁴tsʰɛ²⁴ȵi³³

感谢 kun⁴⁴tsʰɛi³³

讲对不起 kœ⁴⁴tɔi⁴²m̩²⁴hai⁴⁴ 道歉

认错 ȵian³³tsʰɔu⁴²

唔啱板 m̩²⁴ŋuɔn⁴⁴puɔn⁴⁴ 不和：渠鲁⁼～

死对头 sai⁴⁴tui⁴²tiu²⁴ ①渠鲁⁼系～；②仇家，冤家

冤家 yn⁵¹kɔu⁵¹

无亲无故 mɔ²⁴tsʰan⁵¹mɔ²⁴ku⁴² 非亲非故

蚀底 ʃit⁵ta⁴⁴ 吃亏

出面 ʧʰat²min³³

做主 tsau⁴²ʧy⁴⁴

摆平 puɔi⁴⁴pɛ²⁴

纵容 tsaŋ⁴²iaŋ²⁴ 袒护

问 man³³

应 ɛ⁵¹ 回答：我□[vɔ⁴⁴]啸你几久，都冇～

答话 tuɔt²vɔu³³ 回答

插嘴 ʧʰuɔt²tsui⁴⁴

多口 tɔu^{51}hau^{44} 多嘴

多嘴 tɔu^{51}tsɔi^{44}

学口学舌 hœ^{5}hau^{44}hœ^{5}ʃit^{5} 学舌

商量 ʃiɛŋ^{51}liɛŋ^{24}

懊颈 ɔ^{42}kɛ^{44} 抬杠

顶颈 tɛ^{44}kɛ^{44} 顶嘴

打赌 tɔu^{44}tau^{44}

发誓 fuɔt^{2}ʃa^{42}

争论 ʧɛ^{51}lan^{33}

扢仗 kuat^{2}ʧiɛŋ^{42} 打仗

大声喝 tuɔi^{33}ʃɛ^{51}huɔt^{2} 呵斥

咒语 ʧiu^{42}y^{21} 诅咒

取笑 tsʰɔi^{44}siau^{42} 耻笑

笑话 siau^{42}vɔu^{33}

□苦 vɛi^{44}fu^{44} 挖苦

啰唆 lɔu^{24}sɔu^{51} 叨唠

交代 kɔ^{51}tui^{33} 嘱咐

夸 kʰuɔu^{51} 夸奖

批评 pʰa^{51}pɛ^{24}

安慰 vun^{51}vai^{33}

吓 hɛ^{2} 吓唬

□ ȵiœ^{42} 纠缠：俵渠～一晏

乱讲 lyn^{33}kœ^{44} 胡说

屙□ ɔu^{51}nan^{51}

屙烂肚 ɔu^{51}luɔn^{33}tau^{21}

讲蠢话 kœ^{44}ʧʰan^{44}vɔu^{33} 说粗话

死牛烂蠢 sai^{44}ȵiu^{24}luɔn^{33}ʧʰan^{44}

讲下流话 kœ^{44}hɔu^{21}liu^{24}vɔu^{33}

讲笑话 kœ^{44}siau^{42}vɔu^{33}

唔作声 m̩^{24}tsau^{42}ʃɛ^{51} 不作声

讲唔得定 kœ^{44} m̩^{24}tai^{21}tɛ^{33} 说不准

投诉 tiu^{24}sau^{42}

撩 liau^{24} 逗：～细崽耍

扮事 puɔn^{33}ʃi^{33} 做作

摆架子 puɔi^{44}kɔu^{42}tsɿ^{44}

大方 tuɔi^{33}fœ^{51} ①摆阔；②不小气

诈傻 ʧɔu^{42}ʃɔu^{24} 装傻

假□ kɔu^{44}mau^{33} 假装：～唔知得

面子 min^{33}tsɿ^{44}

胆细恐事 tuɔn^{44}sa^{42}faŋ^{44}ʃi^{33} 胆小怕事

鬼恐恶人 kuai^{44}fœ^{44}œ^{2}ȵian^{24} 连鬼都怕坏人

出洋相 ʧʰat^{2}iɛŋ^{24}siɛŋ^{42}

丢家 tiu^{51}kɔu^{51} 丢人

衰家门 sɔi^{51}kɔu^{51}man^{24}

衰面子 sɔi^{51}min^{33}tsɿ^{44}

望得起 miɛŋ^{33}tai^{21}hai^{44} 看得起

望唔得起 miɛŋ^{33} m̩^{24}tai^{21}hai^{44} 看不起

衰□ sɔi^{51}ȵia^{51} 看不起人家

应承 ɛ^{51}ʃɛ^{24} 答应

唔应承 m̩^{24}ɛ^{51}ʃɛ^{24} 不答应

唔该 m̩^{24}kɔi^{51} 多谢，劳驾

石蛤塘话 ʃɛi^{51}kyt^{2}tœ^{24}vɔu^{33} 石蛤塘本地话

俹子话 ŋa^{42}tsɿ^{44}vɔu^{33} 客家话

客家话 kʰɛ^{2}kɔu^{51}vɔu^{33}

四会声 sai^{42}vai^{33}ʃɛ^{51} 连南、连州等地的一类方言，属于粤方言，与广州话有显著区别

瑶崽话 iau^{24}tsa^{44}vɔu^{33} 瑶语

阿□声 a^{33}pi^{44}ʃɛ^{51} 属于连州市连州镇农村的一种土话，与石蛤塘土话关系较为密切

鸟你□閪 tiau^{44}ni^{21}ta^{33}hai^{51} 詈语

两头蛇 liɛŋ^{21}tiu^{24}ʃɛi^{24} 詈语

豺狗 sa^{24}kau^{44} 色鬼，詈语

撼家铲 huɔn^{33}kɔu^{51}ʧ^{h}œn^{44} 詈语

野杂种 iɛi^{21}ʦ^{h}uɔt^{5}ʧaŋ^{44} 詈语

粪箕□ pan^{42}kai^{51}k^{h}at^{5} 原指小孩夭折之后用畚箕装出去埋葬，并用畚箕倒扣在坟墓之上，詈语

婊子崽 piau^{44}tsɿ^{44}tsa^{44} 婊子养的，詈语

烂支⁼屄 luɔn^{33}ʧi^{51}pit^{2} 詈语

雷公劈你 lɔi^{24}kaŋ^{51}p^{h}ai^{21}ni^{21} 被雷劈的，詈语

钝刀斩 tan^{33}tɔ^{51}ʧuɔn^{44} 詈语

十九 商业交通

生意 ʃɛ^{51}ai^{42}

做生意 tsau^{42}ʃɛ^{51}ai^{42}

开铺头 hɔi^{51}p^{h}au^{42}tiu^{24} 开铺子

铺面 p^{h}au^{42}min^{33} 店的门面

摆档 puɔi^{44}tœ^{42} 摆摊子

饭店崽 fuɔn^{33}tin^{42}tsa^{44} 小饭馆

茶馆 ʧ^{h}ɔu^{24}kun^{44}

布店 pau^{42}tin^{42}

百货公司 pɛ^{2}fɔu^{42}kaŋ^{51}sɿ^{51} 百货店

供销社 kaŋ^{51}siau^{51}ʃɛi^{21}

杂货铺 ʦ^{h}uɔt^{5}fɔu^{42}p^{h}au^{42}

油盐店 iu^{24}in^{24}tin^{42}

钱庄 ʦ^{h}in^{24}ʧœ^{51}

米埠 ma^{21}pau^{33} 旧时的米铺

粮所 liɛŋ^{24}sɔu^{44} 粮店

讨米 t^{h}ɔ^{44}ma^{21} 买米

卖米 muɔi^{33}ma^{21}

光瓦铺 kuœ^{51}ŋɔu^{21}p^{h}au^{42} 瓷器店

银铺 ŋan^{24}p^{h}au^{42} 金店，旧时加工买卖金银首饰的店铺

剃头铺 t^{h}a^{42}tiu^{24}p^{h}au^{42} 理发店

车衣铺 ʧ^{h}ɛi^{51}ai^{51}p^{h}au^{42} 裁缝店

猪肉铺 tɔi^{51}ȵiak^{5}p^{h}au^{42} 肉铺

老举铺 lɔ^{21}kɔi^{44}p^{h}au^{42} 妓院，旧时妓女卖淫的地方

　老举行 lɔ^{21}kɔi^{44}hœ^{24}

当铺 tœ^{42}p^{h}au^{42}

加工厂 kɔu^{51}kaŋ^{51}ʧ^{h}œ^{44} 作坊

榨油厂 ʧɔu^{42}iu^{24}ʧ^{h}œ^{44} 榨油坊

染布厂 ȵin^{21}pau^{42}ʧ^{h}œ^{44} 旧时的染坊

租屋 tsau^{51}ak^{2} 租房子

出租 ʧ^{h}at^{2}tsau^{51}

租金 tsau^{51}kan^{51}

开张 hɔi^{51}ʧiɛŋ^{51}

停业 tɛ^{24}nit^{5}

盘点 pun^{24}tin^{44}

柜台 k^{h}uai^{33}tui^{24}

假货 kɔu^{44}fɔu^{42}

水货 ʃy^{44}fɔu^{42}

黑货 hiɛk$^{?}$ʃɔu$^{4?}$

价钱 kɔu^{42}ʦ^{h}in^{24}

开价 hɔi^{51}kɔu^{42}

讲价 kœ^{44}kɔu^{42} 讨价还价

　还价 vuɔn^{24}kɔu^{42}

加价 kɔu^{51}kɔu^{42} 涨价

　起价 hai^{44}kɔu^{42}

降价 kœ^{42}kɔu^{42}

讨 t^{h}ɔ^{44} 买

卖 muɔi^{33}

有平宜 mɔ^{21}pɛ^{24}ȵi^{24} 不便宜

公道 kaŋ^{51}tɔ^{33}

包 pɔ^{51} 包圆儿，剩下的全买了

找数 ʧɔ^{44}ʃau^{42} 找钱

悭huɔn51①省：～五文；②节俭

请人tsʰɛ44ȵian24雇：～人做工夫

凑钱tsʰau42tsʰin24

争ʧɛ51差：～五角十文

押金vuɔt2kan51

账房ʧiɛŋ42fœ24

算账syn42ʧiɛŋ42

收入ʃiu51ȵiat5

花钱fɔu51tsʰin24开销

欠数kʰyn42ʃau42欠账

赊数ʃɛi51ʃau42赊账

追数ʧy51ʃau42要账

抵押ta44vuɔt2抵账

赖账luɔi42ʧiɛŋ42

存钱tsʰan24tsʰin24存款

　存银纸tsʰan24ŋan24ʧi44

利息lai33sai21

高利贷kɔ51lai33tuɔi33

借债tsɛi42ʧuɔi42

孭债mɛ51ʧuɔi42欠债

还债vuɔn24ʧuɔi42

债主ʧuɔi42ʧy44

欠条kʰyn42tiau24借据，借条

立字据lat5sɿ33kɔi42

写欠条sɛi44kʰyn42tiau24立字据

铜钱taŋ24tsʰin24铜板儿

光洋kuœ51iɛŋ24银圆

袁大头yn24tuɔi33tiu24指一种银圆

粮票liɛŋ24pʰiau42

布票pau42pʰiau42

家底kɔu51ta44

遗产vai24ʧʰuɔn44

扢算盘kuat2syn42pun24打算盘

厘戥lai24tɛ44戥子

磅pœ33磅秤

定盘tɛ33pun24秤盘

秤星ʧʰɛ42sɛ51

秤梗ʧʰɛ42kuɛ44秤杆

秤钩ʧʰɛ42ŋɛu51

秤砣ʧʰɛ42tɔu24秤锤

头纽tiu24nɔ21第一条秤纽，秤杆上手提的条状物，多用绳子等做成

二纽ȵi33nɔ21第二条秤纽，秤杆上手提的条状物，多用绳子等做成

先sin51用杆秤称重时秤尾高

慢muɔn33用杆秤称重时秤尾低

过秤ku42ʧʰɛ42

够秤kau42ʧʰɛ42

车ʧʰɛi51

汽车hai42ʧʰɛi51

火车fɔu44ʧʰɛi51

客车kʰɛ2ʧʰɛi51指汽车

　班车puɔn51ʧʰɛi51

货车fɔu42ʧʰɛi51

小车siau44ʧʰɛi51轿车

吉普车kat2pʰau44ʧʰɛi51

摩托车mɔu44tʰœ2ʧʰɛi51

三轮车suɔn51lan24ʧʰɛi51

黄包车vœ24pɔ51ʧʰɛi51人力车，旧时一种用人拉的车，主要用来载人

手推车ʃiu44tʰɔi51ʧʰɛi51两轮小板车，人力拉或推，用于运货

高轮车kɔ51lan24ʧʰɛi51两轮小板车

车轮ʧʰɛi51lan24

搭车 tuɔt^{2}tʃ^{h}εi^{51} 乘车

搭顺风车 tuɔt^{2}ʃan^{33}faŋ^{51}tʃ^{h}εi^{51} 搭便车

车票 tʃ^{h}εi^{51}p^{h}iau^{42}

开车 hɔi^{51}tʃ^{h}εi^{51}

船 ʃyn^{24}

帆布 fuɔn^{24}pau^{42}

篷 paŋ^{24}

船杆 ʃyn^{24}kun^{51} 桅杆

舵 tɔu^{21}

桨 tsiεŋ^{44}

撑船篙 tʃ^{h}ε^{51}ʃyn^{24}k^{h}ɔ^{51} 船篙

跳板 t^{h}iau^{42}puɔn^{44} 供上下船用木板

帆船 fuɔn^{24}ʃyn^{24}

艇崽 tε^{21}tsa^{44} 小船

渔船 ȵy^{24}ʃyn^{24}

轮船 lan^{24}ʃyn^{24}

坐船 ts^{h}ɔu^{21}ʃyn^{24} 乘船

　搭船 tuɔt^{2}ʃyn^{24}

过渡 ku^{42}tau^{33} 过摆渡，坐船过河

木排 mak^{5}puɔi^{24}

竹排 tʃak^{2}puɔi^{24}

放排 fœ^{42}puɔi^{24}

公路 kaŋ^{51}lau^{33}

铁路 t^{h}it^{2}lau^{33}

大路 tuɔi^{33}lau^{33}

小路 siau^{44}lau^{33}

山路 ʃuɔn^{51}lau^{33}

水路 ʃy^{44}lau^{33}

岔路口 tʃ^{h}ɔu^{51}lau^{33}hau^{44}

转弯 tyn^{42}vuɔn^{51}

行错路 hε^{24}ts^{h}ɔu^{42}lau^{33} 走错路

标记 piau^{51}kai^{42} 茅标，旧时帮助认路的一种标记

路基 lau^{33}kai^{51} 公路和铁路的基础

路口 lau^{33}hau^{44}

死巷 sai^{44}hœ^{33}

巷崽 hœ^{33}tsa^{44} 小巷

人行道 ȵian^{24}hε^{24}t^{h}ɔ^{42} 街道边不露天的行人过道

桥 k^{h}iau^{24}

木桥 mak^{5}k^{h}iau^{24}

石拱桥 ʃεi^{51}kaŋ^{44}k^{h}iau^{24}

桥墩 k^{h}iau^{24}tan^{51}

桥窿 k^{h}iau^{24}laŋ^{51} 桥眼

渡口 tau^{33}hau^{44}

码头 mɔu^{21}tiu^{24}

二十　文化教育

小学 siau^{44}hœ^{5}

中学 tʃaŋ^{51}hœ^{5}

大学 tuɔi^{33}hœ^{5}

先生 sin^{51}ʃε^{51} 私塾先生

老师 lɔ^{21}sɿ^{51} 教员

教书 kɔ^{42}ʃy^{51}

拜师傅 puɔi^{42}sɿ^{51}fu^{33} 拜师

学生 hœ^{5}ʃε^{51}

同学 taŋ^{24}hœ^{5}

上堂 ʃiεŋ^{21}tœ^{24} ①上学，去上课；②上课

下堂 hœ^{33}tœ^{24} 下课

唔读书 m̩^{24}tak^{5}ʃy^{51} 逃学

迟到 tʃ^{h}i^{24}tɔ^{42}

迟来 tʃ^{h}i^{24}lui^{24}

罚徛 fuɔt^{5}k^{h}ai^{21} 罚站

留堂 liu^{24}tœ^{24}

放假 fœ^{42}kɔu^{42} 指学生的寒暑假

寒假 hun^{24}kɔu^{42}

暑假 ʃy^{44}kɔu^{42}

农忙假 naŋ^{24}mœ^{24}kɔu^{42}

讲台 kœ^{44}tui^{24}

书桌 ʃy^{51}ʧœ^{2} 课桌

教鞭 kɔ^{42}pin^{51}

戒尺 kuɔi^{42}ʧ^{h}ai^{21}

粉板 fan^{44}puɔn^{44} 黑板

粉笔 fan^{44}pat^{2}

古书 ku^{44}ʃy^{51} 古籍

书 ʃy^{51} ①书籍；②课本

望书 miɛŋ^{33}ʃy^{51} 看书

纸 ʧi^{44} 纸张

白纸 pɛt^{2}ʧi^{44}

红纸 haŋ^{24}ʧi^{44} ①红纸；②红包

草稿纸 ts^{h}ɔ^{44}kɔ^{44}ʧi^{44}

字典 sɿ^{33}tin^{44}

笔盒 pat^{2}hut^{5} 文具盒

笔 pat^{2}

胶擦 kɔ^{51}ts^{h}uɔt^{2} 橡皮

笔刨 pat^{2}pɔ^{24} 卷笔刀，削铅笔的工具

蜡笔 luɔt^{5}pat^{2}

十二色笔 ʃat^{5}ȵi^{33}ʃai^{21}pat^{2} 蜡笔

笔套 pat^{24}t^{h}ɔ^{42} 笔帽，保护笔头的套儿

笔筒 pat^{2}taŋ^{24}

磨墨 mɔu^{24}miɛk^{5} 研墨

墨水 miɛk^{5}ʃy^{44} 墨汁，毛笔用的

掭笔 tin^{24}pat^{2}

化水 fɔu^{42}ʃy^{44} 洇，墨落在纸上向四外散开或渗透

钢笔水 kœ^{42}pat^{2}ʃy^{44} 钢笔用的墨水儿

圆规 yn^{24}k^{h}uai^{51}

三角板 suɔn^{51}kœ^{2}puɔn^{44}

蜡纸 luɔt^{5}ʧi^{44}

糨糊 ʧiɛŋ^{51}vu^{24}

揿钉 k^{h}yn^{33}tɛ^{51} 图钉

订书机 tɛ^{42}ʃy^{44}kai^{51}

读书人 tak^{5}ʃy^{51}ȵian^{24}

认得字 ȵian^{33}tai^{21}sɿ^{33} 识字

认唔得字 ȵian^{33}m̩^{24}tai^{21}sɿ^{33} 不识字

唔认得字 m̩^{24}ȵian^{33}tai^{21}sɿ^{33}

扫矇 sɔ^{42}maŋ^{24} 扫盲

背书 pai^{33}ʃy^{51}

默读 miɛk^{5}tak^{5}

写字 sɛi^{44}sɿ^{33}

正笔书 ʧɛ^{42}pat^{2}ʃy^{51} 楷书

□笔字 niau^{44}pat^{2}sɿ^{33} 草书

作弊 tsœ^{2}pai^{42}

食鸡春 ʃɛi^{51}ka^{51}ʧ^{h}an^{51} 零分

第一名 tai^{33}at^{2}mɛ^{24} 头名

尾名 mai^{21}mɛ^{24} 末名

白字 pɛ^{5}sɿ^{33} 错别字

潦草 liau^{44}ts^{h}ɔ^{44}

点 tin^{44}

横 vɛ^{24}

竖 ʃy^{33}

撇 p^{h}it^{2}

捺 luɔi^{51}

钩 ŋɛu^{51}

偏旁 p^{h}in^{51}pœ^{24}

加 kɔu^{51}

减 kuɔn^{44}

乘 ʃɛ^{24}

除 tʃʰy^{24}

口算 hau^{44}syn^{42}

毕业 pat^{2}nit^{5}

文凭 van^{24}pɛ^{24}

二十一　文体活动

好要 hɔ^{44}ʃɔu^{42} 好玩

唔好要 m̩^{24}hɔ^{44}ʃɔu^{42} 不好玩

冇好要 mɔ^{21}hɔ^{44}ʃɔu^{42}

画 vɔu^{33}

画画 vɛ^{5}vɔu^{33} 画画

唱山歌 tʃʰiɛŋ^{42}ʃuɔn^{51}kɔu^{51}

公崽 kaŋ^{51}tsa^{44}ʃy^{51} 小人儿

影相 ɛ^{44}siɛŋ^{42} 照相

照片 tʃiau^{42}pʰin^{42}

煮□□ tʃy^{44}paŋ^{33}kʰœ^{44} 过家家

骑膊头马 kʰai^{24}pœ^{2}tiu^{24}mɔu^{21} 小孩子骑在大人肩膀上

打□□ tɔu^{44}laŋ^{42}tsʰɔi^{42} 猜拳游戏，石头剪刀布

拈阄 nin^{51}kɛu^{51} 抓阄

蠄蟧钻地 kʰan^{24}lau^{24}tsyn^{42}tai^{33} 陀螺

搞蠄蟧钻地 kɔ^{44}kʰan^{24}lau^{24}tsyn^{42}tai^{33} 抽陀螺

辘铁圈 lak^{2}tʰit^{2}kʰyn^{51} 滚铁环，用铁线做一个圈，再做一个带长柄的铁钩子，推着这个铁线圈滚着走

猫公搦老鼠 mɔ^{42}kaŋ^{51}nɛ^{5}lɔ^{21}ʃy^{44} 藏老蒙，寻找预先藏在某个角落的同伴

鹞婆搦鸡崽 iau^{33}pɔu^{24}nɛ^{5}ka^{51}tsa^{44} 老鹰抓小鸡

踢燕子 tʰai^{21}in^{42}tsɿ^{44} 踢毽儿

跌石子 tit^{2}ʃɛi^{51}tsɿ^{44} 抓子儿，几个小石或其他，扔其一，做规定动作后接住

皮箭 pai^{24}tsin^{42} 弹弓

打水撇 tɔu^{44}ʃy^{44}pʰit^{2} 打水漂儿，在水面上掷瓦片

跳飞机 tʰiau^{42}fai^{51}kai^{51} 跳房子

估崽 ku^{44}tsa^{44} 谜语

赌钱 tau^{44}tsʰin^{24} 赌博

牌九 puɔi^{24}kiu^{44}

麻雀 mɔu^{24}tsiɛk^{2} 麻将

跌色子 tit^{2}ʃai^{21}tsɿ^{44} 掷色子

押宝 vuɔt^{2}pɔ^{44}

和牌 vɔu^{24}puɔi^{24}

射纸炮 ʃɛi^{33}tʃi^{44}pʰɔ^{42} 放鞭炮

象棋 tsʰiɛŋ^{42}kʰai^{24}

棋盘 kʰai^{24}pun^{24}

棋 kʰai^{24} 棋子

和棋 vɔu^{24}kʰai^{24}

将 tsiɛŋ^{51} 帅

仕 sɿ^{33}

象 tsʰiɛŋ^{42} 相

车 kɔi^{51}

炮 pʰɔ^{42}

卒 tsat^{2} 兵

督卒 tak^{2}tsat^{2} 拱卒

飞象 fai^{51}tsʰiɛŋ^{42}

上马 ʃiɛŋ^{21}mɔu^{21} 跳马

将军 tsiɛŋ^{51}kuan^{51}

输 ʃy^{51} ～棋

一崽 at^{2}tsa^{44} 扑克牌里的A

钩崽 ŋɛu^{51}tsa^{44} 扑克牌里的J

女崽 ȵy^{21}tsa^{44} 扑克牌里的Q

王崽 vœ^{24}tsa^{44} 扑克牌里的K

大鬼 tuɔi^{33}kuai^{44} 扑克牌里的大鬼

小鬼 siau^{44}kuai^{44} 扑克牌里的小鬼

黑桃 hiɛk^{2}tɔ^{24} 扑克牌里的黑桃

红桃 haŋ^{24}tɔ^{24} 扑克牌里的红桃

梅花 mai^{24}fɔu^{51} 扑克牌里的梅花

介砖 kuɔi^{42}ʧyn^{51} 扑克牌的方块

搉索 mɛ^{42}ʃœ^{2} 拔河

游水 iu^{24}ʃy^{44}

浸下水 tsan^{42}hɔu^{21}ʃy^{44} 潜水

扢球 kuat^{2}kʰiu^{24} 打球

有本事 iu^{21}pan^{44}ʃi^{33} 有功夫

　有底功 iu^{21}ta^{44}kaŋ^{51}

扢拳 kuat^{2}kʰyn^{24} 打拳

扫脚功 sɔ^{42}kiɛk^{2}kaŋ^{51} 扫堂腿

摔跤 ʃuɔi^{51}kɔ^{51} 指儿童游戏

反跟斗 fuɔn^{44}kan^{51}tau^{44} 翻跟头

踩高脚 ʧʰuɔi^{44}kɔ^{51}kiɛk^{2} 踩高跷

倒种 tɔ^{42}ʧaŋ^{42} 倒立

吹口哨 ʧʰy^{51}hau^{44}ʃɔ^{42}

弹手指 tuɔn^{33}ʃiu^{44}ʧi^{44} 打响指

跳舞 tʰiau^{42}vu^{21}

舞龙 mau^{21}laŋ^{24} 舞龙灯

吊千秋 tiau^{42}tsʰin^{51}tsʰiu^{51} 打秋千

扒龙船 pɔu^{24}laŋ^{24}ʃyn^{24} 划龙舟

舞马骝 mau^{21}mɔu^{21}liu^{24} 耍猴

电影 tin^{33}ɛ^{44}

大戏 tuɔi^{33}kʰai^{42} 大型戏曲

戏院 kʰai^{42}yn^{33}

戏台 kʰai^{42}tui^{24} 搭在室外露天的舞台

戏班子 kʰai^{42}puɔn^{51}tsɿ^{44}

唱戏佬 ʧʰiɛŋ^{42}kʰai^{42}lɔ^{44} 戏子

唱戏 ʧʰiɛŋ^{42}kʰai^{42}

望戏 miɛŋ^{33}kʰai^{42} 看戏

　望表演 miɛŋ^{33}piau^{44}in^{44}

木头戏 mak^{5}tiu^{24}kʰai^{42} 木偶戏

木头公崽 mak^{5}tiu^{24}kaŋ^{51}tsa^{44} 木偶

粤剧 yt^{5}kʰai^{51}

采茶戏 tsʰɔi^{44}ʧʰɔu^{24}kʰai^{42}

唱春牛 ʧʰiɛŋ^{42}ʧʰan^{51}ȵiu^{24} 当地早期的一种曲艺，已基本失传

锣 lɔu^{24}

敲锣 kʰɔ^{51}lɔu^{24}

鼓 ku^{44}

扢鼓 kuat^{2}ku^{44} 打鼓

扢腰鼓 kuat^{2}iau^{51}ku^{44} 打腰鼓

　扢瑶胞鼓 kuat^{2}iau^{24}pɔ^{51}ku^{44}

□ ʧʰa^{24} 镲

□ ʧʰin^{24} 钹

□硬$^{=}$ ȵi^{44}ŋɛ^{33} 二胡

拉二胡 luɔi^{51}ȵi^{33}vu^{24}

　拉□硬$^{=}$ luɔi^{51}ȵi^{44}ŋɛ^{33}

喇叭 pa^{33}pa^{33}

□□ ti^{44}ta^{33} 唢呐

号 hɔ^{33}

牛角号 ȵiu^{24}kœ^{2}hɔ^{33}

银鸡 ŋan^{24}ka^{51} 哨子

吹银鸡 ʧʰy^{51}ŋan^{24}ka^{51} 吹哨子

　吹鸡 ʧʰy^{51}ka^{51}

　吹□□ ʧʰy^{51}fɛ^{44}fɛ^{44}

铅球 yn^{24}kʰiu^{24}

□铅球 mɛ^{5}yn^{24}kʰiu^{24} 掷铅球

足球 tsak^{2}kʰiu^{24}

踢足球 tʰai^{21}tsak^{2}kʰiu^{24}

篮球 luɔn^{24}kʰiu^{24}

排球 puɔi^{24}kʰiu^{24}

乒乓球 pʰin^{44}pʰaŋ^{44}kʰiu^{24}

乒乓球拍 pʰin^{44}pʰaŋ^{44}kʰiu^{24}pʰɛ

二十二　动作

□ ŋɔ^{24} 摇：～头

点 tin^{44} ～头

仰 ŋœ^{21} ①抬：～头；②仰：～头

低 ta^{51} ～头

□ ŋak^{5} 磕：～头

望转头 miɛŋ^{33}tyn^{42}tiu^{24} 回头

□ kʰuat^{5} 瞪：～眼

打眼色 tɔu^{44}ŋuɔn^{21}ʃai^{21} 递眼色

打眼拐 tɔu^{44}ŋuɔn^{21}kua^{44}

望 miɛŋ^{33} ①见：我～过渠；②看：～人、物：你去～下儿，渠转来冇；③看：～戏；④看望：～朋友、亲戚等；⑤盼望：～渠转来

望倒 miɛŋ^{33}tɔ^{44} 看见，见过：老牛唔系平时间我鲁⁼～个普通牛

偷望 tʰau^{51}miɛŋ^{33} 偷看

皱眉头 ʧiu^{42}mai^{24}tiu^{24}

听得懂 tʰɛ^{51}tai^{21}taŋ^{44}

听唔得懂 tʰɛ^{51}m̩^{24}tai^{21}taŋ^{44} 听不懂

听倒 tʰɛ^{51}tɔ^{44} 听见：～枪声

鼓 ku^{44} 噘：～嘴

□ lan^{51} 啃：狗～狗骨——相杀

撩舌 liau^{44}ʃit^{5} 吐舌头

嘣 ʃœt^{2} 大口用力啜，连喝带吃

□ kʰiau^{33} 叼：～烟

吹 ʧʰy^{51} ～灯

□气 hœ^{42}hai^{42} 哈气

□□鬼叫 vi^{44}vɔ^{44}kuai^{44}kiau^{42} 大喊大叫

笑 siau^{42}

出眼水 ʧʰat^{2}ŋuɔn^{21}ʃy^{44} 流泪

做鬼样子 tsau^{42}kuai^{44}iɛŋ^{33}tsɿ^{44} 做鬼脸

掖 iɛk^{5} 招：～手

放手 fœ^{42}ʃiu^{44} 撒手，松手

啷手 ȵiak^{2}ʃiu^{44} 动手：一年到尾个大节细节所有个厨房都系渠搞掂个，冇需我鲁⁼～

握手 ŋak^{5}ʃiu^{44}

做手势 tsau^{42}ʃiu^{44}ʃa^{42}

拍手 pʰɛ^{2}ʃiu^{44}

拍巴掌 pʰɛ^{2}pɔu^{51}ʧiɛŋ^{44}

扁⁼手 pin^{44}ʃiu^{44} 背着手儿

□ van^{21} 叉着手儿，双手交叉在胸前

搬 pun^{51} ①将两张枱桌～转来；②迁移：～新屋

放 fœ^{42} 书～行枱桌

放稳 fœ^{42}van^{44} 放着

撑 ʧʰɛ^{44} ①打：～雨遮；②举：～红旗

织 ʧai^{21} 打：～冷衫

搦 nɛ^{5} ①抓：狐狸冇～倒，惹倒一身臊；②逮捕

抓 ʧɔu^{51} ①～一把米；②攥：～拳头

□ pʰut^{2} 扇：～扇

扢 kuat^{2} ①打：～得渠赢；②打：～篮球；③扇：～渠一耳光

箍 kʰu^{51} 用双手的虎口掐

拉 luɔi^{51} ①～平板车；②扯：李明～稳小王唔俵渠转屋

□ aŋ^{44} 推：桌上放紧一碗水，小心[唔好]～倒

揭 kʰit^{2} ～盖

先$^{=}$sin^{51}掀：～被

　反 fuɔn^{44}

搣 mɛ^{42}拔：渠将渠头上个金钗～下来

折 ʃit^{5}摘：我鲁$^{=}$又去～滴野果崽来食

□ nɛn^{51}用手指撮细碎的东西

□ luɔt^{2}搂：～柴火

□ tɛ^{51}①掷：～石头；②砸：□[ȵiɔu^{44}]石头～蛇

□ fɛn^{21}甩：两边有人□[ȵiɔu^{44}]倒绳来～

拍 pʰɛ^{2}撣掉衣服上的灰尘

㨘 sit^{2}掖：将纸条从门缝里～进去

□ vɛi^{44}掏：～工夫

装 ʧœ^{51}～工夫

夹 kʰit^{5}～行腋下

揞 an^{51}捂：□[ȵiɔu^{44}]手～眼睛

拦 luɔn^{24}

□ kʰiau^{33}①用手指抠；②撬：～门

敲 kʰɔ^{51}当夜啊渠轻轻啊～开牛郎屋路$^{=}$个门

□ paŋ^{44}撖，即从一端或一侧托起重物

刮 kuɔt^{2}划：～火柴

窒 tsat^{2}塞住

捋 lyt^{5}～衫袖

捆住 kʰuan^{44}ʧʰy^{33}

揪 tsʰiu^{51}勒：俵索～死㗎

□ kʰuɛ^{42}挂：墙头～倒一幅图画

黐 ʧʰi^{51}黏

刣 tʰœ^{51}宰杀：临今好多人冇养猪了，所以就唔～猪了

破 pʰɔu^{42}剖：～鱼

撩 liau^{44}掏：～耳朵

针 ʧan^{51}缝：～被

剢 tak^{2}扎：□[ȵiɔu^{44}]针来～

挑 tʰiau^{51}①□[ȵiɔu^{44}]针来～刺；②刻：～图章

卷 kyn^{44}绕：～毛线

遮 ʧɛ^{51}关：将门～转

顶 tɛ^{44}□[ȵiɔu^{44}]木棍～住门

撑 ʧʰɛ^{51}～船

垫 tin^{33}□[ȵiɔu^{44}]砖～高滴□[nai^{51}]

领 lɛ^{21}～工夫

□ nan^{51}胳肢，在别人身上抓挠，使发痒

做 tsau^{42}

整 ʧɛ^{44}做：你试下儿渠～个点心□[tsieŋ^{24}]走

到 tɔ^{42}到：我系前年～个北京

跟 kan^{51}跟随：渠走得紧来紧快，我都～唔上了

徛稳 kʰai^{21}van^{44}站住

跍紧 kʰau^{24}kan^{44}蹲着

跪 kʰuai^{44}

过河 ku^{42}hɔ^{24}涉：～水

踢 tʰai^{21}～渠一脚

屌 fui^{42}踢：细崽～被

顿 tan^{42}跺：～脚

□ nɛn^{42}踮：～脚

跷脚 kʰiau^{33}kiɛk^{2}跷腿

梗倒 kuɛ^{44}tɔ^{44}跌倒

滑倒 vit^{5}tɔ^{44}滑倒

□ kʰuɛ^{42}绊：俵索～倒

凭 pieŋ^{33}靠：～行墙头

□ mɔu^{42}蹭：～痒

闪开 ʃin^{44}hɔi^{51}

　走行开 tsau^{44}hɛ^{24}hɔi^{51}

跌 tit^{2}掉：老鼠～下风箱——两头受罪

浮 fau^{24}～起来

沉 tʃʰan^{24}

冲 tʃʰaŋ^{51} ～水落来

□ tsʰuɔn^{33} 溅

□ pʰau^{51} 溢：汤～出来

族⁼tsʰak^{5} 呛：饭～了气管

呛 tsʰiɛŋ^{42} ～鼻

熝 lak^{5} 烫：俵开水～了

□ nuɔt^{2} 烫：俵火～

辘 lak^{2} 轧：鸡俵车～死嗬

屏稳 pɛ^{42}van^{44} 藏好：工夫～

撞倒 tʃʰœ^{42}tɔ^{44} 遇到

藤⁼tiɛŋ^{24} 寻找：我～过渠几多轮

藤⁼倒了 tiɛŋ^{24}tɔ^{44}lɛ 找着了

剩 ʃɛ^{33} ～一滴□[nai^{51}]剩一点儿

□ lɔ^{44} 搅拌：放嗬糖爱～匀

箅 pai^{42} 煮干饭时把米汤过滤掉

腌 it^{2} ～咸菜

摎 lɔ^{51} ①～咸菜；②混：～在一起

戙 taŋ^{42} 竖：将床板～起来

窝 vɔu^{51} 凹：～下去

突 tat^{5} 凸：～出来

懂得 taŋ^{44}tai^{21} 懂了

睬 tsʰɔi^{44} 理睬

估 ku^{44} 估量，猜测

猜 tʃʰuɔi^{51}

主张 tʃy^{44}tʃiɛŋ^{51}

怀疑 vɔi^{24}ȵi^{24} 心存疑虑

唔讲 m̩^{24}kœ^{44} 隐瞒

瞒住 mun^{24}tʃʰy^{33}

冇预到 mɔ^{21}y^{42}tɔ^{42} 没料到

粗心 tsʰau^{51}san^{51}

惊 kɛ^{51} 恐惧

吓倒 hɛ^{2}tɔ^{44} 吓着了

为难 vai^{24}nuɔn^{24} 几～

贼紧 tsʰiɛk^{5}kan^{44} 着急

紧张 kan^{44}tʃiɛŋ^{51}

挂紧 kuɔu^{42}kan^{44} 挂念

操心 tsʰɔ^{51}san^{51}

放心 fœ^{42}san^{51}

忘记 mœ^{24}kai^{42}

谂起来 nan^{44}hai^{44}lui^{24} 想起来了

回忆 vai^{24}ai^{42}

厌 in^{42}

嫌弃 hin^{24}hai^{42}

怨 yn^{42} 抱怨

教惯 kɔ^{42}kuɔn^{42} 娇惯

迁就 tsʰin^{51}tsʰiu^{33} 迁就

忍 ȵian^{44} 忍耐

恨心 han^{33}san^{51} 恨

羡慕 sin^{33}mau^{33}

怄气 au^{42}hai^{42} 闹别扭；生闷气

焗气 kʰak^{5}hai^{42} 憋气，有委屈或烦恼而不能发泄

发性 fuɔt^{2}sɛ^{42} 发脾气，赌气

出气 tʃʰat^{2}hai^{42}

珍惜 tʃan^{51}sai^{21} 爱惜：～工夫

愿 ȵyn^{33} 愿意：渠真系～讲唔～讲

情愿 tsʰɛ^{24}ȵyn^{33}

甘心 kuɔn^{51}san^{51}

系[唔系]hai^{33}mai^{33} 是不是：香倒呛鼻头，～

□得 mɛ^{51}tai^{21} 不是：我鲁⁼读书都还可以啰，～话好调皮个人

唔□ m̩^{24}mɛ^{51} 不是：～几相信

二十三　位置

底 ta^{44} 底下：床～劈柴——撞床板

地泥 tai^{33}na^{24} ①地，与“天”相对；②地上：跌行地泥，□[kiɛŋ^{42}]子都冇藤⁼倒；③地下：埋在～

床底下 ʧ^{h}œ^{24}ta^{44}hɔu^{21}

边舷 pin^{51}hin^{24} ①器物的边缘；②周围

正面 ʧɛ^{42}min^{33}

反面 fuɔn^{44}min^{33} ①反面；④翻脸

正前面 ʧɛ^{42}ts^{h}in^{24}min^{33} 正前

附近 fu^{42}k^{h}an^{21}

东 taŋ^{51}

西 sai^{51}

南 nuɔn^{24}

北 piɛk^{2}

东南 taŋ^{51}nuɔn^{24}

东北 taŋ^{51}piɛk^{2}

西北 sai^{51}piɛk^{2}

西南 sai^{51}nuɔn^{24}

上□ ʃiɛŋ^{33}k^{h}yt^{5} 上游

下□ hɔu^{33}k^{h}yt^{5} 下游

山上 ʃuɔn^{51}ʃiɛŋ^{33}

墙头 ts^{h}iɛŋ^{24}tiu^{24}

门头 man^{24}tiu^{24}

桌面 ʧœ^{2}min^{33}

床面 ʧ^{h}œ^{24}min^{33} 床上

门外 man^{24}ŋui^{33}

山前 ʃuɔn^{51}ts^{h}in^{24}

山后 ʃuɔn^{51}hau^{42}

屋前 ak^{2}ts^{h}in^{24}

屋后 ak^{2}hau^{42}

路边 lau^{33}pin^{51}

寨头 ʧ^{h}uɔi^{33}tiu^{24} 村头

寨尾 ʧ^{h}uɔi^{33}mai^{21} 村尾

二十四　代词等

我个 ŋɔ^{21}kɔ^{42} 我的：□□[ti^{33}][tɛ^{24}]系～

你个 ni^{21}kɔ^{42} 你的：□□[ti^{33}][tɛ^{24}]系～

渠个 kai^{21}kɔ^{42} 他的：□□[ti^{33}][tɛ^{24}]系～

□ ti^{33} 这

□ kat^{2} 那，也有人说“个 kɔ^{33}”

□□ ti^{33}tɛ^{24} 这些

□□ kat^{2}tɛ^{24} 那些

□□ pi^{51}tɛ^{24} 哪些

□子办 kiɛŋ^{42}tsɿ^{44}puɔn^{33} 怎么办

二十五　形容词

足够 tsak^{2}kau^{42} 足

缺乏 k^{h}yt^{2}fuɔt^{5} 缺

□ lan^{21} 满：水好～

空 haŋ^{51}

生 ʃɛ^{51}

熟 ʃak^{5}

肥腻 fai^{24}nai^{42} 油腻：菜太过～

脆 ts^{h}ɔi^{42} 饼干好～

□使 k^{h}an^{51}ʃa^{44} 耐用

嫩 nan^{33} 菜好～

光□□ kuœ^{51}vɛ^{21}vɛ^{21} 亮堂堂

笪 ts^{h}ɛi^{42} 倾斜：墙有滴～

伶伶俐俐 lɛ^{24}lɛ^{24}lai^{33}lai^{33} 干干净净

齐 ts^{h}a^{24} 整齐

乱 lyn^{33} 凌乱

光滑 kuœ^{51}vit^{5}

粗糙 tsʰau^{51}tsʰɔ^{42}

均匀 kuan^{51}ian^{24} 匀称

冷静 lɛ^{21}tsʰɛ^{33}

有钱 iu^{21}tsʰin^{24}

清楚 tsʰɛ^{51}ʧʰɔu^{44}

唔清楚 m̩^{24}tsʰɛ^{51}ʧʰɔu^{44} 模糊

黑墨 hiɛk^{2}miɛk^{5} 漆黑

黑墨墨 hiɛk^{2}miɛk^{5}miɛk^{5} 黑乎乎

好红 hɔ^{44}haŋ^{24} 通红

红通通 haŋ^{24}tʰaŋ^{51}tʰaŋ^{51}

天蓝 tʰin^{51}luɔn^{24}

青 tsʰɛ^{51} 绿

绿□□ lak^{5}ŋɔ^{51}ŋɔ^{51} 绿油油

雪白 syt^{2}pɛ^{5}

白花花 pɛ^{5}fɔu^{51}fɔu^{51}

黄贡⁼贡⁼ vœ^{24}kaŋ^{42}kaŋ^{42} 黄澄澄

饱 pɔ^{44}

浓 ȵiaŋ^{24} 茶～

香喷喷 hiɛŋ^{51}pʰan^{42}pʰan^{42}

臭□□ ʧʰiu^{42}pʰɛ^{51}pʰɛ^{51} 臭熏熏

酸□□ syn^{51}taŋ^{51}taŋ^{51} 酸溜溜

结⁼ kit^{2} 涩：柿崽不够成熟，好～

臊 sɔ^{51} 臭尿～

晟眼 ʧʰɛ^{24}ŋuɔn^{21} 刺眼：光线～

嘈耳 ʧʰɔ^{24}ȵi^{21} 吵闹，刺耳：声音～

嘈头耳窟 ʧʰɔ^{24}tiu^{24}ȵi^{21}fat^{2} 形容非常吵闹

抛 pʰɔ^{51} 颠：路唔平，坐车觉得～

影⁼脚 ɛ^{44}kiɛk^{2} 硌脚

高大 kɔ^{51}tuɔi^{33} 渠好～

牛高马大 ȵiu^{24}kɔ^{51}mɔu^{21}tuɔi^{33} 高大

矮细 vɔi^{44}sa^{42} 矮小：渠长得好～

矮□□ vɔi^{44}pʰɛ^{42}pʰɛ^{42} 矮墩墩：渠长得好～

三豚牛屎 suɔn^{51}tak^{2}ȵiu^{24}ʃi^{44} 比喻身材矮小

靓崽 lɛ^{42}tsa^{44} 帅

开心 hɔi^{51}san^{51} 心情舒畅

过瘾 ku^{42}ian^{21} 痛快

冇好意思 mɔ^{21}hɔ^{44}ai^{42}sɿ^{42} 惭愧

燥火 tsʰɔ^{42}fɔu^{44}

　烦躁 fuɔn^{24}tsʰɔ^{42}

安心 vun^{51}san^{51}

大胆 tuɔi^{33}tuɔn^{44}

胆大 tuɔn^{44}tuɔi^{33}

软弱 ȵyn^{44}ȵiɛk^{5}

慌张 fœ^{51}ʧiɛŋ^{51}

规矩 kʰuai^{51}kɔi^{44}

得意 tai^{21}ai^{42} 可爱：细崽好～

做得 tsau^{42}tai^{21} 能干

冇用 mɔ^{21}iaŋ^{33} 无能

犀利 sa^{51}lai^{33} 厉害

拼命 pʰɛ^{42}mɛ^{33} 拼搏

懒死 luɔn^{21}sai^{44} 懒得很

聪明 tsʰaŋ^{51}mɛ^{24}

蠢 ʧʰan^{44}

笨死啰 pan^{42}sai^{44}lɔ^{33} 笨极了

□□□ ŋœ^{2}tœ^{42}tœ^{42} 呆头呆脑

糊涂 vu^{24}tau^{24}

　乌龙 vu^{51}laŋ^{24}

癫 tin^{51} 傻帽

厚面皮 hau^{21}min^{33}pai^{24} 脸皮厚

面皮薄 min^{33}pai^{24}pœ^{5} 脸皮薄

善良 ʃin^{21}liɛŋ^{24}

邪恶 tsʰɛi^{24}œ^{2}

奸 kuɔn^{51} 狡诈

恶毒 œ^{2}tak^{5} 残酷

横古冷□ vɛ^{24}ku^{44}lɛ^{21}k^{h}ɛ^{42} 蛮横

缺德 k^{h}yt^{2}tɛ^{2}

无聊 vu^{24}liau^{24}

贱格 ʦ^{h}in^{33}kɛ^{2} 下贱

下流 hɔu^{33}liu^{24}

正格 ʧɛ^{51}kɛ^{2} 正经

姣 hɔ^{24} 指女人轻佻、风骚

孤寒 ku^{51}hun^{24} 吝啬

叻 liɛk^{5} 棒：讲得到，做得到，几～

好叻 hɔ^{44}liɛk^{5} 很棒：□ [ti^{33}] 穧细崽～

泼辣 p^{h}ut^{2}luɔt^{5}

开朗 hɔi^{51}lœ^{44}

乐观 lœ^{5}kun^{51}

紧 kan^{55} ①忙：渠几～，～倒连食饭都冇记熟；②着急：你望渠几～，～倒连面都红了

清闲 ʦ^{h}ɛ^{51}huɔn^{24}

□□ mɔu^{44}sɔu^{44} 磨蹭：渠咁～个，做□□ [pi^{51} man^{24}] 哩

好彩 hɔ^{44}ʦ^{h}ui^{44} ①好运；②幸亏：～我冇去

衰 sɔi^{51} ①倒霉：抬轿跌倒——齐家衰；②坏：～人

方便 fœ^{51}pin^{33}

麻烦 mɔu^{24}fuɔn^{24}

奇怪 k^{h}ai^{24}kuɔi^{42}

少见 ʃiau^{44}kin^{42} 稀罕

少有 ʃiau^{44}iu^{21}

平常 pɛ^{24}ʃiɛŋ^{24}

可惜 k^{h}ɔu^{44}sai^{21}

难 nuɔn^{24} 苦难

唔对路 m̩^{24}tɔi^{42}lau^{33} 不对路：跟尾塘个主人觉得有□ [miu^{44}] ～

紧要 kan^{44}iau^{42} 要紧：唔～

像样 ʦ^{h}iɛŋ^{21}iɛŋ^{33} 地道

二十六　虚词

行 hɛ^{24} ①在：书放～枱桌；渠两人徛～一□ [p^{h}œ^{42}]；②从：渠～书包□ [ȵiɔu^{44}] 出一条锁匙来

俵 piau^{42} ①给：你将单车借～我坐几日；②被：我个笔～渠丢嘞了；帽～风吹走嘞；③让：[唔好] ～渠知得

同 taŋ^{24} ①为：渠～别人做嘞好多工夫；②给：趁渠冇行屋，你～渠送去；③跟：我～你一齐去；□ [ti^{33}] 穧佬做工～别人冇一样；④和：我～渠都系连南人

摎 lɔ^{51} ①替：你～我讨包烟；②为：渠～别人做嘞好多工夫；③向：渠～我借过书；④跟：老王～老张一样高；⑤和：我～渠都唔系广东人

摎埋 lɔ^{51}muɔi^{24} 连同，以及：比如清明节啊、五月节啊、七月十四啊、八月十五啊、过年啊～二十赖⁼拜⁼

加埋 kɔu^{51}muɔi^{24} 连同：～渠十人

过 ku^{42} ①超过：我高～渠；②副词，较为：□ [ȵiɔu^{44}] 毛笔写字～慢；③助词，过：我食～兔崽肉，你食过冇

□ ȵiɔu^{44} ①用：～毛笔写字过慢；②把：～门闩转来

将 ʦiɛŋ^{51} 渠～枱桌抹倒伶伶俐俐

阵⁼ ʧ^{h}an^{33} 任，由：卖唔卖～你，讨唔讨～我

阵⁼有 ʧ^{h}an^{33}iu^{21} 还有：～两人冇来

趁 ʧ^{h}an^{42} ～渠不在

连 lin^{24} 重倒～我都□[ȵiɔu^{44}]唔嘞

[唔好]讨 mɔ^{44}tʰɔ^{44} 不要：～□[ȵia^{51}]个

　□讨 mai^{51}tʰɔ^{44}

　唔讨 m̩^{24}tʰɔ^{44}

冇 mɔ^{21} 没：～，我～食牵

一路 at^{2}lau^{33} 肚～痛

　一直 at^{2}ʧʰai^{51}

即脚⁼tsai^{21}kiɛk^{2} 即刻，马上

□ tsiɛŋ^{24} ①刚：我～到，还冇食饭；②正：冇长冇短～合适；③才：爱几多～够；④再：食嘞夜～转去

□ tiɛŋ^{24} 才：柿崽熟了～好食

好得 hɔ^{44}tai^{21} 幸亏：～我冇去

贼⁼得 tsʰiɛk^{5}tai^{21} 只能：～自己慢慢转学堂啰

好像 hɔ^{44}tsʰiɛŋ^{21}

唔当 m̩^{24}tœ^{42} 不如：三穧女人婆，～一穧□[la^{21}]屎叔

临今 lan^{24}kan^{51} 已经：我个崽～考上人学了

都系 tau^{51}hai^{33} ①都是：我也姓王，我两都系姓王；②还是：～你饮得

另外 lɛ^{33}ŋui^{33}

个 kɔ^{42} 的：我～笔丢嘞

得 tai^{21} ①得，连接可能补语：我食～三碗饭了；②得，连接情态补语：渠比我食得多，做得也多

倒 tɔ^{44} ①着：床眠～一穧人；②得，连接情态补语：渠行路行～好快

一齐 at^{2}tsʰa^{24} 一块儿：每次诶我鲁⁼都系摎两三穧人～去读书个

　一下 at^{2}hɔu^{33}

紧 kan^{44} 着：外面落～雨

了 lɛi^{33} 只鸡死嘞～

啰 lɔ^{33} 了：我五点半就起身～

嘞 kau^{51} ①了：渠梗⁼烂～一□[kau^{21}]杯；②了：几穧人都走～

还系 han^{33}hai^{33} 还是

好话 hɔ^{44}vɔu^{33} 难道：～爱我去

然后 in^{24}hau^{42}

　然之后 in^{24}ʧi^{51}hau^{42}

么 mɔ^{44} 吗：你闲时间食烟～？

咩 mɛ^{44} 吗

啦 la^{33}

哩 lɛ^{44} 呢：做□[pi^{51}]□[man^{24}]～？

诶 ɛ^{44} 呢：所以～

呢 nɛ^{44} 你～？

啊 a^{33} 渠～，好犀利个！

呀 ia^{33} 下次～

羊⁼iɛŋ^{24}/娘⁼ȵiɛŋ^{24}：水滚嘞羊⁼？

呣 m̩^{21} 嗯

二十七　量词

块 kʰuɔi^{42} 一～田

坜 lai^{51} 畦：一～菜地

□ pak^{5} 团：一～泥

皮 pai^{24} 块：一～砖

间 kuɔn^{51} ①一～屋子；②一～铺

渡 tau^{33} 座：一～桥

将⁼tsiɛŋ^{51} 口：一～池塘

扇 ʃin^{42} 一～门

埲 paŋ^{33} 堵：一～墙

穧 tsʰa^{33} ①个：一～人；②个：一～箱子；③口：一～井，一～铁锅；④只：一～碗

班 puɔn^{51} 伙：一～人

帮 pœ^{51}：一～人

家 kɔu^{51} 一～人家

只 ʧai^{21} ① 一 ～ 牛， 一 ～ 狗， 一 ～ 鸡，一～蚊子；②一～眼睛；③一～手；④头：一～猪；⑤尊：一～佛像

窦 tau^{42} ①窝：一～猪崽；②窝：一～蜂

条 tiau^{24} ①一～蛇，一～鱼，一～路；②根：一～索绳子，一～头发

□ ȵiaŋ^{42} 串：一～葡萄

节 tsit^{2} ①截：一～甘蔗；②竹子、甘蔗等的分节：一～甘蔗

片 p^{h}in^{42} 一～西瓜

令 $^{=}$lɛ^{33} 瓣儿：一～柑子

筒 taŋ^{24} 支：一～烟

杯 pai^{51} 一～茶

服 fak^{5} 一～药

抓 ʧɔu^{51} 把：一～米

樽 tsan^{51} 瓶：一～醋

埕 ʧ^{h}ɛ^{24} 坛：一～酒

套 t^{h}ɔ^{42} 一～衣裳

顶 tɛ^{44} 一～帽

床 ʧ^{h}œ^{24} ①条：一～被；②顶：一～蚊帐；③领：一～席

铺 p^{h}au^{51} 张：一～床

张 ʧiɛŋ^{51} ①把：一～椅子，一～锄头； ②张：一～钞票

□ kau^{21} ①只：一～碗；②口：一～铁锅；③个：一～箱子；④个：一～鸡蛋

把 pɔu^{44} ①一～芹菜；②杆：一～秤

眼 ŋuɔn^{21} 盏：一～灯

盏 ʧuɔn^{44} 一～灯

元 yn^{24} 一～钱

文 man^{51}

角 kœ^{2} 一～钱

分 fan^{51} 一～钱

台 tui^{24} 一～戏

封 faŋ^{51} 一～信

刀 tɔ^{51} 一～纸

打 tɔu^{44} 沓：一～纸

串 ʧ^{h}yn^{42} 挂：一～鞭炮

盒 hut^{5} ①一～火柴；②匣子：一～首饰

尺 ʧ^{h}ai^{21} ①拃，大拇指与中指或小指张开的长度；②虎口，大拇指与食指张开的长度

□ vuɔt^{2} 庹，两臂平伸两手伸直的长度

口 hau^{44} ①一～水；②咬一～

身 ʃan^{51} 一～土

㞘 tak^{5} 泡：一～尿

塘 tœ^{24} 滩：一～水

墙 ts^{h}iɛŋ^{24} 一～堆得很整齐的柴

堆 tɔi^{51} 一～堆得不太整齐的柴，一～沙

趟 t^{h}œ^{42} 走一～

次 ts^{h}ɿ^{42}

转 tyn^{42} 回：要一

遍 pin^{42} ①望一～；②次

下 hɔu^{33} 扢一～

刀 tɔ^{51} 砍一～

场 ʧ^{h}iɛŋ^{24} 下一～雨；一～戏；唱一～戏

盘 pun^{24} 下一～棋

圈 k^{h}yn^{51} 扢一～麻将

二十八　拟声词

□□□ k^{h}uɔŋ^{51}k^{h}uɔŋ^{51}k^{h}uɔŋ^{51} 汪汪，狗叫声

□□□ miau^{44}miau^{44}miau^{44} 喵喵，猫叫声

□□ kuak^{2}tak^{5} 母鸡生蛋声

□□ ka^{21}ka^{21}ka^{21} 公鸡报晓声

□□ ȵiu^{24}ma^{42} 黄牛叫声

□□ kuak^{2}kuak^{2}kuak^{2} 大青蛙叫

□□□ ʦit^{2}ʦit^{2}ʦit^{2} 小青蛙叫

□ a^{42} 乌鸦叫声

□□ ʧu^{24}ʧu^{51} 呼鸡的声音

□□ m̩^{51}ŋai^{24} 呼水牛的声音

□□□□ lu^{42}lu^{42}lu^{42}lu^{42} 呼黄牛的声音

□□ mɛ^{42}iɛk^{2} 呼小牛的声音

□□ ɔu^{51}ɔu^{42} 呼狗的声音

□□ ȵiɔu^{24}ȵiɔu^{42} 呼猪的声音

二十九　数字等

零 lɛ^{24}

十一 ʃat^{5}at^{2}

五十五 m̩^{21}ʃat^{5}m̩^{21}

百一 pɛ^{2}at^{2} 一百一十

一百一十一 at^{2}pɛ^{2}at^{2}ʃat^{5}at^{2}

二百五 ȵi^{33}pɛ^{2}m̩^{21} 二百五十

一万一千 at^{2}vuɔn^{33}at^{2}tsʰin^{51}

万五 vuɔn^{33}m̩^{21} 一万五千

一万零一百 at^{2}vuɔn^{33}lɛ^{24}at^{2}pɛ^{2}

一滴□ at^{2}tit^{2}nai^{51} 一点儿，一些：～剩都冇得

滴□ tit^{2}nai^{51} 我鲁⁼爱煮多～饭

一□□ at^{2}min^{44}ȵin^{24} 就剩一□□，食了算啰

有滴 iu^{21}ti^{33} 有点儿有□ iu^{21}min^{44}

有□ iu^{21}na^{42} 有些：～学生崽越读越聪明

好几䅟 hɔ^{44}kai^{44}tsʰa^{33} 好几个：花盆俫人搬走～

十几䅟 ʃat^{5}kai^{44}tsʰa^{33} 十多个

十多䅟 ʃat^{5}tɔu^{51}tsʰa^{33}

百几䅟 pɛ^{2}kai^{44}tsʰa^{33} 一百多个

百多䅟 pɛ^{2}tɔu^{51}tsʰa^{33}

左右 tsɔ^{44}iu^{33} 十䅟～

冇到十䅟 mɔ^{21}tɔ^{42}ʃat^{5}tsʰa^{33} 不到十个

份 fan^{33} 分：十～之一

半䅟 pʰun^{42}tsʰa^{33} 半个

一半 at^{2}pun^{42}

一大半 at^{2}tuɔi^{33}pun^{51}

斤半 kan^{51}pun^{42} 一斤半

斤零 kan^{51}lɛ^{24} 一斤多：～肉

尺几 ʧʰai^{21}kai^{44} 一尺多：～布

□䅟 kɛ^{44}tsʰa^{33} 整个：～寨啊四日鸡冇啼狗冇

第六章 语法

第一节

词　法[①]

一　构词法

（一）指称动物性别的特征语素

石蛤塘土话中，用以指称动物性别的词素有“牯”“公”和“婆”三种。“牯”用以指称雄性畜类动物，如“牛牯、羊牯、猪牯、狗牯”等；“公”用以指称雄性禽类动物，如“鸡公、鸭公”等；“婆”用以指称雌性动物（不论畜类还是禽类），如“牛婆、狗婆、猫婆、猪婆、鸡婆、鸭婆、老虎婆”等。在词序上，“牯”“公”“婆”都采用后附式结构，这一特点与南方诸多方言相同，但与普通话则刚好相反。“公”“牯”在客、粤、赣、湘方言中也可用来指称动物的性别，但“婆”用来指称动物性别一般只见于赣、湘方言。如：

普通话	石蛤塘	梅县	广州	南昌	长沙
公牛	牛牯	牛牯	牛牯/牛公	牛牯	牛牯子/牛公子
母牛	牛婆	牛嫲	牛乸	牛婆	牛婆子
公鸡	鸡公	鸡公	鸡公	鸡公	鸡公子
母鸡	鸡婆	鸡嫲	鸡乸	鸡婆	鸡婆

另外，在石蛤塘土话中，“公”“牯”“婆”还有虚化为词缀的趋势，即这些词素黏附在一些难以区别性别或非动物名词之后时，失去了标识动物性别的作用，如：蚁公（蚂蚁）、虾公（虾）、雷公（雷）、鹞婆（老鹰）、虱婆（虱子）、蛤婆（青蛙）、蟙蠂婆（蟾蜍）、手指婆（大拇指）、山佬牯（山里人）、膝头牯（膝盖）、拳牯（拳头）。

① 本章介绍土话主要的语法特征。“体貌系统”由于主要与动词相关，本书归于“词法”一节。

（二）词缀

石蛤塘土话中的常用词缀可分为前缀和后缀。前缀主要有“老”“阿”，后缀主要有“崽”“佬”“头”。

1. 老[lɔ²¹]：作为亲属称谓词的前缀，与普通话用法大致相同，但一般用来表示背称，如：

老子（父亲）　老娘（母亲）　老公　老婆　老妹（妹妹）　老表（表兄）

2. 阿[a³³]：作为亲属称谓词的前缀，一般带有亲昵的感情色彩。如：

阿爸/阿叔（父亲的面称）	阿母（母亲的面称）	阿太（曾祖父）
阿爹/阿公（祖父）	阿㜷/阿婆（祖母）	阿叔崽（小叔子）
阿哥（哥哥）	阿姐（姐姐）	

客家方言和粤方言中也用“阿”作为称谓词的前缀，但是不局限于亲属称谓。广州话中举凡亲属称谓、姓、名、绰号甚至职务名称前都可加“阿”构成表示称呼的名词，如“阿伯、阿婆、阿生、阿梁、阿宝、阿明、阿厂长”等。在这一点上石蛤塘土话有所不同。

3. 崽[tsa⁴⁴]：作为名词的后缀最为常见，相当于普通话中的“儿”，多表示幼小、体积小等含义，或包含怜惜的感情色彩。如：

竹崽（竹子）	桃崽（桃子）	李崽（李子）	柿崽（柿子）
牛崽（牛犊）	羊崽（羊羔）	猪崽（猪崽）	兔崽（兔子）
生鸡崽（鸡角）	鸡崽（小鸡）	鸭崽（小鸭）	雀崽（鸟儿）
土狗崽（蝼蛄）	蚊崽（蚊子）	埕崽（坛子）	锤崽（钉锤）
伢崽（婴儿）	细崽（小孩）	男崽（男孩）	女崽（女孩）
后生崽（小伙子）	新妇崽（童养媳）	生意崽（生意人）	奴婢崽（婢女）
手指崽（食指）	□[kin⁴⁴]崽（男阴）	肚崽（肚子）	热泡崽（痱子）
手巾崽（手绢儿）	烟崽（烟卷儿）	饭店崽（小饭馆）	艇崽（小船）
刀崽（铅笔刀）	古崽（故事）		

崽，在石蛤塘土话中本意是指“儿子”，读为tsa⁴⁴。《方言》卷十：“子也。湘沅之会，凡言是子者，谓之崽，若东齐言子矣。”《广韵》平声佳韵：“呼彼之称，山佳切，又山皆切。”由此可见，“崽”是从表“儿子”之义引申为表物体幼小之义，然后再进一步虚化为名词后缀的。“崽”作为后缀，在南方赣、湘、粤方言中都有体现，但在粤方言区一般写作“仔”。

普通话用“子”作为后缀的词，在石蛤塘土话中多用单音节词表示。如：

毡（毯子）	被（被子）	镜（镜子）	盘（盘子）
碟（碟子）	罐（罐子）	樽（瓶子）	刨（刨子）

凿（凿子）	钉（钉子）	锯（锯子）	钳（镊子）
索（绳子）	尺（尺子）	梳（梳子）	颈（脖子）
裙（裙子）	裤（裤子）	靴（靴子）	袜（袜子）
帽（帽子）	簪（簪子）	扣（扣子）	笛（笛子）

但也有少数名词接受了普通话“子”缀的构成方式，如：茄子、柑子、橙子、猴子、燕子、筷子、侄子、胡子、麻子、包子、饺子、弹子。

4. 佬[lɔ^{44}]：主要作为社会称谓词的后缀，指成年男子。有的表具有某种生理特征的人，有的表从事某种传统行业的人，略带有轻蔑和鄙视的感情色彩，一般用以背称。如：

番鬼佬（外国人）	单身佬（单身汉）	监房佬（囚犯）
孤寒佬（吝啬鬼）	藤$^{=}$食佬/教化佬（乞丐）	江湖佬（走江湖的）
拐子佬（骗子）	打抢佬（强盗）	打铁佬（铁匠）
裁缝佬（裁缝）	剃头佬（理发员）	劏猪佬（屠户）
厨子佬（厨师）	蹎脚佬（瘸子）	拱背佬（罗锅儿）
聋耳佬（聋子）	哑佬（哑巴）	朦眼佬（瞎子）
蹎手佬（拽子）	光头佬（秃子）	麻子佬（麻子）
崩口佬（豁唇子）	崩牙佬（豁牙子）	六手佬（六指儿）
左手佬（左撇子）	南无佬（道士）	唱戏佬（戏子）

对于从事某种传统行业的人，往往用“师傅”表示相对应的尊称，如：打铁师傅、裁缝师傅、剃头师傅、劏猪师傅、厨子师傅。

5. 头[tiu^{24}]：主要作为时间名词和物体名词的后缀，用法比普通话要广。如：

朝头（清晨）	晏头（中午）	夜头（夜晚）	灶头（灶）
口舌头（舌尖）	膊头（肩膀）	手指头（手指）	鼻头（鼻子）
芋头（芋头）	蒜头（蒜头）	生鸡头（公鸡）	馒头（馒头）
犁头（犁铧）	钵头（钵子）	斧头（斧子）	铁砧头（砧子）
碌头（碌碡）	铺头（铺子）	药头（药渣）	木头（棺材）
枕头（枕头）	裤头（裤衩）	石头（石子）	陂头（拦水坝）

二　数量、方所、指代

（一）数量

石蛤塘土话的系数词是：零[lɛ^{24}]、一[at^{2}]、二[ȵi^{33}]、三[suɔn^{51}]、四[sai^{42}]、五[m̩^{21}]、六[lak^{5}]、七[tsʰat^{2}]、八[puɔt^{2}]、九[kiu^{44}]，常用的位数词是：十[ʃat^{5}]、百[pɛ^{2}]、千[tsʰin^{51}]、万[vuɔn^{33}]，除了读音之外并没有什么特别之处。系数词在“一”有时候可以省略（这种现

象在南方方言中很常见），如：百一[pɛ^{2}at^{2}]一百一十、百儿[pɛ^{2}kai^{44}]一百多、百多[pɛ^{2}tɔu^{51}]一百多、千一[ts^{h}in^{51}at^{2}]、万五[vuɔn^{33}m̩^{21}]。这类数词也可以带上量词，用在句中如：

单脚都踢倒有百儿下，行学校系踢倒最好个单脚踢都可以踢一百多下，在学校是踢得最好的。tuɔn^{51}kiɛk^{2}tau^{51}t^{h}ai^{21}tɔ^{44}iu^{21}pɛ^{2}kai^{44}hɔu^{33}，hɛ^{24}hœ^{5}hɔ^{42}hai^{33}t^{h}ai^{21}tɔ^{44}tsɔi^{42}hɔ^{44}kɔ^{42}.

石蛤塘土话概数的表示方法是，在数词后头加上“儿”[kai^{44}]、“多”[tɔu^{51}]，如“十儿（穧）”[ʃat^{5}kai^{44}（ts^{h}a^{33}）]十多（个）、“百多（只）”[pɛ^{2}tɔu^{51}（ʧai^{21}）]一百多（只）。也可以在数量结构后面加“左右”[tsɔu^{44}iu^{33}]，这与普通话一样。像“冇到十穧”[mɔ^{21}tɔ^{42}ʃat^{5}ts^{h}a^{33}]不到十个，也是概数的一种常用的表达法。

石蛤塘土话最常用的物量词有：

穧[ts^{h}a^{33}]：与普通话的“个”并不完全对应，如：（一）穧（人）、（一）穧（碗）、（一）穧（箱子）、（一）穧（铁锅）、（一）穧（井）。

□[kau^{21}]：与普通话的“个”也不完全对应，如：（一）□[kau^{21}]（碗）、（一）□[kau^{21}]（铁锅）、（一）□[kau^{21}]（箱子）、（一）□[kau^{21}]（鸡蛋）。

只[ʧai^{21}]：与普通话的“只”不完全对应，如：（一）只（牛）、（一）只（狗）、（一）只（猪）、（一）只（鸡）、（一）只（蚊子）、（一）只（佛像）、（一）只（眼睛）、（一）只（手）。

条[tiau^{24}]：与普通话的“条”“根”大致相当，如：（一）条（蛇）、（一）条（鱼）、（一）条（绳子）、（一）条（头发）、（一）条（路）。

张[ʧɪɛŋ^{51}]：与普通话的“张”并不完全对应，如：（一）张（桌子）、（一）张（椅子）、（一）张（刀）、（一）张（锄头）。

石蛤塘土话的不少物量词可以受形容词“细”“大”的修饰，变成形容词性成分，如：细穧[sa^{42}ts^{h}a^{33}]个儿小的、大穧[tuɔi^{33}ts^{h}a^{33}]个儿大的、大条[tuɔi^{33}tiau^{24}]粗的。

广州话、潮州话等南方方言“量＋名”结构可以充当主语，一般是有定的，并不需要指示代词。石蛤塘土话的指示代词是“□”[ti^{33}]这或“□”[kat^{2}]那，有的发音人认同下面的句子：

只鸡死嘞了这/那只鸡死了。ʧai^{21}ka^{51}sai^{44}kau^{51}lɛi^{33}.

对鞋烂嘞了这/那双鞋破了。tɔi^{42}huɔi^{24}luɔn^{33}kau^{51}lɛi^{33}.

有的发音人如廖观所先生则不认同，只说“□[ti^{33}]只鸡死嘞了这只鸡死了”“□[kat^{2}]只鸡死嘞了那只鸡死了”等。

石蛤塘土话最常用的动量词是“趟”[t^{h}œ^{42}]（走一）趟、“次”[ts^{h}ɿ^{42}]（走一）趟、“转”[tyn^{42}]（玩一）回、“遍”[pin^{42}]（看一）遍、“下”[hɔu^{33}]（打一）下，与普通话差别不大。

（二）方所

方所是一个语法范畴，一般认为包括方位和处所，大多需要由方位词构成。方位词属于封闭类词，是可以列举的一类词。一般认为方位词是表示方向和位置的词，如廖秋忠（1989）指出，方位词是一组既能表示方向又能表示位置的体词；郭锐（2002）指出，方位词表示相对位置或方向，所谓“相对位置”，即需要参照物的位置。下面从单纯方位词、合成方位词两大类来看石蛤塘土话的方位词系统。

1．单纯方位词

有“东”[taŋ^{51}]、“西”[sa^{51}]、“南”[nuɔn^{24}]、“北”[piɛk^{2}]、“前”[tsʰin^{24}]、“后”[hau^{42}]、“上”[ʃiɛŋ^{33}]、“下”[hɔu^{21}]、“左”[tsɔu^{44}]、“右”[iu^{33}]、“边”[pin^{51}]、“外”[ŋui^{33}]、“头”[tiu^{24}]、“尾”[mai^{21}]、“面”[min^{33}]面上、“底”[ta^{44}]底下、“顶”[tɛ^{44}]、“背”[pai^{42}]。其中，“头”“尾”“面”“底”“背”“顶”一般不被认为是方位词，储泽祥（2003）把它们视为“准方位标”。下面举例说明。

（1）头、尾：“头”和“尾”基本的方位义是大体相当于“前”和“后”，如“寨头”[ʧʰuɔi^{33}tiu^{24}]、“寨尾”[ʧʰuɔi^{33}mai^{21}]。有时也分别表示“物体的表面”和“物体的末梢”，如下面例句的“墙头”[tsʰiɛŋ^{24}tiu^{24}]、村头[tsʰan^{51}tiu^{24}]：

墙头贴倒一张地图墙上贴着一张地图。tsʰiɛŋ^{24}tiu^{24}tʰit^{2}tɔ^{44}at^{2}ʧiɛŋ^{51}tai^{33}tau^{24}.

金牛星知得了天上个仙女爱下凡，到村头边其实就系村东边山脚下一个湖洗身金牛星得知了天上的仙女会下凡，到村东边山脚下一个湖里洗澡。kan^{51}ȵiu^{24}sɛ^{51}tai^{51}tai^{21}lɛi^{33}tʰin^{51}ʃiɛŋ^{33}kɔ^{42}sin^{51}ȵy^{21}vɔi^{42}hɔu^{21}fuɔn^{24}，tɔ^{42}tsʰan^{51}tiu^{24}pin^{51}kʰai^{24}ʃat^{5}tsʰiu^{33}hai^{33}tsʰan^{51}taŋ^{51}pin^{51}ʃuɔn^{51}kiɛk^{2}hɔu^{33}at^{2}kɔ^{42}vu^{24}sa^{44}ʃan^{51}.

（2）面、底：“面”和“底”所表的方向、位置与今天的普通话大体相当，如“桌面”[ʧœ^{2}min^{33}]、“床面”[ʧʰœ^{24}min^{33}]、“床底”[ʧʰœ^{24}ta^{44}]，这里不再赘言。下面举几个入句的例子：

河面有五百米阔河面有五百米宽（不容易游过去）。hɔu^{24}min^{33}iu^{21}m̩^{21}pɛ^{2}ma^{21}fut^{2}.

石头面上凿倒字石头上刻着字呢。ʃɛi^{51}tiu^{24}min^{33}ʃiɛŋ^{33}tsʰœ^{5}tɔ^{44}sɿ^{33}.

床底劈柴——撞板。ʧʰœ^{24}ta^{44}pʰai^{21}ʃuɔi^{24}—ʧʰœ^{42}puɔn^{44}.

（3）背、顶：身体的脊背，石蛤塘土话说“背”[pai^{42}]或“背脊”[pai^{42}tsai^{21}]，以人体部位作为参照物来确定方位，从而引申为方位词。“背”的方位义是后面，也可以泛指上面，如“屋背”：

狗崽上屋背——冇得路。kau^{44}tsa^{44}ʃiɛŋ^{21}ak^{2}pai^{42}—mɔ^{21}tai^{21}lau^{33}.

“顶”的本义是人头的最上端，在汉语中也引申为物体的最上部。石蛤塘土话中“顶”所表的方向、位置与普通话类似。如：

一般瑶族住行半山、高山顶，所以连南也有“百里瑶山”之称一般来说瑶族住在半山或高山顶，所以连南也有“百里瑶山”之称。at^{2}pun^{51}iau^{24}ts^{h}ak^{5}ʧ^{h}y^{33}hɛ^{24}pun^{42}suɔn^{51}，kɔ^{51}suɔn^{51}tɛ^{44}，sɔu^{44}i^{21}lin^{24}nuɔn^{24} ia^{51}iu^{21} “pɛ^{2}lai^{21}iau^{24}ʃuɔn^{51}” ʧi^{51}ʧ^{h}ɛ^{51}.

屋栋顶ak^{2}taŋ^{42}tɛ^{44}房脊上

2. 合成方位词

“东南”[taŋ^{51}nuɔn^{24}]、“东北”[taŋ^{51}piɛk^{2}]、“西北”[sa^{51}piɛk^{2}]、“西南”[sa^{51}nuɔn^{24}]等合成方位词与普通话相同；方位词加“面”构成的合成方位词如“外面”[ŋui^{33}min^{33}](中派、青派是ŋɔi^{33}min^{33})、“前面”[ts^{h}in^{24}min^{33}]、“后面”[hau^{42}min^{33}]，也与普通话一样，这里不再赘述。比较有特色的合成方位词有“上高”[ʃiɛŋ^{33}kɔ^{51}]上面、“下底”[hɔu^{21}ta^{44}]下面、“辣$^{=}$尾”[luɔt^{5}mai^{21}]末尾（最后面）、“侧边”[ʧɛ^{2}pin^{51}]旁边、“边舷”[pin^{51}hin^{24}]边缘（器物的～）、“背岗$^{=}$”[pai^{42}kœ^{51}]背面，如：

上高有人住上面没住人。ʃiɛŋ^{33}kɔ^{51}mɔ^{21}ȵian^{24}ʧ^{h}y^{33}.

下底有好多农田下面有很多农田。hɔu^{21}ta^{44}iu^{21}hɔ^{55}tɔu^{51}naŋ^{24}tin^{24}.

渠排队排行辣$^{=}$尾他排队排在最后面。kai^{21}puɔi^{24}tɔi^{42}puɔi^{24}hɛ^{24}luɔt^{5}mai^{21}.

渠坐行我侧边他坐在我旁边。kai^{21}ts^{h}ɔu^{21}hɛ^{24}ŋɔ^{21}ʧɛ^{2}pin^{51}.

碗个边舷有□崩缺碗个边缘有个缺口。vun^{44}kɔ^{42}pin^{51}hin^{24}iu^{21}kau^{21}pɛ^{51}k^{h}yt^{2}.

你行前面行，我行背岗$^{=}$行你在前边走，我在后边走。ni^{21} hɛ^{24}ts^{h}in^{24}min^{33}hɛ^{24}，ŋɔ^{21} hɛ^{24}pai^{42} kœ^{51}hɛ^{24}.

石蛤塘土话中最特殊的方位词是“同起”[taŋ^{24}hai^{44}]里面，目前尚未见于其他土话方言点。如：

门开紧，同起冇得人门开着，里面没人。man^{24}hɔi^{51}kan^{44}，taŋ^{24}hai^{44}mɔ^{21}tai^{21}ȵian^{24}.

房同起点倒一眼灯房间里点了一盏灯。fœ^{24}taŋ^{24}hai^{44}tin^{44}tɔ^{44}at^{2}ŋuan^{21}tiɛŋ^{51}.

名词加某些方位词组成的名词短语，用于表示处所，如：山上[ʃuɔn^{51}ʃiɛŋ^{33}]山上、屋前[ak^{2}ts^{h}in^{24}]屋前、屋后[ak^{2}hau^{42}]山后、路边[lau^{33}pin^{51}]路边、脚下[kiɛk^{2}hɔu^{33}]脚下。因为其用法与普通话基本相同，不再赘述。

（三）指代

代词是封闭性的词类，也是方言之间差距最大的词类之一。各地方言的代词系统往往表现异彩纷呈，石蛤塘土话也不例外。

1. 人称代词：三身人称代词有单复数之分，另外还有表示自指、他指和统指三种人称代词。与普通话的对应情况如下：

表6–1　人称代词表

石蛤塘土话	普通话
我[ŋɔ^{21}]	我
你[ni^{21}]	你、您
渠[kai^{21}]	他、她、它
我鲁$^{=}$[ŋɔ^{21}lau^{21}]/我佬[ŋɔ^{21}lɔ^{44}]	我们、咱们
你鲁$^{=}$[ni^{21}lau^{21}]/你佬[ni^{21}lɔ^{44}]	你们
渠鲁$^{=}$[kai^{21}lau^{21}]/渠佬[kai^{21}lɔ^{44}]	他们、她们、它们
别人[p^{h}it^{5}n̥ian^{24}]	别人、人家
大家[tuɔi^{33}kɔu^{51}]	大家
自己[sɿ^{33}kai^{44}]	自己

相比之下，可以看出石蛤塘土话人称代词的一些特点：

（1）第三人称单数说“渠”[kai^{21}]，且和第一、第二人称单数一样同读阳上调，是受第一、第二人称感染的结果。这种第一、第二、第三人称代词读同一调的现象在连州片土话中很常见，其他汉语方言中也有。下面是石蛤塘土话的人称代词单数与连州土话五个方言点的比较（根据张双庆主编2004）：

普通话	石蛤塘	星子	保安	连州	西岸	丰阳
我	我ŋɔ^{21}	幸$^{=}$h ɑ ŋ^{21}	□ha^{33}	我ŋʌu^{24}	□hɐ^{22}	□ha^{21}
你	你ni^{21}	协hɛi^{21}	□hi^{33}	你n̥i^{24}	□həi^{22}	□hɛi^{21}
他	渠kai^{21}	□(佬)h ɑ^{55}(l ɑ u^{55})	渠ki^{33}	渠ki^{24}	渠ke^{22}	渠kɛi^{34}

（2）复数形式用“鲁$^{=}$”[lau^{21}]表示，来源尚不明确。有的发音人也用“佬”[lɔ^{44}]表示，有时甚至还说“你□佬”[ni^{21}na^{42}lɔ^{44}]、“渠□佬”[kai^{21}na^{42}lɔ^{44}]。

（3）第一人称复数没有包括式与排除式之分，不管是否包括听话人，一律说“我鲁$^{=}$”[ŋɔ^{21}lau^{21}]。如：

我鲁$^{=}$系行车站讨车票我们是在车站买车票。ŋɔ^{21}lau^{21}hai^{33}hɛ^{24}ʧ^{h}ɛi^{51}ʧuɔn^{42}t^{h}ɔ^{44}ʧ^{h}ɛi^{51}p^{h}iau^{42}.

我鲁$^{=}$一边行一边讲咱们一边走一边说。ŋɔ^{21}lau^{21}at^{2}pin^{51}hɛ^{24}at^{2}pin^{51} kœ^{44}.

（4）第二人称没有敬称。

另外，和普通话一样，石蛤塘土话的人称代词有“领有格”，只是普通话用“的”，土话用“个”[kɔ^{42}]，如：我个、你个、渠个、我鲁$^{=}$个、你鲁$^{=}$个、渠鲁$^{=}$个、大家个。“个”的这种用法在南方方言中很常见。

2. 指示代词：指示代词只有近指和远指之分。与普通话的对应情况如下：

表6-2　指示代词表

指示内容		石蛤塘土话	普通话
人或事物	近指	□[ti^{33}]	这
	远指	□[kat^{2}]	那
处所	近指	□□[ti^{33}p^{h}œ^{42}] □□[ti^{33}tsa^{44}]	这儿、这里
	远指	□□[kat^{2}p^{h}œ^{42}] □□[kat^{2}ti^{33}]	那儿、那里
性质、状态、方式	近指	咁[k^{h}an^{33}] 咁子[k^{h}an^{33}tsɿ^{44}] 咁□[k^{h}an^{33}tai^{33}]	这样、这么
	远指		那样、那么
程度	近指	咁[k^{h}an^{33}]	这么、这样
	远指		那么、那样
数量	近指	□□[ti^{33}tɛ^{24}]	这些
	远指	□□[kat^{2}tɛ^{24}]	那些

相比之下，有几点需要说明：

（1）指示代词与连州片土话的连州方言点较为接近（参阅张双庆主编2004），大部分来源尚不清楚。

（2）土话中的“□”[ti^{33}]、“□”[kat^{2}]一般不直接修饰名词，需要先与量词或者数量词结合才能修饰名词，如普通话中“这人”，土话说成“□穧人”[ti^{33}ts^{h}a^{33}ȵian^{24}]。

（3）表性质、状态、方式、程度的代词无远指和近指之分，可能是受到粤方言的影响。

如：咁子做工夫连后生崽都顶唔住。这么干活连小伙子都会累坏的。kʰan³³tsɿ⁴⁴tsau⁴²kaŋ⁵¹fu⁵¹lin²⁴hau⁴² ʃɛ⁵¹tsa⁴⁴tau⁵¹tɛ⁴⁴m̩²⁴ʧʰy³³.

□得咁□做，系爱咁□做个。不是那么做，是要这么做的。mai⁵¹tai²¹kʰan³³tai³³tsau⁴²，hai³³vɔi⁴²kʰan³³tai³³tsau⁴²kɔ⁴².

3．疑问代词

与普通话的对应情况如下：

表6–3　疑问代词表

疑问内容	石蛤塘土话	普通话
事物的类属	□□[pi⁵¹man²⁴]	什么
人	□穧[pi⁵¹tsʰa³³]	谁
人或事物	□穧[pi⁵¹tsʰa³³]	哪
处所	□□[pi⁵¹ti³³]	哪儿、哪里
性质、状态、方式	□子[kiɛŋ⁴²tsɿ⁴⁴]/□□[kiɛŋ⁴²tai³³]	怎样，怎么
程度	几[kai⁴⁴]	多
数量	□□[pi⁵¹tɛ²⁴] 几多[kai⁴⁴tɔu⁵¹]	哪些 多少
原因、目的	做□□[tsau⁴²pi⁵¹man²⁴] □子[kiɛŋ⁴²tsɿ⁴⁴]/□□[kiɛŋ⁴²tai³³]	为什么、干什么 怎么

石蛤塘土话的疑问代词用法举例如下：

你行□唱□□你在唱什么？ ni²¹hɛ²⁴ti³³ʧʰiɛŋ⁴²pi⁵¹man²⁴？

□穧□先讲我老师来谁刚才议论我老师来着？ pi⁵¹tsʰa³tsiɛŋ²⁴sin⁵¹kœ⁴⁴ŋɔ²¹lɔ²¹sɿ⁵¹lɔi²⁴？

□穧大，□穧细，你望□穧好这个大，那个小，你看哪个好？ ti³³tsʰa³³tuɔi³³，kat²tsʰa³³sa⁴²，ni²¹miɛŋ³³pi⁵¹tsʰa³³hɔ⁴⁴？

渠行□□食个饭他在哪儿吃的饭？ kai²¹ hɛ²⁴pi⁵¹ti³³ʃɛi⁵¹kɔ⁴²fuɔn³³？

我五点半就起啰，你□子七点还冇起我五点半就起来了，你怎么七点了还不起来？ ŋɔ²¹m̩²¹tin⁴⁴pun⁴² tsʰiu³³hai⁴lɔ³³，ni²¹kiɛŋ⁴²tsɿ⁴⁴tsʰat²tin⁴⁴han³³mɔ²¹hai⁴⁴？

□□工夫系你个那些东西是你的？ pi⁵¹tɛ²⁴kaŋ⁵¹fu⁵¹hai³³ni²¹kɔ⁴²？

爱几多□够要多少才够呢？ vɔi⁴²kai⁴⁴tɔu⁵¹tsiɛŋ²⁴kau²⁴？

你做□□咁迟□来个你为什么这么迟才来？ ni²¹tsau⁴²pi⁵¹man²⁴kʰan³³ʧʰi²⁴tsiɛŋ²⁴lɔi²⁴kɔ²⁴？

□子办啰怎么办呢？ kiɛŋ^{42}tsɿ^{44}puɔn^{33}lɔ^{44}？

几点说明：

（1）和普通话一样，疑问代词一般都有任指和虚指的用法。如：

渠□□都食他什么都吃。kai^{21}pi^{51}man^{24}tau^{51}ʃɛi^{51}.

□穧都知得渠谁都知道他。pi^{51}ts^{h}a^{33}tau^{51}tai^{51}tai^{21}kai^{21}.

渠头先踢嘴我一脚，唔知做□□他刚才踢了我一脚，不知为什么。kai^{21}tiu^{24}sin^{51}t^{h}ai^{21}kau^{51}ŋɔ^{21}at^{2}kiɛk^{2}，m̩^{24}tai^{51}tsau^{42}pi^{51}man^{24}.

（2）疑问代词用于疑问，与指示代词和人称代词在问答上是相配的。相配的代词之间，在语法功能上有一定的共性。

三　性状与程度

（一）形容词重叠和形容词生动式

石蛤塘土话的形容词重叠形式非常简单，单音节形容词重叠式是AA式，数量较少，如：慢慢、好好、快快，可能是普通话中借用的形式。AA式形容词的用法并不特殊，如：

做倒唔好慢慢做做不好慢慢儿做。tsau^{42} tɔ^{44} m̩^{24} hɔ^{44} muɔn^{33} muɔn^{33} tsau^{42}.

唔管□子紧，也爱好好学不管怎么忙，也得好好儿学习。m̩^{24}kun^{44}kiɛŋ^{42}tsɿ^{44}kan^{44}，ia^{51}vɔi^{42}hɔ^{44}hɔ^{44}hœ^{5}.

普通话AA式形容词的语法意义，石蛤塘土话往往是用程度副词加形容词的方式来表达，如：

前面行来一穧儿肥个男细崽前面走来了一个胖胖的小男孩。ts^{h}in^{24}min^{33}hɛ^{24}lɔi^{24}at^{2}ts^{h}a^{33}kai^{44}fai^{24}kɔ^{42}nuɔn^{24}sa^{24}tsa^{44}.

石蛤塘土话的双音节形容词的重叠形式是AABB式，也不常见，如：伶伶俐俐、清清楚楚、冷冷清清。

石蛤塘土话的形容词生动式主要有单音节形容词带重叠词缀（大多无法写出合适的汉字），其作用是使形容词所描写的形状更加生动、形象，如：光□□ kuœ^{51}vɛ^{21}vɛ^{21}（亮堂堂）、黑墨墨 hiɛk^{2}miɛk^{5}miɛk^{5}（黑乎乎）、红通通 haŋ^{24}t^{h}aŋ^{51}t^{h}aŋ^{51}（红通通）、绿□□ lak^{5}ŋɔ^{51}ŋɔ^{51}（绿油油）、白花花 pɛ^{5}fɔu^{51}fɔu^{51}（白花花）、黄贡$^{=}$贡$^{=}$vœ^{24}kaŋ^{42}kaŋ^{42}（黄澄澄）、香喷喷 hiɛŋ^{51}p^{h}an^{42}p^{h}an^{42}（香喷喷）、臭□□ ʧ^{h}iu^{42}p^{h}ɛ^{51}p^{h}ɛ^{51}（臭熏熏）、酸□□ syn^{51}taŋ^{51}taŋ^{51}（酸溜溜）、矮□□ vɔi^{44}p^{h}ɛ^{42}p^{h}ɛ^{42}（矮墩墩）、□□□ ŋœ^{2}tœ^{42}tœ^{42}（呆头呆脑）。另外，双音节形容词的生动式较罕见，还有如：燶糟□□ vɔi^{51}tsɔ^{51}pat^{2}lai^{24}（脏兮兮）。

（二）程度副词：好、几、太过、太

1. 好[hɔ^{44}]：表示程度高，相当于普通话的"很""非常"，使用较为普遍。如：

□件衣裳好大这件衣服很大。ti^{33}k^{h}in^{33}ai^{51}ʃiɛŋ^{24}hɔ^{44}tuɔi^{33}.

今年冬天好冷今年冬天很冷。kan^{51}nin^{24}taŋ^{51}t^{h}in^{51}hɔ^{44}lɛ^{21}.

街上人好多街上人真多。kuɔi^{51}ʃiɛŋ^{33}ȵian^{24}hɔ^{44}tɔu^{51}.

渠行路行得好快他走路走得很快。kai^{21}hɛ^{24}lau^{33}hɛ^{24}tai^{21}hɔ^{44}fɔi^{42}.

渠好熟饮酒他很会喝酒。kai^{21}hɔ^{44}ʃak^{5}an^{44}tsiu^{44}.

2．几[kai^{44}]: 也表示程度高，相当于普通话的"很""非常"，使用较为普遍。如：

河游倒几多鱼崽河里游着好多小鱼。hɔu^{24}iu^{24}tɔ^{44}kai^{44}tɔu^{51}ȵy^{24}tsa^{44}.

渠对人几好他对人可好着呢。kai^{21}tɔi^{42}ȵian^{24}kai^{44}hɔ^{44}.

□本书几好望这本书好看着呢。ti^{33}pan^{44}ʃy^{51}kai^{44}hɔ^{44}miɛŋ^{33}.

3．太过[t^{h}uɔi^{42} ku^{42}]、太[t^{h}uɔi^{42}]：表示程度过头，略带有主观不满的情绪。如：

菜太过咸菜太咸。ts^{h}ɔi^{42}t^{h}uɔi^{42}ku^{42}huɔn^{24}.

□件衣裳太贵这件衣服太贵。ti^{33}k^{h}in^{33}ai^{51}ʃiɛŋ^{24}t^{h}uɔi^{42}kuai^{42}.

渠食酒食得太多他喝太多酒。kai^{21}ʃɛi^{51}tsiu^{44}ʃɛi^{51}tai^{21}t^{h}uɔi^{42}tɔu^{51}.

石蛤塘土话可以用"V到死"表示程度的极致，V是心理动词，如：

渠欢喜到死他高兴极了。kai^{21} fuɔn^{51}hai^{44} tɔ^{42} sai^{44}.

渠对我冇好，我嬲渠到死他对我不好，我恨死他了。kai^{21}tɔi^{42}ŋɔ^{21}mɔ^{21}hɔ^{44}，ŋɔ^{21}nau^{51}kai^{21}tɔ^{42}sai^{44}。

（三）时间、频率副词：啱线、□[tsiɛŋ^{24}]、□[tiɛŋ^{24}]

1．啱线[ŋuɔn^{44}sin^{42}]: 表示刚过去不久的时间，相当于普通话中的"刚刚""刚才"。如：

我啱线到我刚到。ŋɔ^{21}ŋuɔn^{44}sin^{42}tɔ^{42}.

有穧女崽啱线藤⁼你有个女孩子刚才找你。iu^{21}ts^{h}a^{33}ȵy^{21}tsa^{44}ŋuɔn^{44}sin^{42}tiɛŋ^{24}ni^{21}.

"啱线"除可做时间副词外，还可做其他副词，相当于普通话的"刚好""恰好"，意为刚好在那一点上，如：

三千斤禾麦啱线装够一架车三千斤麦子刚好够装一辆车。suɔn^{51}ts^{h}in^{51}kan^{51}vɔu^{24}mɛ^{5}ŋuɔn^{44}ʃin^{42}ʧœ^{51} kau^{42}at^{2} kɔu^{42}ʧ^{h}ɛ^{51}.

2．[tsiɛŋ^{24}]：来源尚不清楚，作为时间副词，主要有三种用法：

（1）表示刚过去不久的时间，可以与"啱线"互用，相当于普通话中的"刚刚""刚才"。如：

我□到，还冇食饭我刚到，还没吃饭。ŋɔ^{21}tsiɛŋ^{24}tɔ^{42}，han^{33}mɔ^{21}ʃɛi^{51}fuɔn^{33}.

（2）表示经历了较长时间，与下面的"□[tiɛŋ^{24}]"用法相同，相当于普通话的"才"。如：

行嘞三日□行到走了整整三天才走到。hɛ^{24}kau^{51}suɔn^{51}ȵiat^{5}tsiɛŋ^{24}hɛ^{24}tɔ^{42}.

（3）表示一个动作的重复或继续，多指未实现的动作，相当于普通话的"再"。如：

敨下儿□走歇一歇再走。t^{h}au^{44}hɔu^{33}ȵi^{51}tsiɛŋ^{24}tsau^{44}.

食嚯夜□转去吃了晚饭再回去。ʃɛi^{51}kau^{51}iɛi^{33}tsiɛŋ^{24}tyn^{42}hau^{42}.

3．□[tiɛŋ^{24}]：来源尚不清楚，显然是tsiɛŋ^{24}的变体（也都可以用tsiɛŋ^{24}），表示经历了很长时间，相当于普通话的“才”。如：

水烧滚□食得水烧开才能喝。ʃy^{44}ʃiau^{51}kuan^{44}tiɛŋ^{24}/tsiɛŋ^{24}ʃɛi^{51}tai^{21}.

等到九点钟□行等到九点钟才走。tiɛŋ^{44}tɔ^{42}kiu^{44}tin^{44}ʧaŋ^{51}tiɛŋ^{24}/tsiɛŋ^{24}hɛ^{24}.

柿崽熟了□好食柿子成熟了才好吃。ʧ^{h}a^{21}tsa^{44}ʃak^{5}lɛi^{33}tiɛŋ^{24}/tsiɛŋ^{24}hɔ^{44}ʃɛi^{51}.

四　介引与关联

（一）介词

石蛤塘土话的介词系统见下表：

表6-4　介词系统

分类		石蛤塘土话的介词	与普通话共有的介词
时间处所	1．所在	行[hɛ^{24}]	
	2．起点	行[hɛ^{24}]、从[ts^{h}aŋ^{24}]	从
	3．方向	向[hiɛŋ^{42}]	
	4．到达	到[tɔ^{42}]	到
	5．经由	行[hc^{24}]	
施受关系	6．被动	俵[piau^{42}]	
	7．处置	□[ȵiɔu^{44}]、将[tsiɛŋ^{51}]	将
与事关系	8．对象	摎[lɔ^{51}]、同[taŋ^{24}]、对[tɔi^{42}]	对
	9．替代	摎[lɔ^{51}]、同[taŋ^{24}]	
	10．共同	摎[lɔ^{51}]、同[taŋ^{24}]	同
	11．比较	比[pai^{44}]	比
	12．除外	除[ʧ^{h}y^{24}]	除
	13．包括强调	连[lin^{24}]	连
方式手段	14．材料工具	□[ȵiɔu^{44}]	
	15．方式依据	照[ʧiau^{42}]、按照[vun^{42}ʧiau^{42}]	照、按照
原因	16．原因	因为[an^{51}vai^{33}]	因为

下面描写石蛤塘土话中几个最为常见而且富有特色的介词：

1．行[hɛ^{24}]：“行”可能只是同音字，来源不详。表示动作行为的处所、起点、时间等，如：

书放行枱面书放在桌子上。ʃy^{51}fœ^{42}hɛ^{24}tɔi^{24}min^{33}.

渠两人徛行一□他俩站在一起。kai^{21}liɛŋ^{21}ȵian^{24}kʰai^{21}hɛ^{24}at^{2}pʰœ^{42}.

行□崽到□□有几远从这儿到那儿有多远？ hɛ^{24}ti^{33}tsa^{44}tɔ^{42}kat^{2}pʰœ^{42}iu^{21}kai^{44}yn^{21}？

渠行书包□出一条锁匙来他从书包里摸出一把钥匙来。kai^{21}hɛ^{24}ʃy^{51}pɔ^{51}ȵiɔu^{44}ʧʰat^{2}at^{2}tiau^{24}sɔu^{44}ʃi^{24}lɔi^{24}.

就行□个时间就在这个时候。tsʰiu^{33}hɛ^{24}ti^{33}kɔ^{42}ʃi^{24}kuɔn^{51}.

表示动作的起点也用“从”，估计是官话影响的结果，如：

我鲁⁼□□□车从南京向□□运工夫我们用什么车从南京往这里运家具呢？ ŋɔ^{21}lau^{21}ȵiɔu^{44}pi^{51}man^{24}ʧʰɛi^{42}tsʰaŋ^{24}nuɔn^{24}kɛ^{51}hiɛŋ^{42}ti^{33}pʰœ^{42}wan^{33}kaŋ^{51}fu^{51}？

2．俵[piau^{42}]：引进动作的施事者，来源于有着“给予”意义的实义动词“俵”，这一虚化过程与普通话的“给”应该属于同一性质。详见下文“被动句”，这里只举例：

帽俵风吹走嘀帽子被风吹走了。mɔ^{33}piau^{42}faŋ^{51}ʧʰy^{51}tsau^{44}kau^{51}.

张明俵坏人抢走一䅋包，人也争□俵扢伤张明被坏人抢走了一个包，人也差点儿被打伤。ʧiɛŋ^{51}mɛ^{24}piau^{42}vɔi^{33}ȵian^{24}tsʰiɛŋ^{44}tsau^{44}at^{2}tsʰa^{33}pɔ^{51}，ȵian^{24}ia^{51} ʧɛ^{51}min^{44}piau^{42}kuat^{2}ʃiɛŋ^{51}.

3．摎[lɔ^{51}]：来源于动词，本义是东西混合在一起。俗语说：“食粥摎汤——个人所爱。”[ʃɛi^{51}ʧak^{2}lɔ^{51}tʰœ^{51}—kɔ^{42}ȵian^{24}sɔu^{44}ŋa^{42}]作为介词，大体相当于普通话的“替”“为”“向”“跟”等，如：

你摎我讨包烟你替我买一包烟。ni^{21}lɔ^{51}ŋɔ^{21}tʰɔ^{44}pɔ^{51}in^{51}.

我摎别人做嘀好多工夫我为别人做了好多事儿。ŋɔ^{21}taŋ^{24}pʰit^{5}ȵian^{24}tsau^{42}kau^{51}hɔ^{44}tɔu^{51}kaŋ^{51}fu^{51}.

渠摎我借过书他向我借过书。kai^{21}lɔ^{51}ŋɔ^{21}tsɛi^{42}ku^{42}ʃy^{51}.

我摎你一下去我跟你一块儿去。ŋɔ^{21}lɔ^{51}ni^{21}at^{2}hɔu^{33}hau^{42}.

老王摎老张一样高老王跟老张一样高。lɔ^{21}vœ^{24}lɔ^{51}lɔ^{21}ʧiɛŋ^{51}at^{2}iɛŋ^{33}kɔ^{51}.

上面例句中，“摎”基本上可以用另一个介词“同”替换，只不过“同”较少使用。“同”可能是从粤、客家方言借用过来的。如：

渠同我借过书他向我借过书。kai^{21}lɔ^{51}ŋɔ^{21}tsɛi^{42}ku^{42}ʃy^{51}.

我同你一下去我跟你一块儿去。ŋɔ^{21}taŋ^{24}ni^{21}at^{2}hɔu^{33}hau^{42}.

4．□[ȵiɔu^{44}]：本义是动词“拿”，来源不明，如“我□得嘞，渠□唔嘞我拿得动，他拿不动。”[ŋɔ^{21}ȵiɔu^{44}tai^{21}ȵiak^{2}，kai^{21}ȵiɔu^{44}m̩^{24}ȵiak^{2}]。“□”[ȵiɔu^{44}]作为介词表处置，比“将”更口语化一些，详见下面“处置句”。“□”[ȵiɔu^{44}]作为介词还可以表示凭借什么材料、工具、方式等，相当于“用”“以”等，如：

□毛笔写字过慢用毛笔写字比较慢。ȵiɔu^{44}mɔ^{24}pat^{2}sɛi^{44}sɿ^{33}ku^{42}muɔn^{33}.

□句话□石蛤塘话□□讲这句话用石蛤塘话怎么说？ ti^{33}kɔi^{42}vɔu^{33}ȵiɔu^{44}ʃɛi^{51}kyt^{2}tœ^{24}vɔu^{33}kiɛŋ^{42}tai^{33}kœ^{44}？

"□"[ȵiɔu^{44}]作为介词还大体相当于"对"，后面的动词限于"当真""冇办法"等少数几个。如：

你□□□都当真个，我望冇必要你拿什么都当真的，我看没必要。ni^{21}ȵiɔu^{44}pi^{51}man^{24}tau^{51}tœ^{42}ʧan^{51}kɔ^{42}，ŋɔ^{21}miɛŋ^{33}mɔ^{21}pit^{2}iau^{42}.

真系□渠冇办法，烦死我啰真拿他没办法，烦死我了。ʧan^{51}hai^{33}ȵiɔu^{44}kai^{21}mɔ^{21}puɔn^{33}fuɔt^{2}，fuɔn^{24}sai^{44}ŋɔ^{21}lɔ^{33}.

石蛤塘土话还有其他一些介词，其词形、用法与普通话基本相同，如：

对我鲁$^{=}$□□哩，就主要系挂纸对我们那里来说，最主要的是上坟。tɔi^{42}ŋɔ^{21}lau^{21}kat^{2}ti^{33}lɛ^{44}，ts^{h}iu^{33}ʧy^{44}iau^{42}hai^{33}kuɔu^{42}ʧi^{44}.

嫁出去个女行□日唔可以行娘家宿夜，因为行娘家宿夜个话，会对渠个家庭唔好嫁出去的女儿在这一天不能在娘家过夜，不然会对她的家庭不好。kɔu^{42}ʧ^{h}at^{2}hau^{42}kɔ^{42}ȵy^{21}hɛ^{24}ti^{33}ȵiat^{5}m̩^{24}k^{h}ɔu^{44}i^{21}hɛ^{24}ȵiɛŋ^{24}kɔu^{51}sak^{2}iɛi^{33}，an^{51}vai^{33}hɛ^{24}ȵiɛŋ^{24}kɔu^{51}sak^{2}iɛi^{33}kɔ^{42}vɔu^{33}，vɔi^{42}tɔi^{42}kai^{21}kɔ^{42}kɔu^{51}tɛ^{24}m̩^{24}hɔ^{44}.

照规定处理（这种事要）按规定处理。ʧiau^{42}k^{h}uai^{51}tɛ^{33}ʧ^{h}y^{44}lai^{21}.

不过我鲁$^{=}$后生个就按照前辈要求过好节日就算啰不过我们后生只是按前辈要求过好节日。pat^{2}ku^{42}ŋɔ^{21}lau^{21}hau^{42}ʃɛ^{51}kɔ^{42}ts^{h}iu^{33}vun^{42}ʧiau^{42}ts^{h}in^{24}pai^{42}iau^{51}k^{h}iu^{24}ku^{42}hɔ^{44}tsit^{2}ȵiat^{5}ts^{h}iu^{33}syn^{42}lɔ^{44}.

因为临今唔使交公粮，食唔了哩，就□去卖，卖倒哩咁就有收入啰因为现在不需交公粮，吃不完，就拿出去卖，这样就有收入了。an^{51}vai^{33}lan^{24}kan^{51}m̩^{24}ʃa^{44}kɔ^{51}kaŋ^{51}liɛŋ^{24}，ʃɛi^{51}m̩^{24}liau^{21}lɛ^{44}，ts^{h}iu^{33}ȵiɔu^{44}hau^{42}muɔi^{33}，muɔi^{33}tɔ^{44}lɛ^{44}k^{h}an^{33}ts^{h}iu^{33}iu^{21}ʃiu^{44}ȵiat^{5}lɔ^{33}.

（二）连词

石蛤塘土话最主要的连词是"摎"，这个词从动词、介词到连词，语法化的路径非常清晰，用于连接两个并列关系的词或短语。如：

青菜摎肉同样贵小菜和猪肉一样贵。ts^{h}ɛ^{51}ts^{h}ɔi^{42}lɔ^{51}ȵiak^{5}taŋ^{24}iɛŋ^{33}kuai^{42}.

老王摎老张一样高老王跟老张一样高。lɔ^{21}vœ^{24}lɔ^{51}lɔ^{21}ʧiɛŋ^{51}at^{2}iɛŋ^{33}kɔ^{51}.

牛郎摎织女哩生啰哩一𥚃男，一𥚃女，两𥚃细崽牛郎和织女生了一男一女，两个小孩儿。ȵiu^{24}lœ^{24}lɔ^{51}ʧai^{21}ȵy^{21}lɛ^{44}ʃɛ^{51}lɔ^{33}lɛ^{44}at^{2}ts^{h}a^{33}nuɔn^{24}，at^{2}ts^{h}a^{33}ȵy^{21}，liɛŋ^{21}ts^{h}a^{33}sa^{24}tsa^{44}.

石蛤塘土话还有一个重要的连词是"还系"，用于选择。如：

你食饭还系食馒头你吃米饭还是吃馒头？ ni^{21}ʃɛi^{51}fuɔn^{33}han^{33}hai^{33}ʃɛi^{51}muɔn^{33}tiu^{24}？

坐紧来食好，还系徛紧来食好坐着吃好，还是站着吃好？ ts^{h}ɔu^{21}kan^{44}lɔi^{24}ʃɛi^{51}hɔ^{44}，han^{33}hai^{33}k^{h}ai^{21}kan^{44}lɔi^{24}ʃɛi^{51}hɔ^{44}？

普通话连词“或者”，石蛤塘土话常常可以省略。如：

食烟饮酒都唔得吸烟或者喝酒都不可以。ʃɛi^{51}in^{51}an^{44}tsiu^{44}tau^{51} m̩^{24}tai^{21}.

口语中也有人用连词“或者”，但是显得比较文气。如：

整糖环哩就爱行年三十晚夜开始，或者系年三十晚夜之前做糖环就得在除夕开始做，或者在除夕之前。tʃɛ^{44}tœ^{24}vuɔn^{24}lɛ^{44}ts^{h}iu^{33}vɔi^{42}hɛ^{24}nin^{24}suɔn^{51}ʃat^{5}muɔn^{21}iɛi^{33}hɔi^{51}tʃ^{h}i^{44}，fɛ^{5}tʃɛi^{44}hai^{33}nin^{24}suɔn^{51}ʃat^{5}muɔn^{21}iɛi^{33}tʃi^{51}ts^{h}in^{24}.

石蛤塘土话用于连接分句的成对的关联词不多，如“系估……就……”（如果……就……）。如：

系估系别人，□件事就办唔得便要是别人，这事儿就办不成。hai^{33}ku^{44}hai^{33}p^{h}it^{5}ȵian^{24}，ti^{33}k^{h}in^{33}ʃi^{33}ts^{h}iu^{33}puɔn^{33} m̩^{24}tai^{21}pin^{42}.

更多的关联词显然是从普通话借用而来的。如：

因为牛郎勤力，心地好，所以诶渠好想帮渠诶成穧家因为牛郎勤劳善良，所以它（指金牛星）想帮牛郎成个家。an^{51}vai^{33}ȵiu^{24}lœ^{24}k^{h}an^{24}lai^{51}，san^{51}tai^{33}hɔ^{44}，sɔu^{44}i^{21}iɛ^{44}kai^{21}hɔ^{44}siɛŋ^{44}pœ^{51}kai^{21}ɛ^{44}ʃɛ^{24}ts^{h}a^{33}kɔu^{51}.

我鲁⁼□穧村个虽然讲唔得山清水秀，但系讲得诶环境还可以我们村虽算不上山清水秀，但是环境还可以。ŋɔ^{21}lau^{33}ti^{33}ts^{h}a^{33}ts^{h}an^{51}kɔ^{42}sɔi^{51}in^{24}kœ^{44} m̩^{24}tai^{21}suɔn^{51}ts^{h}ɛ^{51}ʃy^{44}siu^{42}，tuɔn^{42}hai^{33}kœ^{44}tai^{21}ɛ^{44}vuɔn^{24}kɛ^{42}han^{33}k^{h}ɔu^{44}i^{21}.

五　体貌系统

（一）动词的体

1. 进行体：表示动作行为在进行过程当中，不在乎怎么开始或结束的，主要通过在动词后加标记“紧”[kan^{44}]来表示，相当于普通话谓词性成分之前的“正”“正在”。如：

阿毛望紧电视阿毛正在看电视。a^{33}mɔ^{24}miɛŋ^{33}kan^{44}tin^{33}ʃi^{33}.

渠食紧饭他正在吃饭。kai^{21}ʃɛi^{51}kan^{44}fuɔn^{33}.

外面落紧雨外面正下雨。ŋɔi^{33}min^{33}lœ^{5}kan^{44}y^{21}.

老四哩？渠摎渠一□朋友讲紧话老四呢？他正在跟一个朋友说着话呢。lɔ^{21}sai^{42}lɛ^{44}？ kai^{21}lɔ^{51}kai^{21}at^{2}ts^{h}a^{33}pɛ^{24}iu^{21}kœ^{44}kan^{44}vɔu^{33}.

2. 持续体：表示动作所形成的状态或者动作所留下的状态持续着，主要通过在动词后面加“倒”[tɔ^{44}]来表示，相当于普通话的“着”。如：

门开倒门开着。man^{24}hɔi^{51}tɔ^{44}.

路上停倒一部车路上停着一辆车。lau^{33}ʃiɛŋ^{33}tɛ^{24}tɔ^{44}at^{2}pau^{33}tʃ^{h}ɛi^{51}.

墙头贴倒一张地图墙上贴着一张地图。ts^{h}iɛŋ^{24}tiu^{24}t^{h}it^{2}tɔ^{44}at^{2}tʃiɛŋ^{51}tai^{33}tau^{24}.

石蛤塘土话似乎更常用“紧”来表达持续体，如：

床上眠紧一穧佬家伙人床上躺着一个老人。ʧʰœ^{24}ʃiɛŋ^{33}min^{24}kan^{44}at^{2}tsʰa^{33}lɔ^{21}kɔu^{51}fɔu^{44}.

桌面放紧一碗水，小心[唔好]□倒桌上放着一碗水，小心别碰倒了。ʧœ^{2}min^{33}fœ^{42}kan^{44}at^{2}vun^{44}ʃy^{44}，siau^{44}san^{51}mɔ^{44}aŋ^{44}tɔ^{44}.

门口徛紧一帮人，行□讲□□门口站着一帮人，在说着什么。man^{24}hau^{44}kʰai^{21}kan^{44}at^{2}pœ^{51}ȵian^{24}，hɛ^{24}ti^{33}kœ^{44}pi^{51}man^{24}.

风一□一□咁吹紧。风一阵一阵地刮着。faŋ^{51}at^{2}tsiau^{42}at^{2}tsiau^{42}kʰan^{33}ʧʰy^{51}kan^{44}.

下面这两句话分别用“倒”和“紧”，是等义句，如：

门口徛紧三穧人门口站着三个人。man^{24}hau^{44}kʰai^{21}kan^{44}suɔn^{51}tsʰa^{33}ȵian^{24}.

门口徛倒三穧人门口站着三个人。man^{24}hau^{44}kʰai^{21}tɔ^{44}suɔn^{51}tsʰa^{33} ȵian^{24}.

3．完成体：表示动作或事态变化的完成，用“嘞”[kau^{51}]来标记，大致相当于普通话的“了 1”。如：

我食嘞一碗饭我吃了一碗饭。ŋɔ^{21}ʃɛi^{51}kau^{51}at^{2}vun^{44}fuɔn^{33}.

渠讨嘞一条鲤鱼他买了一条鲤鱼。kai^{21}tʰɔ^{44}kau^{51}at^{2}tiau^{24}lai^{21}ȵy^{24}.

行嘞三日□行到（那儿很远，）走了三天才走到。hɛ^{24}kau^{51}suɔn^{51}ȵiat^{5}tsiɛŋ^{24}hɛ^{24}tɔ^{42}.

我摎别人做嘞好多工夫我替别人做了很多事。ŋɔ^{21}lɔ^{51}pʰit^{5}ȵian^{24}tsau^{42}kau^{51}hɔ^{44}tɔu^{51}kaŋ^{51}fu^{51}.

有时候也用“牵”[hin^{51}]来表示，如：

老师俵牵你一本好厚个书，系[唔系]老师给了你一本很厚的书吧？ lɔ^{21}sɿ^{51}piau^{42}hin^{42}ni^{21}at^{2}pan^{44} hɔ^{44}hau^{21}kɔ^{42}ʃy^{51}，haɪ^{33}maɪ^{33}？

先遍就讨牵一本书，今日爱讨多几本上次只买了一本书，今天要多买几本。sin^{51}pin^{42}tsʰiu^{33}tʰɔ^{44}hin^{51} at^{2}pan^{44}ʃy^{51}，kan^{51}ȵiat^{5}vɔi^{42}tʰɔ^{44}tɔu^{51}kai^{44}pan^{44}.

□穧买药佬拐牵渠一千元那个卖药的骗了他一千块钱呢。kat^{2}tsʰa^{33}muɔi^{33}iɛk^{5}lɔ^{44}kua^{44}hin^{51}kai^{21}at^{2}tsʰin^{51}yn^{24}.

4．已然体：表示肯定句子所描述的时间是个已然的事实，用“了”[lɛi^{33}]（“了”是训读字）、“嘞”或“嘞”加“了”[lɛi^{33}]表示，相当于普通话句末的“了 2”（语气助词）。如：

渠来了他来了。kai^{21}lɔi^{24}lɛi^{33}.

渠个单车冇见了他的自行车不见了。kai^{21}kɔ^{42}tuɔn^{51}ʧʰɛi^{51}mɔ^{21}kin^{42}lɛi^{33}.

我个笔丢嘞我的笔丢了。ŋɔ^{21}kɔ^{42}pat^{2}tiu^{51}kau^{51}.

渠□碗梗=烂嘞他把碗打烂了。kai^{21}ȵiɔu^{44}vun^{44}kuɛ^{44}luɔn^{33}kau^{51}.

渠住个□座屋倒嘞了他住的那幢房子倒塌了。kai^{21}ʧʰy^{33}kɔ^{42}kat^{2}tsʰɔu^{33}ak^{2}tɔ^{44}kau^{51}lɛi^{33}.

□只鸡死嘞了那只鸡死了。kat^{2}ʧai^{21}ka^{51}sai^{44}kau^{51}lɛi^{33}.

在石蛤塘土话中，用来表示普通话的“了 1”和“了 2”两种语法意义的标记在语音形式上是不同的，表示动作完成的“了1”只能用“嗬”或“牵”，表示肯定全句描述的事实则可以用“了”“嗬”或“嗬”加“了”。比如普通话中的“我吃了饭了”在石蛤塘土话中一般说成“我食嗬饭了”[ŋɔ^{21}ʃɛi^{51}kau^{51}fuɔn^{33}lɛi^{33}]，“他来了三天了”说成“渠来嗬三日了”[kai^{21}lɔi^{24}kau^{51}suɔn^{51}ȵiat^{5}lɛi^{33}]。

石蛤塘土话中“了”用于句中的很罕见，如：

柿崽熟了□好食柿子成熟了才好吃。tʃ^{h}a^{21} tsa^{44} ʃak^{5}lɛi^{33} tsiɛŋ^{24} hɔ^{44} ʃɛi^{51}.

我算得太过快了算错嗬我算得太快算错了，让我重新算一遍。ŋɔ^{21}syn^{42}tai^{21}t^{h}uɔi^{42}ku^{42}fɔi^{42}lɛi^{33}syn^{42}ts^{h}ɔu^{42}kau^{51}.

石蛤塘土话与“了”相当的还有“啰”[lɔ^{33}]，也表已然体。如：

渠食嗬饭啰，你食嗬饭冇他吃了饭了，你吃了饭没有呢？ kai^{21}ʃɛi^{51}kau^{51}fuɔn^{33}lɔ^{33}，ni^{21}ʃɛi^{51}kau^{51}fuɔn^{33}mɔ^{21}？

□手巾爊糟啰，丢嗬渠这毛巾很脏了，扔了它吧。ti^{33}mɔ^{24}kan^{51}vɔi^{51}tsɔ^{5}lɔ^{33}，tiu^{51}kau^{51}kai^{21}.

渠上嗬尾班车走啰他跳上末班车走了。kai^{21}ʃiɛŋ^{21}kau^{51}mai^{21}puɔn^{51}tʃ^{h}ɛi^{51}tsau^{44}lɔ^{33}.

渠个单车冇见啰他的自行车不见了。kai^{21}kɔ^{42}tuɔn^{51}tʃ^{h}ɛi^{51}mɔ^{21}kin^{42}lɔ^{33}.

5. 经历体：表示经历过某一动作或行为，主要通过在动词后加标记“过”[ku^{42}]来表示，意义和用法与普通话基本相同。如：

我望过渠我见过他。ŋɔ^{21}miɛŋ^{33}ku^{42}kai^{21}.

渠去过上海，冇去过北京他去过上海，没去过北京。kai^{21}hau^{42}ku^{42}ʃiɛŋ^{33}hɔi^{44}，mɔ^{21}hau^{42}ku^{42}piɛk^{2}kɛ^{51}.

我果$^{=}$早来过我曾经来过。ŋɔ^{21}kuɔu^{44}tsɔ^{44}lɔi^{24}ku^{42}.

渠摎我借过书他向我借过书。kai^{21}lɔ^{51}ŋɔ^{21}tsɛi^{42}ku^{42}ʃy^{51}.

（二）动词的貌

1. 反复貌：石蛤塘土话也常常用“动词＋紧＋动词＋紧”来表示反复貌。如：

讲紧讲紧就笑起来啰说着说着就笑起来了。kœ^{44}kan^{44}kœ^{44}kan^{44}ts^{h}iu^{33}siau^{42}hai^{44}lɔi^{24}lɔ^{33}.

渠唱紧唱紧一下儿就唱唔得出来他唱着唱着一下子就唱不出来。kai^{21}tʃ^{h}iɛŋ^{42}kan^{44}tʃ^{h}iɛŋ^{42}kan^{44}at^{2}hɔu^{33}ȵi^{51}ts^{h}iu^{33}tʃ^{h}iɛŋ^{42}m̩^{24}tai^{21}tʃ^{h}at^{2}lɔi^{24}.

渠行电视机前望紧望紧眠着了他在电视机前看着看着睡着了。kai^{21}hɛ^{24}tin^{33}ʃi^{33}kai^{51}ts^{h}in^{24}miɛŋ^{33}kan^{44}miɛŋ^{33}kan^{44}min^{24}tʃ^{h}iɛk^{5}lɛi^{33}.

另外，重行貌也可以看作是一种反复貌。重行貌表示动作重新进行一次，用“动词＋过”来表示，相当于普通话的“重＋动词”。如：

写过一轮重写一遍。sɛi^{44}ku^{42}at^{2}lan^{24}.

换过一件（太小了，）重换一件。vun^{33}ku^{42}at^{2}k^{h}in^{33}.

2．轻量貌：表示动作的时量短或动量小，常带有“尝试”的意义，用“动词＋一下”或“动词＋一儿[ȵi^{51}]/下儿[ȵi^{51}]/儿[ȵi^{51}]”表示，相当于普通话的动词重叠或“动词＋一＋动词”。如：

随便洗一下随便洗一洗。tsʰɔi^{24}pin^{33}sa^{44}at^{2}hɔu^{33}.

□枱桌擦下儿把桌子擦一擦。ȵiɔu^{44}tɔi^{24}ʧœ^{2}tsʰuɔt^{2}hɔu^{33}ȵi^{51}.

走啊，我鲁⁼出去食□茶，耍一儿走吧，我们出去喝喝茶，聊聊天。tsau^{44}a^{33}，ŋɔ^{21}lau^{21}ʧʰat^{2}hau^{42}ʃɛi^{51}ti^{33}ʧʰɔu^{24}，ʃɔu^{42}at^{2}ȵi^{51}.

我去眠下儿我去躺躺。ŋɔ^{21}hau^{42}min^{24}hɔu^{33}ȵi^{51}.

你去望下儿，渠转来冇你去看看，他回来了没有。ni^{21}hau^{42}miɛŋ^{33}hɔu^{33}ȵi^{51}，kai^{21}tyn^{42}lɔi^{24}mɔ^{24}.

你□儿□朵花香唔香你闻闻这朵花香不香？ ni^{21}ȵiaŋ^{42}ȵi^{51}ti^{33}tɔu^{44}fɔu^{51}hiɛŋ^{51}m̩^{24}hiɛŋ^{51}？

六　语气词

语气词是表达语气的重要手段之一。石蛤塘土话最常见的语气词有“啊”[a^{33}]、“哩”[lɛ^{44}]、“诶”[ɛ^{44}]/[iɛ^{44}]、“咩”[mɛ^{44}]、“羊⁼”[iɛŋ^{24}]等。

1．啊

可能与表达的语气不同有关，“啊”调值不太固定。“啊”的基本功能是缓和语气，如：

其实我鲁⁼寨过个节日比较突出个有几穧，比如清明节啊、五月节啊、七月十四啊、八月十五啊、过年啊摎埋二十赖拜其实我们村过的节日比较突出的有几个，如清明节啊、五月节啊、七月十四啊、八月十五啊、过年啊和二十赖拜。kʰai^{24}ʃat^{5}ŋɔ^{21}lau^{21}ʧʰuɔi^{33}ku^{42}kɔ^{42}tsit^{2}ȵiat^{5}pai^{44}kɔ^{42}tʰyt^{5}ʧʰat^{5}kɔ^{42}iu^{21}kai^{44}tsʰa^{33}，pai^{44}y^{24}tsʰɛ^{51}mɛ^{24}tsit^{2}a^{33}，m̩^{21}ȵyt^{5}tsit^{2}a^{33}，tsʰat^{2}ȵyt^{5}ʃat^{5}sai^{42}a^{33}，puɔt^{2}ȵyt^{5}ʃat^{5}m̩^{21}a^{33}，ku^{42}nin^{24}a^{33}lɔ^{51}muɔi^{24}ȵi^{33}ʃat^{5}luɔi^{42}puɔi^{42}.

听讲啊，祖宗时有三穧崽听说啊，祖宗时有三个孩子。tʰɛ^{51}kœ^{44}a^{21}，tsau^{44}tsaŋ^{51}ʃi^{24}iu^{21}suɔn^{51}tsʰa^{33}tsa^{44}.

也可以用于疑问句表示疑问语气，如：

□时□转公㚔□啊什么时候才回外公家啊？ pi^{51}ʃi^{24}tsiɛŋ^{24}tyn^{42}kaŋ^{51}tɔi^{51}ti^{33}a^{33}？

2．哩、诶、呢

主要作用也是缓和语气，主要用于陈述句中，也可以用于疑问句，大致相当于普通话的“吧”“呢”。“诶”可能是“哩”弱化而来的特殊形式。如：

然后哩，头都唔望背后，咁□走转屋然后呢，头也不回地回家。in^{24}hau^{42}lɛ^{44}，tiu^{24}tau^{51} m̩^{24}miɛŋ^{33}pai^{42}hɔu^{33}，kʰan^{33}tai^{33}tsau^{44}tyn^{42}ak^{2}.

吃不了哩，就□去卖吃不完呢，就拿出去卖。ʃɛi^{51} m̩^{24}liau^{21}lɛ^{44}，tsʰiu^{33}ȵiɔu^{44}hau^{42}muɔi^{33}.

记得，□子记唔得哩记得，怎么能不记得！ kai^{42}tai^{21}，kiɛŋ^{42}tsɿ^{44}kai^{42} m̩^{24}tai^{21}lɛ^{44}！

全卖系唔系自己冇得食诶全卖了是不是自己没得吃呢？ tsʰyn^{24}muɔi^{33}hai^{33}m̩^{24}hai^{33}sɿ^{33}kai^{44}mɔ^{21}tai^{21}

ʃεi^{51}ε^{44}？

你个呢（他的衣服洗干净了，）你的呢？ ni^{21}kɔ^{42}nε^{44}？

除了出现在句末，“哩”“诶”更多出现在句中起提顿作用，如：

牛郎摎织女一年当中就得倒七月七个日哩先见下儿面牛郎和织女一年当中就在七月七日才能见一下儿面。ȵiu^{24}lœ^{24}lɔ^{51}ʧai^{21}ȵy^{21}at^{2}nin^{24}tœ^{51}ʧaŋ^{51}ts^{h}iu^{33}tai^{21}tɔ^{44}ts^{h}at^{2}ȵyt^{5}ts^{h}at^{2}kɔ^{33}ȵiat^{5}lε^{44}sin^{51}kin^{42}hɔu^{33}ȵi^{51}min^{33}.

渠诶将渠头上个个个金钗哩一搖下来她（王母娘娘）将头上的金钗一下儿拔下来。kai^{21}ε^{44}tsiεŋ^{51}kai^{21}tiu^{24}ʃiεŋ^{33}kɔ^{42}kɔ^{33}kɔ^{42}kan^{51}ʧ^{h}uɔi^{51}lε^{44}at^{2}mε^{42}hɔu^{21}lɔi^{24}.

3．牵

“牵”是一个完成体标记，但也可以用于句末，作为语气助词，大体相当于普通话的“呢”。如：

临今还早牵，等下儿□去这会儿还早呢，过一会儿再去吧。lan^{24}kan^{51}han^{33}tsɔ^{44}hin^{51}，tiεŋ^{44}hɔu^{33}ȵi^{51}tsiεŋ^{24} hau^{42}.

渠上嚆□□？还系屋路⁼牵他上哪儿了？还在家里呢。kai^{21}ʃiεŋ^{33}kau^{51}pi^{51}ti^{24}？ han^{33}hai^{33}ak^{2}lau^{33}hin^{51}.

过去时间哩还刣猪牵以前还杀猪呢。ku^{42}hau^{42}ʃi^{24}kuɔn^{51}lε^{44}han^{24}t^{h}œ^{51}tɔi^{51}hin^{51}.

还有牵，再过下儿□食了还没有呢，再有一会儿就吃完了。han^{33}mɔ^{21}hin^{51}，tsuɔi^{42}ku^{42}hɔu^{33}ȵi^{51}tsiεŋ^{24} ʃεi^{51}liau^{21}.

4．么、咩

表疑问的语气词普通话用“吗”，石蛤塘土话用“么[mɔ^{44}]”“咩[mε^{44}]”。如：

你闲时间食烟么你平时抽烟吗？ ni^{21}huɔn^{24}ʃi^{24}kuɔn^{51}ʃεi^{51}in^{51}mɔ^{44}？

你讲俵渠知□件事么你告诉他这件事了吗？ ni^{21}kœ^{44}piau^{42}kai^{21}tai^{51}ti^{33}k^{h}in^{33}ʃi^{33}mɔ^{44}？

你个手表准么你的表准吗？ ni^{21}kɔ^{42}ʃiu^{44}piau^{51}ʧan^{44}mɔ^{44}？

你去咩你去吗？ ni^{21}hau^{42}mε^{44}？

5．羊⁼、娘⁼

语气词“羊⁼”“娘⁼”（前者应该是从后者弱化而来的）对于动作或事态变化是否完成进行提问，如：

水滚嚆羊⁼水开了没有？ ʃy^{44}kuan^{44}kau^{51}iεŋ^{24}？

枱桌抹伶俐羊⁼桌子擦干净了吗？ tɔi^{24}ʧœ^{2}muɔt^{5}lε^{24}lai^{33}iεŋ^{24}？

讨菜娘⁼？讨嚆了买菜了吗？买了。t^{h}ɔ^{44}ts^{h}ɔi^{42}ȵiεŋ^{24}？ t^{h}ɔ^{44}kau^{51}lεi^{33}。

你洗了衣裳娘⁼你洗完衣服了吗？ ni^{21}sa^{44}liau^{21}ai^{51}ʃiεŋ^{24}ȵiεŋ^{24}？

第二节

句　法

一　处置句与被动句

（一）处置句

处置句表示对某一对象进行处置，普通话中用介词“把”等把动词所支配或关涉的对象提到动词的前面。石蛤塘土话也采用与普通话相同的格式，不过介词不用“把”，而用“□”[ȵiɔu^{44}]或“将”。“□”[ȵiɔu^{44}]由表“拿取”之意的实义动词虚化而来，比“将”更口语化一些。如：

渠□碗梗⁼烂嘴他把碗打烂了。kai^{21}ȵiɔu^{44}vun^{44}kuɛ^{44}luɔn^{33}kau^{51}.

□枱桌擦下儿把桌子擦一擦。ȵiɔu^{44}tɔi^{24}ʧœ^{2}tsʰuɔt^{2}hɔu^{33}ȵi^{51}.

[唔好]□单车搞跌嘴别把自行车弄丢了。mɔ^{44}ȵiɔu^{44}tuɔn^{51}ʧʰɛi^{51}kɔ^{44}tit^{2}kau^{51}.

□衣裳收转来把衣服都收进来。ȵiɔu^{44}ai^{51}ʃiɛŋ^{24}ʃiu^{51}tyn^{42}lɔi^{24}.

渠□枱桌抹倒伶伶俐俐他把桌子擦得干干净净的。kai^{21}ȵiɔu^{44}tɔi^{24}ʧœ^{2}muɔt^{5} tɔ^{44} lɛ^{24} lɛ^{24} lai^{33} lai^{33}.

以上后两例的“□”[ȵiɔu^{44}]也可以用“将”替代，如：

将衣裳收转来把衣服都收进来。tsiɛŋ^{51}ai^{51}ʃiɛŋ^{24}ʃiu^{51}tyn^{42}lɔi^{24}.

渠将枱桌抹倒伶伶俐俐他把桌子擦得干干净净的。kai^{21}tsiɛŋ^{51}tɔi^{24}ʧœ^{2}muɔt^{5}tɔ^{44}lɛ^{24}lɛ^{24}lai^{33}lai^{33}.

一般使用“将”的，如：

将门遮转把门关上。tsiɛŋ^{51}man^{24}ʧɛi^{51}tyn^{42}.

你将单车借俵我坐几日你把自行车借我骑几天。ni^{21}tsiɛŋ^{51}tuɔn^{51}ʧʰɛi^{51}tsɛi^{42}piau^{42}ŋɔ^{21}tsʰɔu^{21}kai^{44}ȵiat^{5}.

石蛤塘土话还有一种处置句，就是在句末加上一个第三人称单数代词“渠”，复指“将”之后的被处置对象，处置义很强。如：

你将碗洗嘴渠你把碗洗一下。ni^{21}tsiɛŋ^{51}vun^{44}sa^{44}kau^{51}kai^{21}.

在句类上，处置句广泛应用于陈述句和祈使句中，当然也可以不使用处置句，如“遮转门把门关上”[ʧɛ^{51}tyn^{42}man^{24}]。连州片土话大体可以用介词“将”，但在祈使句中更多的是不用。如（据张双庆主编2004）：

星子：关紧门！ kɔŋ^{33}kiŋ^{44}mãi^{24}！

保安：关倒门！ kuɵ^{33}tau^{45}mʌn^{25}！

连州：关倒门！ kuɔŋ^{33}tɔ^{51}mʌn^{44}！

西岸：关上具⁼门！ ko^{31}ʃe^{44}k^{h}oi^{22}mɐn^{24}！

丰阳：关倒□门！ kua^{34}tɔu^{44}k^{h}ɛu^{34}mɛn^{31}！

（以上）把门关上！

（二）被动句

石蛤塘土话的被动句，基本格式和普通话一样，只是普通话用介词“叫”“让”“被”和“给”等引进施动者，石蛤塘土话用源自给予义动词的“俵”来引进施动者。如：

鱼俵猫公担⁼走鱼被猫叼走了。ȵy^{24}piau^{42}mɔ^{42}kaŋ^{51}tuɔn^{51}tsau^{44}.

我个笔俵渠搞丢嘴了我的笔被他弄丢了。ŋɔ^{21}kɔ^{42}pat^{2}piau^{42}kai^{21}kɔ^{44}tiu^{51}kau^{51}lɛi^{33}.

花盆俵人搬走好几□花盆被人搬走了好几个。fɔu^{51}pan^{24}piau^{42}ȵian^{24}pun^{51}tsau^{44}hɔ^{44}kai^{44}kau^{21}.

[唔好]俵渠知得别让他知道了。mɔ^{44}piau^{42}kai^{21}tai^{51}tai^{21}.

石蛤塘土话也有类似于普通话“鱼被吃了”这种说法。如：

碗俵梗⁼烂嘴碗被打破了。vun^{44}piau^{42}kuɛ^{44}luɔn^{33}kau^{51}.

石蛤塘土话用以引进施动者的介词“俵”来源于有着“给予”意义的实义动词“俵”，这一虚化过程与普通话的“给”应该属于同一性质。“俵”的“给予”之义目前在土话当中仍普遍应用。如：

我俵你个书系我教中学个阿舅写个我给你的书是我教中学的舅舅写的。ŋɔ^{21}piau^{42}ni^{21}kɔ^{42}ʃy^{51}hai^{33}ŋɔ^{21}kɔ^{51}ʧaŋ^{51}hœ^{5}kɔ^{42}a^{33}k^{h}iu^{21}sɛi^{44}kɔ^{42}.

俵你三日时间做唔做得了给你三天时间做得了做不了？ piau^{42}ni^{21}suɔn^{51}ȵiat^{5}ʃi^{24}kuɔn^{51}tsau^{42}m̩^{24}tsau^{42}tai^{21}liau^{21}？

□本书送俵你这本书送给你。ti^{33}pan^{44}ʃy^{51}saŋ^{42}piau^{42}ni^{21}.

讲俵你听，你也听唔懂讲给你听，你也听不懂。kœ^{44}piau^{42}ni^{21}t^{h}ɛ^{51}，ni^{21}ia^{51}t^{h}ɛ^{51}m̩^{24}taŋ^{44}.

二 双宾句

在双宾句中，动作行为往往涉及两个对象。这两个对象一个是直接宾语，一个是间接宾语。普通话的双宾句都是间接宾语在前，直接宾语在后，如：给他十块钱。/问你一句话。石蛤塘土话除了可以用这种格式以外，还可以采用直接宾语在前，间接宾语在后的格式，而且后一种格式似乎更常见一些，可能跟粤方言的影响有关。如：

俵我一管笔给我一支笔！ piau^{42}ŋɔ^{21}at^{2}kun^{44}pat^{2}！

俵管笔我给我一支笔！ piau^{42}kun^{44}pat^{2}ŋɔ^{21}！

我送渠一本书我送他一本书。ŋɔ^{21}saŋ^{42}kai^{21}at^{2}pan^{44}ʃy^{51}.

我送本书俵渠我送他一本书。ŋɔ^{21}saŋ^{42}pan^{44}ʃy^{44}piau^{42}kai^{21}.

需要说明的是，双宾句尽管有上述两种格！式，但对于具体的动作行为来说，并不是所有的动词都能自由选择这两种格式。能否自由选择，还和动词的语义特征有一定关系。只有当动词所表达的动作行为具有明显的“给予”意义或者对象具有明显的位移时，才能实现宾语顺序的自由调换，否则就只能选择“动词＋间接宾语＋直接宾语”的格式，如：“警察罚渠一百元。”[kɛ^{44}ʧ^{h}uɔt^{2}fuɔt^{5}kai^{21}at^{2}pɛ^{2}yn^{24}]不能说成“警察罚一百元渠。”

三 比较句

比较句有平比句和差比句之分。石蛤塘土话的平比句和普通话差不多，都采用“甲＋连词＋乙＋性状词”的格式，只是普通话中的连词用“和”“跟”等，土话中连词用“摎”[lɔ^{51}]。如：

我摎渠同样高我和他一样高。ŋɔ^{21}lɔ^{51}kai^{21}taŋ^{24}iɛŋ^{33}kɔ^{51}.

青菜摎肉同样贵小菜和猪肉一样贵。ts^{h}ɛ^{51}ts^{h}ɔi^{42}lɔ^{51}ȵiak^{5}taŋ^{24}iɛŋ^{33}kuai^{42}.

差比句除了和普通话一样用“甲＋比＋乙＋形容词”的格式，还可以用“甲＋形容词＋过＋乙”的格式，且后一种格式在口语中更常用。如：

我比渠大。ŋɔ^{21}pai^{44}kai^{21}tuɔi^{33}.

我大过渠我比他大。ŋɔ^{21}tuɔi^{33}ku^{42}kai^{21}.

我比渠大三岁。ŋɔ^{21}pai^{44}kai^{21}tuɔi^{33}suɔn^{51}sɔi^{42}.

我大过渠三岁我比他大三岁。ŋɔ^{21}tuɔi^{33}ku^{42}kai^{21}suɔn^{51}sɔi^{42}.

细佬比阿哥还高。sa^{42}lɔ^{44}pai^{44}a^{33}kɔu^{51}han^{33}kɔ^{51}.

细佬还高过阿哥弟弟比哥哥还高。sa^{42}lɔ^{44}han^{33}kɔ^{51}ku^{42}a^{33}kɔu^{51}.

差比句采用“甲＋形容词＋过＋乙”这一格式，是南方许多方言（如粤方言、客家方言、赣语、湘语）的共同特点。李新魁等（1995）认为，这种结构中的“过”不是类似于“比”的介词，而是带有形尾的性质，是趋向动词虚化的表现。这种虚化导致两种比较格式内部结构的不同。如：

四　疑问句

严格说来，疑问句只是根据句子语气划分的一种句类，但石蛤塘土话中的疑问句具有一定的特色，因而作为一种特殊句式来讨论。根据表示疑问的结构特点和语义情况，疑问句一般可以分为是非问、特指问、选择问和反复问四类。石蛤塘土话中也存在这四种问句。特指问用相应的疑问代词发问（详见上文“疑问代词”），选择问用关联词“（系）……还系”并列选择的项目，和普通话的形式基本一致，在此省略不谈。下面只谈是非问句和反复问句。

（一）是非问句：即把相应的陈述句语调换成疑问语调，并加上表疑问的语气词。普通话用“吗”，土话用“么”[mɔ^{44}]、“咩”[mε^{44}]。如：

明日王经理还来公司么明天王经理会来公司吗？ mε^{24}ȵiat^{5}vœ^{24}kε^{51}lai^{21}han^{33}lɔi^{24}kaŋ^{51}sɿ^{51}mɔ^{44}？

你个手表准么你的表准吗？ ni^{21}kɔ^{42}ʃiu^{44}piau^{51}ʧan^{44}mɔ^{44}？

你去咩你去吗？ ni^{21}hau^{42}mε^{44}？

另外，对于是否存在某一事实进行提问，也可以用正反问的形式来发问。如：

你有冇食烟你抽烟吗？ni^{21}iu^{21}mɔ^{21}ʃεi^{51}in^{51}？

对于动作或事态变化是否完成进行提问，则不用语气词“咩”，而用“羊$^{=}$”。这一点与普通话有所区别。如：

水滚嘴羊$^{=}$水开了没有？ ʃy^{44}kuan^{44}kau^{51}iεŋ^{24}？

枱桌抹伶俐羊$^{=}$桌子擦干净了吗？ tɔi^{24}ʧœ^{2}muɔt^{5}lε^{24}lai^{33}iεŋ^{24}？

（二）反复问句：即通过肯定形式和否定形式的两个谓词性成分的并列来表示疑问，通常被认为是一种“VP不VP”的格式。如：

你食烟唔食烟你抽不抽烟？ ni^{21}ʃεi^{51}in^{51}m̩^{24}ʃεi^{51}in^{51}？

你打算唔打算去你打不打算去？ ni^{21}tɔu^{44}syn^{42}m̩^{24}tɔu^{44}syn^{42}hau^{42}？

渠会唔会来他会不会来？ kai^{21}vɔi^{42}m̩^{24}vɔi^{42}lɔi^{24}？

你来唔来得你能不能来？ ni^{21}lɔi^{24}m̩^{24}lɔi^{24}tai^{21}？

你□唔□得嘟你拿不拿得动？ ni^{21}ȵiɔu^{44}m̩^{24}ȵiɔu^{44}tai^{21}ȵiak^{2}？

渠唱歌好唔好听她唱歌好不好听？ kai^{21}ʧ^{h}iεŋ^{42}kɔu^{51}hɔ^{44}m̩^{24}hɔ^{44}t^{h}ε^{51}？

石蛤塘土话中没有发现“VP不”式和“可VP”式的反复问句。总之，石蛤塘土话反复问句的形式和普通话基本一致，并列的谓词性结构可以承前省略成单音节，但是不省略的形式在土话中似乎更为常见。

石蛤塘土话的疑问句除了句法形式之外，句末有时候还可以带上上升的疑问语调，本书暂时把句末音节记录为24调作为标记（与阳平调重合）。如：

渠上嘴□□他上哪儿了？ kai^{21}ʃiεŋ^{33}kau^{51}pi^{51}ti^{24}？

渠行□□食个饭他在哪儿吃的饭？ kai^{21}hɛ^{24}pi^{51}ti^{33}ʃɛi^{51}kɔ^{42}fuɔn^{24}？

到底行□□那到底在哪儿？ tɔ^{42}ta^{44}hɛ^{24}pi^{51}ti^{24}？

爱几多□够要多少才够呢？ vɔi^{42}kai^{44}tɔu^{51}tsiɛŋ^{24}kau^{24}？

好香啊，系唔系好香呀，是不是？ hɔ^{44}hiɛŋ^{51}a^{33}，hai^{33}m̩^{24}hai^{24}？

五　否定句

石蛤塘土话常见的否定副词有：唔、冇、[唔好]

（一）唔[m̩^{24}]：表示对意愿、行为、性状、变化、情况等的一般否定，用在谓词性词语的前面，大体相当于普通话的“不”。如：

我唔去我不去。ŋɔ^{21}m̩^{24}hau^{42}.

菜太过咸，唔好食菜太咸，不好吃。ts^{h}ɔi^{42}t^{h}uɔi^{42}ku^{42}huɔn^{24}，m̩^{24}hɔ^{44}ʃɛi^{51}.

我洗嗨身了，今日唔去挖篮球了我洗过澡了，今天不打篮球了。ŋɔ^{21}sa^{44}kau^{51}ʃan^{51}lɛi^{33}，kan^{51}n̥iat^{5}m̩^{24}hau^{42}kuat^{2}luɔn^{24}k^{h}iu^{24}lɛi^{33}.

我讲唔过渠，□稽都讲唔过□稽佬我说不过他，谁都说不过这个家伙。ŋɔ^{21}kœ^{44}m̩^{24}ku^{42}kai^{21}，pi^{51}ts^{h}a^{33}tau^{51}kœ^{44}m̩^{24}ku^{42}ti^{33}ts^{h}a^{33}lɔ^{44}.

你中意去就去，唔中意去就[唔好]去你爱去不去。你爱去就去，不爱去就不去。ni^{21}ʧaŋ^{51}ai^{42}hau^{42}ts^{h}iu^{33}hau^{42}，m̩^{24}ʧaŋ^{51}ai^{42}hau^{42}ts^{h}iu^{33}mɔ^{44}hau^{42}.

但是，普通话的“不”可以修饰单音节形容词，石蛤塘土话主要见于“够唔够”“好唔好”“香唔香”等格式中，其他的较少见（经常用“冇”替代，参看下文）。如：

瘦个肥个都唔好，唔瘦唔肥个最好瘦的胖的都不好，不瘦不胖最好。ʃau^{42}kɔ^{42}fai^{24}kɔ^{42}tau^{51}m̩^{24}hɔ^{44}，m̩^{24}ʃau^{42}m̩^{24}fai^{24}kɔ^{42}tsɔi^{42}hɔ^{44}.

夜啰就唔好啰，我鲁⁼快滴走晚了就不好了，咱们快点儿走吧！ iɛi^{33}lɔ^{33}ts^{h}iu^{33}m̩^{24}hɔ^{44}lɔ^{33}，ŋɔ^{21}lau^{21}fɔi^{42}tit^{2}tsau^{44}！

渠唱歌唔好听她唱歌不好听。kai^{21}ʧ^{h}iɛŋ^{42}kɔu^{51}m̩^{24}hɔ^{44}t^{h}ɛ^{51}.

（二）唔□[m̩^{24}mɛ^{51}]:这个成分大体相当于普通话的“不是”，可能是从连南客家方言中借用过来的①。如：

唔□几相信不是很相信。m̩^{24}mɛ^{51}kai^{44}siɛŋ^{51}san^{42}.

我食过□种菜，唔□几好食个我吃过这种菜，不大好吃的。ŋɔ^{21}ʃɛi^{51}ku^{42}ti^{33}ʧaŋ^{44}ts^{h}ɔi^{42}，m̩^{24}mɛ^{51}kai^{44}hɔ^{44}ʃɛi^{51}kɔ^{42}.

（三）[唔好][mɔ^{44}]：是“唔好”的合音形式，表示对行为的劝阻或禁止，相当于普通话

① 连南客家方言“不是”说“唔系”[m̩^{24}hɛi^{51}]，石蛤塘土话 mɛ^{51} 的声母 m 是前音节同化的结果。

的“别”“不要”。如：

[唔好]咁紧，敨下儿□走别急，歇一歇再走。mɔ^{44}kʰan^{33}kan^{44}，tʰau^{44}hɔu^{33}ȵi^{51}tsiɛŋ^{24}tsau^{44}.

[唔好]□单车丢𠹭别把自行车弄丢了。mɔ^{44}ȵiɔu^{44}tuɔn^{51}ʧʰɛi^{51}tiu^{51}kau^{51}.

[唔好]俵渠知得别让他知道。mɔ^{44}piau^{42}kai^{21}tai^{51}tai^{21}.

（四）冇[mɔ^{21}]：一般来说，表示对存在的否定，相当于普通话的“没”。如：

好得我冇去幸亏我没去。hɔ^{44}tai^{21}ŋɔ^{21}mɔ^{21}hau^{42}.

还有两穧人冇来还有两个人没来。ʧʰan^{33}iu^{21}liɛŋ^{21}tsʰa^{33}ȵian^{24}mɔ^{21}lɔi^{24}.

我阵⁼冇食饭我还没吃饭。ŋɔ^{21}ʧʰan^{33}mɔ^{21}ʃɛi^{51}fuɔn^{33}.

渠去过上海，冇去过北京他去过上海，没去过北京。kai^{21}hau^{42}ku^{42}ʃiɛŋ^{33}hɔi^{44}，mɔ^{21}hau^{42}ku^{42}piɛk^{2}kɛ^{51}.

“冇”有时还相当于普通话“不”的用法，如：

渠冇行屋他不在家。kai^{21}mɔ^{21}hɛ^{24}ak^{2}.

□件衣裳冇长冇短这件衣服不长不短。ti^{33}kʰin^{33}ai^{51}ʃiɛŋ^{24}mɔ^{21}ʧʰiɛŋ^{24}mɔ^{21}tyn^{44}.

你闲时间食烟么？冇，我冇食你平时抽烟吗？不，我不抽烟。ni^{21}huɔn^{24}ʃi^{24}kuɔn^{51}ʃɛi^{51}in^{51}mɔ^{44}? mɔ^{21}，ŋɔ^{21}mɔ^{21}ʃɛi^{51}.

（五）冇得[mɔ^{21}tai^{21}]：既可以放在动词前，相当于普通话的“没得吃没得穿”的“没得”；也可以修饰名词，其作用相当于动词“有”的否定形式“没有”。如：

果⁼早系有得做，冇得食以前是有的做，没的吃。kuɔu^{44}tsɔ^{44}hai^{33}iu^{21}tai^{21}tsau^{42}，mɔ^{21}tai^{21}ʃɛi^{51}.

冇得啰，□穧□你唔早滴来没有了，谁叫你不早来！ mɔ^{21}tai^{21}lɔ^{33}，pi^{51}tsʰa^{33}vɔ^{44}ni^{21}m̩^{24}tsɔ^{44}ti^{33}lɔi^{24}！

□崽冇得书，书行□□这里没有书，书在那里。ti^{33}tsa^{44}mɔ^{21}tai^{21}ʃy^{51}，ʃy^{51}hɛ^{24}kat^{2}ti^{33}.

六　可能句

石蛤塘土话的可能句常用“得”作为标记，有如下几种类型：

表6-5　带“得”可能句的类型

<table>
<tr><th>类型</th><th>肯定形式</th><th>否定形式</th></tr>
<tr><td>A</td><td>V得</td><td>V唔得</td></tr>
<tr><td>B</td><td>V得O</td><td>V唔得O</td></tr>
<tr><td rowspan="2">C</td><td rowspan="2">V得C</td><td>V唔C</td></tr>
<tr><td>V唔得C</td></tr>
<tr><td rowspan="2">D</td><td rowspan="2">V得OC</td><td>VO唔C</td></tr>
<tr><td>V唔CO</td></tr>
<tr><td rowspan="3">E</td><td>V得倒</td><td>V唔倒</td></tr>
<tr><td rowspan="2">V得倒O</td><td>V唔倒O</td></tr>
<tr><td>V唔得倒O</td></tr>
</table>

参看下面的例句，属于类型A的，如：

来得就来，来唔得就□来能来就来，不能来就不来。lɔi24tai21tsʰiu33lɔi24，lɔi24 m̩24tai21tsʰiu33mai51lɔi24.

□□系熟个，食得。□□系生个，食唔得这是熟的，吃得。那是生的，吃不得。ti33tɛ24hai33ʃak5kɔ42，ʃɛi51tai21。kat2tɛ24hai33ʃɛ51kɔ42，ʃɛi51 m̩24tai21.

属于类型B的，如：

我食得三碗饭去我吃得了三碗饭。ŋɔ21ʃɛi51tai21suɔn51vun44fuɔn33hau42.

我食唔得三碗饭去我吃不了三碗饭。ŋɔ21ʃɛi51 m̩24tai21suɔn51vun44fuɔn33hau42.

属于类型C的，如：

我□得嘟，渠□唔嘟我拿得动，他拿不动。ŋɔ21ȵiɔu44tai21ȵiak2，kai21ȵiɔu44 m̩24ȵiak2.

食饭唔下吃不下饭。ʃɛi51fuɔn33 m̩24hɔu21.

你个话我听得懂，渠个话我听唔得懂你的话，我听得懂；他的话，我听不懂。ni21 kɔ42 vɔu33 ŋɔ21 tʰɛ51 tai21 taŋ44，kai21 kɔ42 vɔu33 ŋɔ21 tʰɛ51 m̩24 tai21 taŋ44.

太过多啰，讨唔得咁多，就爱咁多就够啰太多了，要不了那么多，只要这么多就够了。tʰuɔi42ku42 tɔu51lɔ33，tʰɔ44m̩24tai21kʰan33tɔu51，tsʰiu33vɔi42kʰan33tɔu51tsʰiu33kau42lɔ33？

□稀摎□稀一样大，分唔得出来这个跟那个大小一样，分不出来。ti33tsʰa33lɔ51kat2tsʰa33at2iɛŋ33tuɔi33，fan51m̩24tai21tʃʰat2lɔi24.

系估系别人，□件事就办唔得便要是别人，这事儿就办不成。hai33ku44hai33pʰit5ȵian24，ti33kʰin33ʃi33tsʰiu33puɔn33 m̩24tai21pin42.

属于类型D的，如：

扢得渠赢打得过他。kuat2tai21kai21iɛ24.

扢渠唔赢打不过他。kuat2kai21 m̩24iɛ24.

我讲唔过渠，□稀都讲唔过□稀佬我说不过他，谁都说不过这个家伙。ŋɔ21kœ44 m̩24ku42kai21，pi51tsʰa33tau51kœ44 m̩24ku42ti33tsʰa33lɔ44.

属于E类的，如：

你拐唔倒我你骗不了我。ni21kua44 m̩24tɔ44ŋɔ21.

我望得倒粉板上个字我看得见黑板上的字儿。ŋɔ21miɛŋ33tai21tɔ44fan44puɔn44ʃiɛŋ33kɔ42sɿ33.

我望唔得倒粉板上个字我看不见黑板上的字儿。ŋɔ21miɛŋ33 m̩24tai21tɔ44fan44puɔn44ʃiɛŋ33kɔ42sɿ33.

另外，石蛤塘土话中也发现了“唔V得倒”的类型，可能与粤方言的影响有关。如：

我唔记熟啰，咁□都唔记得倒我忘了，一点都不记得了。ŋɔ21 m̩24kai42ʃak5lɔ33，an33nai51tau51 m̩24kai42 tai21tɔ44.

七　动补句

石蛤塘土话动词加补语的类型非常多样，有结果补语、趋向补语、可能补语、程度补语、数量补语和情态补语等。可能补语见上面“可能句”，下面主要介绍较有特色的情态补语。普通话是在动词之后用助词“得”连接表示动作的结果状态的补语，石蛤塘土话也可以用“得”。如：

你讲得几好，你还熟讲滴其他□□你说得很好，你还会说些什么呢？ni^{21}kœ^{44}tai^{21}kai^{44}hɔ^{44}，ni^{21}han^{33}ʃak^{5}kœ^{44}ti^{33}kʰai^{24}tʰa^{51}pi^{51}man^{24}？

还熟讲客家话，不过讲得冇咁好还会说客家话，不过说得不怎么好。han^{33}ʃak^{5}kœ^{44}kʰɛ^{2}kɔu^{51}vɔu^{33}，pat^{2}ku^{42}kœ^{44}tai^{2}mɔ^{21}kʰan^{33}hɔ^{44}.

渠比我食得多，做得也多他比我吃得多，干得也多。kai^{21}pai^{44}ŋɔ^{21}ʃɛi^{51}tai^{21}tɔu^{51}，tsau^{42}tai^{21}ia^{51}tɔu^{51}.

渠行路行得好快他走路走得很快。kai^{21}hɛ^{24}lau^{33}hɛ^{24}tai^{21}hɔ^{44}fɔi^{42}.

石蛤塘土话还可以用“倒”来连接情态补语，口语中似乎更为常见，如：

渠□枱桌抹倒伶伶俐俐他把桌子擦得干干净净的。kai^{21}ȵiɔu^{44}tɔi^{24}ʧœ^{2}muɔt^{5}tɔ^{44}lɛ^{24}lɛ^{24}lai^{33}lai^{33}.

行倒脚板底都起泡了走得脚底都起了泡了。hɛ^{24}tɔ^{44}kiɛk^{2}puɔn^{44}ta^{44}tau^{51}hai^{44}pʰɔ^{42}lɛi^{33}.

你唔使操心做倒唔好你不用担心做得不好。ni^{21}m̩^{24}ʃa^{44}tsʰɔ^{51}san^{51}tsau^{42}tɔ^{44}m̩^{24}hɔ^{44}.

渠手叻，画倒好好望他手巧，画得很好看。kai^{21}ʃiu^{44}liɛk^{2}，vɛ^{5}tɔ^{44}kai^{44}hɔ^{44}miɛŋ^{33}.

普通话有情态补语的省略形式，如“你看他累得”“你瞧小红美得”。石蛤塘土话没有这种省略形式，如：

望渠几紧，紧倒连面都红啰你看他急得，急得脸都红了。ni^{21}miɛŋ^{33}kai^{21}kai^{44}kan^{44}，kan^{44}tɔ^{44}lin^{24}min^{33}tau^{51}haŋ^{24}lɔ^{33}.

石蛤塘土话在数量补语和宾语都出现的句子中，动词之后可以先出现数量补语，再出现宾语。如：

你□一声渠你叫他一声。ni^{21}vɔ^{44}at^{2}ʃɛ^{51}kai^{21}.

你咒一下渠你骂他一下。ni^{21}ʧiu^{42}at^{2}hɔu^{33}kai^{21}.

石蛤塘土话的不少动补句，在普通话中则需要用“状语＋动词”来表达，可能是受到粤、客方言的影响而形成的。如：

来，食多一杯来，再喝一杯！ lɔi^{24}，ʃɛi^{51}tɔu^{51}at^{2}pai^{51}！

你食多一碗你再吃一碗。ni^{21}ʃɛi^{51}tɔu^{51}at^{2}vun^{44}.

先遍就讨牵一本书，今日爱讨多几本上次只买了一本书，今天要多买几本。sin^{51}pin^{42}tsʰiu^{33}tʰɔ^{44}hin^{51}at^{2}pan^{44}ʃy^{51}，kan^{51}ȵiat^{5}vɔi^{42}tʰɔ^{44}tɔu^{51}kai^{44}pan^{44}.

你去先你先去。ni^{21}hau^{42}sin^{51}.

换过一件（太小了，）重换一件。vun^{33}ku^{42}at^{2}kʰin^{33}.

你□食嘞一碗饭，食转一碗你才吃了一碗米饭，再吃一碗吧。ni^{21}tsiɛŋ^{24}ʃɛi^{51}kau^{51}at^{2}vun^{44}fuɔn^{33}，ʃɛi^{51}tyn^{42}at^{2}vun^{44}.

第七章　语法例句

说明

1．本章共3节，发音人都是廖观所先生。第一节是按照《中国语言资源调查手册·汉语方言》规定的50个例句调查所得；第二节是按照《汉语方言语法调查例句》规定的248个例句调查所得；第三节是本章根据需要增加的例句。

2．语法例句的用字尽可能使用本字或俗字（如“冇”[mɔ^{21}]、“枱”[tɔi^{24}]），没有本字、俗字可写的使用训读字（如“了”[lɛi^{33}]）或同音字、近音字（如“羊$^{=}$”[iɛŋ^{24}]，右上角加“＝”表示），没有合适字可写的用“□”表示。

第一节

《中国语言资源调查手册·汉语方言》

01 **小张昨日钓了一条大鱼，我没有钓到鱼。**

siau^{44}ʧiɛŋ^{51}tsʰɔ^{24}ȵiat^{5}tiau^{42}tɔ^{44}at^{2}tiau^{24}tuɔi^{33}ȵy^{24}，ŋɔ^{21}mɔ^{21}tiau^{42}tɔ^{44}.

小 张 昨 日 钓 倒一条 大 鱼， 我 冇 钓 倒。

02 **a. 你平时抽烟吗？ b. 不，我不抽烟。**

ni^{21}huɔn^{24}ʃi^{24}kuɔn^{51}ʃɛi^{51}in^{51}mɔ^{44}？ mɔ^{21}，ŋɔ^{21}mɔ^{21}ʃɛi^{51}.

a. 你 闲 时 间 食 烟 么？ b. 冇， 我 冇 食。

03 **a. 你告诉他这件事了吗？**

ni^{21}kœ^{44}piau^{42}kai^{21}tai^{51}ti^{33}kʰin^{33}ʃi^{33}mɔ^{44}？

你 讲 俵 渠 知 □ 件 事 么？

b. 是，我告诉他了。

hai^{33}，ŋɔ^{21}kœ^{44}kai^{21}tai^{51}lɛi^{33}.

系， 我 讲 渠 知 了。

04 **你吃米饭还是吃馒头？**

ni^{21}ʃɛi^{51}fuɔn^{33}han^{33}hai^{33}ʃɛi^{51}muɔn^{33}tiu^{24} ？

你 食 饭 还 系 食 馒 头？

05 **你到底答应不答应他？**

ni^{21}ʧan^{51}hai^{33}tuɔt^{2}ɛ^{51} m̩^{24}tuɔt^{2}ɛ^{51}kai^{24}？

你 真 系 答 应 唔 答 应 渠？

06 **a. 叫小强一起去电影院看《刘三姐》。**

vɔ^{44}siau^{44}kʰiɛŋ^{24}at^{5}hɔu^{33}hau^{42}tin^{33}ɛ^{44}yn^{33}miɛŋ^{33}liu^{24}suɔn^{51}tsɛi^{44}.

□小 强 一下 去 电影院 望《刘 三 姐》。

b. 这部电影他看过了。

ti^{33}pau^{33}tin^{33}ɛ^{44}kai^{21}miɛŋ^{33}ku^{42}lɛi^{33}.

□部 电影渠 望 过了。

07 **你把碗洗一下。**

ni^{21}tsiɛŋ^{51}vun^{44}sa^{44}kau^{51}kai^{21}.

你将 碗 洗 嗨 渠。

08 **他把橘子剥了皮，但是没吃。**

kai^{21}tsiɛŋ^{51}kun^{51}tsɿ^{44}ma^{51}kau^{51}pai^{24}，tsʰiu^{33}hai^{33}mɔ^{21}ʃɛi^{51}.

渠将 柑 子□ 嗨 皮， 就 系 冇 食。

09 **他们把教室都装上了空调。**

kai^{21}lɔ^{44}tsiɛŋ^{51}kʰɔu^{42}ʃat^{21}ʧœ^{51}kau^{51}haŋ^{51}tiau^{24}.

渠 佬将 课 室装 嗨 空 调。

10 **帽子被风吹走了。**

mɔ^{33}piau^{42}faŋ^{51}ʧʰy^{51}tsau^{44}kau^{51}.

帽 俵 风 吹 走 嗨。

11 **张明被坏人抢走了一个包，人也差点儿被打伤。**

ʧiɛŋ^{51}mɛ^{24}piau^{42}vɔi^{33}ȵian^{24}tsʰiɛŋ^{44}tsau^{44}at^{2}tsʰa^{33}pɔ^{51}，ȵian^{24}ia^{51}ʧɛ^{51}min^{44}piau^{42}kuat^{2}ʃiɛŋ^{51}.

张 明俵 坏人 抢 走 一穧包， 人 也争□ 俵 扢 伤。

12 **快要下雨了，你们别出去了。**

fɔi^{42}lœ^{5}y^{21}lɛi^{33}，ni^{21}lɔ^{44} mɔ^{44} ʧʰat^{2}hau^{42}.

快 落 雨了， 你佬⁼[唔好]出 去。

13 **这毛巾很脏了，扔了它吧。**

ti^{33}mɔ^{24}kan^{51}vɔi^{51}tsɔ^{51}lɔ^{33}，tiu^{51}kau^{51}kai^{21}.

□毛 巾 爊 糟 啰， 丢 嗨 渠。

14 **我们是在车站买的车票。**

ŋɔ^{21}lau^{21}hai^{33}hɛ^{24}ʧʰɛi^{51}ʧuɔn^{42}tʰɔ^{44}kɔ^{42}ʧʰɛi^{51}pʰiau^{42}.

我 鲁⁼系 行 车 站 讨个 车 票。

15 **墙上贴着一张地图。**

tsʰiɛŋ^{24}tiu^{24}tʰit^{2}tɔ^{44}at^{2}ʧiɛŋ^{51}tai^{33}tau^{24}.

墙 头 贴 倒一张 地 图。

16 **床上躺着一个老人。**

tʃʰœ24ʃiɛŋ33min24kan44at2tsʰa33lɔ21kɔu51fɔu44.

床 上 眠 紧 一 稿 老 家 伙。

17 **河里游着好多小鱼。**

hɔu24iu24tɔ44kai44tɔu51ȵy24tsa44.

河 游 倒 几 多 鱼 崽。

18 **前面走来了一个胖胖的小男孩。**

tsʰin24min33hɛ24lɔi24at2tsʰa33kai44fai24kɔ42nuɔn24sa24tsa44.

前 面 行 来 一 稿 几 肥 个 男 细 崽。

19 **他家一下子死了三头猪。**

kai21ak2lau33at2hɔu33ȵi51sai44kau51suɔn51tʃai21tɔi51.

渠 屋 路⁼ 一 下 儿 死 嘞 三 只 猪。

20 **这辆汽车要开到广州去。**

ti33kɔu42tʃʰɛi51vɔi42hɔi51tɔ42kuœ44tʃiu51hau42.

□ 架 车 爱 开 到 广 州 去。

21 **学生们坐汽车坐了两整天了。**

hœ5ʃɛ51tsa44tsʰɔ21tʃʰɛi51tʃʰɔ21kau51liɛŋ21ȵiat5.

学 生 崽 坐 车 坐 嘞 两 日。

22 **你尝尝他做的点心再走吧。**

ni21ʃi42hɔu33ȵi51kai21tʃɛ44kɔ42tin44san51tsiɛŋ24tsau44.

你 试 下 儿 渠 整 个 点 心 □ 走。

23 a. **你在唱什么？**

ni21hɛ24ti33tʃʰiɛŋ42pi51man24?

你 行 □ 唱 □ □？

b. **我没在唱，我放着录音呢。**

ŋɔ21mɔ21tʃʰiɛŋ42，ŋɔ21fœ42kan44lak5an51.

我 冇 唱， 我 放 紧 录 音。

24 a. **我吃过兔子肉，你吃过没有？**

ŋɔ21ʃɛi51ku42tʰau42tsa44ȵiak5，ni21ʃɛi51ku42mɔ24?

我 食 过 兔 崽 肉， 你 食 过 冇？

b. **没有，我没吃过。**

mɔ^{21}，ŋɔ^{21}mɔ^{21}ʃɛi^{51}ku^{42}.

有， 我 有 食 过。

25 **我洗过澡了，今天不打篮球了。**

ŋɔ^{21}sa^{44}kau^{51}ʃan^{51}lɛi^{33}，kan^{51}ȵiat^{5}m̩^{24}hau^{42}kuat^{2}luɔn^{24}k^{h}iu^{24}lɛi^{33}.

我 洗 嘞 身 了， 今 日 唔 去 扢 篮 球 了。

26 **我算得太快算错了，让我重新算一遍。**

ŋɔ^{21}syn^{42}tai^{21}t^{h}uɔi^{42}ku^{42}fɔi^{42}lɛi^{33}syn^{42}ts^{h}ɔu^{42}kau^{51}，tiɛŋ^{44}ŋɔ^{21}tsuɔi^{42}syn^{42}at^{2}lan^{24}.

我 算 得 太 过 快 了 算 错 嘞， 等 我 再 算 一 轮。

27 **他一高兴就唱起歌来了。**

kai^{21}at^{2}fun^{51}hai^{44}ts^{h}iu^{33}ʧ^{h}iɛŋ^{42}hai^{44}kɔu^{51}lɔi^{24}.

渠 一 欢 喜 就 唱 起 歌 来。

28 **谁刚才议论我老师来着？**

pi^{51}ts^{h}a^{33}tsiɛŋ^{24}sin^{51}kœ^{44}ŋɔ^{21}lɔ^{21}sɿ^{51}lɔi^{24}?

□ 穧 □ 先 讲 我 老 师 来。

29 **只写了一半，还得写下去。**

tsiɛŋ^{24}sɛi^{44}tɔ^{44}at^{2}pun^{42}，han^{33}vɔi^{42}sɛi^{44}.

□ 写 倒 一 半， 还 爱 写。

30 **你才吃了一碗米饭，再吃一碗吧。**

ni^{21}tsiɛŋ^{24}ʃɛi^{51}kau^{51}at^{2}vun^{44}fuɔn^{33}，ʃɛi^{51}tyn^{42}at^{2}vun^{44}.

你 □ 食 嘞 一 碗 饭， 食 转 一 碗。

31 **让孩子们先走，你再把展览仔仔细细地看一遍。**

tiɛŋ^{44}sa^{24}tsa^{44}tsau^{44}sin^{51}，ni^{21}tsuɔi^{42}tsiɛŋ^{51}ʧin^{44}luɔn^{44}ȵian^{33}ʧan^{51}tsuɔi^{42}miɛŋ^{33}at^{2}lan^{24}.

等 细 崽 走 先， 你 再 将 展 览 认 真 再 望 一 轮。

32 **他在电视机前看着看着睡着了。**

kai^{21}hɛ^{24}tin^{33}ʃi^{33}kai^{51}ts^{h}in^{24}miɛŋ^{33}kan^{44}miɛŋ^{33}kan^{44}min^{24}ʧ^{h}iɛk^{5}lɛi^{33}.

渠 行 电 视 机 前 望 紧 望 紧 眠 着 了。

33 **你算算看，这点钱够不够花？**

ni^{21}syn^{42}hɔu^{33}ȵi^{51}，ti^{33}min^{44}ts^{h}in^{24}kau^{42}m̩^{24}kau^{42}ʃa^{44}？

你 算 下 儿， □□ 钱 够 唔 够 使？

34 **老师给了你一本很厚的书吧？**

lɔ^{21}sɿ^{51}piau^{42}hin^{42}ni^{21}at^{2}pan^{44}hɔ^{44}hau^{21}kɔ^{42}ʃy^{51}，hai^{33}mai^{33}？

老 师 俵 牵 你 一 本 好 厚 个 书， 系 [唔系]？

35 **那个卖药的骗了他一千块钱呢。**

kat^{2}ts^{h}a^{33}muɔi^{33}iɛk^{5}lɔ^{44}kua^{44}hin^{51}kai^{21}at^{2}ts^{h}in^{51}yn^{24}.

□ 穧 卖 药 佬 拐 牵 渠 一 千 元。

36 **我上个月借了他三百块钱。（借入）**

ŋɔ^{21}ʃiɛŋ^{33}ts^{h}a^{33}ȵyt^{5}tsɛi^{42}kau^{51}kai^{21}suɔn^{51}pɛ^{2} man^{51}.

我 上 穧 月 借 嘝 渠 三 百 文。

我上个月借了他三百块钱。（借出）

ŋɔ^{21}ʃiɛŋ^{33}ts^{h}a^{33}ȵyt^{5}tsɛi^{42}piau^{42}kai^{21}suɔn^{51}pɛ^{2} man^{51}.

我 上 穧 月 借 俵 渠 三 百 文。

37 **王先生的刀开得很好。**

vœ^{24}ɔi^{51}ʃɛ^{51}hɔi^{51}kɔ^{42}tɔ^{51}kai^{21}hɔ^{44}.

王 医 生 开 个 刀 几 好。

vœ^{24}sin^{51}ʃɛ^{51}kɔ^{42}tɔ^{51}hɔi^{51}tai^{21}kai^{21}hɔ^{44}.

王 先 生 个 刀 开 得 几 好。

38 **我不能怪人家，只能怪自己。**

ŋɔ^{21}mɔ^{44} kuɔi^{42}ȵia^{51}，vɔi^{42}kuɔi^{42}kuɔi^{42}sɿ^{33}kai^{44}.

我 [唔好] 怪 □， 爱 怪 怪 自 己。

39 a. **明天王经理会来公司吗？**

mɛ^{21}ȵiat^{5}vœ^{21}kɛ^{51}lai^{21}han^{33}lɔi^{24}kaŋ^{51}sɿ^{51}mɔ^{44} ?

明 日 王 经 理 还 来 公 司 么？

b. **我看他不会来。**

ŋɔ^{21}ʧ^{h}uɔi^{51}kai^{21} m̩^{24}vɔi^{42}lɔi^{24}.

我 猜 渠 唔 爱 来。

40 **我们用什么车从南京往这里运家具呢？**

ŋɔ^{21}lau^{21}ȵiɔu^{44}pi^{51}man^{24}ʧ^{h}ɛi^{42}ts^{h}aŋ^{24}nuɔn^{24}kɛ^{51}hiɛŋ^{42}ti^{33}p^{h}œ^{42}van^{33}kaŋ^{51}fu^{51}?

我 鲁$^{=}$□ □□ 车 从 南 京 向 □□ 运 工 夫？

41 **他像个病人似的靠在沙发上。**

kai^{21}ts^{h}iɛŋ^{21}ts^{h}a^{33}pɛ^{33}ȵian^{24}k^{h}an^{33}tsɿ^{44}piɛŋ^{33}hɛ^{24}ʃɔu^{51}fuɔt^{2}ʃiɛŋ^{33}.

渠 像 穧 病 人 咁 子 凭 行 沙 发 上。

42 **这么干活连小伙子都会累坏的。**

k^{h}an^{33}tsɿ^{44}tsau^{42}kaŋ^{51}fu^{51}lin^{24}hau^{42}ʃɛ^{51}tsa^{44}tau^{51}tɛ^{44} m̩^{24}ʧ^{h}y^{33}.

咁 子 做 工 夫 连 后 生 崽 都 顶 唔 住。

43 **他跳上末班车走了。我迟到一步，只能自己慢慢走回学校了。**

kai^{21}ʃiɛŋ^{21}kau^{51}mai^{21}puɔn^{51}ʧ^{h}ɛi^{51}tsau^{44}lɔ^{33}，ŋɔ^{21}ʧ^{h}i^{24}tɔ^{42}at^{2}pau^{33}，ts^{h}iɛk^{5}tai^{21}sɿ^{33}kai^{44}muɔn^{33}muɔn^{33}

渠 上 嘞 尾 班 车 走 啰，我 迟 到 一 步， 贼= 得 自 己 慢 慢

tyn^{42}hœ^{5}tœ^{24}lɔ^{33}.

转 学 堂 啰。

44 **这是谁写的诗？谁猜出来我就奖励谁十块钱。**

ti^{33}tsa^{44} pi^{51}ts^{h}a^{33}sɛi^{44}kɔ^{42}ʃi^{51} ？ pi^{51}ts^{h}a^{33}ʧ^{h}uɔi^{51}ʧ^{h}at^{2}lɔi^{24}ŋɔ^{21}ts^{h}iu^{33}tsiɛŋ^{44}lai^{33}kai^{21}ʃat^{5}yn^{24}ʧi^{44}.

□崽 □ 穧 写 个 诗？ □ 穧 猜 出 来 我 就 奖 励 渠 十 元 纸。

45 **我给你的书是我教中学的舅舅写的。**

ŋɔ^{21}piau^{42}ni^{21}kɔ^{42}ʃy^{51}hai^{33}ŋɔ^{21}kɔ^{42}ʧaŋ^{51}hœ^{5}kɔ^{42}a^{33}k^{h}iu^{21}sɛi^{44}kɔ^{42}.

我 俵 你 个 书 系 我 教 中 学 个 阿 舅 写 个。

46 **你比我高，他比你还要高。**

ni^{21}kɔ^{51}ku^{42}ŋɔ^{21}，kai^{21}pai^{44}ni^{21}han^{33}kɔ^{51}.

你 高 过 我， 渠 比 你 还 高。

ni^{21}pai^{44}ŋɔ^{21}kɔ^{51}，kai^{21}pai^{44}ni^{21}han^{33}kɔ^{51}.

你 比 我 高， 渠 比 你 还 高。

47 **老王跟老张一样高。**

lɔ^{21}vœ^{24}lɔ^{51}lɔ^{21}ʧiɛŋ^{51}at^{2}iɛŋ^{33}kɔ^{51}.

老 王 摎 老 张 一 样 高。

48 **我走了，你们俩再多坐一会儿。**

ŋɔ^{21}tsau^{44}lɔ^{33}，ni^{21}lɔ^{44}liɛŋ^{21}ts^{h}a^{33}ts^{h}ɔu^{21}kiu^{44}hɔu^{33}ȵi^{51}.

我 走 啰， 你 佬 两 穧 坐 久 下 儿。

49 **我说不过他，谁都说不过这个家伙。**

ŋɔ^{21}kœ^{44}m̩^{24}ku^{42}kai^{21}，pi^{51}ts^{h}a^{33}tau^{51}kœ^{44}m̩^{24}ku^{42}ti^{33}ts^{h}a^{33}lɔ^{44}.

我 讲 唔 过 渠， □ 穧 都 讲 唔 过□ 穧 佬。

50 **上次只买了一本书，今天要多买几本。**

sin^{51}pin^{42}ts^{h}iu^{33}t^{h}ɔ^{44}hin^{51}at^{2}pan^{44}ʃy^{51}，kan^{51}ȵiat^{5}vɔi^{42}t^{h}ɔ^{44}tɔu^{51}kai^{44}pan^{44}.

先 遍 就 讨 牵 一 本 书， 今 日 爱 讨 多 几 本。

第二节

《汉语方言语法调查例句》

001 **这句话用石蛤塘话怎么说？**

ti^{33}kɔi^{42}vɔu^{33}ȵiɔu^{44}ʃɛi^{51}kyt^{2}tœ^{24}vɔu^{33}kiɛŋ^{42}tai^{33}kœ^{44}?

□句 话 □ 石 蛤 塘 话 □ □ 讲？

002 **你还会说别的地方的话吗？**

ni^{21}han^{33}ʃak^{5}kœ^{44}k^{h}ai^{24}t^{h}a^{51}tai^{33}fœ^{51}kɔ^{42}vɔu^{33}mɔ^{44}?

你 还 熟 讲 其 他 地 方 个 话 么？

003 **不会了，我从小就没出过门，只会说石蛤塘话。**

m̩^{24}ʃak^{5}lɔ^{33}，ŋɔ^{21}ts^{h}aŋ^{24}sa^{42}tau^{51}mɔ^{21}tʃ^{h}at^{2}ku^{42}man^{24}，ts^{h}iu^{33}hai^{33}ʃak^{5}kœ^{44}ʃɛi^{51}kyt^{2}tœ^{24}vɔu^{33}.

唔 熟 啰，我 从 细 都 冇 出 过 门， 就 系 熟 讲 石 蛤 塘 话。

004 **会，还会说客家话，不过说得不怎么好。**

ʃak^{5}，han^{33}ʃak^{5}kœ^{44}k^{h}ɛ^{2}kɔu^{51}vɔu^{33}，ts^{h}iu^{33}hai^{33}kœ^{44}tai^{2}mɔ^{21}k^{h}an^{33}hɔ^{44}.

熟， 还 熟 讲 客 家 话， 就 系 讲 得 冇 咁 好。

005 **会说普通话吗？**

ʃak^{5}kœ^{44}p^{h}au^{44}t^{h}aŋ^{51}vɔu^{33}mɔ^{44}?

熟 讲 普 通 话 么？

006 **不会说，没有学过。**

m̩^{24}ʃak^{5}kœ^{44}, mɔ^{21}hœ^{5}ku^{42}.

唔 熟 讲， 冇 学 过。

007 **会说一点儿，不标准就是了。**

ʃak^{5}kœ^{44}min^{44}ȵin^{24}，mɔ^{21}k^{h}an^{33}piau^{51}tʃan^{44}ts^{h}iu^{33}hai^{33}.

熟 讲 □ □， 冇 咁 标 准 就 系。

008 **在什么地方学的普通话？**

hɛ^{24}pi^{51}man^{24}tai^{33}fœ^{51}hœ^{5}kɔ^{42}pʰau^{44}tʰaŋ^{51}vɔu^{33}?

行□ □ 地 方 学 个 普 通 话？

009 **上小学中学都学普通话。**

tak^{5}siau^{44}hœ^{5}ʧaŋ^{51}hœ^{5}tau^{51}hœ^{5}pʰau^{44}tʰaŋ^{51}vɔu^{33}.

读 小 学 中 学 都 学 普 通 话。

010 **谁呀？我是老王。**

pi^{51}tsʰa^{33}，ŋɔ^{21}hai^{33}lɔ^{21}vœ^{24}.

□ 𥡳？ 我 系 老 王。

011 **您贵姓？我姓王，您呢？**

ni^{21}kuai^{42}sɛ^{42}? ŋɔ^{21}sɛ^{42}vœ^{24}，ni^{21}nɛ^{44}?

你 贵 姓？ 我 姓 王， 你 呢？

012 **我也姓王，咱俩都姓王。**

ŋɔ^{21}ia^{51}sɛ^{42}vœ^{24}，ŋɔ^{21}liɛŋ^{21}tau^{51}hai^{33}sɛ^{42}vœ^{24}.

我 也 姓 王，我 两 都 系 姓 王。

013 **巧了，他也姓王，本来是一家嘛。**

ŋuɔn^{44}lɔ^{33}，kai^{21}ia^{51}sɛ^{42}vœ^{24}，pan^{44}lɔi^{24}hai^{33}at^{2}kɔu^{51}ma^{33}.

啱 啰， 渠 也 姓 王，本 来 系 一 家 嘛。

014 **老张来了吗？说好他也来的！**

lɔ^{21}ʧiɛŋ^{51}lɔi^{24}lɛi^{33}mɔ^{44}？ kœ^{44}hɔ^{44}kai^{21}ia^{51}lɔi^{24}kɔ^{42}！

老 张 来 了 么？ 讲 好 渠 也 来 个！

015 **他没来，还没到吧。**

kai^{21}mɔ^{21}lɔi^{24}，han^{33}mɔ^{21}tɔ^{42}pin^{51}.

渠 冇 来， 还 冇 到 边。

016 **他上哪儿了？还在家里呢。**

kai^{21}ʃiɛŋ^{33}kau^{51}pi^{51}ti^{24}? han^{33}hai^{33}ak^{2}lau^{33}hin^{51}.

渠 上 嚿 □ □？还 系 屋 路⁼ 牵。

017 **在家做什么？在家吃饭呢。**

hɛ^{24}ak^{2}tsau^{42}pi^{51}man^{24}? hɛ^{24}ak^{2}ʃɛi^{51}fuɔn^{33}lɔ^{33}.

行 屋 做 □ □？ 行 屋 食 饭 啰。

018 **都几点了，怎么还没吃完？**

tau^{51}kai^{44}tin^{44}lɔ^{33}，kiɛŋ^{42}tsɿ^{44}han^{33}mɔ^{21}ʃɛi^{51}liau^{24}？

都 几 点 啰， □ 子 还 冇 食 了？

019　**还没有呢，再有一会儿就吃完了。**

han^{33}mɔ^{21}hin^{51}，tsuɔi^{42}ku^{42}hɔu^{33}ȵi^{51}tsiɛŋ^{24}ʃɛi^{51}liau^{21}.

还 有 牵， 再 过 下 儿 □ 食 了。

020　**他在哪儿吃的饭？**

kai^{21}hɛ^{24}pi^{51}ti^{33}ʃɛi^{51}kɔ^{42}fuɔn^{33}?

渠 行 □ □ 食 个 饭？

021　**他是在我家吃的饭。**

kai^{21}hai^{33}hɛ^{24}ŋɔ^{21}ti^{33}ʃɛi^{51}kɔ^{42}fuɔn^{33}.

渠 系 行 我 □食 个 饭。

022　**真的吗？真的，他是在我家吃的饭。**

ʧan^{51}kɔ^{42}mɔ^{44}？

真 个 么？

ʧan^{51}kɔ^{42}，kai^{21}hai^{33}hɛ^{24}ŋɔ^{21}ti^{33}ʃɛi^{51}kɔ^{42}fuɔn^{33}.

真 个， 渠 系 行 我 □ 食 个 饭。

023　**先喝一杯茶再说吧！**

sin^{51}ʃɛi^{51}at^{2}pai^{51}ʧ^{h}ɔu^{24}tsiɛŋ^{24}kœ^{44}！

先 食 一杯 茶 □ 讲！

024　**说好了就走的，怎么半天了还不走？**

kœ^{44}hɔ^{44}lɔ^{33}ts^{h}iu^{33}tsau^{44}kɔ^{42}，kiɛŋ^{42}tsɿ^{44}pun^{42}ȵiat^{5}han^{33}mɔ^{21}tsau^{44}?

讲 好 啰 就 走 个， □ □ 半 日 还 冇 走？

025　**他磨磨蹭蹭的，做什么呢？**

kai^{21}k^{h}an^{33}mɔu^{44}sɔu^{44}kɔ^{42}，tsau^{42}pi^{51}man^{24}lɛ^{44}?

渠 咁 □ □ 个， 做 □ □ 哩？

026　**他正在那儿跟一个朋友说话呢。**

kai^{21}ʧɛ^{51}hɛ^{24}kat^{2}ti^{33}lɔ^{51}at^{2} ts^{h}a^{33}pɛ^{24}iu^{21}kœ^{44}vɔu^{33}.

渠 正 行 □ □摎 一 穧 朋 友 讲 话。

027　**还没说完啊？催他快点儿！**

han^{33}mɔ^{21}kœ^{44}liau^{24}？ ts^{h}ɔi^{51}kai^{21} fɔi^{42}min^{44}！

还 有 讲 了？ 催 渠 快 □！

028　**好，好，他就来了。**

hɔ^{44}，hɔ^{44}，kai^{21}ts^{h}iu^{33}lɔi^{24}lɔ^{33}.

好， 好， 渠 就 来 啰。

029 **你上哪儿去？我上街去。**

ni^{21}ʃiɛŋ^{21}pi^{51}ti^{24}？ ŋɔ^{21}ʃiɛŋ^{21}kuɔi^{51}.

你 上 □ □？ 我 上 街。

030 **你多会儿去？我马上就去。**

ni^{21}pi^{51}man^{24}ʃi^{24}kuɔn^{51}hau^{42}？ ŋɔ^{21}tsai^{21}kiɛk^{2} hau^{42}.

你 □ □ 时 间 去？ 我 即 脚$^{=}$ 去。

031 **做什么去呀？家里来客人了，买点儿菜去。**

tsau^{42}pi^{51}man^{24}hau^{42}？

做 □ □ 去？

ak^{2}lau^{33}lɔi^{24}k^{h}ɛ^{21}ȵian^{24}lɔ^{33}，t^{h}ɔ^{44}min^{44}ts^{h}ɔi^{42}tyn^{42}.

屋 路$^{=}$ 来 客 人 啰，讨 □ 菜 转。

032 **你先去吧，我们一会儿再去。**

ni^{21}sin^{51}hau^{42}a^{33}，ŋɔ^{21}lau^{21}tiɛŋ^{44}ȵi^{51}tsiɛŋ^{24}hau^{42}.

你 先 去 啊， 我 鲁$^{=}$ 等 儿 □ 去。

033 **好好儿走，别跑！小心摔跤了。**

muɔn^{33}muɔn^{33}hɛ^{24}，mai^{51}tsau^{44}，siau^{44}san^{51}kuɛ^{44}tɔ^{44}！

慢 慢 行， □ 走， 小 心 梗$^{=}$ 倒！

034 **小心点儿，不然的话摔下去爬都爬不起来。**

siau^{44}san^{51}min^{44}，m̩^{24}hai^{33}kɔ^{42}vɔu^{33}kuɛ^{44}hɔu^{21}hau^{42}pɔu^{24}iu^{33}pɔu^{24}m̩^{24}hai^{44}lɔi^{24}.

小 心 □， 唔 系 个 话 梗$^{=}$ 下 去 爬 又 爬 唔 起 来。

035 **不早了，快去吧！**

mɔ^{21}tsɔ^{44}lɔ^{33}，fɔi^{42}tit^{2}hau^{42}！

有 早 啰， 快 滴 去！

036 **这会儿还早呢，过一会儿再去吧。**

lan^{24}kan^{51}han^{33}tsɔ^{44}hin^{51}，tiɛŋ^{44}hɔu^{33}ȵi^{51}tsiɛŋ^{24}hau^{42}.

临 今 还 早 牵， 等 下 儿 □ 去。

037 **吃了饭再去好不好？**

ʃɛi^{51}kau^{51}fuɔn^{33}tsiɛŋ^{24}hau^{42}hɔ^{44}m̩^{24}hɔ^{44}？

食 嘞 饭 □ 去 好 唔 好？

038 **不行，那可就来不及了。**

m̩^{24}tai^{21}，k^{h}an^{33}tsɿ^{44}lɔi^{24}m̩^{24}tʃ^{h}it^{2}lɔ^{33}.

唔 得， 咁 子 来 唔 彻 啰。

039 **不管你去不去，反正我是要去的。**

m̩^{24}lai^{21}ni^{21}hau^{42} m̩^{24}hau^{42}，vε^{24}ʧʰai^{51}ŋɔ^{21}hai^{33}vɔi^{42}hau^{42}kɔ^{42}.

唔 理 你 去 唔 去， 横 直 我 系 爱 去 个。

040 **你爱去不去。你爱去就去，不爱去就不去。**

ni^{21}ʧaŋ^{51}ai^{42}hau^{42} m̩^{24}hau^{42}.

你 钟 意 去 唔 去。

ni^{21}ʧaŋ^{51}ai^{42}hau^{42}tsʰiu^{33}hau^{42}，m̩^{24}ʧaŋ^{51}ai^{42}hau^{42}tsʰiu^{33}mɔ^{44}hau^{42}.

你 钟 意 去 就 去， 唔 钟 意 去 就 [唔好] 去。

041 **那我非去不可！**

ŋɔ^{21}kiεŋ^{42}tsɿ^{44}tau^{51}vɔi^{42}hau^{42}！

我 □ 子 都 爱 去！

042 **那个东西不在那儿，也不在这儿。**

kat^{2}tsʰa^{33}kaŋ^{51}fu^{51}mɔ^{21}hε^{24}kat^{2}ti^{33}，ia^{51}mɔ^{21}hε^{24}ti^{33}tsa^{44}.

□ 稽 工 夫 冇 行 □□， 也 冇 行 □ 崽。

043 **那到底在哪儿？**

tɔ^{42}ta^{44}hε^{24}pi^{51}ti^{24}？

到 底 行 □ □？

044 **我也说不清楚，你问他去！**

ŋɔ^{21}ia^{51}kœ^{44}m̩^{24}tai^{21}tsʰε^{51}ʧʰɔu^{44}，ni^{21}man^{33}kai^{21}lɔ^{33}！

我 也 讲 唔 得 清 楚， 你 问 渠 啰！

045 **怎么办呢？不是那么办，要这么办才对。**

kiεŋ^{42}tsɿ^{44}puɔn^{33}？m̩^{24}hai^{33}kiεŋ^{42}tai^{33}puɔn^{33}vɔi^{42}kʰan^{33}tai^{33}puɔn^{33}tsiεŋ^{24}tai^{21}.

□ 子 办？ 唔 系 □ □ 办 爱 □ □ 办 □ 得。

046 **要多少才够呢？**

vɔi^{42}kai^{44}tɔu^{51}tsiεŋ^{24}kau^{24}？

爱 几 多 □ 够？

047 **太多了，要不了那么多，只要这么多就够了。**

tʰuɔi^{42}ku^{42}tɔu^{51}lɔ^{33}，tʰɔ^{44} m̩^{24}tai^{21}kʰan^{33}tɔu^{51}，tsʰiu^{33}vɔi^{42}kʰan^{33}tɔu^{51}tsʰiu^{33}kau^{42}lɔ^{33}.

太 过 多 啰，讨 唔 得 咁 多， 就 爱 □ 多 就 够 啰。

048 **不管怎么忙，也得好好儿学习。**

m̩^{24}kun^{44}kiεŋ^{42}tsɿ^{44}kan^{44}，ia^{51}vɔi^{42}hɔ^{44}hɔ^{44}hœ^{5}.

唔 管 □ 子 紧， 也 爱 好 好 学。

049 **你闻闻这朵花香不香？**

ni^{21}ȵiaŋ^{42}ȵi^{51}ti^{33}tɔu^{44}fɔu^{51}hiɛŋ^{51}m̩^{24}hiɛŋ^{51}?

你□ 儿□朵 花 香 唔 香？

050 **好香呀，是不是？**

hɔ^{44}hiɛŋ^{51}a^{33}，hai^{33}m̩^{24}hai^{33}？

好 香 啊，系 唔 系？

051 **你是抽烟呢，还是喝茶？**

ni^{21}hai^{33}ʃɛi^{51}in^{51}，han^{33}hai^{33}ʃɛi^{51}ʧ^{h}ɔu^{24}？

你 系 食 烟，还 系 食 茶？

052 **烟也好，茶也好，我都不会。**

in^{51}ia^{51}hɔ^{44}，ʧ^{h}ɔu^{24}ia^{51}hɔ^{44}，ŋɔ^{21}tau^{51}m̩^{24}ʃak^{5}.

烟 也 好，茶 也 好，我 都 唔 熟。

053 **医生叫你多睡一睡，抽烟喝茶都不行。**

ɔi^{51}ʃɛ^{51}vɔ^{44}ni^{21}tɔu^{51}min^{24}tit^{2}ŋuɔn^{21}，ʃɛi^{51}in^{51}an^{44}ʧ^{h}ɔu^{24}tau^{51}m̩^{24}tai^{21}.

医生 □你 多 眠 滴 眼，食 烟 饮 茶 都 唔 得。

054 **咱们一边走一边说。**

ŋɔ^{21}lau^{21}at^{2}pin^{51}hɛ^{24}at^{2}pin^{51}kœ^{44}.

我 鲁$^{=}$ 一边 行 一边 讲。

055 **这个东西好是好，就是太贵了。**

ti^{33}kau^{21}kaŋ^{51}fu^{51}hɔ^{44}ts^{h}iu^{33}hai^{33}hɔ^{44}，ts^{h}iu^{33}hai^{33}t^{h}uɔi^{42}ku^{42}kuai^{42}lɛ^{44}.

□□ 工 夫 好 就 系 好，就 系 太 过 贵 哩。

056 **这个东西虽说贵了点儿，不过挺结实的。**

ti^{33}kau^{21}kaŋ^{51}fu^{51}sɔi^{51}kuai^{42}ti^{33}，t^{h}uɔn^{33}hai^{33}pai^{33}kau^{42}ŋɛ^{33}ts^{h}ɛ^{33}.

□ □ 工 夫 虽 贵 滴，但 系 比 较 硬 净。

057 **他今年多大了？**

kai^{21}kan^{51}nin^{24}ʧ^{h}an^{51}kai^{44}tuɔi^{33}lɔ^{33}?

渠 今 年 春 几 大 啰？

058 **也就是三十来岁吧。**

ia^{51}ts^{h}iu^{33}hai^{33}suɔn^{51}ʃat^{5}k^{h}an^{33}tai^{33}.

也 就 系 三 十 咁 □。

059 **看上去不过三十多岁的样子。**

mieŋ^{33}ʃieŋ^{33}hau^{42}m̩^{24}ku^{42}suɔn^{51}ʃat^{5}sɔi^{42}kʰan^{33}tsɿ^{44}.

望上去唔过三十岁□子。

060 **这个东西有多重呢？**

ti^{33}kɔ^{42}kaŋ^{51}fu^{51}iu^{21}kai^{44}tʃʰaŋ^{24}？

□个工夫有几重？

061 **怕有五十多斤吧。**

faŋ^{44}iu^{21}m̩^{21}ʃat^{5}kan^{51}kʰan^{33}tai^{21}.

恐有五十斤咁得。

062 **我五点半就起来了，你怎么七点了还不起来？**

ŋɔ^{21}m̩^{21}tin^{44}pun^{42}tsʰiu^{33}hai^{44}lɔ^{33}，ni^{21}kieŋ^{42}tsɿ^{44}tsʰat^{2}tin^{44}han^{33}mɔ^{21}hai^{44}？

我五点半就起啰，你□子七点还冇起？

063 **三四个人盖一床被。一床被盖三四个人。**

suɔn^{51}sai^{42}tsʰa^{33}ȵian^{24}kʰan^{44}at^{2}tsʰa^{33}pai^{21}.

三四穧人□一穧被。

at^{2}tsʰa^{33}pai^{21}kʰan^{44}suɔn^{51}sai^{42}tsʰa^{33}ȵian^{24}.

一穧被□三四穧人。

064 **一个大饼夹一根油条。一根油条外加一个大饼。**

at^{2}tsʰa^{33}tuɔi^{33}pɛ^{44}kʰit^{5}at^{2}tiau^{24}iu^{24}tiau^{24}.

一穧大饼夹一条油条。

at^{2}tiau^{24}iu^{24}tiau^{24}iu^{33}kɔu^{51}at^{2}tsʰa^{33}tuɔi^{33}pɛ^{44}.

一条油条又加一穧大饼。

065 **两个人坐一张凳子。一张凳子坐了两个人。**

lieŋ^{21}tsʰa^{33}ȵian^{24}tsʰɔu^{21}at^{2}tʃieŋ^{51}tieŋ^{42}.

两穧人坐一张凳。

at^{2}tʃieŋ^{51}tieŋ^{42}tsʰɔu^{21}lieŋ^{21}tsʰa^{33}ȵian^{24}.

一张凳坐两穧人。

066 **一辆车装三千斤麦子。三千斤麦子刚好够装一辆车。**

at^{2}kɔu^{42}tʃʰɛ^{51}tʃœ^{51}suɔn^{51}tsʰin^{51}kan^{51}vɔu^{24}mɛ^{5}.

一架车装三千斤禾麦。

suɔn^{51}tsʰin^{51}kan^{51}vɔu^{24}mɛ^{5}ŋuɔn^{44}sin^{42}tʃœ^{51}kau^{42}at^{2}kɔu^{42}tʃʰɛ^{51}.

三千斤禾麦啱线装够一架车。

067 十个人吃一锅饭。一锅饭够吃十个人。

ʃat^{5}tsʰa^{33}ȵian^{24}ʃɛi^{51}at^{2}tʃʰɛ^{51}fuɔn^{33}.

十 穧 人 食 一 铛 饭。

at^{2}tʃʰɛ^{51}fuɔn^{33}kau^{42}ʃɛi^{51}ʃat^{5}tsʰa^{33}ȵian^{24}.

一 铛 饭 够 食 十 穧 人。

068 十个人吃不了这锅饭。这锅饭吃不了十个人。

ʃat^{5}tsʰa^{33}ȵian^{24}ʃɛi^{51} m̩^{24}liau^{21}ti^{33}tʃʰɛ^{51}fuɔn^{33}.

十 穧 人 食 唔 了 □ 铛 饭。

ti^{33}tʃʰɛ^{51}fuɔn^{33}ʃɛi^{51} m̩^{24}liau^{21}ʃat^{5}tsʰa^{33}ȵian^{24}.

□ 铛 饭 食 唔 了 十 穧 人。

069 这个屋子住不下十个人。

ti^{33}kuɔn^{51}ak^{2}tʃʰy^{33} m̩^{24}hɔu^{21}ʃat^{5}tsʰa^{33}ȵian^{24}.

□ 间 屋 住 唔 下 十 穧 人。

070 小屋堆东西，大屋住人。

sa^{42}ak^{2} tɔi^{51}kaŋ^{51}fu^{51}，tuɔi^{33}ak^{2}tʃʰy^{33}ȵian^{24}.

细 屋 堆 工 夫， 大 屋 住 人。

071 他们几个人正说着话呢。

kai^{21}lɔ^{44}kai^{44}tsʰa^{33}ȵian^{24}ŋuɔn^{44}sin^{42}kœ^{44}kan^{44}vɔu^{33}.

渠 佬 几 穧 人 啱 线 讲 紧 话。

072 桌上放着一碗水，小心别碰倒了。

tʃœ^{2}min^{33}fœ^{42}kan^{44}at^{2}vun^{44}ʃy^{44}，siau^{44}san^{51}mɔ^{44}aŋ^{44}tɔ^{44}.

桌 面 放 紧 一 碗 水， 小 心 [唔好] □ 倒。

073 门口站着一帮人，在说着什么。

man^{24}hau^{44}kʰai^{21}kan^{44}at^{2}pœ^{51}ȵian^{24}，hɛ^{24}ti^{33}kœ^{44}pi^{51}man^{24}.

门 口 徛 紧 一 帮 人， 行 □ 讲 □ □。

074 坐着吃好，还是站着吃好？

tsʰɔu^{21}kan^{44}lɔi^{24}ʃɛi^{51}hɔ^{44}，han^{33}hai^{33}kʰai^{21}kan^{44}lɔi^{24}ʃɛi^{51}hɔ^{44}？

坐 紧 来 食 好， 还 系 徛 紧 来 食 好？

075 想着说，不要抢着说。

siɛŋ^{44}hɔ^{44}tsiɛŋ^{24}kœ^{44}，mɔ^{44}tsʰiɛŋ^{44}kan^{44}kœ^{44}.

想 好 □ 讲， [唔好] 抢 紧 讲。

076 **说着说着就笑起来了。**

kœ^{44}kan^{44}kœ^{44}kan^{44}ts^{h}iu^{33}siau^{42}hai^{44}lɔi^{24}lɔ^{33}.

讲 紧 讲 紧 就 笑 起 来 啰。

077 **别怕！你大着胆子说吧。**

mai^{51}faŋ^{44}！ ni^{21}ts^{h}iu^{33}tuɔi^{33}tuɔn^{44}kœ^{44}.

□ 恐！ 你 就 大 胆 讲。

078 **这个东西重着呢，足有一百来斤。**

ti^{33}kɔ^{42}kaŋ^{51}fu^{51}ts^{h}aŋ^{21}ɔ^{44}，tsak^{2}kau^{42}iu^{21}pɛ^{2}kan^{51}k^{h}an^{33}tai^{21}.

□个 工 夫 重 哦，足 够 有 百 斤 咁 得。

079 **他对人可好着呢。**

kai^{21}tɔi^{42}ȵian^{24}kai^{44}hɔ^{44}.

渠 对 人 几 好。

080 **这小伙子可有劲着呢。**

ti^{33}ts^{h}a^{33}hau^{33}ʃɛ^{51}tsa^{44}iu^{21}lai^{51}ɔ^{33}.

□ 穧 后 生 崽 有 力 哦。

081 **别跑，你给我站着！**

mai^{51}tsau^{44}，ni^{21}lɔ^{51}ŋɔ^{21}k^{h}ai^{21}kan^{44}！

□ 走， 你 摎 我 徛 紧！

082 **下雨了，路上小心着！**

lœ^{5}y^{21}lɔ^{33}，lau^{33}ʃiɛŋ^{33}siau^{44}san^{51}！

落雨 啰， 路 上 小 心！

083 **点着火了。着凉了。**

tin^{44}in^{24}fɔ^{44}lɔ^{33}. lɛ^{21}tɔ^{44}lɔ^{33}.

点 燃 火 啰。冷 倒 啰。

084 **甭着急，慢慢儿来。**

mɔ^{44}ts^{h}iɛk^{5}kan^{44}，muɔn^{33}muɔn^{33}lɔi^{24}.

[唔好]贼紧， 慢 慢 来。

085 **正在这儿找着你，还没找着。**

ŋɔ^{21}ŋuɔn^{44}hɛ^{24}p^{h}œ^{42}ȵi^{51}tiɛŋ^{24}kan^{44}ni^{21}，han^{33}mɔ^{21}tiɛŋ^{24}tɔ^{44}.

我 啱 行 □ 儿 藤⁼ 紧 你， 还 冇 藤⁼ 倒。

086 **她呀，可厉害着呢！**

kai^{21}a^{33}，hɔ^{44}sa^{51}lai^{33}kɔ^{42}!

渠 啊，好 犀利个！

087 **这本书好看着呢。**

ti^{33}pan^{44}ʃy^{51}kai^{44}hɔ^{44}mieŋ^{33}.

□ 本 书 儿 好 望。

088 **饭好了，快来吃吧。**

fuɔn^{33}tai^{21}lɛ^{44}，fɔi^{42}tit^{2}lɔi^{24}ʃɛi^{51}.

饭 得 哩，快 滴来 食。

089 **锅里还有饭没有？你去看一看。**

ʧ^{h}ɛ^{51}han^{33}mɔ^{21}fuɔn^{24}？ ni^{21}hau^{42}mieŋ^{33}hɔu^{33}ȵi^{51}.

铛 还 冇 饭？ 你 去 望 下 儿。

090 **我去看了，没有饭了。**

ŋɔ^{21}hau^{42}mieŋ^{33}lɛi^{33}，mɔ^{21}tai^{21}fuɔn^{33}lɔ^{33}.

我 去 望 了，冇 得 饭 啰。

091 **就剩一点儿了，吃了得了。**

ts^{h}iu^{33}ʃɛ^{33}min^{44}ȵin^{24}，ʃɛi^{51}liau^{21}ʧan^{44}lɔ^{33}.

就 剩 □ □，食 了 准 啰。

092 **吃了饭要慢慢儿地走，别跑，小心肚子疼。**

ʃɛi^{51}kau^{51}fuɔn^{33}vɔi^{42}muɔn^{33}muɔn^{33}hɛ^{24}，mɔ^{44}tsau^{44}，siau^{44}san^{51}tau^{21}t^{h}aŋ^{42}.

食 嘞 饭 爱 慢 慢 行，[唔好]走，小 心 肚 痛。

093 **他吃了饭了，你吃了饭没有呢？**

kai^{21}ʃɛi^{51}kau^{51}fuɔn^{33}lɔ^{44}，ni^{21}ʃɛi^{51}kau^{51}fuɔn^{33}mɔ^{24}？

渠 食 嘞 饭 啰，你 食 嘞 饭 冇？

094 **我喝了茶还是渴。**

ŋɔ^{21}ʃɛi^{51}kau^{51}ʧ^{h}ɔu^{24}lɔ^{33}han^{33}kɛ^{44}lin^{44}.

我 食 嘞 茶 啰 还 颈 □。

095 **我吃了晚饭，出去溜达了一会儿，回来就睡下了，还做了个梦。**

ŋɔ^{21}ʃɛi^{51}kau^{51}iɛi^{33}iɔ^{33}，ʧ^{h}at^{2}hau^{42}ʃɔu^{42}hɔu^{33}ȵi^{51}，tyn^{42}lɔi^{24}ts^{h}iu^{33}min^{24}hɔu^{33}lɔ^{33}，han^{33}fuɔt^{2}at^{2}ts^{h}a^{33}maŋ^{33}.

我 食 嘞 夜 哟，出 去 耍 下 儿，转 来 就 眠 下 啰，还 发 一穧 梦。

096 **吃了这碗饭再说。**

ʃɛi^{51}kau^{51}ti^{33}vun^{44}fuɔn^{33}tsieŋ^{24}kœ^{44}.

食 嘞 □ 碗 饭 □ 讲。

097 我昨天照了相了。

ŋɔ^{21}ts^{h}ɔ^{24}ȵiat^{5}tʃiau^{42}hɔ^{44}siɛŋ^{21}lɔ^{33}.

我 昨 日 照 好 相 啰。

098 有了人，什么事都好办。

iu^{21}lɔ^{33}ȵian^{24}，pi^{51}man^{24}ʃi^{33}tau^{51}hɔ^{44}puɔn^{33}.

有 啰 人， □ □ 事 都 好 办。

099 不要把茶杯打碎了。

mai^{51}tsiɛŋ^{51}tʃ^{h}ɔu^{24}pai^{51}kuɛ^{44}luɔn^{33}.

□ 将 茶 杯 梗$^{=}$ 烂。

100 你快把这碗饭吃了，饭都凉了。

ni^{21}fɔi^{42}tsiɛŋ^{51}ti^{33}vun^{44}fuɔn^{33}ʃɛi^{51}liau^{21}，fuɔn^{33}tau^{51}ts^{h}ai^{21}lɔ^{33}.

你 快 将 □ 碗 饭 食 了， 饭 都 □ 啰。

101 下雨了。雨不下了，天晴开了。

lœ^{5}y^{21} lɔ^{33}. y^{21}mɔ^{21}lœ^{5}lɔ^{33}，hɔ^{44}t^{h}in^{51}lɔ^{33}.

落雨 啰。雨 冇 落 啰， 好 天 啰。

102 打了一下。去了一趟。

tɔu^{44}kau^{51}at^{2}hɔu^{33}. hau^{42}kau^{51}at^{2}t^{h}œ^{42}.

扢 㗕 一 下。去 㗕 一 趟。

103 晚了就不好了，咱们快点儿走吧！

iɛi^{33}lɔ^{33}ts^{h}iu^{33}m̩^{24}hɔ^{44}lɔ^{33}，ŋɔ^{21}lau^{21} fɔi^{42}tit^{2}tsau^{44}!

夜 啰 就 唔 好 啰， 我 鲁$^{=}$ 快 滴 走！

104 给你三天时间做得了做不了？

piau^{42}ni^{21}suɔn^{51}ȵiat^{5}ʃi^{24}kuɔn^{51}tsau^{42}m̩^{24}tsau^{42}tai^{21}liau^{21}?

俵 你 三 日 时 间 做 唔 做 得 了？

105 你做得了，我做不了。

ni^{21}tsau^{42}tai^{21}liau^{21}，ŋɔ^{21}tsau^{42}m̩^{24}liau^{21}.

你 做 得 了， 我 做 唔 了。

106 你骗不了我。

ni^{21}kua^{44}m̩^{24}tɔ^{44}ŋɔ^{21}.

你 拐 唔 倒 我。

107 了了这桩事情再说。

liau^{21}hin^{51}ti^{33}k^{h}in^{33}ʃi^{33}tsiɛŋ^{24}kœ^{44}.

了 牵 □件 事 □ 讲。

108 **这间房没住过人。**

ti^{33}kuɔn^{51}fœ^{24}mɔ^{21}ʧ^{h}y^{33}ku^{42}ȵian^{24}.

□间 房 有 住 过 人。

109 **这牛拉过车，没骑过人。**

ti^{33}ʧa^{21}ȵiu^{24}luɔi^{51}ku^{42}ʧ^{h}ɛ^{51}，mɔ^{21}k^{h}ai^{24}ku^{42}ȵian^{24}.

□只 牛 拉 过 车， 有 骑 过 人。

110 **这小马还没骑过人，你小心点儿。**

ti^{33}ʧa^{21}sa^{42}mɔu^{21}han^{33}mɔ^{21}k^{h}ai^{24}ku^{42}ȵian^{24}，ni^{21}siau^{44}san^{51}ti^{33}.

□只 细 马 还 有 骑 过 人， 你 小 心 滴。

111 **以前我坐过船，可从来没骑过马。**

kuɔu^{44}tsɔ^{44}ŋɔ^{21}ts^{h}ɔu^{21}ku^{42}ʃyn^{24}，ts^{h}iu^{33}hai^{33}mɔ^{21}k^{h}ai^{24}ku^{42}mɔu^{21}.

果$^{=}$ 早 我 坐 过 船， 就 系 有 骑 过 马。

112 **丢在街上了。搁在桌上了。**

tit^{2}hɛ^{24}kuɔi^{51}ʃiɛŋ^{33}.

跌 行 街 上。

fœ^{42}hɛ^{24} ʧœ^{2}min^{33}.

放 行 桌 面。

113 **掉到地上了，怎么都没找着。**

tit^{2}hɛ^{24}tai^{33}na^{24}，kiɛŋ^{42}tsɿ^{44}tau^{51}mɔ^{21}tiɛŋ^{24}tɔ^{44}.

跌 行 地 泥， □ 子 都 有 藤$^{=}$ 倒。

114 **今晚别走了，就在我家住下吧！**

kan^{51}iɛi^{33}mɔ^{44}tsau^{44}lɔ^{33}，ts^{h}iu^{33}hai^{33}ŋɔ^{21}ti^{33}sak^{2}iɛi^{33}！

今 夜 [唔好] 走啰， 就 系 我 □ 宿 夜！

115 **这些果子吃得吃不得？**

ti^{33}tɛ^{24}kuɔu^{44}tsa^{44}ʃɛi^{51}tai^{21}ʃɛi^{51}m̩^{24}tai^{24}?

□□ 果 崽 食 得 食 唔 得？

ti^{33}tɛ^{24}kuɔu^{44}tsa^{44}ʃɛi^{51} m̩^{24}ʃɛi^{51}tai^{24}?

□□ 果 崽 食 唔 食 得？

116 **这是熟的，吃得。那是生的，吃不得。**

ti^{33}tɛ^{24}hai^{33}ʃak^{5}kɔ^{42}，ʃɛi^{51}tai^{21}.

□□ 系 熟 个， 食 得。

kat^{2}tɛ^{24}hai^{33}ʃɛ^{51}kɔ^{42}，ʃɛi^{51} m̩^{24}tai^{21}.

□□ 系 生 个， 食 唔 得。

117 **你们来得了来不了?**

ni^{21}lau^{21}lɔi^{24}m̩^{24}lɔi^{24}tai^{21} ?

你 鲁$^{=}$来 唔来 得?

118 **我没事，来得了，他太忙，来不了。**

ŋɔ^{21}mɔ^{21}ʃi^{33}，lɔi^{24}tai^{21}，kai^{21}k^{h}an^{33}kan^{44}，lɔi^{24}m̩^{24}tai^{21}.

我 冇 事，来 得，渠 咁 紧，来 唔 得。

119 **这个东西很重，拿得动拿不动?**

ti^{33}kɔ^{42}kaŋ^{51}fu^{51}hɔ^{44}ʧ^{h}aŋ^{21}，ȵiɔu^{44}tai^{21}ȵiak^{2}ȵiɔu^{44}m̩^{24}tai^{21}ȵiak^{2} ?

□个 工 夫 好 重，□ 得 嘟 □ 唔 得 嘟?

ti^{33}kɔ^{42}kaŋ^{51}fu^{51}hɔ^{44}ʧ^{h}aŋ^{21}，ȵiɔu^{44}m̩^{24}ȵiɔu^{44}tai^{21}ȵiak^{2} ?

□个 工 夫 好 重，□ 唔 □ 得 嘟?

120 **我拿得动，他拿不动。**

ŋɔ^{21}ȵiɔu^{44}tai^{21}ȵiak^{2}，kai^{21}ȵiɔu^{44}m̩^{24}ȵiak^{2}.

我 □ 得 嘟，渠 □ 唔 嘟。

121 **真不轻，重得连我都拿不动了。**

mɔ^{21}kai^{44}hɛ^{51}，ʧ^{h}aŋ^{21}tɔu^{44}lin^{24}ŋɔ^{21}tau^{51}ȵiɔu^{44}m̩^{24}ȵiak^{2}.

冇 几 轻，重 倒 连 我 都 □ 唔 嘟。

122 **他手巧，画得很好看。**

kai^{21}ʃiu^{44}liɛk^{2}，vɛ^{5}tɔ^{44}kai^{44}hɔ^{44}miɛŋ^{33}.

渠 手 呖，画 倒 好 好 望。

123 **他忙得很，忙得连吃过饭没有都忘了。**

kai^{21}kai^{44}kan^{44}，kan^{44}tɔ^{44}lin^{24}iu^{21}mɔ^{21}ʃɛi^{51}ku^{42}fuɔn^{33}tau^{51}mɔ^{21}kai^{42}ʃak^{5}.

渠 几 紧，紧 倒 连 有 冇 食 过 饭 都 冇 记 熟。

124 **你看他急得，急得脸都红了。**

ni^{21}miɛŋ^{33}kai^{21}kai^{44}kan^{44}，kan^{44}tɔ^{44}lin^{24}min^{33}tau^{51}haŋ^{24}lɔ^{33}.

你 望 渠 几 紧，紧 倒 连 面 都 红 啰。

125 **你说得很好，你还会说些什么呢?**

ni^{21}kœ^{44}tai^{21}kai^{44}hɔ^{44}，ni^{21}han^{33}ʃak^{5}kœ^{44}ti^{33}k^{h}ai^{24}t^{h}a^{51}pi^{51}man^{24} ?

你 讲 得 几 好，你 还 熟 讲 滴 其 他 □ □?

126 **说得到，做得了，真棒!**

kœ^{44}tai^{21}tɔ^{42}，tsau^{42}tai^{21}tɔ^{42}，kai^{44}liɛk^{5} !

讲 得 到，做 得 到，几 叻!

127 **这个事情说得说不得呀？**

ti^{33}kʰin^{33}ʃi^{33}kœ^{44}tai^{21}kœ^{44}m̩^{24}tai^{21}？

□件　事讲　得 讲　唔 得？

ti^{33}kʰin^{33}ʃi^{33}kœ^{44}m̩^{24}kœ^{44}tai^{21}？

□件　事讲　唔 讲　得？

128 **他说得快不快？听清楚了吗？**

kai^{21}kœ^{44}tai^{21} fɔi^{42}m̩^{24}fɔi^{42}？

渠　讲　得　快　唔　快？

tʰɛ^{51}tsʰɛ^{51}tʃʰɔu^{44}mɔ^{44}？

听 清　楚　么？

129 **他说得快不快？只有五分钟时间了。**

kai^{21}kœ^{44}tai^{21} fɔi^{42}m̩^{24} fɔi^{42}?

渠 讲　得　快　唔 快？

tai^{21}tɔ^{44}m̩^{21}fan^{51}tʃaŋ^{51}ʃi^{24}kuɔn^{51}lɔ^{33}.

得 倒 五　分　钟　时间　啰。

130 **这是他的书。**

ti^{33}hai^{33}kai^{21}kɔ^{42}ʃy^{51}.

□系　渠 个　书。

131 **那本书是他哥哥的。**

kat^{2}pan^{44}ʃy^{51}hai^{33}kai^{21}kɔu^{51}kɔ^{42}.

□ 本　书 系　渠 哥　个。

132 **桌子上的书是谁的？是老王的。**

tʃœ^{2}min^{33}ʃiɛŋ^{33}kɔ^{42}ʃy^{51}hai^{33}pi^{51}tsʰa^{33}kɔ^{42}？ hai^{33}lɔ^{21}vœ^{24}kɔ^{42}.

桌　面　上　个　书 系 □　䅟 个？　系 老 王 个。

133 **屋子里坐着很多人，看书的看书，看报的看报，写字的写字。**

ak^{2}lau^{33}tsʰɔu^{21}tɔ^{44}kai^{44}tɔu^{51}ȵian^{24}，miɛŋ^{33}ʃy^{51}kɔ^{42}miɛŋ^{33}ʃy^{51}，miɛŋ^{33}pɔ^{42}kɔ^{42}miɛŋ^{33}pɔ^{42}，

屋 路⁼坐　倒几　多　人，　望　书 个 望　书，　望　报 个　望　报，

sɛi^{44}sɿ^{33}kɔ^{42}sɛi^{44}sɿ^{33}.

写　字 个　写字。

134 **要说他的好话，不要说他的坏话。**

vɔi^{42}kœ^{44}kai^{21}kɔ^{42}hɔ^{44}vɔu^{33}，mɔ^{44}kœ^{44}kai^{21}kɔ^{42}vɔi^{33}vɔu^{33}.

爱　讲　渠　个　好　话，[唔好] 讲渠　个　坏　话。

135 **上次是谁请的客？是我请的。**

ʃiɛŋ^{21}lan^{24}hai^{33}pi^{51}ts^{h}a^{33}ts^{h}ɛ^{44}kɔ^{42}k^{h}ɛ^{2} ?

上 轮 系 □ 穧 请 个 客?

hai^{33}ŋɔ^{21}ts^{h}ɛ^{44}kɔ^{42}.

系 我 请 个。

136 **你是哪年来的?**

ni^{21}hai^{33}pi^{51}nin^{24}lɔi^{24}kɔ^{42} ?

你 系 □ 年 来 个 ?

137 **我是前年到的北京。**

ŋɔ^{21}hai^{33}ts^{h}in^{24}nin^{24}tɔ^{42}kɔ^{42}piɛk^{2}kɛ^{51}.

我 系 前 年 到 个 北 京。

138 **你说的是谁?**

ni^{21}kœ^{44}kɔ^{42}hai^{33}pi^{51}ts^{h}a^{33} ?

你 讲 个 系 □ 穧?

139 **我反正不是说的你。**

ŋɔ^{21}vɛ^{24}ʧ^{h}ai^{51}mai^{51}tai^{21}kœ^{44}ni^{21}.

我 横 直 □ 得 讲 你。

140 **他那天是见的老张，不是见的老王。**

kai^{21}kat^{2}ȵiat^{5}kin^{42}kɔ^{42}hai^{33}lɔ^{21}ʧiɛŋ^{51}，m̩^{24}hai^{33}lɔ^{21}vœ^{24}.

渠 □ 日 见 个 系 老 张， 唔 系 老 王。

141 **只要他肯来，我就没的说了。**

tsaŋ^{44}vɔi^{42}kai^{21}hiɛŋ^{44}lɔi^{24}，ŋɔ^{21}ts^{h}iu^{33}mɔ^{21}tai^{21}kœ^{44}lɔ^{33}.

总 爱 渠 响⁼ 来， 我 就 冇 得 讲 啰。

142 **以前是有的做，没的吃。**

kuɔu^{44}tsɔ^{44}hai^{33}iu^{21}tai^{21}tsau^{42}，mɔ^{21}tai^{21}ʃɛi^{51}.

果⁼ 早 系 有 得 做， 冇 得 食。

143 **现在是有的做，也有的吃。**

lan^{24}kan^{51}hai^{33}iu^{21}tai^{21}tsau^{42}，ia^{51}hai^{33}iu^{21}tai^{21}ʃɛi^{51}.

临 今 系 有 得 做， 也 系 有 得 食。

144 **上街买个蒜啊葱的，也方便。**

ʃiɛŋ^{21}kuɔi^{51}t^{h}ɔ^{44}ts^{h}a^{33}syn^{42}a^{33}ts^{h}aŋ^{51}a^{33}，ia^{51}fœ^{51}pin^{33}.

上 街 讨 穧 蒜 啊 葱 啊，也 方 便。

145　**柴米油盐什么的，都有的是。**

ʃuɔi^{24}ma^{21}iu^{24}in^{24}pi^{51}man^{24}kɔ^{42}，tau^{51}iu^{21}.

柴　米 油 盐□　□ 个，　都 有。

146　**写字算账什么的，他都能行。**

sɛi^{44}sɿ^{33}syn^{42}ʧiɛŋ^{42}pi^{51}man^{24}kɔ^{42}，kai^{21}tau^{51}ʃak^{5}.

写 字 算 账　□　□　个，渠 都　熟。

147　**把那个东西递给我。**

tsiɛŋ^{51}kat^{2}kau^{21}kaŋ^{51}fu^{51}ts^{h}yn^{24}piau^{42}ŋɔ^{21}.

将　□□　工 夫 传　俵　我。

148　**是他把那个杯子打碎了。**

hai^{33}kai^{21}tsiɛŋ^{51}kat^{2}kau^{21}pai^{51}kuɛ^{44}luɔn^{33}lɔ^{33}.

系 渠　将　□　□　杯　梗⁼烂　啰。

149　**把人家脑袋都打出血了，你还笑！**

tsiɛŋ^{51}ȵia^{51}kɔ^{42}tiu^{24}tau^{51}kuat^{2}ʧ^{h}at^{2}hyt^{2}，ni^{21}han^{33}siau^{42}！

将　□ 个　头 都　扢　出　血，你 还　笑！

150　**快去把书还给他。**

fɔi^{42}ti^{33} tsiɛŋ^{51}ʃy^{51}vuɔn^{24}piau^{42}kai^{21}.

快 滴 将　书　还　俵　渠。

151　**我真后悔当时没把他留住。**

ŋɔ^{21}ʧan^{51}hai^{33}hau^{42}fai^{44}tœ^{51}ʃi^{24}mɔ^{21}tsiɛŋ^{51}kai^{21}liu^{24}ʧ^{h}y^{33}.

我 真　系　后　悔 当 时 冇 将　渠　留　住。

152　**你怎么能不把人当人呢？**

ni^{21}kiɛŋ^{42}tai^{33}mɔ^{21}tsiɛŋ^{51}ȵia^{51}ȵian^{24}tœ^{42}ȵian^{24}？

你□　□ 冇　将　□　人　当　人？

153　**有的地方管太阳叫日头。**

iu^{21}ti^{33}tai^{33}fœ^{51}tsiɛŋ^{51}t^{h}uɔi^{42}iɛŋ^{24}vɔ^{44}ȵit^{5} tiu^{24}.

有滴 地 方　将　太　阳 □ 热　头。

154　**什么？她管你叫爸爸！**

pi^{51}man^{24}？ kai^{21}tsiɛŋ^{51}ni^{21}vɔ^{44}lɔ^{21}tsɿ^{44}！

□ □？　渠　将　你□ 老 子！

155　**你拿什么都当真的，我看没必要。**

ni^{21}ȵiɔu^{44}pi^{51}man^{24}tau^{51}tœ^{42}ʧan^{51}kɔ^{42}，ŋɔ^{21}miɛŋ^{33}mɔ^{21}pit^{2}iau^{42}.

你□　□□　都 当 真　个，我　望　冇　必 要。

156 **真拿他没办法，烦死我了。**

ʧan^{51}hai^{33}ȵiɔu^{44}kai^{21}mɔ^{21}puɔn^{33}fuɔt^{2}，fuɔn^{24}sai^{44}ŋɔ^{21}lɔ^{33}.

真 系 □ 渠 冇 办 法，烦 死 我 啰。

157 **看你现在拿什么还人家。**

miɛŋ^{33}ni^{21}lan^{24}kan^{51}ȵiɔu^{44}pi^{51}man^{24}vuɔn^{24}piau^{42}ȵia^{51}.

望 你 临 今 □ □ □ 还 俵 □。

158 **他被妈妈说哭了。**

kai^{21}piau^{42}kai^{21}pai^{21}kœ^{44}hak^{2}lɔ^{33}.

渠 俵 渠 婢 讲 哭 啰。

159 **所有的书信都被火烧了，一点儿剩的都没有。**

pi^{51}man^{24}ʃy^{51}san^{42}tau^{51}piau^{42}fɔu^{44}ʃiau^{51}liau^{21}，at^{2} nai^{51}tau^{51}mɔ^{21}ʃɛ^{33}tai^{21}iu^{21}.

□□ 书 信 都 俵 火 烧 了，一□ 都 冇 剩 得 有。

160 **被他缠了一下午，什么都没做成。**

piau^{42}kai^{21}ȵiœ^{42}kau^{51}at^{2}vuɔn^{42}，pi^{51}man^{24}tau^{51}mɔ^{21}ʦau^{42}pin^{42}.

俵 渠 □ 嘈 一 晏， □ □ 都 冇 做 便。

161 **让人给打懵了，一下子没明白过来。**

piau^{42}ȵia^{51}kuat^{2}maŋ^{44}lɛi^{33}，at^{2}hɔu^{33}ȵi^{51}tau^{51}mɔ^{21}mɛ^{24}pɛ^{5}ku^{42}lɔi^{24}.

俵 □ □ 懵 了，一 下 儿 都 冇 明 白 过 来。

162 **给雨淋了个浑身湿透。**

piau^{42}y^{21}lan^{24}lɔ^{33}kɛ^{44}ʃan^{51}tau^{51}ʃat^{2}liau^{21}.

俵 雨 淋 啰 □ 身 都 湿 了。

163 **给我一本书。给他三本书。**

piau^{42}ŋɔ^{21}at^{2}pan^{44}ʃy^{51}. piau^{42}kai^{21}suɔn^{51}pan^{44}ʃy^{51}.

俵 我 一本 书。俵 渠 三 本 书。

164 **这里没有书，书在那里。**

ti^{33}tsa^{44}mɔ^{21}tai^{21}ʃy^{51}，ʃy^{51}hɛ^{24}kat^{2}ti^{33}.

□崽 冇 得 书，书 行 □□。

165 **叫他快来找我。**

vɔ^{44}kai^{21}fɔi^{42}ti^{33}lɔi^{24}tiɛŋ^{24}ŋɔ^{21}.

□ 渠 快 滴 来 藤$^{=}$ 我。

166 **赶快把他请来。**

fɔi^{42}ti^{33} vɔ^{44}kai^{21}lɔi^{24}.

快 滴 □ 渠 来。

167 **我写了条子请病假。**

ŋɔ^{21}sɛi^{44}kau^{51}ts^{h}ɛ^{44}kɔu^{42}tiau^{24}ts^{h}ɛ^{44}pɛ^{33}kɔu^{42}.

我 写 嘴 请 假 条 请 病 假。

168 **我上街买了份报纸看。**

ŋɔ^{21}ʃiɛŋ^{21}kuɔi^{51}t^{h}ɔ^{44}lɔ^{33}fan^{33}pɔ^{42}ʧi^{44}miɛŋ^{33}.

我 上 街 讨 啰 份 报 纸 望。

169 **我笑着躲开了他。**

ŋɔ^{21}siau^{42}kan^{44}pai^{21}hɔi^{51}kai^{21}.

我 笑 紧 避 开 渠。

170 **我抬起头笑了一下。**

ŋɔ^{21}ŋœ^{21}hai^{44}tiu^{24}siau^{42}kau^{51}hɔu^{33}.

我 仰 起 头 笑 嘴 下。

171 **我就是坐着不动，看你能把我怎么着。**

ŋɔ^{21}ts^{h}iu^{33}hai^{33}ts^{h}ɔ^{21}kan^{44}m̩^{24}ȵiak^{2}，miɛŋ^{33}ni^{21}vɔi^{42}tsiɛŋ^{51}ŋɔ^{21}kiɛŋ^{42}tai^{33}.

我 就 系 坐 紧 唔 嘟， 望 你 爱 将 我 □ □。

172 **她照顾病人很细心。**

kai^{21}ʧiau^{42}ku^{42}pɛ^{33}ȵian^{24}hɔ^{44}sa^{42}san^{51}.

渠 照 顾 病 人 好 细 心。

173 **他接过苹果就咬了一口。**

kai^{21}ȵiɔu^{44}ku^{42}pɛ^{24}kuɔu^{44}ts^{h}iu^{33}ŋɔ^{21}at^{2}hau^{44}.

渠 □ 过 苹 果 就 咬 一口。

174 **他的一番话使在场的所有人都流了眼泪。**

kai^{21}kɔ^{42}ʃyt^{2}vɔu^{33}ʃa^{44}hɛ^{24}ʧ^{h}iɛŋ^{24}sɔu^{44}iu^{21}kɔ^{42}ȵian^{24}tau^{51}ʧ^{h}at^{2}liau^{21}ŋuɔn^{21}ʃy^{44}.

渠 个 说 话 使 行 场 所 有 个 人 都 出 了 眼 水。

175 **我们请他唱了一首歌。**

ŋɔ^{21}lau^{21}ts^{h}ɛ^{44}kai^{21}ʧ^{h}iɛŋ^{42}at^{2}tiau^{24}kɔu^{51}.

我 鲁⁼请 渠 唱 一条 歌。

176 **我有几个亲戚在外地做工。**

ŋɔ^{21}iu^{21}kai^{44}ts^{h}a^{33}ts^{h}an^{51}ts^{h}ai^{51}hɛ^{24}ŋɔi^{33}tai^{33}tsau^{42}kaŋ^{51}.

我 有 几 穧 亲 戚 行 外 地 做 工。

177 **他整天都陪着我说话。**

kai^{21}kɛ^{44}ȵiat^{5}tau^{51}lɔ^{51}ŋɔ^{21}kœ^{44}vɔu^{33}.

他 □ 日 都 摎 我 讲 话。

178 **我骂他是个大笨蛋，他居然不恼火。**

ŋɔ^{21}tʃiu^{42}kai^{21}hai^{33}ts^{h}a^{33}tuɔi^{33}pan^{42}ts^{h}at^{5}，kai^{21}ia^{51}mɔ^{21}nau^{51}.

我 咒 渠 系 稽 大 笨 集$^{=}$，渠 也 冇 嬲。

179 **他把钱一扔，二话不说，转身就走。**

kai^{21}tsiɛŋ^{51}ts^{h}in^{24}at^{2}tiu^{51}，pi^{51}man^{24}vɔu^{33}tau^{51}mɔ^{21}kœ^{44}，tyn^{42}ʃan^{51}ts^{h}iu^{33}tsau^{44}.

渠 将 钱 一丢，□□ 话 都 冇 讲，转 身 就 走。

180 **我该不该来呢？**

ŋɔ^{21}ɛ^{51}m̩^{24}ɛ^{51}kɔi^{51}lɔi^{24}？

我应 唔 应 该 来？

181 **你来也行，不来也行。**

ni^{21}lɔi^{24}ia^{51}tai^{21}，m̩^{24}lɔi^{24}ia^{51}tai^{21}.

你 来 也 得， 唔 来 也 得。

182 **要我说，你就不应该来。**

vɔi^{42}ŋɔ^{21}kœ^{44}，ni^{21}ts^{h}iu^{33}m̩^{24}ɛ^{51}kɔi^{51}lɔi^{24}.

爱 我 讲， 你 就 唔 应 该 来。

183 **你能不能来？**

ni^{21}lɔi^{24}m̩^{24}lɔi^{24}tai^{21}？

你 来 唔 来 得？

184 **看看吧，现在说不准。**

miɛŋ^{33}hɔu^{33}ȵi^{51}ɔ^{33}，lan^{24}kan^{51}kœ^{44}m̩^{24}tai^{21}tɛ^{33}.

望 下 儿哦，临 今 讲 唔 得 定。

185 **能来就来，不能来就不来。**

lɔi^{24}tai^{21}ts^{h}iu^{33}lɔi^{24}，lɔi^{24}m̩^{24}tai^{21}ts^{h}iu^{33}mai^{51}lɔi^{24}.

来 得 就 来， 来 唔 得 就 □ 来。

186 **你打算不打算去？**

ni^{21}siɛŋ^{44}hau^{42}m̩^{24}siɛŋ^{44}hau^{42}？

你 想 去 唔 想 去？

187 **去呀！谁说我不打算去？**

hau^{42}a^{33}，pi^{51}ts^{h}a^{33}kœ^{44}ŋɔ^{21}m̩^{24}siɛŋ^{44}hau^{42}？

去 啊， □ 稽 讲 我 唔 想 去？

188 **他一个人敢去吗？**

kai^{21}at^{2}ts^{h}a^{33}ȵian^{24}kuɔn^{44}hau^{42}mɔ^{44}？

渠 一 稽 人 敢 去 么？

189 **敢！那有什么不敢的？**

kuɔn^{44}！ iu^{21}pi^{51}man^{24}m̩^{24}kuɔn^{44}?

敢！ 有 □ □ 唔 敢？

190 **他到底愿不愿意说？**

kai^{21}ʧan^{51}hai^{33}ȵyn^{33}kœ^{44}m̩^{24}ȵyn^{33}kœ^{44}？

渠 真 系 愿 讲 唔 愿 讲？

191 **谁知道他愿意不愿意说？**

pi^{51}tsʰa^{33}tai^{51}tai^{21}kai^{21}ȵyn^{33}kœ^{44}m̩^{24}ȵyn^{33}kœ^{44}？

□ 䅶 知 得 渠 愿 讲 唔 愿 讲？

192 **愿意说得说，不愿意说也得说。**

ȵyn^{33}kœ^{44}vɔi^{42}kœ^{44}，m̩^{24}ȵyn^{33}kœ^{44}ia^{51}vɔi^{42}kœ^{44}.

愿 讲 爱 讲， 唔 愿 讲 也 爱 讲。

193 **反正我得让他说，不说不行。**

vɛ^{24}ʧʰai^{51}ŋɔ^{21}vɔi^{42}tiɛŋ^{44}kai^{21}kœ^{44}，m̩^{24}kœ^{44}m̩^{24}tai^{21}.

横 直 我 爱 等 渠 讲， 唔 讲 唔 得。

194 **还有没有饭吃？**

han^{33}iu^{21}mɔ^{21}fuɔn^{33}ʃɛi^{51}hin^{51}？

还 有 冇 饭 食 牵？

195 **有，刚吃呢。**

iu^{21}，tsiɛŋ^{24}ʃɛi^{51}kɔ^{42}.

有， □ 食 过。

196 **没有了，谁叫你不早来！**

mɔ^{21}tai^{21}lɔ^{33}，pi^{51}tsʰa^{33}vɔ^{44}ni^{21}m̩^{24}tsɔ^{44}ti^{33}lɔi^{24}！

冇 得 啰， □ 䅶 □ 你 唔 早 滴 来！

197 **你去过北京吗？我没去过。**

ni^{21}hau^{42}ku^{42}piɛk^{2}kɛ^{51}mɔ^{44}？

你 去 过 北 京 么？

ŋɔ^{21}mɔ^{21}hau^{42}ku^{42}.

我 冇 去 过。

198 **我十几年前去过，可没怎么玩，都没印象了。**

ŋɔ^{21}ʃat^{5}kai^{44}nin^{24}tsʰin^{24}hau^{42}ku^{42}，tsʰiu^{33}mɔ^{21}kiɛŋ^{42}tsɿ^{44}ʃɔu^{42}，tau^{51}mɔ^{21}pi^{51} man^{24}an^{42}tsʰiɛŋ^{42}lɔ^{33}.

我 十 几 年 前 去 过， 就 冇 □ 子 耍， 都 冇 □ □ 印 象 啰。

199 **这件事他知道不知道？**

ti^{33}k^{h}in^{33}ʃi^{33}kai^{21}tai^{51}tai^{21} m̩^{24}tai^{51}tai^{21} ？

□件 事渠 知 得 唔 知 得？

200 **这件事他肯定知道。**

ti^{33}k^{h}in^{33}ʃi^{33}kai^{21}han^{44}tɛ^{33}tai^{51}tai^{21}.

□件 事渠 肯 定 知 得。

201 **据我了解，他好像不知道。**

ʧiau^{42}ŋɔ^{21}nan^{44}，kai^{21}hɔ^{44}ts^{h}iɛŋ^{42} m̩^{24}tai^{51}tai^{21}.

照 我 谂， 渠 好 像 唔 知 得。

202 **这些字你认得不认得？**

ti^{33}tɛ^{24}sɿ^{33}ni^{21}ȵian^{33}tai^{21}ȵian^{33} m̩^{24}tai^{24} ？

□□字 你 认 得 认 唔 得？

203 **我一个大字也不认得。**

ŋɔ^{21}at^{2}ts^{h}a^{33}sɿ^{33}ia^{51}ȵian^{33} m̩^{24}tai^{21}.

我 一 穧 字 也 认 唔 得。

204 **只有这个字我不认得，其他字都认得。**

ts^{h}iu^{33}hai^{33}ti^{33}ts^{h}a^{33}sɿ^{33}ŋɔ^{21}ȵian^{33} m̩^{24}tai^{21}，k^{h}ai^{24}t^{h}a^{51}sɿ^{33} tau^{51}ȵian^{33}tai^{21}.

就 系 □穧 字 我 认 唔 得， 其 他 字 都 认 得。

205 **你还记得不记得我了？**

ni^{21}han^{33}kai^{42} m̩^{24}kai^{42}tai^{21}ŋɔ^{21}lɛ^{44} ？

你 还 记 唔 记 得 我 哩？

206 **记得，怎么能不记得！**

kai^{42}tai^{21}，kiɛŋ^{42}tsɿ^{44}kai^{42} m̩^{24}tai^{21}lɛ^{44} ！

记 得， □ 子 记 唔 得 哩！

207 **我忘了，一点都不记得了。**

ŋɔ^{21} m̩^{24}kai^{42}ʃak^{5}lɔ^{33}，an^{33}nai^{51}tau^{51} m̩^{24}kai^{42}tai^{21}tɔ^{44}.

我 唔 记 熟 啰， 咁 □ 都 唔 记 得 倒。

208 **你在前边走，我在后边走。**

ni^{21}hɛ^{24}ts^{h}in^{24}min^{33}hɛ^{24}，ŋɔ^{21}hɛ^{24}pai^{42}kœ^{51}hɛ^{24}.

你 行 前 面 行， 我 行 背 岗$^{=}$ 行。

209 **我告诉他了，你不用再说了。**

ŋɔ^{21}kœ^{44}kau^{51}piau^{42}kai^{21}tai^{51}lɔ^{33}，ni^{21}ts^{h}iu^{33} m̩^{44}ʃa^{44} kœ^{44}lɔ^{33}.

我 讲 嘱 俵 渠 知 啰， 你 就 唔 使 讲 啰。

210 **这个大，那个小，你看哪个好？**

ti^{33}tsʰa^{33}tuɔi^{33}，kat^{2}tsʰa^{33}sa^{42}，ni^{21}miɛŋ^{33}pi^{51}tsʰa^{33}hɔ^{44}？

□穧 大，□穧 细，你望 □穧 好？

211 **这个比那个好。**

ti^{33}tsʰa^{33}hɔ^{44}ku^{42}kat^{2}tsʰa^{33}.

□穧 好 过 □穧。

ti^{33}tsʰa^{33}pai^{44}kat^{2}tsʰa^{33}hɔ^{44}.

□穧 比 □穧 好。

212 **那个没有这个好，差多了。**

kat^{2}tsʰa^{33}mɔ^{21}tai^{21}ti^{33}tsʰa^{33}kʰan^{33}hɔ^{44}，ia^{24}tai^{21}tɔu^{51}lɛ^{44}.

□穧 冇 得 □穧 咁 好，□得 多 哩。

213 **要我说这两个都好。**

vɔi^{42}ŋɔ^{21}kœ^{44}，ti^{33}liɛŋ^{21}tsʰa^{33}tau^{51}hɔ^{44}.

爱 我 讲，□两 穧 都 好。

214 **其实这个比那个好多了。**

ʃat^{5}tsa^{42}ti^{33}tsʰa^{33}pai^{44}kat^{2}tsʰa^{33}hɔ^{44}tɔu^{51}lɛi^{33}.

实际□穧 比 □穧 好多 了。

215 **今天的天气没有昨天好。**

kan^{51}ȵiat^{5}kɔ^{42}tʰin^{51}kʰai^{42}mɔ^{21}tsʰɔ^{24}ȵiat^{5}kʰan^{33}hɔ^{44}.

今 日 个 天 气 冇 昨 日 咁 好。

216 **昨天的天气比今天好多了。**

tsʰɔ^{24}ȵiat^{5}kɔ^{42}tʰin^{51}kʰai^{42}pai^{44}kan^{51}ȵiat^{5}han^{33}hɔ^{44}hin^{51}.

昨 日 个 天 气 比 今 日 还 好 牵。

217 **明天的天气肯定比今天好。**

mɛ^{24}ȵiat^{5}kɔ^{42}tʰin^{51}kʰai^{42}han^{44}tɛ^{33}pai^{44}kan^{51}ȵiat^{5}hɔ^{44}.

明 日 个 天 气 肯 定 比 今 日 好。

218 **那个房子没有这个房子好。**

kat^{2}kuɔn^{51}ak^{2}mɔ^{21}tai^{21}ti^{33}kuɔn^{51}ak^{2}kʰan^{33}hɔ^{44}.

□ 间 屋 冇 得 □ 间 屋 咁 好。

219 **这些房子不如那些房子好。**

ti^{33}tɛ^{24}ak^{2}mɔ^{21}tai^{21}kat^{2}tɛ^{24}ak^{2}kʰan^{33}hɔ^{44}.

□□屋 冇 得 □□ 屋 咁 好。

220 **这个有那个大没有?**

ti^{33}tsʰa^{33}iu^{21}mɔ^{21}kat^{2}tsʰa^{33}kʰan^{33}tuɔi^{33} ?

□穧 有 冇 □ 穧 咁 大?

221 **这个跟那个一般大。**

ti^{33}tsʰa^{33}lɔ^{51}kat^{2}tsʰa^{33}at^{2}puɔn^{51}tuɔi^{33}.

□穧 摎□穧 一般 大。

222 **这个比那个小了一点点儿,不怎么看得出来。**

ti^{33}tsʰa^{33}pai^{44}kat^{2}tsʰa^{33}sa^{42}min^{44}ȵin^{24}, kiɛŋ^{42}tsɿ^{44}ia^{51}miɛŋ^{33} m̩^{24}tai^{2}tʃʰat^{2}lɔi^{24}.

□穧 比 □穧 细□ □, □ 子也望 唔得出来。

223 **这个大,那个小,两个不一般大。**

ti^{33}tsʰa^{33}tuɔi^{33}, kat^{2}tsʰa^{33}sa^{42}, liɛŋ^{21}tsʰa^{33}tau^{51} m̩^{24}taŋ^{24}iɛŋ^{33}tuɔi^{33}.

□穧 大, □穧 细, 两 穧 都 唔同样 大。

224 **这个跟那个大小一样,分不出来。**

ti^{33}tsʰa^{33}lɔ^{51}kat^{2}tsʰa^{33}at^{2}iɛŋ^{33}tuɔi^{33}, fan^{51} m̩^{24}tai^{21}tʃʰat^{2}lɔi^{24}.

□穧 摎□穧 一样大, 分 唔得出来。

225 **这个人比那个人高。**

ti^{33}tsʰa^{33}ȵian^{24}kɔ^{51}kɔ^{42}kat^{2}tsʰa^{33}ȵian^{24}.

□穧 人 高 过□穧 人。

ti^{33}tsʰa^{33}ȵian^{24}pai^{44}kat^{2}tsʰa^{33}ȵian^{24}kɔ^{51}.

□穧 人 比□穧 人 高。

226 **是高一点儿,可是没有那个人胖。**

hai^{33}kɔ^{51}ti^{33}, tsʰiu^{33}hai^{33}mɔ^{21} kat^{2} tsʰa^{33}ȵian^{24}kʰan^{33}fai^{24}.

系 高滴, 就 系 冇 □ 穧 人 咁 肥。

227 **他们一般高,我看不出谁高谁矮。**

kai^{21}lɔ^{44}tʃʰɔu^{51} m̩^{24}tɔu^{51}at^{2}iɛŋ^{33}kɔ^{51}, ŋɔ^{21}miɛŋ^{33} m̩^{24}tai^{21}tʃʰat^{2}pi^{51}tsʰa^{33}kɔ^{51}pi^{51}tsʰa^{33}vɔi^{44}.

渠佬差 唔多一样高, 我望 唔得出□ 穧高□穧 矮。

228 **胖的好还是瘦的好?**

fai^{24}kɔ^{42}hɔ^{44}han^{33}hai^{33}ʃau^{42}kɔ^{42}hɔ^{44} ?

肥 个 好 还 系 瘦 个 好?

229 **瘦的比胖的好。**

ʃau^{42}kɔ^{42}pai^{44}fai^{24}kɔ^{42}hɔ^{44}.

瘦 个 比 肥 个 好。

230　瘦的胖的都不好，不瘦不胖最好。

ʃau^{42}kɔ^{42}fai^{24}kɔ^{42}tau^{51}m̩^{24}hɔ^{44}，m̩^{24}ʃau^{42}m̩^{24}fai^{24}kɔ^{42}tsɔi^{42}hɔ^{44}.

瘦 个 肥 个 都 唔好，唔瘦 唔 肥 个 最 好。

231　这个东西没有那个东西好用。

ti^{33} kau^{21}kaŋ^{51}fu^{51}mɔ^{21}tai^{21}kat^{2}kau^{21}kaŋ^{51}fu^{51}k^{h}an^{33}hɔ^{44}ʃa^{44}.

□□ 工 夫 冇 得 □ □ 工 夫 咁 好 使。

232　这两种颜色一样吗？

ti^{33}liɛŋ^{21}ts^{h}a^{33}ŋuɔn^{24}ʃai^{21}at^{2}iɛŋ^{33}mɔ^{44}？

□两 穧 颜 色 一样 么？

233　不一样，一种色淡，一种色浓。

mɔ^{21}at^{2}iɛŋ^{33}，at^{2}iɛŋ^{33}ʃai^{21}tuɔn^{21}，at^{2} iɛŋ^{33}ʃai^{21}ȵiaŋ^{24}.

冇 一 样，一样 色 淡， 一样 色 浓。

234　这种颜色比那种颜色淡多了，你都看不出来？

ti^{33}ts^{h}a^{33}ʃai^{21}pai^{44}kat^{2}ts^{h}a^{33}ʃai^{21}tuɔn^{21}tai^{21}tɔu^{51}lɔ^{33}，ni^{21}tau^{51}miɛŋ^{33}m̩^{24}tai^{21}tʃ^{h}at^{2}lɔi^{24}？

□穧 色 比 □ 穧 色 淡 得 多 啰，你 都 望 唔 得 出 来？

235　你看看现在，现在的日子比过去强多了。

ni^{21}miɛŋ^{33}ȵi^{51}lan^{24}kan^{51}，lan^{24}kan^{51}kɔ^{42}ȵiat^{5}tsɿ^{44}pai^{44}kuɔu^{44}tsɔ^{44}hɔ^{44} tai^{21}tɔu^{51}lɔ^{33}.

你 望 儿 临 今， 临 今 个 日 子 比 果⁼ 早 好 得 多 啰。

236　以后的日子比现在更好。

i^{21}hau^{42}kɔ^{42}ȵiat^{5}tsɿ^{44}pai^{44}lan^{24}kan^{51}kɛ^{42}kɔu^{51}hɔ^{44}.

以后 个 日 子 比 临 今 更 加 好。

237　好好干吧，这日子一天比一天好。

hɔ^{44}hɔ^{44}tsau^{42}，ti^{33}ts^{h}a^{33}ȵiat^{5}tsɿ^{44}at^{2}ȵiat^{5}pai^{44}at^{2}ȵiat^{5}hɔ^{44}.

好 好 做， □穧 日 子 一日 比 一 日 好。

238　这些年的生活一年比一年好，越来越好。

ti^{33}kai^{44}nin^{24}kɔ^{42}ʃɛ^{51}vut^{5}at^{2}nin^{24}pai^{44}at^{2}nin^{24}hɔ^{44}，kan^{44}lɔi^{24}kan^{44}hɔ^{44}.

□ 儿 年 个 生 活 一年 比 一 年 好， 紧 来 紧 好。

239　咱兄弟俩比一比谁跑得快。

ŋɔ^{21}lau^{21}liɛŋ^{21}hɛ^{51}ta^{21}pai^{44}hɔu^{33}ȵi^{51}pi^{51}ts^{h}a^{33}tsau^{44}tai^{21}fɔi^{42}.

我 鲁⁼两 兄 弟比 下 儿□ 穧 走 得 快。

240　我比不上你，你跑得比我快。

ŋɔ^{21}pai^{44}m̩^{24}tai^{21}ʃiɛŋ^{21}ni^{21}，ni^{21}tsau^{44}tɔ^{44}pai^{44}ŋɔ^{21}fɔi^{42}.

我 比 唔 得上 你，你走 倒比 我 快。

241 **他跑得比我快，一个比一个跑得快。**

kai^{21}tsau^{44}tɔ^{44}pai^{44}ŋɔ^{21}han^{33}fɔi^{42}，at^{2}ts^{h}a^{33}pai^{44}at^{2}ts^{h}a^{33}tsau^{44}tai^{21}fɔi^{42}.

渠 走 倒 比 我 还 快， 一 穧 比 一 穧 走 得 快。

242 **他比我吃得多，干得也多。**

kai^{21}pai^{44}ŋɔ^{21}ʃɛi^{51}tai^{21}tɔu^{51}，tsau^{42}tai^{21}ia^{51}tɔu^{51}.

渠 比 我 食 得 多， 做 得 也 多。

243 **他干起活来，比谁都快。**

kai^{21}tsau^{42}hai^{44}kaŋ^{51}lɔi^{24}，pai^{44}pi^{51}ts^{h}a^{33}tau^{51}fɔi^{42}.

渠 做 起 工 来，比 □ 穧 都 快。

244 **说了一遍，又说一遍，不知说了多少遍。**

kœ^{44}kau^{51}at^{2}lan^{24}，iu^{33}kœ^{44}at^{2}lan^{24}，m̩^{24}tai^{51}kœ^{44}kau^{51}kai^{44}tɔu^{51}lan^{24}.

讲 嘞 一 轮， 又 讲 一 轮， 唔 知 讲 嘞 几 多 轮。

245 **我嘴笨，可是怎么也说不过他。**

ŋɔ^{21}hau^{44}tan^{33}，kiɛŋ^{42}tsɿ^{44}ia^{51}kœ^{44}m̩^{24}tai^{21}ku^{42}kai^{21}.

我 口 钝， □ 子 也 讲 唔 得 过 渠。

246 **他走得越来越快，我都跟不上了。**

kai^{21}hɛ^{24}tɔ^{44}kan^{44}lɔi^{24}kan^{44}fɔi^{42}，ŋɔ^{21}tau^{51}kan^{51}m̩^{24}tai^{21}ʃiɛŋ^{21}lɔ^{33}.

渠 行 倒 紧 来 紧 快， 我 都 跟 唔 得 上 啰。

247 **越走越快，越说越快。**

kan^{44}tsau^{44}kan^{44}fɔi^{42}，kan^{44}kœ^{44}kan^{44}fɔi^{42}.

紧 走 紧 快， 紧 讲 紧 快 。

248 **慢慢说，一句一句地说。**

muɔn^{33}muɔn^{33}kœ^{44}，at^{2}kɔi^{42}at^{2}kɔi^{42}k^{h}an^{33}kœ^{44}.

慢 慢 讲， 一句 一句 咁 讲。

第三节

其他例句

001　**书放在桌子上。**

ʃy^{51}fœ^{42}hɛ^{24}tɔi^{24}min^{33}.

书 放 行 枱 面。

002　**他俩站在一起。**

kai^{21}liɛŋ^{21}n̥ian^{24}k^{h}ai^{21}hɛ^{24}at^{2}p^{h}œ^{42}.

渠 两 人 徛 行 一□。

003　**等到九点钟才走。**

tiɛŋ^{44}tɔ^{42}kiu^{44}tin^{44}ʧaŋ^{51}tsiɛŋ^{24}tsau^{44}.

等 到 九 点 钟 □ 走。

004　**让我试一试。**

tiɛŋ^{44}ŋɔ^{21}ʃi^{42}hɔu^{33}n̥i^{51}.

等 我 试 下 儿。

005　**走到火车站要半个小时。**

hɛ^{24}tɔ^{42}fɔu^{44}ʧ^{h}ɛi^{51}ʧuɔn^{42}vɔi^{42}pun^{42}ts^{h}a^{33}ʧaŋ^{51}tiu^{24}.

行 到 火 车 站 爱 半 䅳 钟 头。

006　**从这儿到那儿有多远?**

hɛ^{24}ti^{33}tsa^{44}tɔ^{42}kat^{2}p^{h}œ^{42}iu^{21}kai^{44}yn^{21}.

行 □崽到□□ 有 几 远?

007　**这本书送给你。**

ti^{33}pan^{44}ʃy^{51}saŋ^{42}piau^{42}ni^{21}.

□本 书 送 俵 你。

008 **讲给你听，你也听不懂。**

kœ^{44}piau^{42}ni^{21}t^{h}ɛ^{51}，ni^{21}ia^{51}t^{h}ɛ^{51}m̩^{24}taŋ^{44}.

讲 俵 你 听， 你 也 听 唔 懂。

009 **我跟你一块儿去。**

ŋɔ^{21}lɔ^{51}ni^{21}at^{2}hɔu^{33}hau^{42}.

我 摎 你 一下 去。

ŋɔ^{21}taŋ^{24}ni^{21}at^{2}hɔu^{33}hau^{42}.

我 同 你 一下 去。

010 **这个人做事和别人不一样。**

ti^{33}ts^{h}a^{33}lɔ^{44}tsau^{42}kaŋ^{51}lɔ^{51}p^{h}it^{5}ȵian^{24}m̩^{24}at^{2}iɛŋ^{33}.

□ 穧 佬 做 工 摎 别 人 唔 一 样。

011 **你替我买一包烟。**

ni^{21}lɔ^{51}ŋɔ^{21}t^{h}ɔ^{44}pɔ^{51}in^{51}.

你 摎 我 讨 包 烟。

012 **我为别人做了好多事儿。**

ŋɔ^{21}lɔ^{51}p^{h}it^{5}ȵian^{24}tsau^{42}kau^{51}hɔ^{44}tɔu^{51}kaŋ^{51}fu^{51}.

我 摎 别 人 做 嘞 好 多 工 夫。

013 **他向我借过书。**

kai^{21}lɔ^{51}ŋɔ^{21}tsɛi^{42}ku^{42}ʃy^{51}.

渠 摎 我 借 过 书。

kai^{21}taŋ^{24}ŋɔ^{21}tsɛi^{42}ku^{42}ʃy^{51}.

渠 同 我 借 过 书。

014 **我比他大三岁。**

ŋɔ^{21}tuɔi^{33}ku^{42}kai^{21}suɔn^{51}sɔi^{42}.

我 大 过 渠 三 岁。

ŋɔ^{21}pai^{44}kai^{21}tuɔi^{33}suɔn^{51}sɔi^{42}.

我 比 渠 大 三 岁。

015 **用毛笔写字比较慢。**

ȵiɔu^{44}mɔ^{24}pat^{2}sɛi^{44}sɿ^{33}ku^{42}muɔn^{33}.

□ 毛 笔 写 字 过 慢。

016 **我的笔被他弄丢了。**

ŋɔ^{21}kɔ^{42}pat^{2}piau^{42}kai^{21}kɔ^{44}tiu^{51}kau^{51}lɛi^{33}.

我 个 笔 俵 渠 搞 丢 嘞 了。

017 **碗被他打破了。**

vun^{44}piau^{42}kai^{21}kuɛ^{44}luɔn^{33}kau^{51}.

碗 俵 渠 梗= 烂 嘞。

018 **（这种事要）按规定处理。**

tʃiau^{42}kʰuai^{51}tɛ^{33}tʃʰy^{44}lai^{21}.

照 规 定 处 理。

019 **（荔枝很便宜）一斤五毛，任你挑。**

at^{2}kan^{51} m̩^{21}kœ^{2}，tʃʰan^{33}ni^{21}tœ^{5}.

一 斤 五 角， 阵= 你 择。

020 **卖不卖由你，买不买由我。**

muɔi^{33} m̩^{24}muɔi^{33}tʃʰan^{33}ni^{21}，tʰɔ^{44} m̩^{24}tʰɔ^{44}tʃʰan^{33}ŋɔ^{21}.

卖 唔 卖 阵=你， 讨 唔 讨 阵= 我。

021 **趁他不在家，你给他送去。**

tʃʰan^{42}kai^{21}mɔ^{21}hɛ^{24}ak^{2}，ni^{21}taŋ^{24} kai^{21}saŋ^{42}hau^{42}.

趁 渠 冇 行 屋， 你 同 渠 送 去。

022 **广西像广东那样热。**

kuœ^{44}sa^{51}taŋ^{24}kuœ^{44}taŋ^{51}kʰan^{33}ȵit^{5}.

广 西 同 广 东 咁 热。

023 **水烧开才能喝。**

ʃy^{44}ʃiau^{51}kuan^{44}tsiɛŋ^{24}ʃɛi^{51}tai^{21}.

水 烧 滚 □ 食 得。

024 **才去了一天就回来了。**

tsiɛŋ^{24}hau^{42}kau^{51}at^{2}ȵiat^{5}tsʰiu^{33}tyn^{42}lɔi^{24}lɛi^{33}.

□ 去 嘞 一 日 就 转 来 了。

025 **你先去。**

ni^{21}sin^{51}hau^{42}.

你 先 去。

ni^{21}hau^{42}sin^{51}.

你 去 先。

026 **（这里）我曾经来过。**

ŋɔ^{21}kuɔu^{44}tsɔ^{44}lɔi^{24}ku^{42}.

我 果= 早 来 过。

027 **（太小了，）重换一件。**

vun^{33}ku^{42}at^{2} kʰin^{33}.

换 过 一件。

028 **（天）要下雨了，快走！**

vɔi^{42}lœ^{5}y^{21}lɛi^{33}，fɔi^{42}tsau^{44}.

爱 落雨 哩， 快 走。

029 **来，再喝一杯！**

lɔi^{24}，ʃɛi^{51}tɔu^{51}at^{2}pai^{51}.

来， 食 多 一杯。

030 **再怎么说，反正我不去。**

ʧʰan^{33}ni^{21}kiɛŋ^{42}tsʅ^{44}kœ^{44}，vœ^{24}ʧʰai^{51}ŋɔ^{21} m̩^{24}hau^{42}.

阵⁼ 你 □ 子讲， 横 直 我 唔 去。

031 **（从早上起，）肚子一直疼。**

tau^{21}at^{2}ʧʰai^{51}tʰaŋ^{42}.

肚 一直 痛。

032 **今年冬天很冷。**

kan^{51}nin^{24}taŋ^{51}tʰin^{51}hɔ^{44}lɛ^{21}.

今 年 冬 天 好 冷。

033 **这件衣服大得很。**

ti^{33}kʰin^{33}ai^{51}ʃiɛŋ^{24}hɔ^{44}tuɔi^{33}.

□件 衣裳 好 大。

034 **他高兴极了。**

kai^{21}fuɔn^{51}hai^{44}tɔ^{42}sai^{44}.

渠 欢 喜 到 死。

035 **他的年纪最大。**

kai^{21}kɔ^{42}nin^{24}kai^{44}tsɔi^{42}tuɔi^{33}.

渠 个 年 纪 最 大。

036 **菜太咸，不好吃。**

tsʰɔi^{42}tʰuɔi^{42}ku^{42}huɔn^{24}，m̩^{24}hɔ^{44}ʃɛi^{51}.

菜 太 过 咸， 唔 好 食。

037 **随便洗一下。**

tsʰɔi^{24}pin^{42}sa^{44}at^{2}hɔu^{33}.

随 便 洗 一 下。

038　**我好像见过他。**

ŋɔ^{21}hɔ^{44}tsʰiɛŋ^{21}kin^{42}ku^{42}kai^{21}.

我 好 像　望 过 渠。

039　**故意问他。**

iu^{21}ai^{42}man^{33}kai^{21}.

有 意 问　渠。

040　**他常常来买东西。**

kai^{21}ʃi^{24}ʃi^{24}lɔi^{24}tʰɔ^{44}kaŋ^{51}fu^{51}.

渠 时 时 来 讨 工　夫。

041　**还有两个人没来。**

han^{33}iu^{21}liɛŋ^{21}tsʰa^{33}ȵian^{24}mɔ^{21}lɔi^{24}.

还　有 两　𥝱　人　冇 来。

042　**我刚到，还没吃饭。**

ŋɔ^{21}tsiɛŋ^{24}tɔ^{42}，han^{33}mɔ^{21}ʃɛi^{51}fuɔn^{33}.

我 □　到，还　冇　食 饭。

043　**几个人都走了。**

kai^{44}tsʰa^{33}ȵian^{24}tau^{51}tsau^{44}lɛi^{33}.

几　𥝱　人　都　走　了。

kai^{44}tsʰa^{33}ȵian^{24}tau^{51}tsau^{44}kau^{51}.

几　𥝱　人　都　走　嘝。

044　**（这件衣服）不长不短正合适。**

mɔ^{21}ʧʰiɛŋ^{24}mɔ^{21}tyn^{44}tsiɛŋ^{24}hut^{5}ʃai^{21}.

冇 长　冇 短 □　合 适。

045　**阿毛正在看电视。**

a^{33}mɔ^{24}miɛŋ^{33}kan^{44}tin^{33}ʃi^{33}.

阿毛　望　紧 电 视。

046　**（那里发生事故了，）幸亏我没去。**

hɔ^{44}tai^{21}ŋɔ^{21}mɔ^{21}hau^{42}.

好 得 我 冇 去。

hɔ^{44}tsʰɔi^{44}ŋɔ^{21}mɔ^{21}hau^{42}.

好 彩　我 冇 去。

047　**反正我不去。**

vœ^{24}tʃʰai^{51}ŋɔ^{21}m̩^{24}hau^{42}.

横直　我　唔　去。

048　**他也许会来。**

kai^{21}kʰɔu^{44}nɛ^{24}vɔi^{42}lɔi^{24}.

渠　可　能　爱　来。

049　**他已经来了。**

kai^{21}lan^{24}kan^{51}lɔi^{24}lɛi^{33}.

渠　临　今　来　了。

kai^{21}lan^{24}kan^{51}lɔi^{24}lɔ^{33}.

渠　临　今　来　啰。

050　**只会说，不会做。**

ʃak^{5}kœ^{44}m̩^{24}ʃak^{5}tsau^{42}.

熟　讲　唔　熟　做。

051　**走就走，没什么了不起。**

tsau^{44}tsʰiu^{33}tsau^{44}，mɔ^{21}pi^{51}man^{24}liau^{21}pat^{2}hai^{44}.

走　就　走，　冇　□□　了　不　起。

052　**他的自行车不见了。**

kai^{21}kɔ^{42}tuɔn^{51}tʃʰɛi^{51}mɔ^{21}kin^{42}lɛi^{33}.

渠　个　单　车　冇　见　了。

kai^{21}kɔ^{42}tuɔn^{51}tʃʰɛi^{51}mɔ^{21}kin^{42}lɔ^{33}.

渠　个　单　车　冇　见　啰。

053　**他买了一条三斤重的鲤鱼。**

kai^{21}tʰɔ^{44}kau^{51}at^{2}tiau^{24}suɔn^{51}kan^{51}tʃʰaŋ^{21}kɔ^{42}lai^{21}ȵy^{24}.

渠　讨　嘝　一条　三　斤　重　个　鲤　鱼。

054　**这条鱼不是我的。**

ti^{33}tiau^{24}ȵy^{24}mai^{51}tai^{21}ŋɔ^{21}kɔ^{42}.

□条　鱼　□　得　我　个。

055　**这是我的，那是你的。**

ti^{33}tsʰa^{33}hai^{33}ŋɔ^{21}kɔ^{42}，kat^{2}tsʰa^{33}hai^{33}ni^{21}kɔ^{42}.

□　䅟　系　我　个，　□　䅟　系　你　个。

056 **他会来的。**

kai^{21}vɔi^{42}lɔi^{24}kɔ^{42}.

渠 爱 来 个。

057 **他住的那幢房子倒塌了。**

kai^{21}tʃʰy^{33}kɔ^{42}kat^{2}tsʰɔu^{33}ak^{2}tɔ^{44}kau^{51}lɛi^{33}.

渠 住 个 □ 座 屋 倒 嘺 了。

058 **他慢慢地站了起来。**

kai^{21}muɔn^{33}muɔn^{33}kʰan^{33}kʰai^{21}hai^{44}lɔi^{24}.

渠 慢 慢 咁 徛 起 来。

059 **风一阵一阵地刮着。**

faŋ^{51}at^{2}tsiau^{42}at^{2}tsiau^{42}kʰan^{33}tʃʰy^{51}kan^{44}.

风 一□ 一□ 咁 吹 紧。

060 **桌子擦干净了吗？**

tɔi^{24}tʃœ^{2}muɔt^{5}lɛ^{24}lai^{33}iɛŋ^{24}？

枱 桌 抹 伶 俐 羊$^{=}$？

061 **他把桌子擦得干干净净的。**

kai^{21}ȵiɔu^{44}tɔi^{24}tʃœ^{2}muɔt^{5}tɔ^{44}lɛ^{24}lɛ^{24}lai^{33}lai^{33}.

渠 □ 枱 桌 抹 倒 伶 伶 俐 俐。

kai^{21}tsiɛŋ^{51}tɔi^{24}tʃœ^{2}muɔt^{5}tɔ^{44}lɛ^{24}lɛ^{24}lai^{33}lai^{33}.

渠 将 枱 桌 抹 倒 伶 伶 俐 俐。

062 **他走路走得很快。**

kai^{21}hɛ^{24}lau^{33}hɛ^{24}tai^{21}hɔ^{44}fɔi^{42}.

渠 行 路 行 得 好 快。

063 **他从书包里摸出一把钥匙来。**

kai^{21}hɛ^{24}ʃy^{51}pɔ^{51}ȵiɔu^{44}tʃʰat^{2}at^{2}tiau^{24}sɔu^{44}ʃi^{24}lɔi^{24}.

渠 行 书 包 □ 出 一 条 锁 匙 来。

064 **你的话，我听得懂；他的话，我听不懂。**

ni^{21}kɔ^{42}vɔu^{33}ŋɔ^{21}tʰɛ^{51}tai^{21}taŋ^{44}，kai^{21}kɔ^{42}vɔu^{33}ŋɔ^{21}tʰɛ^{51}m̩^{24}tai^{21}taŋ^{44}.

你 个 话 我 听 得 懂， 渠 个 话 我 听 唔 得 懂。

065 **我对得起他，他对不起我。**

ŋɔ^{21}tɔi^{42}tai^{21}hai^{44}kai^{21}，kai^{21}tɔi^{42}m̩^{24}tai^{21}hai^{44}ŋɔ^{21}.

我 对 得 起 渠， 渠 对 唔 得 起 我。

066 **打得过他。**

kuat^{2}tai^{21}kai^{21}iɛ^{24}.

抲 得 渠 赢。

067 **打不过他。**

kuat^{2}kai^{21}m̩^{24}iɛ^{24}.

抲 渠 唔 赢。

068 **吃不下饭。**

ʃɛi^{51}fuɔn^{33}m̩^{24}hɔu^{21}.

食 饭 唔 下。

069 **(那儿很远,)走了三天才走到。**

hɛ^{24}kau^{51}suɔn^{51}ȵiat^{5}tsiɛŋ^{24}hɛ^{24}tɔ^{42}.

行 嘞 三 日 □ 行 到。

070 **(走了很久,)走得脚底都起了泡了。**

hɛ^{24}tɔ^{44}kiɛk^{2}puɔn^{44}ta^{44}tau^{51}hai^{44}p^{h}ɔ^{42}lɛi^{33}.

行 倒 脚 板 底 都 起 泡 了。

071 **我吃得了三碗饭。**

ŋɔ^{21}ʃɛi^{51}tai^{21}suɔn^{51}vun^{44}fuɔn^{33}hau^{42}.

我 食 得 三 碗 饭 去。

072 **我吃不了三碗饭。**

ŋɔ^{21}ʃɛi^{51}m̩^{24}tai^{21}suɔn^{51}vun^{44}fuɔn^{33}hau^{42}.

我 食 唔 得 三 碗 饭 去。

073 **我看得见黑板上的字儿。**

ŋɔ^{21}miɛŋ^{33}tai^{21}tɔ^{44}fan^{44}puɔn^{44}ʃiɛŋ^{33}kɔ^{42}sɿ^{33}.

我 望 得 倒 粉 板 上 个 字。

074 **我看不见黑板上的字儿。**

ŋɔ^{21}miɛŋ^{33}m̩^{24}tai^{21}tɔ^{44}fan^{44}puɔn^{44}ʃiɛŋ^{33}kɔ^{42}sɿ^{33}.

我 望 唔 得 倒 粉 板 上 个 字。

075 **街上有好多人。**

kuɔi^{51}ʃiɛŋ^{33}iu^{21}hɔ^{44}tɔu^{51}ȵian^{24}.

街 上 有 好 多 人。

076 **我和他都不是广东人。**

ŋɔ^{21}lɔ^{51}kai^{21}tau^{51}m̩^{24}hai^{33}kuœ^{44}taŋ^{51}ȵian^{24}.

我 摎 渠 都 唔 系 广 东 人。

ŋɔ^{21}taŋ^{24}kai^{21}tau^{51} m̩^{24}hai^{33}kuœ^{44}taŋ^{51}ȵian^{24}.

我 同 渠 都 唔 系 广 东 人。

077 **这个老人家一边看报，一边打瞌睡。**

ti^{33}ts^{h}a^{33}lɔ^{21}kɔu^{51}fɔu^{44}at^{2}pin^{51}miɛŋ^{33}pɔ^{42}，at^{2}pin^{51}ʧaŋ^{51}ŋuɔn^{21}fan^{42}.

□ 穧 老 家 伙 一边 望 报，一 边 舂 眼 瞓。

078 **还是你能喝。**

han^{33}hai^{33}ni^{21}an^{44}tai^{21}.

还 系 你 饮 得。

079 **要么吃鸡，要么吃鱼，你自己挑。**

ʃɛi^{51}ka^{51}ia^{51}hɔ^{44}ʃɛi^{51}ȵy^{24}ia^{51}hɔ^{44}，ni^{21}sɿ^{33}kai^{44}tœ^{5}.

食 鸡 也 好 食 鱼 也 好，你 自 己 择。

080 **要是别人，这事儿就办不成。**

hai^{33}ku^{44}hai^{33}p^{h}it^{5}ȵian^{24}，ti^{33}k^{h}in^{33}ʃi^{33}ts^{h}iu^{33}puɔn^{33} m̩^{24}tai^{21}pin^{42}.

系 估 系 别 人，□件 事 就 办 唔 得 便。

081 **呵呵，我赢了你了。**

ha^{51}ha^{51}! ŋɔ^{21}iɛ^{24}kau^{51}ni^{21}lɔ^{33}.

哈 哈！我 赢 嗰 你 啰。

082 **啊，真好看啊！**

a^{51}，ʧan^{51}hɔ^{44}miɛŋ^{33}ɔ^{42}！

啊，真 好 望 哦！

083 **啊，这是怎么回事啊？**

m̩^{24}，ti^{33}hai^{33}pi^{51}man^{24}ʃi^{33}？

呣，□系 □ □ 事？

084 **哦，我懂了。**

ɔ^{42}，ŋɔ^{21}hiau^{44}tai^{21}lɔ^{33}.

哦，我 晓 得 啰。

085 **嗨！你这小子真没出息。**

hai^{42}! ni^{21}ti^{33}kuai^{44}tsa^{44}ʃi^{44}ʧan^{51}mɔ^{21}ʧ^{h}at^{2}sai^{21}.

嗨！你□鬼 崽 屎 真 冇 出 息。

086 **那只鸟飞走了。**

kat^{2}ʧai^{21}tsiɛk^{2}tsa^{44}fai^{51}tsau^{44}lɛi^{33}.

□ 只 雀 崽 飞 走 了。

087 **他打破了一个杯子。**

kai^{21}kuɛ^{44}luɔn^{33}kau^{51}at^{2}kau^{21}pai^{51}.

渠 梗⁼烂 嗬 一□ 杯。

088 **给我一支笔。**

piau^{42}ŋɔ^{21}at^{2}kun^{44}pat^{2}.

俵 我 一 管 笔。

piau^{42}kun^{44}pat^{2}ŋɔ^{21}.

俵 管 笔 我。

089 **我送他一本书。**

ŋɔ^{21}saŋ^{42}kai^{21}at^{2}pan^{44}ʃy^{51}.

我 送 渠 一本 书。

ŋɔ^{21}saŋ^{42}pan^{44}ʃy^{51}piau^{42}kai^{21}.

我 送 本 书 俵 渠。

090 **你叫他一声。**

ni^{21}vɔ^{44}at^{2}ʃɛ^{51}kai^{21}.

你 □ 一声 渠。

ni^{21}vɔ^{44}kai^{21}at^{2}ʃɛ^{51}.

你 □ 渠 一声。

091 **屋子里黑咕隆咚的，（什么都看不见）。**

ak^{2}lau^{33}hiɛk^{2}miɛk^{5}miɛk^{5}.

屋路⁼黑 墨 墨。

092 **他家里干干净净的，（住着很舒服）。**

kai^{21}ak^{2}lau^{33}lɛ^{24}lɛ^{24}lai^{33}lai^{33}kɔ^{42}.

渠 屋路⁼伶 伶 俐 俐 个。

093 **他身材不高，有点瘦。**

kai^{21}ʃan^{51}ts^{h}ɔi^{24}mɔ^{21}kai^{44}kɔ^{51}，iu^{21}ti^{33}ʃau^{42}.

渠 身 材 冇 几 高，有 滴 瘦。

094 **他什么水果都不吃。**

kai^{21}pi^{51}man^{24}kuɔn^{44}tsa^{44}tau^{51}m̩^{24}ʃɛi^{51}.

渠 □ □ 果 崽 都 唔 食。

095 **河面有五百米宽，（不容易游过去）。**

hɔu^{24}min^{33}iu^{21}m̩^{21}pɛ^{2}ma^{21}fut^{2}.

河 面 有 五 百 米 阔。

096　把门关上。

ʧɛi^{51}tyn^{42}man^{24}.

遮 转 门。

tsiɛŋ^{51}man^{24}ʧɛi^{51}tyn^{42}.

将 门 遮 转。

097　把衣服都收进来。

ȵiɔu^{44}ai^{51}ʃiɛŋ^{24}ʃiu^{51}tyn^{42}lɔi^{24}.

□ 衣 裳 收 转 来。

tsiɛŋ^{51}ai^{51}ʃiɛŋ^{24}ʃiu^{51}tyn^{42}lɔi^{24}.

将 衣 裳 收 转 来。

098　你看看清楚。

ni^{21}miɛŋ^{33}tsʰɛ^{51}ʧʰɔu^{44}lɔi^{24}.

你 望 清 楚 来。

099　你把自行车借我骑几天。

ni^{21}tsiɛŋ^{51}tuɔn^{51}ʧʰɛi^{51}tsɛi^{42}piau^{42}ŋɔ^{21}tsʰɔu^{21}kai^{44}ȵiat^{5}.

你 将 单 车 借 俵 我 坐 几 日。

100　别把自行车弄丢了。

mɔ^{44}ȵiɔu^{44}tuɔn^{51}ʧʰɛi^{51}kɔ^{44}tit^{2}kau^{51}.

[唔好]□单 车 搞 跌嘞。

101　鱼被猫叼走了。

ȵy^{24}piau^{42}mɔ^{42}kaŋ^{51}tuɔn^{51}tsau^{44}lɔ^{33}.

鱼 俵 猫 公 担$^{=}$ 走 啰。

102　别让他知道了。

mɔ^{44}piau^{42}kai^{21}tai^{51}tai^{21}.

[唔好]俵渠 知 得。

103　他们吃过晚饭看戏去了。

kai^{21}lau^{21}ʃɛi^{51}kau^{51}iɛi^{33}hau^{42}miɛŋ^{33}kʰai^{42}.

渠 鲁$^{=}$食 嘞 夜 去 望 戏。

104　我们明天坐飞机去上海。

ŋɔ^{21}lau^{21}mɛ^{24}ȵiat^{5}tsʰɔu^{21} fai^{51}kai^{51}hau^{42}ʃiɛŋ^{33}hɔi^{44}.

我 鲁$^{=}$明 日 坐 飞 机 去 上 海。

105 **你去看看，他回来了没有。**

ni^{21}hau^{42}miɛŋ^{33}hɔu^{33}n̩i^{51}，kai^{21}tyn^{42}lɔi^{24}mɔ^{24}.

你 去 望 下 儿，渠 转 来 冇。

106 **他埋怨我来晚了。**

kai^{21}yn^{42}ŋɔ^{21}lɔi^{24}tʃ^{h}i^{24}lɔ^{33}.

渠 怨 我 来 迟 啰。

107 **你的表准吗？**

ni^{21}kɔ^{42}ʃiu^{44}piau^{51}tʃan^{44}mɔ^{44}.

你 个 手 表 准 么？

108 **你去干什么？我去买菜。**

ni^{21}hau^{42}tsau^{42}pi^{51}man^{24}？ ŋɔ^{21}hau^{42}t^{h}ɔ^{44}ts^{h}ɔi^{42}.

你 去 做 □□？ 我 去 讨 菜。

109 **哪个是李老师？**

pi^{51}ts^{h}a^{33}hai^{33}lai^{21}lɔ^{21}sɿ^{51}?

□ 穄 系 李 老 师？

110 **从这儿到那儿走多久？**

hɛ^{24}ti^{33}tsa^{44}tɔ^{42}kat^{2}ti^{33}vɔi^{42}hɛ^{24}kai^{44}kiu^{44}?

行□崽 到 □□爱 行 几 久？

111 **（他的衣服洗干净了，）你的呢？**

ni^{21}kɔ^{42}nɛ^{44}?

你 个 呢？

112 **是鸡还是鸭子？**

hai^{33}ka^{51}han^{33}hai^{33}vuɔt^{2}？

系 鸡 还 系 鸭？

113 **水开了没有？**

ʃy^{44}kuan^{44}kau^{51}iɛŋ^{24}？

水 滚 嘴 羊$^{=}$？

114 **他唱歌好不好听？**

kai^{21}tʃ^{h}iɛŋ^{42}kɔu^{51}hɔ^{44}m̩^{24}hɔ^{44}t^{h}ɛ^{51}?

渠 唱 歌 好 唔 好 听？

115 **我要不要去？不去行不行？**

ŋɔ^{21}vɔi^{42}m̩^{24}vɔi^{42}hau^{42}？ m̩^{24}hau^{42}tai^{21}m̩^{24}tai^{21}？

我 爱 唔 爱 去？ 唔 去 得 唔 得？

116 （明天开会）咱得去还是不必去？／你得去，我不必去。

$ŋɔ^{21}lau^{21}ʃa^{44}m̩^{24}ʃa^{44}hau^{42}$？

我 鲁⁼使 唔 使 去？

$ni^{21}vɔi^{42}hau^{42}$，$ŋɔ^{21}m̩^{24}ʃa^{44}hau^{42}$.

你 爱 去， 我 唔 使 去。

117 （他说他家被偷了）有这事吗？／没这事。

$iu^{21}mɔ^{21}ti^{33}k^hin^{33}ʃi^{33}$?

有 冇 □件 事？

$mɔ^{21}tai^{21}ti^{33}k^hin^{33}ʃi^{33}$.

冇 得 □件 事。

118 （这两本书送给你，）要不要？／这本要，那本不要。

$t^hɔ^{44}m̩^{24}t^hɔ^{44}$？

讨 唔 讨？

$ti^{33}pan^{44}t^hɔ^{44}$，$kat^2pan^{44}m̩^{24}t^hɔ^{44}$.

□本 讨，□本 唔 讨。

119 （我已经告诉他了，）难道他没记住？

$hɔ^{44}vɔu^{33}kai^{21}mɔ^{21}kai^{42}ʃak^5$？

好 话 渠 冇 记 熟？

120 难道非得我去？

$hɔ^{44}vɔu^{33}at^2tɛ^{33}vɔi^{42}ŋɔ^{21}hau^{42}$？

好 话 一定 爱 我 去？

121 我不去，谁去呢？（非我去不可）

$ŋɔ^{21}m̩^{24}hau^{42}$，$pi^{51}ts^ha^{33}hau^{42}$？

我 唔 去， □ 穧 去？

122 我跟他一样高。

$ŋɔ^{21}lɔ^{51}kai^{21}taŋ^{24}iɛŋ^{33}kɔ^{51}$.

我 摎 渠 同 样 高。

123 他没有我这么高。

$kai^{21}mɔ^{21}tai^{21}ŋɔ^{21}k^han^{33}kɔ^{51}$.

渠 冇 得 我 咁 高。

124 荔枝比龙眼贵，还没有龙眼好吃。

$lai^{33}tʃi^{51}kuai^{42}ku^{42}laŋ^{24}ŋuɔn^{21}$，$han^{33}mɔ^{21}tai^{21}laŋ^{24}ŋuɔn^{21}k^han^{33}hɔ^{44}ʃɛi^{51}$.

荔 枝 贵 过 龙 眼， 还 冇 得 龙 眼 咁 好 食。

125 **他今天病了。**

kai^{21}kan^{51}ȵiat^{5}iu^{21}pɛ^{33}.

渠 今 日 有 病。

126 **天亮了。**

t^{h}in^{51}kuœ^{51}lɛi^{33}.

天 光 了。

t^{h}in^{51}kuœ^{51}lɔ^{33}.

天 光 啰。

127 **这／那只鸡死了。**

ti^{33} ʧai^{21}ka^{51}sai^{44}kau^{51}lɛi^{33}.

□只 鸡 死 嘞 了。

kat^{2}ʧai^{21}ka^{51}sai^{44}kau^{51}lɛi^{33}.

□只 鸡 死 嘞 了。

128 **这／那双鞋破了。**

ti^{33} tɔi^{42}huɔi^{24}luɔn^{33}kau^{51}lɛi^{33}.

□对 鞋 烂 嘞 了。

kat^{2} tɔi^{42}huɔi^{24}luɔn^{33}kau^{51}lɛi^{33}.

□ 对 鞋 烂 嘞 了。

129 **孩子大了就不听话了。**

sa^{24}tsa^{44}tuɔi^{33}kau^{51}ts^{h}iu^{33} m̩^{24}t^{h}ɛ^{51}vɔu^{33}lɔ^{33}.

细 崽 大 嘞 就 唔 听 话 啰。

130 **（别急！）吃了晚饭再回去。**

ʃɛi^{51}kau^{51}iɛi^{33}tsiɛŋ^{24}tyn^{42}hau^{42}.

食 嘞 夜 □ 转 去。

131 **（别急！）坐着讲。**

ts^{h}ɔu^{21}kan^{44}lɔi^{24}kœ^{44}.

坐 紧 来 讲。

132 **说着说着她就哭起来了。**

kœ^{44}kan^{44}kœ^{44}kan^{44}kai^{21}ts^{h}iu^{33}hak^{2}hai^{44}lɔi^{24}.

讲 紧 讲 紧 渠 就 哭 起 来。

133 **你站起来！**

ni^{21}k^{h}ai^{21}hai^{44}lɔi^{24}.

你 徛 起 来！

134 **两个人又说起话来了。**

lieŋ^{21}tsʰa^{33}ȵian^{24}iu^{33}kœ^{44}tyn^{42}vɔu^{33}lɔi^{24}.

两 穧 人 又 讲 转 话 来。

135 **外头正在下雨，要带伞。**

ŋɔi^{33}min^{33}lœ^{5}kan^{44}y^{21}，vɔi^{42}tuɔi^{42}y^{21}ʧɛi^{51}.

外 面 落紧 雨，爱 带 雨遮。

136 **雨停了，我们该走了吧。**

tɛ^{24}y^{21}lɛi^{33}，ŋɔ^{21}lau^{21}vɔi^{42}tsau^{44}lɛi^{33}.

停雨了， 我 鲁⁼爱 走 了。

137 **我们还没吃饭呢。**

ŋɔ^{21}lau^{21}han^{33}mɔ^{21}ʃɛi^{51}fuɔn^{33}hin^{42}.

我 鲁⁼还 冇 食 饭 牵。

138 **他们打起来了，快去劝劝。**

kai^{21}lau^{21}kuat^{2}hai^{44}lɔi^{24}lɔ^{33}，fɔi^{42}ti^{33}hau^{42}kʰyn^{42}hɔi^{51}kai^{21}.

渠 鲁⁼扢 起 来 啰，快 滴去 劝 开 渠。

139 **走吧，我们出去喝喝茶，聊聊天。**

tsau^{44}lɛi^{33}，ŋɔ^{21}lau^{21}ʧʰat^{2}hau^{42}an^{44}ʧʰɔu^{24}，kʰɛ^{51}kʰɛ^{5}hɔu^{33}.

走 了， 我 鲁⁼ 出 去 饮 茶， 倾 倾 下。

140 **别急，歇一歇再走。**

mɔ^{44}kʰan^{33}kan^{44}，tʰau^{44}hɔu^{33}ȵi^{51}tsieŋ^{24}tsau^{44}.

[唔好]咁紧， 敨 下 儿 □ 走。

141 **老四呢？他正在跟一个朋友说着话呢。**

lɔ^{21}sai^{42}lɛ^{44}？ kai^{21}lɔ^{51}kai^{21}at^{2}tsʰa^{33}pɛ^{24}iu^{21}kœ^{44}kan^{44}vɔu^{33}.

老 四 哩？ 渠 摎 渠 一□ 朋 友 讲 紧 话。

142 **他还没有说完吗？**

kai^{21}han^{33}mɔ^{21}kœ^{44}liau^{21}mɔ^{44}？

渠 还 冇 讲 了 么？

143 **他说马上就走，怎么这么久了还在家里呢？**

kai^{21}kœ^{44}tsai^{21}kiɛk^{2}tsʰiu^{33}tsau^{44}，kiɛŋ^{42}tsɿ^{44}kʰan^{33}kiu^{44}han^{33}hɛ^{24}ak^{2}lau^{33}hin^{51}？

渠 讲 即 脚⁼就 走， □ 子 咁 久 还 系 屋 路⁼牵？

144 **不是那么做，是要这么做的。**

mai^{51}tai^{21}kʰan^{33}tai^{33}tsau^{42}，hai^{33}vɔi^{42}kʰan^{33}tai^{33}tsau^{42}kɔ^{42}.

□ 得 咁 □ 做， 系 爱 咁 □ 做 个。

145 **大概有三十来岁吧。**

tuɔi^{33}iɛk^{2}iu^{21}suɔn^{51}ʃat^{5}kai^{44}k^{h}an^{33}tai^{33}.

大 约 有 三 十 几 咁 □。

146 **我嘴笨，我说不过他。**

ŋɔ^{21}hau^{44}tan^{33}，ŋɔ^{21}kœ^{44}m̩^{24}tai^{21}iɛ^{24}kai^{21}.

我 口 钝， 我 讲 唔 得 赢 渠。

147 **请你再说一遍！**

ts^{h}ɛ^{44}ni^{21}kœ^{44}tɔu^{51}at^{2}lan^{24}.

请 你 讲 多 一 轮。

ts^{h}ɛ^{44}ni^{21}tsɔi^{42}kœ^{44}at^{2}lan^{24}.

请 你 再 讲 一轮。

148 **现在还很早呢，等一会儿再去吧。**

lan^{24}kan^{51}kai^{44}tsɔ^{44}hin^{51}，tiɛŋ^{44}hɔu^{33}ȵi^{51}tsiɛŋ^{24}hau^{42}.

临 今 几 早 牵， 等 下 儿 □ 去。

149 **我实在没有书嘛！**

ŋɔ^{21}ʃat^{5}ts^{h}uɔi^{33}mɔ^{21}tai^{21}ʃy^{51}.

我 实 在 冇 得 书。

150 **吸烟或者喝酒都不可以。**

ʃɛi^{51}in^{51}an^{44}tsiu^{44}tau^{51}m̩^{24}tai^{21}.

食 烟 饮 酒 都 唔 得。

151 **今天开会谁的主席？**

kan^{51}ȵiat^{5}hɔi^{51}vai^{33}pi^{51}ts^{h}a^{33}tœ^{51}ʧy^{44}ts^{h}ai^{51}？

今 日 开 会 □ 穧 当 主 席？

152 **这个吃得，那个吃不得。**

ti^{33}ts^{h}a^{44}ʃɛi^{51}tai^{21}，kat^{2}ts^{h}a^{44}ʃɛi^{51}m̩^{24}tai^{21}.

□□ 食 得， □ □ 食 唔 得。

ti^{33}ts^{h}a^{44}ʃɛi^{51}tai^{21}，kat^{2}ts^{h}a^{44}m̩^{24}ʃɛi^{51}tai^{21}.

□□ 食 得， □ □ 唔 食 得。

153 **这是他的书，那一本是他哥哥的。**

ti^{33}hai^{33}kai^{21}kɔ^{42}ʃy^{51}，kat^{2}pan^{44}hai^{33}kai^{21}kɔu^{51}kɔ^{42}.

□系 渠 个 书， □ 本 系 渠 哥 个。

154 **大年初二，嫁出去的女儿回娘家，也不能在娘家过夜。**

nin24tʃʰœ51ȵi33kɔu51tʃʰat2hau42kɔ42ȵy21tyn42ŋɔi33kɔu51，ia51 m̩24kʰɔu44i21hɛ24ŋɔi33kɔu51sak2iɛi33kɔ42.

年初二嫁出去个女转外家，也唔可以行外家宿夜个。

155 **张三杀了他家的那只鸡。**

tʃiɛŋ51suɔn51tʰœ51kau51kai21ak2lau33kat2tʃai21ka51.

张三㓥嘞渠屋路=□只鸡。

156 **你刚吃了药，不能喝茶。**

ni21tsiɛŋ24ʃɛi51kau51iɛk5，mɔ44 ʃɛi51tsʰɔu24.

你□食嘞药，[唔好]食茶。

ni21tsiɛŋ24ʃɛi51kau51iɛk5，ʃɛi51 m̩24tai21tsʰɔu24.

你□食嘞药，食唔得茶。

157 **他给了我三斤橘子，我马上就给了他钱。**

kai21piau42kau51ŋɔ21suɔn51kan51kun51tsɿ44，ŋɔ21tsai21kiɛk2tsʰiu33piau42kau51tsʰin24 kai21.

渠俵嘞我三斤柑子，我即脚=就俵嘞钱渠。

158 **他们走了我才能坐下来做自己的事。**

kai21lɔ44tsau44kau51ŋɔ21tsiɛŋ24tsʰɔu21hɔu33lɔi24tsau42sɿ33kai44kɔ42ʃi33.

渠佬走嘞我□坐下来做自己个事。

159 **讲错了没关系，再讲一遍就是了。**

kœ44tsʰɔu42mɔ21kuan51ʃi33，tsɔi42kœ44tyn42at2lan24tsʰiu33tai21lɛi33.

讲错冇关事，再讲转一轮就得了。

160 **门一开就有几只苍蝇飞了进来。**

at2hɔi51man24tsʰiu33iu21kai44tʃai21man24tʃʰaŋ24fai51kau51ȵiat5lɔi24.

一开门就有几只蚊虫飞嘞入来。

161 **太阳出来了，地干了没有？**

ȵiat5tiu24tʃʰat2lɔi24lɛi33，tai33kun51kau51mɔ24？

热头出来了，地干嘞冇？

162 **饭和菜都凉了，热一热再吃吧。**

fuɔn33tsʰɔi42tau51tsʰai21lɛi33，ȵyn21 ȵi51tsiɛŋ24ʃɛi51lɛi33.

饭菜都□了，暖儿□食了。

163 **我想了想，还是决定不去。**

ŋɔ21nan44hɔu33ȵi51，tau51hai33kʰyt2tɛ33 m̩24hau42.

我谂下儿，都系决定唔去。

164 **他说了半天还没有说清楚。**

kai^{21}kœ^{44}kau^{51}kai^{44}kiu^{44}，han^{33}mɔ^{21}kœ^{44}ts^{h}ɛ^{51}ʧ^{h}ɔu^{44}.

渠 讲 嘞 几 久， 还 冇 讲 清 楚。

165 **我找了三趟都没找到他。**

ŋɔ^{21}tiɛŋ^{24}kau^{51}suɔn^{51}lan^{24}tau^{51}mɔ^{21}tiɛŋ^{24}tɔ^{44}kai^{21}.

我 藤⁼ 嘞 三 轮 都 冇 藤⁼ 倒 渠。

166 **我睡了一会儿就醒了。**

ŋɔ^{21}min^{24}kau^{51}hɔu^{33}ȵi^{51}ts^{h}iu^{33}sɛ^{44}lɔ^{33}.

我 眠 嘞 下 儿 就 醒 啰。

167 **我们等了半个多小时，门才开。**

ŋɔ^{21}lau^{21}tiɛŋ^{44}kau^{51}pun^{42}ts^{h}a^{33}ʧaŋ^{51}tiu^{24}iu^{21}tɔu^{51}，tsiɛŋ^{24}hɔi^{51}man^{24}.

我 鲁⁼ 等 嘞 半 䅟 钟 头 有 多， □ 开 门。

168 **他刚才踢了我一脚，不知为什么。**

kai^{21}tiu^{24}sin^{51}t^{h}ai^{21}kau^{51}ŋɔ^{21}at^{2}kiɛk^{2}，m̩^{24}tai^{51}tsau^{42}pi^{51}man^{24}.

渠 头 先 踢 嘞 我 一 脚， 唔 知 做 □ □。

169 **你洗完衣服了吗？洗完了。**

ni^{21}sa^{44}liau^{21}ai^{51}ʃiɛŋ^{24}ȵiɛŋ^{24}？ sa^{44}liau^{21}lɛi^{33}.

你 洗 了 衣 裳 娘⁼？ 洗 了 了。

ni^{21}sa^{44}liau^{21}ai^{51}ʃiɛŋ^{24}hin^{51}？ sa^{44}liau^{21}lɛi^{33}.

你 洗 了 衣 裳 牵？ 洗 了 了。

170 **等我问过了他再告诉你。**

tiɛŋ^{44}ŋɔ^{21}man^{33}kau^{51}kai^{21}tsiɛŋ^{24}kœ^{44}piau^{42}ni^{21}tai^{51}.

等 我 问 嘞 渠 □ 讲 俵 你 知。

171 **擦掉黑板上的字！**

muɔt^{5}kau^{51}hiɛk^{2}puɔn^{44}kɔ^{42}sɿ^{33}.

抹 嘞 粉 板 个 字。

172 **不能把这些东西丢掉。**

mai^{51}tsiɛŋ^{51}ti^{33}tɛ^{24}kaŋ^{51}fu^{51}tiu^{51}kau^{51}.

□ 将 □□ 工 夫 丢 嘞。

173 **李明拉住了小王不让他回家。**

lai^{21}mɛ^{24}luɔi^{51}ʧ^{h}y^{33}siau^{44}vœ^{24}m̩^{24}piau^{42}kai^{21}tyn^{42}ak^{2}.

李 明 拉 住 小 王 唔 俵 渠 转 屋。

174 林老师买到一件很好看的衣服。

lan^{24}lɔ^{21}sɿ^{51}tʰɔ^{44}tɔ^{44}at^{2}kʰin^{33}kai^{44}hɔ^{44}mieŋ^{33}kɔ^{42}ai^{51}sieŋ^{24}.

林 老 师 讨 倒 一件　儿 好　望　个 衣 裳。

175 门口挤了许多人。

man^{24}hau^{44}ʧi^{51}tɔ^{44}kai^{44}tɔu^{51}ȵian^{24}.

门　口　挤 倒 儿　多　人。

176 房间里点了一盏灯。

fœ^{24}taŋ^{24}hai^{44}tin^{44}tɔ^{44}at^{2}ŋuan^{21}tieŋ^{51}.

房　同　起 点　倒　一眼　灯。

177 先切肉，等一下儿再烧菜。

sin^{51}tsʰit^{2}ȵiat^{5}，tieŋ^{44} hɔu^{33} ȵi^{51}tsieŋ^{24}ʧʰɔ^{44}tsʰɔi^{42}.

先　切　肉，　等　　下　儿 □　　炒　菜。

178 先把木头锯了，让它干一干，再做张桌子。

sin^{51}tsieŋ^{51}ʃy^{33}kɔi^{42}kau^{51}，tieŋ^{44}kai^{21}kun^{51}hɔu^{33}ȵi^{51}，ʧaŋ^{24}ʧɛ^{44}ʧieŋ^{51}tɔi^{24}ʧœ^{2}.

先 将　树 锯　嘞，　等　渠　干　 下　儿，　□　整　张　枱　桌。

179 三个梨我吃了两个。

suɔn^{51}kau^{21}lai^{24}ŋɔ^{21}ʃɛi^{51}kau^{51}lieŋ^{21}kau^{21}.

三　 □　梨 我　食　嘞　两　□。

180 我已经买了一些家具了，还准备再买一些。

ŋɔ^{21}lan^{24}kan^{51}tʰɔ^{44}kau^{51}at^{2}tit^{2}kɔu^{51}sɿ^{51}，han^{33}ʧan^{44}pai^{33}tsɔi^{42}tʰɔ^{44}tyn^{42}at^{2} ti^{33}.

我 临　今　讨 嘞　一滴家　私，还　准　备　再　讨 转 一 滴。

181 我在吃饭，他在洗手呢。

ŋɔ^{21}hɛ^{24}ti^{33}ʃɛi^{51}fuɔn^{33}，kai^{21}hɛ^{24}ti^{33}sa^{44}ʃiu^{44}.

我 行　□食　饭，　渠　行　□ 洗　手。

182 我跑着呢，所以不觉得冷。

ŋɔ^{21}tsau^{44}kan^{44}hin^{51}，sɔu^{44}i^{21}mɔ^{21}kœ^{2}tai^{21}lɛ^{21}.

我　走　 紧　牵，　所 以　冇　觉　得　冷。

183 妈妈在门口缝衣服，姐姐在厨房里煮饭。

a^{33}mu^{21}hɛ^{24}man^{24}hau^{44}pɔu^{44}ai^{51}ʃieŋ^{24}，a^{33}tsɛi^{44}hɛ^{24}tsɔ^{42}tsʰin^{24}ʧy^{44}fuɔn^{33}.

阿 母　行 门　 口　 补　衣　裳，　阿 姐　行 灶　前　 煮　 饭。

184 这会儿他在干什么？他躺在床上看书呢。

kai^{21}lan^{24}kan^{51}hɛ^{24}ti^{33}tsau^{42}pi^{51}man^{24}？

渠 临 今 行 □ 做 □ □?

kai^{21}min^{24}hɛ^{24}tʃ^{h}œ^{24}ʃiɛŋ^{33}miɛŋ^{33}ʃy^{51}.

渠 眠 行 床 上 望 书。

185 他在屋檐下站着呢。

kai^{21}hɛ^{24}ak^{2}hin^{24}hɔu^{33}k^{h}ai^{21}kan^{44}hin^{51}.

渠 行 屋 舷 下 徛 紧 牵。

186 她在地上坐着，不肯站起来。

kai^{21}hɛ^{24}tai^{33}na^{24}ts^{h}ɔu^{21}kan^{44}，m̩^{24}siɛŋ^{44}k^{h}ai^{21}hai^{44}lɔi^{24}.

渠 行 地 泥 坐 紧， 唔 想 徛 起 来。

187 我带着雨衣，不怕下雨。

ŋɔ^{21}tuɔi^{42}tɔ^{44}ʃy^{44}ai^{51}，m̩^{24}faŋ^{44}lœ^{5}y^{21}.

我 带 倒 水 衣， 唔 恐 落 雨。

188 我走开一会儿，行李要好好儿地看着！

ŋɔ^{21}tsau^{44}hɔi^{51}hɔu^{33}ȵi^{51}，hɛ^{24}lai^{21}ni^{21}vɔi^{42}hɔ^{44}hɔ^{44}miɛŋ^{33}kan^{44}.

我 走 开 下 儿， 行 李 你 爱 好 好 望 紧。

189 他们打着伞在街上走。

kai^{21}lau^{21}tʃ^{h}ɛ^{44}kan^{44}y^{21}tʃɛi^{51}，tsau^{44}hɛ^{24}tuɔi^{33}kuɔi^{51}.

渠 鲁= 撑 紧 雨 遮， 走 行 大 街。

190 他喜欢站着吃。

kai^{21}tʃaŋ^{51}ai^{42}k^{h}ai^{21}kan^{44}ʃɛi^{51}.

渠 钟 意 徛 紧 食。

191 他们手拉着手，一边走一边唱。

kai^{21}lɔ^{44}ʃiu^{44}luɔi^{51}kan^{44}ʃiu^{44}，at^{2}min^{33}hɛ^{24}at^{2}min^{33}tʃ^{h}iɛŋ^{42}.

渠 佬 手 拉 紧 手， 一 面 行 一 面 唱。

192 车子里坐着两个外国人。

tʃ^{h}ɛi^{51}taŋ^{24}hai^{44}ts^{h}ɔu^{21}tɔ^{44}liɛŋ^{21}ts^{h}a^{33}fuɔn^{51}kuai^{44}lɔ^{44}.

车 同 起 坐 倒 两 穧 番 鬼 佬。

193 我吃过这种菜，不大好吃的。

ŋɔ^{21}ʃɛi^{51}ku^{42}ti^{33}tʃaŋ^{44}ts^{h}ɔi^{42}，mɔ^{21}kai^{44}hɔ^{44}ʃɛi^{51}kɔ^{42}.

我 食 过 □ 种 菜， 冇 几 好 食 个。

194 前几天冷过，今天又热了。

tsɔ^{44}kai^{44}ȵiat^{5}lɛ^{21}ku^{42}，kan^{51}ȵiat^{5}iu^{33}ȵit^{5}lɔ^{33}.

早 几 日 冷 过，今 日 又 热 啰。

195 **天气冷起来了，要多穿一件衣服。**

t^{h}in^{51}k^{h}ai^{42}lɛ^{21}hai^{44}lɔi^{24}lɛi^{33}，vɔi^{42}tiɛk^{2}tɔu^{51}k^{h}in^{33}ai^{51}ʃiɛŋ^{24}.

天 气 冷 起 来 了，爱 着 多 件 衣 裳。

196 **客人还没到他就喝起酒来。**

k^{h}ɛ^{21}ȵian^{24}han^{33}mɔ^{21}tɔ^{42}，kai^{21}ts^{h}iu^{33}ʃɛi^{51}kan^{44}tsiu^{44}lɔi^{24}.

客 人 还 冇 到，渠 就 食 紧 酒 来。

197 **你怎么做起生意来了？**

ni^{21}kiɛŋ^{42}tai^{33}tsau^{42}hai^{44}ʃɛ^{51}ai^{42}lɔi^{24}？

你□ □ 做 起 生 意 来？

198 **让他说下去，不要插嘴。**

tiɛŋ^{44}kai^{21}kœ^{44}lœ^{5}hau^{42}，mɔ^{44}ʧ^{h}uɔt^{2} tsɔi^{44}.

等 他 讲 落 去，[唔好] 插 嘴。

199 **要看的人看下去，我们先走了。**

vɔi^{42}miɛŋ^{42}kɔ^{42}ȵian^{24}miɛŋ^{42}lœ^{5}hau^{42}，ŋɔ^{21}lau^{21}sin^{51}tsau^{44}lɛi^{33}.

爱 望 个 人 望 落 去，我 鲁⁼ 先 走 了。

200 **我儿子已经考上了大学了。**

ŋɔ^{21}kɔ^{42}tsa^{44}lan^{24}kan^{51}k^{h}ɔ^{44}ʃiɛŋ^{21}tuɔi^{33}hœ^{5}lɔ^{33}.

我 个 崽 临 今 考 上 大 学 啰。

201 **他去了一个多月了，还没有回来。**

kai^{21}hau^{42}kau^{51}at^{2}ts^{h}a^{33}ȵyt^{5}tɔu^{51}，han^{33}mɔ^{21}tyn^{42}lɔi^{24}.

渠 去 嗝 一 稽 月 多， 还 冇 转 来。

202 **你把昨天买的东西放在哪儿了？—— 放在桌子上。**

ni^{21}tsiɛŋ^{51}ts^{h}ɔ^{24}ȵiat^{5}t^{h}ɔ^{44}kɔ^{42}kaŋ^{51}fu^{51}fœ^{42}hɛ^{24}pi^{51}ti^{33}？ fœ^{42}hɛ^{24}tɔi^{24}ʧœ^{2}min^{33}.

你 将 昨 日 讨 个 工 夫 放 行 □□？ 放 行 枱 桌 面。

203 **冬至以后白天渐渐变长了，夜晚渐渐变短了。**

taŋ^{51}ʧi^{42}i^{21}hau^{42}ȵiat^{5}tsɿ^{24}muɔn^{33}muɔn^{33}pin^{42}ʧ^{h}iɛŋ^{24}lɛi^{33}，iɛi^{33}tiu^{24}muɔn^{33}muɔn^{33}pin^{42} tyn^{44}lɛi^{33}.

冬 至 以后 日 子 慢 慢 变 长 了，夜 头 慢 慢 变 短 了。

204 **明天这时候他早就到了北京了。**

mɛ^{24}ȵiat^{5}ti^{33}ts^{h}a^{33}ʃi^{24}hau^{33}kai^{21}tsɔ^{44}ts^{h}iu^{33}tɔ^{42}kau^{51}piɛk^{2}kɛ^{51}lɔ^{33}.

明 日 □ 稽 时 候 渠 早 就 到 嗝 北 京 啰。

205 **球滚到洞里去了。**

kʰiu^{24}lak^{2}tɔ^{44}laŋ^{51}hau^{42}lɛi^{33}.

球 辘倒 窿去 哩。

206 钱都拿出来了，就这么一点儿。

tsʰin^{24}tau^{51}ȵiɔu^{44}kau^{51}tʃʰat^{2}lɔi^{24}lɔ^{33}，tsʰiu^{33}ti^{33}min^{44}ȵin^{24}.

钱 都 □ 嗬 出 来 啰，就 滴□ □。

207 他来敲门的时候我已经睡了。

kai^{21}lɔi^{24}kʰɔ^{51}man^{24}kɔ^{42}ʃi^{24}kuɔn^{51}，ŋɔ^{21}lan^{24}kan^{51}min^{24}tʃʰiɛk^{5}ŋuɔn^{21}lɛi^{33}.

渠 来 敲 门 个 时 间，我 临 今 眠 着 眼 了。

208 还有一点钱我不给你了。

han^{33}iu^{21}at^{2}min^{44}tsʰin^{24}ŋɔ^{21}m̩^{24}piau^{42}ni^{21}lɔ^{33}.

还 有 一□ 钱 我 唔 俵 你 啰。

209 你认出他是谁了没有？—— 认出来了。

ni^{21}ȵian^{33}tʃʰat^{2}kai^{21}hai^{33}pi^{51}tsʰa^{33}？ȵian^{33}tʃʰat^{2}kai^{21}lɔi^{24}.

你 认 出 渠 系 □ 穧？ 认 出 渠 来。

210 你坐着，我进去换一换衣服。

ni^{21}tsʰɔu^{21}kan^{44}，ŋɔ^{21}ȵiat^{5}hau^{42}vun^{33}kʰin^{33}ai^{51}ʃiɛŋ^{24}.

你 坐 紧，我 入 去 换 件 衣 裳。

211 星期天，在家里看看电视，没出门。

sɛ^{51}kʰai^{21}ȵiat^{5}，hɛ^{24}ak^{2}lau^{33}miɛŋ^{33}hɔu^{33}ȵi^{51}tin^{33}ʃi^{33}，mɔ^{21}tʃʰat^{2}man^{24}.

星 期 日，行 屋 路⁼ 望 下 儿 电 视，冇 出 门。

212 有什么好办法，让我再想想看。

iu^{21}pi^{51}man^{24}hɔ^{44}puɔn^{33}fuɔt^{2}，tiɛŋ^{44}ŋɔ^{21}nan^{44}nan^{44}hɔu^{33}ȵi^{51}.

有□□ 好 办 法，等 我 谂 谂 下 儿。

213 你猜一下看，这是什么。

ni^{21}tʃʰuɔi^{51}hɔu^{33}ȵi^{51}，ti^{33}tsa^{44}hai^{33}pi^{51}man^{24}.

你 猜 下 儿，□ 崽 系 □□。

214 我们边走边说，说着说着就到了。

ŋɔ^{21}lau^{21}pin^{51}tsau^{44}pin^{51}kœ^{44}，kœ^{44}kan^{44}kœ^{44}kan^{44}tsʰiu^{33}tɔ^{42}lɔ^{33}.

我 鲁⁼ 边 走 边 讲，讲 紧 讲 紧 就 到 啰。

215 他胡乱吃了几口就出门了。

kai^{21}tsʰɔi^{24}pin^{33}ʃɛi^{51}lɛi^{33}kai^{44}hau^{44}tsʰiu^{33}tʃʰat^{2}man^{24}lɛi^{33}.

渠 随 便 食 了 几 口 就 出 门 了。

216 我随便翻了几页就把书还给他了。

ŋɔ^{21}sɔi^{24}pin^{33}it^{5}hin^{51}kai^{44}it^{5}ts^{h}iu^{33}tsiɛŋ^{51}ʃy^{51}vuɔn^{24}tyn^{42}piau^{42}kai^{21}lɛi^{33}.

我 随 便　阅 牵 几　页就　将　书 还　转 俵　渠　了。

217　**帮你做完这件事，我就要回过头做自己的事了。**

pœ^{51}ni^{21}tsau^{42}liau^{21}ti^{33}k^{h}in^{33}ʃi^{33}，ŋɔ^{21}tsiɛŋ^{24}tyn^{42}tiu^{24}tsau^{42}sɿ^{33}kai^{44}kɔ^{42}kaŋ^{51}fu^{51}.

帮 你 做　了 □ 件 事，　我□　转 头 做　自 己　个 工　夫。

218　**我的手表掉了，想再买一只新的。**

ŋɔ^{21}kɔ^{42}ʃiu^{44}piau^{51}tit^{2}kau^{51}lɛi^{33}，siɛŋ^{44}tsɔi^{42}t^{h}ɔ^{44}tyn^{42}at^{2}ts^{h}a^{33}san^{51}kɔ^{42}.

我 个　手　表　跌 嘴 了，　想　再　讨　转 一穧　新　个。

219　**我们向来都吃饭，怎么今天让我们吃面条了？**

ŋɔ^{21}lau^{21}huɔn^{24}ʃi^{24}kuɔn^{51}tau^{51}ʃɛi^{51}fuɔn^{33}，kiɛŋ^{42}tsɿ^{44}kan^{51}ȵiat^{5}tiɛŋ^{44}ŋɔ^{21}lau^{21}ʃɛi^{51}min^{33}tiau^{24}?

我 鲁$^{=}$闲　时 间　都 食 饭，　□　□今　日　等　我 鲁$^{=}$食　面　条？

220　**雪不停地下着呢。**

syt^{2}mɔ^{21}tɛ^{24}k^{h}an^{33}lœ^{5}kan^{44}.

雪 冇　停 咁　落 紧。

221　**他老是咳嗽，昨天咳了一个晚上。**

kai^{21}tsaŋ^{44}hai^{33}hɔu^{51}，ts^{h}ɔ^{24}ȵiat^{5}hɔu^{51}kau^{51}at^{2}iɛi^{33}.

渠　总　系　瘕，　昨　日　瘕　嘴　一夜。

第八章 话语材料

第一节

俗语谚语

一　谚语

01　suɔn^{51}ȵyt^{5}mɔ^{24}tɔ^{24}，sai^{42}ȵyt^{5}fuɔt^{2}lɔ^{24}.

三　月　毛　桃，四　月　发　痨。

吃了三月的毛桃，到了四月就会发痨病，意为三月的毛桃还不能吃。

02　tuɔi^{33}i^{24}pɔu^{24}，tɔu^{24}huɔn^{24}hai^{42}.

大　姨婆，　挖　闲　　气。

大姨婆总是爱管闲事，意为爱管闲事的人。

03　tsʰat^{2}tiu^{24}mɔ^{21}ȵiak^{5}tuɔt^{2}m̩^{24}ʃiɛŋ^{21}.

膝　头　冇　肉　　搭　唔　上。

比喻抱养的孩子因为不是亲生的，没有血缘关系，所以没有亲情。

04　iu^{21}ʃɛi^{51}mɔ^{21}ʃɛi^{51}，ku^{42}tɔ^{42}ȵi^{33}ʃat^{5}.

有食　冇　食，　过　到　二　十。

有吃的没吃的都要过到正月二十，意为到这一天春节就结束了。

05　ȵi^{33}ʃat^{5}luɔi^{42}puɔi^{33}tʰœ^{51}ka^{51}luɔi^{51}.

二　十　赖$^{=}$败$^{=}$　剒　鸡　拉$^{=}$。

正月二十宰最小的鸡，意为到了正月二十这一天，春节已经结束了，连最小的鸡都杀了吃了，应该干活去了。

06　suɔn^{51}ȵyt^{5}suɔn^{51}，iau^{24}pɔ^{51}tsit^{2}.

三　　月　三，　　瑶　胞　节。

农历三月初三是瑶族人民重要的节日。

07 lak^{5}ȵyt^{5}lak^{5}，kan^{51}ma^{21}tsa^{44}ʃak^{5}.

六 月 六， 金 米 崽 熟。

金米崽是一种可治痢疾的野生果子，意为到了六月时节，这种果子成熟了。

08 lak^{5}ʃak^{5}lak^{5}，hœ^{5}m̩^{24}tsak^{2}.

六 十 六， 学 唔 足。

意为活到老，学到老。

09 m̩^{21}ȵyt^{5}iɛŋ^{24}mai^{24}tœ^{42}fuɔn^{33}ʃɛi^{51}.

五月 杨 梅 当 饭 食。

五月杨梅当饭吃，意为五月的杨梅最合适食用。

10 ʧaŋ^{51}ʧaŋ^{51}kuɔn^{51}kuɔn^{51}lɔ^{21}fu^{44}tuɔn^{51}.

中 中 间 间 老 虎 担$^{=}$。

走在最中间而被老虎叼走了，意为走在中间的反而危险。

11 tʰin^{51}ʃiɛŋ^{33}lɔi^{24}kaŋ^{51}，tai^{33}hɔu^{33}kʰiu^{21}kaŋ^{51}.

天 上 雷 公， 地 下 舅 公。

意为天上最大的是雷公，地下最大的是母舅。

12 ʃi^{33}tin^{24}ʃi^{33}tɔ^{42}ʧʰi^{42}ʃy^{44}，ʧaŋ^{42}fuɔn^{51}ʃy^{24}ʧaŋ^{51}tɔ^{42}pɛ^{5}lau^{33}ʧi^{44}，hɔ^{44}ku^{42}tsɛi^{42}ma^{21}ʧy^{44}.

莳田 莳 到 处 暑， 种 番 薯 种 到 白 露 止， 好 过 借 米 煮。

意为尽管错过了最好季节，但还是要种植，总比没有收成好。

13 ʃi^{33}tin^{24}ʃi^{33}tɔ^{42}lat^{5}hɔu^{33}，ʃi^{33}ia^{51}pɔu^{33}，m̩^{24}ʃi^{33}ia^{51}pɔu^{33}.

莳 田 莳 到 立 夏， 莳 也 罢， 唔 莳 也 罢。

意为错过了播种季节，再播种已经没有意义了。

14 kɔ^{51}ʃuɔn^{51}lɛ^{21}tɛ^{44}kʰai^{21}pai^{21}pai^{21}，faŋ^{51}iu^{33}lɔi^{24}y^{21}iu^{33}tai^{21}.

高 山 岭 顶 徛 □ □， 风 又 来 雨 又 得。

形容自然环境恶劣。

15 ʃɔu^{51}ʧʰaŋ^{51}y^{21}，pɔu^{24}ʃɔu^{51}lœ^{33}；iau^{24}puɔi^{24}y^{21}，muɔn^{33}muɔn^{33}tœ^{33}；vun^{42}ʧʰaŋ^{51}y^{21}，tsau^{44}tyn^{21}ʧʰœ^{33}.

沙 冲 雨，爬 沙 浪；瑶 排 雨，慢 慢 荡；暗 冲 雨，走 断 肠。

意为各地的雨下起来有所不同。

16 kai^{42}ʃuɔn^{51}lɔ^{44}，ȵit^{5}tiu^{24}lœ^{5}kœ^{51}tiɛŋ^{24}pɔu^{44}ʃuɔi^{24}；laŋ^{24}hau^{44}lɔ^{44}，ȵit^{5}tiu^{24}lœ^{5}kœ^{51}tiɛŋ^{24}ʧɛ^{42}huɔi^{24}.

寄 山 佬，热 头 落 岗 藤$^{=}$把 柴； 龙 口 佬，热 头 落 岗 藤$^{=}$正 鞋。

“寄山佬”是石蛤塘人的称呼，这个谚语的意思是当地人比较勤快，而龙山人比较懒惰。

17 ʃɛi^{51}fuɔn^{33}tsʰin^{24}，kɔ^{42}sa^{24}tsa^{44}；ʃɛi^{51}fuɔn^{33}ʃi^{24}，m̩^{24}kœ^{44}tsa^{44}.

食 饭 前， 教 细 崽； 食 饭 时， 唔 讲 崽。

意为教育小孩子要看场合。

18 sa^{24}tsa^{44}ts^{h}at^{2}sɔi^{42}ʃiɛŋ^{21}hœ^{5}tœ^{24}，ȵiu^{24}tsa^{44}liɛŋ^{21}sɔi^{42}ʧ^{h}yn^{42}pai^{33}tiu^{24}.

细 崽 七 岁 上 学 堂， 牛 崽 两 岁 串 鼻 头。

小孩子七岁上学，牛犊一岁穿鼻孔，意为到了需要管教的时候了。

19 lat^{5}ts^{h}iu^{51}ʧ^{h}i^{42}ʃy^{44}，ʃiɛŋ^{33}ʧɛ^{51}hɔu^{33}ʧy^{44}.

立 秋 处 暑， 上 蒸 下 煮。

意为立秋和处暑季节，天气非常热。

20 ʧ^{h}at^{2}man^{24}miɛŋ^{33}t^{h}in^{51}，ȵiat^{5}man^{24}miɛŋ^{33}ȵian^{24}，ȵiat^{5}miau^{33}puɔi^{42}ʃan^{24}.

出 门 望 天， 入 门 望 人， 入 庙 拜 神。

意为人要顺应不同的环境，见机行事。

21 hœ^{5}k^{h}an^{24}suɔn^{51}nin^{24}，hœ^{5}luɔn^{21}ŋuɔn^{21}ts^{h}in^{24}.

学 勤 三 年， 学 懒 眼 前。

意为学勤快不容易，变懒惰很容易。

22 miɛŋ^{33}san^{51}mɔ^{44}miɛŋ^{33}k^{h}iu^{33}，miɛŋ^{33}k^{h}iu^{33}kɔu^{51}kɔu^{51}iu^{21}.

望 新 [唔好] 望 旧， 望 旧 家 家 有。

意为要着眼于新事物，不要念旧。

23 san^{51}suɔn^{51}nin^{24}，k^{h}iu^{33}suɔn^{51}nin^{24}，faŋ^{24}faŋ^{24}pau^{44}pau^{44}iu^{33}suɔn^{51}nin^{24}.

新 三 年， 旧 三 年， 缝 缝 补 补 又 三 年。

24 pɛ^{33}ts^{h}aŋ^{24}hau^{44}ȵiat^{5}，vɔu^{33}ts^{h}aŋ^{24}hau^{44}ʧ^{h}at^{2}；ʃiu^{44}k^{h}uai^{51}kɔi^{44}，tsau^{42}hɔ^{44}sɿ^{33}kai^{44}.

病 从 口 入， 话 从 口 出； 守 规 矩， 做 好 自 己。

25 ʃiɛŋ^{33}min^{33}ʧɛ^{42}ʧ^{h}ɛ^{2}，ʧaŋ^{51}kuɔn^{51}k^{h}ak^{2}ʧ^{h}ɛ^{2}，hau^{33}min^{33}ȵiu^{24}ɛ^{2}.

上 面 政 策， 中 间 曲 策， 后 面 牛 轭。

意为执行不到位，上级政策到了基层变了样。

26 ŋɔi^{33}ȵian^{24}k^{h}uɔu^{51}，hai^{33}tœ^{44}fɔu^{51}；sɿ^{33}kai^{44}k^{h}uɔu^{51}，tau^{33}fu^{33}ʧɔu^{51}.

外 人 夸， 系 朵 花； 自 己 夸， 豆 腐 渣。

意为受到别人夸奖才可贵，自己夸自己则没用。

27 ʧ^{h}at^{2}kaŋ^{51}hai^{33}tiau^{24}ʧ^{h}aŋ^{24}，ʃiu^{51}kaŋ^{51}pin^{42}tiau^{24}laŋ^{24}.

出 工 系 条 虫， 收 工 变 条 龙。

干活的时候懒得像一条虫，收工后又活跃得像一条龙。

28 suɔn^{51}ts^{h}a^{33}ȵy^{21}ȵian^{24}pɔu^{24}，m̩^{24}tœ^{42}at^{2}ts^{h}a^{33}la^{21}ʃi^{44}ʃak^{2}.

三 穧 女 人 婆， 唔 当 一 穧 □ 屎 叔。

三个女人尚不如一个生活不能自理的小男孩，这是旧时重男轻女的说法。

29 kɔu^{42}ka^{51}ts^{h}ɔi^{24}ka^{51}，kɔu^{42}kau^{44}ts^{h}ɔi^{24}kau^{44}，kɔu^{42}tɔ^{44}vɔu^{24}lai^{24}mun^{21}ʃuɔn^{51}tsau^{44}.

嫁 鸡 随 鸡，嫁 狗 随 狗， 嫁 倒 狐 狸 满 山 走。

30 kau^{44}kɔi^{44}m̩^{24}liau^{21}ʃɛi^{51}ʃi^{44}.

狗 改 唔 了 食 屎。

比喻坏人的品性很难改。

31 vɔu^{24}lai^{24}mɔ^{21}nɛ^{5}tɔ^{44}，ȵiɛi^{21}tɔ^{44}at^{2}ʃan^{51}sɔ^{51}.

狐 狸 冇 搦 倒， 惹 倒 一 身 臊。

狐狸没有抓到，惹到了一身的臊。

32 ʃɛi^{24}，ʃɛi^{24}，kan^{51}ȵiat^{5}miɛŋ^{33}ni^{21}fai^{24}tsat^{2}tsat^{2}，mɛ^{24}ȵiat^{5}miɛŋ^{33}ni^{21}at^{2}pɔu^{44}kuat^{2}.

蛇， 蛇， 今 日 望 你 肥 啧 啧， 明 日 望 你 一 把 骨。

看到蛇的时候，口中念念有词，即对蛇说一些咒语。

33 ts^{h}ɛ^{51}mɛ^{24}tsit^{2}m̩^{24}tʃɛ^{44}ŋɔi^{33}ts^{h}ai^{24}，man^{24}tsa^{44}tiau^{44}ŋuɔn^{21}pai^{24}.

清 明 节 唔 整 艾 糍， 蚊 崽 鸟 眼 皮。

意为清明节蒸艾糍，是一件很重要的事务。

34 puɔt^{2}ȵyt^{5}ʃat^{5}m̩^{21}tʃ^{h}ɔ^{44}ʃɛi^{51}lɔu^{24}，ʃɛi^{51}hin^{51}ŋuɔn^{21}kuœ^{51}kuœ^{51}.

八 月 十 五 炒 石 螺， 食 牵 眼 光 光。

八月十五一定炒石螺吃，吃了以后精神倍增。

35 pi^{51}ti^{33}tin^{24}lɔu^{24}ʃɛi^{51}pi^{51}ti^{33}na^{24}.

□ □ 田 螺 食 □ □ 泥。

哪里的田螺吃哪里的泥巴，比喻生活习性很难改变。

36 tuɔi^{33}taŋ^{33}hɔ^{44}kɛ^{51}tsœ^{2}.

大 峒 好 耕 作。

指大片平坦的土地便于耕作。

（谚语由廖观所发音）

二 歇后语

01 a^{33}tɛi^{51}pœ^{51}san^{51}pau^{21}iau^{21}fuɔn^{33}——ʃan^{33}ʃiu^{44}.

阿爹 帮 新 妇 舀 饭 —— 顺 手。

本来是不应该帮助她，但做个顺水人情，将就着帮了她一次。

02 kɛ^{51}tʃ^{h}ai^{51}ȵiu^{24}tiɛŋ^{24}tʃ^{h}ai^{51}——hɔi^{51}la^{24}.

惊 蛰 牛 藤 直 —— 开 犁。

意为到了惊蛰以后就开始春耕了。

03 ȵiou^{44}kɛ^{42}ts^{h}an^{51}tsɔi^{44}——ȵia^{51}m̩^{24}ts^{h}an^{42}sɿ^{33}kai^{44}ts^{h}an^{51}.

□镜亲嘴——□唔亲自己亲。

拿镜子亲嘴，人家不亲自个儿亲。意为袒护自家人。

04 lin^{24}ʃuɔn^{51}lɔ^{44}muɔi^{33}mɔ^{33}——at^{2}tɛ^{44}vuɔn^{24}at^{2}tɛ^{44}.

连山佬卖帽——一顶还一顶。

意为做事情有板有眼的。

05 ɔu^{44}lɔ^{44}ʧ^{h}iɛŋ^{42}k^{h}ai^{42}——mɔ^{21}ʃɛ^{51}.

哑佬唱戏——冇声。

哑巴唱戏没有声音，意为无声无息。

06 lɔ^{21}fu^{44}tiu^{24}ʃiɛŋ^{33}k^{h}uɔt^{2}ʃat^{2}pɔu^{24}——ʃɛ^{51}mɔ^{24}tuɔn^{44}.

老虎头上磕$^{=}$虱婆——生毛胆。

老虎头上掐虱子，意为胆大包天。

07 t^{h}yt^{2}fu^{42}ɔu^{51}p^{h}ai^{42}——lɛ^{24}lɛ^{24}lai^{33}lai^{33}.

脱裤屙屁——伶伶俐俐。

08 kau^{44}tsa^{44}ʃiɛŋ^{21}ak^{2}pai^{42}——mɔ^{21}tai^{21}lau^{33}.

狗崽上屋背——冇得路。

09 vœ^{24}ta^{42}kuat^{2}kɔ^{51}——ʧɛ^{51}t^{h}in^{51}hɔu^{33}.

皇帝扢交——争天下。

意为连皇帝都打架，还不是为了争夺天下。

10 ʧ^{h}œ^{24}ta^{44}p^{h}ai^{21}ʃuɔi^{24}——ʧ^{h}œ^{42}puɔn^{44}.

床底劈柴——撞板。

11 kau^{44}ʃɛi^{51}nɔu^{33}ma^{21}——mɔ^{21}fɔu^{42}.

狗食糯米——冇化。

12 vɔu^{24}ʃiɛŋ^{33}nin^{33}kɛ^{51}——iu^{21}hau^{44}mɔ^{21}san^{51}.

和尚念经——有口冇心。

13 fɔu^{44}ʃiau^{51}vɔu^{24}kun^{44}ts^{h}ɔ^{44}——mɔ^{21}fɔu^{44}ʃi^{44}.

火烧禾秆草——冇火屎。

意为容易着火，烧得一干二净。

14 ʃat^{2}ʃy^{44}min^{24}fɔu^{51}——mɔ^{21}tai^{21}tuɔn^{24}.

湿水棉花——冇得弹。

15 vœ^{24}ȵiu^{24}ku^{42}ʃy^{44}——kœ^{2}ku^{42}kœ^{2}.

黄牛过水——各顾各。

16 na^{24}pau^{24}suɔt^{2}ku^{42}hɔu^{24}——sɿ^{33}ʃan^{51}nuɔn^{24}pɔ^{44}.

泥菩萨过河——自身难保。

17 ʃɛi^{51}pai^{21}ʃi^{33}tin^{24}——mɔ^{21}ʃiu^{51}.

石壁莳田——冇收。

18 maŋ^{24}mɔi^{33}kɔu^{42}lɔ^{21}kaŋ^{51}——iu^{24}ŋuɔn^{21}mɔ^{21}ʧy^{51}.

朦妹嫁老公——有眼冇珠。

19 ɔu^{44}tsa^{44}ʃɛi^{51}vœ^{24}lin^{24}——iu^{21}fu^{44}kœ^{44}m̩^{24}ʧ^{h}at^{2}.

哑崽食黄莲——有苦讲唔出。

20 ʃɛi^{51}ʧak^{2}lɔ^{51}t^{h}œ^{51}——kɔ^{42}ȵian^{24}ʧaŋ^{51}ai^{42}.

食粥摎汤——个人中意。

21 lɔ^{21}ʃy^{44}kuɛ^{44}hɔu^{21}faŋ^{51}siɛŋ^{51}——liɛŋ^{21}tiu^{24}ʃiu^{33}ts^{h}ɔi^{33}.

老鼠梗$^{=}$下风箱——两头受罪。

22 kau^{44}ŋɔ^{21}vu^{51}kuai^{51}——mɔ^{21}puɔn^{33}fuɔt^{2}hɔu^{21}tsɔi^{44}.

狗咬乌龟——没办法下嘴。

23 ka^{51}taŋ^{24}vuɔt^{2}kœ^{44}——at^{2}k^{h}iau^{44}pat^{2}t^{h}aŋ^{51}.

鸡同鸭讲——一窍不通。

24 in^{24}lɔu^{24}vœ^{24}hɔi^{51}tin^{42}——kuai^{44}t^{h}ɔ^{44}.

阎罗王开店——鬼讨。

25 sai^{44}ka^{51}tsa^{44}ʧ^{h}ɛ^{42}ŋɛ^{33}kɛ^{44}——sai^{44}tɛ^{44}.

死鸡崽撑硬颈——死顶。

26 kau^{44}ʃɛi^{51}kau^{44}kuat^{2}——m̩^{24}tai^{51}siu^{51}.

狗食狗骨——唔知羞。

27 ʃɛi^{24}ku^{42}kuat^{2}kuan^{42}，lyn^{33}ku^{42}ŋœ^{5}ŋɔu^{24}——œ^{42}tsau^{42}.

蛇过抸棍，乱过□牙——□做。

28 iɛŋ^{21}ʃɛi^{24}ʃɛi^{51}ka^{51}——mɔ^{21}liɛŋ^{24}san^{51}.

养蛇食鸡——冇良心。

29 tɔi^{24}k^{h}iau^{33}kuɛ^{44}tɔ^{44}——ts^{h}a^{24}kɔu^{51}sɔi^{51}.

抬轿梗$^{=}$倒——齐家衰。

30 t^{h}au^{51}ka^{51}puɔi^{42}ʃan^{24}——san^{51}tai^{51}.

偷鸡拜神——心知。

31 maŋ^{24}ŋuɔn^{21}lɔ^{44}miɛŋ^{33}k^{h}ai^{42}——t^{h}ɛ^{51}ʃɛ^{51}.

朦眼佬望戏——听声。

32 ʃɛi^{51}fai^{51}suɔt^{2}lau^{33}——pɛ^{5}hɛ^{24}.

石 灰 撒 路——白 行。

33 in^{24}lɔu^{24}vœ^{24}kœ^{44}tɔi^{24}——kuai^{44}t^{h}ɛ^{51}.

阎 罗 王 讲 台——鬼 听。

34 fɔu^{44}ʃiau^{51}vɔu^{24}kun^{44}——haŋ^{24}m̩^{24}kiu^{44}.

火 烧 禾 秆 ——红 唔 久。

35 ni^{21}pa^{51}ʃak^{5}tɔu^{44}t^{h}it^{2}, ni^{21}mu^{21}ʃak^{5}tyn^{42}k^{h}yn^{24}——kœ^{44}tuɔi^{33}vɔu^{33}.

你 爸 熟 打 铁，你 母 熟 转 拳 ——讲 大 话。

36 lɔu^{24}piɛk^{5}ts^{h}ɛ^{51}ts^{h}ɔi^{42}——kœ^{2}ȵian^{24}ʧaŋ^{51}ai^{42}.

萝 卜 青 菜 ——各 人 中 意。

（歇后语由廖观所发音）

第二节

歌谣

1　月光光

ȵyt^{5}kuœ^{51}kuœ^{51}，ʧiau^{42}tai^{33}tœ^{24}. nin^{24}suɔn^{51}iɛi^{33}，t^{h}ɔ^{44}pan^{51}lœ^{24}. pan^{51}lœ^{24}hiɛŋ^{51}，t^{h}ɔ^{44}tsɿ^{44}kiɛŋ^{51}.

月 光 光， 照 地 塘。年 卅 夜，讨 槟 榔。槟 榔 香， 讨 子 姜。

tsɿ^{44}kiɛŋ^{51}luɔt^{5}，t^{h}ɔ^{44}vu^{24}luɔt^{5}. vu^{24}luɔt^{5}fu^{44}，t^{h}ɔ^{44}tɔi^{51}ku^{44}. tɔi^{51}ku^{44}fai^{24}，t^{h}ɔ^{44}tɔi^{51}pai^{24}. tɔi^{51}pai^{24}hau^{21}，

子 姜 辣， 讨 胡 辣。胡 辣 苦， 讨 猪 牯。猪 牯 肥， 讨 猪 皮。猪 皮 厚，

t^{h}ɔ^{44}tɔi^{51}tau^{21}. tɔi^{51}tau^{21}pœ^{5}，t^{h}ɔ^{44}lɛ^{24}kœ^{2}. lɛ^{21}kœ^{2}tsin^{51}，t^{h}ɔ^{44}mɔu^{21}pin^{51}. mɔu^{21}pin^{51}ȵyn^{21}，t^{h}ɔ^{44}tiau^{24}ʃyn^{24}.

讨 猪 肚。猪 肚 薄， 讨 菱 角。菱 角 尖， 讨 马 鞭。马 鞭 软， 讨 条 船。

ʃyn^{24}vɔi^{42}ȵiak^{2}，t^{h}ɔ^{44}kuɔn^{51}ak^{2}. ak^{2}iu^{21}ʃy^{44}，liɛŋ^{24}ma^{21}ʧy^{44}.

船 爱 啣， 讨 间 屋。屋有 水， 量 米 煮。

2　落大雨（1）

lœ^{5}tuɔi^{33}y^{21}，ʧ^{h}y^{51}tuɔi^{33}faŋ^{51}，mɔ^{21}ma^{21}ʧy^{44}，ʧy^{44}hɔu^{51}kaŋ^{51}.

落 大 雨， 吹 大 风， 冇 米 煮， 煮 虾 公。

3　落大雨（2）

lœ^{5}tuɔi^{33}y^{21}，ʧ^{h}y^{51}tuɔi^{33}faŋ^{51}，maŋ^{24}ŋuɔn^{21}mɔi^{33}，kɔu^{42}lɔ^{21}kaŋ^{51}. kɔu^{42}ts^{h}a^{33}lɔ^{21}kaŋ^{51}vɔi^{44} p^{h}ɛ^{21}sɛ^{21}，

落 大 雨， 吹 大 风， 朦 眼 妹， 嫁 老 公。嫁 穧 老 公 矮 □ □，

tsʰuɔn51tsʰuɔn51ʧy44fuɔn33luɔn33tsɛ21vɛ21.
餐　餐　煮　饭　烂　□　□。

4　拍巴掌（1）

pʰɛ5pɔu51ʧieŋ44，hɔ44ʧʰiɛŋ42kɔu51. puɔi24puɔi24tsʰɔu21，ku42kɔu51kɔu51. mɔ21ma21ʧy44，tiɛŋ24a33kɔu51.
拍　巴　掌，　好　唱　歌。排　排　坐，　过　家　家。有　米　煮，　藤⁼阿哥。
a33 kɔu51lɔi24，mɔ21tiɛŋ42tsʰɔu21. tsʰɔu21ʃan24tɔi24，tʰuɔi42kaŋ51tʰuɔi42pɔu24aŋ44kai21hɔu21lɔi24.
阿　哥　来，　有　凳　坐。坐　神　枱，太　公　太　婆　□　渠　下　来。

5　拍巴掌（2）

pʰɛ2pɔu51ʧieŋ44，nɔu24tsʰai24pɔu24，nɔu24ku42lɛ21，tiɛŋ24a33pɔu24，a33pɔu24mɔ21hɛ24ak2，ŋɔ21ʧʰy33
拍　巴　掌，　搂　糍　粑，　搂　过　岭，藤⁼阿　婆，　阿婆　有　行　屋，我　住
ni21kuɔn51ak2.
你　间　屋。

6　一二三（1）

at2ȵi33suɔn51，pɔu24ʃiɛŋ21ʃuɔn51，sai42m̩21lak5，fuɔn44kan51tau44，tsʰat2puɔt2kiu44，pʰɛ2luɔn24kʰiu24，
一　二　三，　爬　上　山，　四　五　六，　翻　跟　斗，　七　八　九，　拍　篮　球，
tɔu44hɔi51liɛŋ21 pɔu51ʧieŋ44，ʃat5tsʰa33ʃiu44ʧi44tiu24.
打　开　两　巴　掌，　十　穧　手　指　头。

7　一二三（2）

at2ȵi33suɔn51，tsʰɔu21ʧaŋ51kuɔn51，sai42m̩21lak5，ʧʰy33san51ak2，tsʰat2puɔt2kiu44，tɔ44ʃɛ33tsiu44，
一　二　三，　坐　中　间，　四　五　六，　住　新　屋，七　八　九，　倒　剩　酒，
tɔu44hɔi51ʃiu44，ʃat5ʧai21ʃiu44ʧi44tiu24.
打　开　手，　十　只　手　指　头。

8 一二三（3）

at^{2}ȵi^{33}suɔn^{51}，suɔn^{51}ȵi^{33}at^{2}，at^{2}ȵi^{33}suɔn^{51}sai^{42}m̩^{21}lak^{5}ts^{h}at^{2}，fai^{24}pɔu^{24}t^{h}iau^{42}vu^{21}ʧɛ^{51}tai^{33}at^{2}. t^{h}iau^{42}

一二三，三二一，一二三四五六七，肥婆跳舞争第一。跳

tai^{21}vɔi^{44}，mɔ^{21}lau^{33}puɔi^{44}，t^{h}iau^{42}tai^{21}kɔ^{51}，fu^{42}iu^{33}lœ^{2}，hɛ^{21}tɔ^{44}sa^{24} tsa^{44}pɛ^{42}man^{24}kœ^{2}nœ^{2}.

得矮，冇路摆，跳得高，裤又落，吓倒细崽佣门角□。

9 木木碌碌

mak^{5}mak^{5}lak^{2}lak^{2}，saŋ^{42}ni^{21}ȵiat^{5}ka^{51}lak^{5}. ka^{51}kaŋ^{51}tœn^{51}，ka^{51}pɔu^{24}ȵiɔ^{44}，saŋ^{42}piau^{42}iau^{24} tsa^{44}lɔ^{44}.

木木碌碌，送你入鸡□。鸡公□，鸡婆□，送俵瑶崽佬。

iau^{24}tsa^{44}lɔ^{44}m̩^{24}t^{h}ɔ^{44}，saŋ^{42}piau^{42}kɔu^{42}fɔu^{42}lɔ^{44}.

瑶崽佬唔讨，送俵教化佬。

10 四月八

sai^{42}ȵyt^{5}puɔt^{2}，ni^{21}t^{h}œ^{51}ka^{51}，ŋɔ^{21}t^{h}œ^{51}vuɔt^{2}，ni^{21}ʧy^{44}tɔi^{51}ȵiak^{5}，ŋɔ^{21}ʧy^{44}vu^{33}huɔt^{2}.

四月八，你㓾鸡，我㓾鸭，你煮猪肉，我煮芋□①。

（歌谣由廖秀莲、廖观所发音）

---

① 芋□ [huɔt^{2}]：芋的叶子。

第三节

故 事

1 石蛤塘话的由来

tʰɛ51kœ44a21, tsau44tsaŋ51ʃi24iu21suɔn51tsʰa33tsa44. tɔ42tʰɔ44san51pau21lɔ33, tʰɔ44tɔ44suɔn51tsʰa33san51pau21.
听 讲 啊，祖 宗 时有 三 穦① 崽。到 讨 新 妇 啰，讨 倒三 穦 新 妇。
at2tsʰa33hai33iau24tsa44lɔ44，at2tsʰa33lɛ44hai33vu24nuɔn24lɔ44，lɛ33ŋɔi33at2tsʰa33lɛ44，hai33kœ44hɔu24tsʰan51vɔu33
一 穦 系 瑶 崽 佬，一 穦 哩 系 湖南 佬，另 外 一穦 哩，系 讲 河 村 话
“a33pi44ʃɛ51kɔ42”. suɔn51tsʰa33san51pau21tʃʰy33hɛ24at2kuɔn51ak2，kai21lau21ni21kœ44ni21kɔ42vɔu33ŋɔ21kœ44ŋɔ21
“阿 □ 声” 个。三 穦 新 妇 住 行 一间 屋，渠 鲁= 你 讲 你个 话 我 讲 我
kɔ42vɔu33，ʃi24kuɔn51at2tʃʰiɛŋ24，muɔn33muɔn33muɔn33muɔn33kai44tʃaŋ44pat2nuɔn24pat2kua44kɔ42vɔu33tsʰiu33
个 话，时 间 一长， 慢 慢 慢 慢 几 种 不 南 不 拐 个 话 就
pin42lɛi33lan24kan51ʃɛi51kyt2tœ24kɔ42vɔu33.
变 了 临 今 石 蛤 塘个 话。

（廖秀莲讲述）

---

① 穦 [tsʰa33]：量词，个。

2 石蛤塘村的由来

tʰɛ51kœ44kai44pɛ2nin24tsʰin24kɔ42ʃɛi51kyt2tœ24n̠yn24sin51vɔ44kai42ʃuɔn51ʧʰuɔi33，kɔ33ʃi24kuɔn51ʧʰuɔi33
听讲几百年前个石蛤塘原先□①寄山寨，□时间寨
kɔ42sa51pin51iu21liɛŋ21tsiɛŋ51tœ24，tuɔi33tœ24vɔ44tuɔi33vɛ33，sa42tœ24lɛ44vɔ44lɛ24kœ2tœ24. tuɔi33tœ24iu21at2
个西边有两将=塘，大塘□大横，细塘哩□菱角塘。大塘有一
pak5hɔ44tuɔi33kɔ42ʃɛi51tiu24tsʰiɛŋ21kyt2pɔu24. iu21at2n̠iat5tœ24kɔ42ʧy44n̠ian24tsiɛŋ51kɔ33pak5tuɔi33ʃɛi51tiu24
□好大个石头像蛤婆。有一日塘个主人将□□大石头
pun51hau42tœ24pin51，tsʰiu33siɛŋ44tsiɛŋ51kɔ33pak5tuɔi33ʃɛi51tiu24pʰai21lɔi24ʧɛ44tœ24lau24，tsʰa42tœ24kai51. ai42，
搬去塘边，就想将□□大石头劈来整塘楼，砌塘基。唉，
ʧan51hai33mɔ21nan44tɔ44，tuɔi33ʃɛi51tiu24pun51hau42mɔ21kai44kiu44，ʃɛi51tiu24tsʰiu33ʧʰat2lɔ33hɔ44tɔu51siu42 hyt2
真系冇谂②倒，大石头搬去冇几久，石头就出啰好多锈血
ʃy44. m̩24tai51hai33mai33ʃɛi51tiu24iu21lɛ24sɛ42，tau51hai33tʰin51tai33ʃan24m̩24hiɛŋ44，kɛ44tsʰa33ʧʰuɔi33a33sai42n̠iat5
水。唔知系唔系石头有灵性，都系天地神唔响=，□穧寨啊四日
ka51mɔ21ta24kau44mɔ21pai42，ʃy33ia51mɔ21n̠iak2tsiɛk2tsa44ia51mɔ21fai51，kɔ33pak5ʃɛi51tiu24at2ʧʰai51kan44ʧʰat2
鸡冇啼狗冇吠，树也冇唧雀崽也冇飞，□□石头一直紧出
siu42hyt2ʃy44. luɔt5mai21tœ24kɔ42ʧy44n̠ian24kʰœ2tai21iu21tit2m̩24tɔi42lau33，ia51iu21tit2faŋ44，tsʰiu33tsiɛŋ51tuɔi33
锈血水。□尾塘个主人觉得有滴唔对路，也有滴恐，就将大
ʃɛi51tiu24aŋ44hɔu21tœ24. kœ44lɔi24ia51iu21tit2kʰai24kuɔi42，kɔ33pak5tuɔi33ʃɛi51tiu24a33tsai21kiɛk2tsʰiu33m̩24liu24
石头□下塘。讲来也有滴奇怪，□□大石头啊即脚=就唔流
siu42hyt2ʃy44la33. ka51hɔi51ʧʰi44ta24，kau44hɔi51ʧʰi44pai42，ʃy33ia21hɔi51ʧʰi44n̠iak2，tsiɛk2tsa44iu33hɔi51ʧʰi44
锈血水啦。鸡开始啼，狗开始吠，树也开始唧，雀崽又开始
ʧʰiɛŋ42kɔu51，tɔ42ʧʰy42fai51lɔi24fai51hau42，fai51hau42tiɛŋ24ʃɛi51lɔ33. tsʰiu33kan33tai33，kɔ33pak5lɔ51kyt2pɔu24
唱歌，到处飞来飞去，飞去藤=③食啰。就咁□，□□摎蛤婆
kan33tai33kɔ42ʃɛi51tiu24tsʰiu33pin42lɛi33lan24kan51kɔ42ʃɛi51kyt2tœ24tsʰan51kɔ42mɛ24.
咁□个石头就变了临今个石蛤塘村个名。

（廖秀莲讲述）

① □[vɔ44]：叫。

② 谂[nan44]：想。

③ 藤=[tiɛŋ24]：找。

3 盘王节的来历

ŋɔ21kuɔi42ʃiau42hɔu33iau24tsa44lɔ44ʃat5ȵyt5ʃat5lak5pun24vœ24tsit2kɔ42lɔi24lat5. kɔi42ŋɔ21sɔu44tai51

我介绍下瑶崽佬十月十六盘王节个来历。据我所知

ɛ44，ŋɔ21ia51m̩24hai33hɔ44tsʰɛ51ʧʰɔu44，an51vai33ŋɔ21ia51hai33miɛŋ33tsɿ51liau33tai51tai21kɔ42.

诶，我也唔系好清楚，因为我也系望资料知得个。

ʃat5ȵyt5ʃat5lak5ti33kau21tsit2lɛ44hai33vai24liau21kai42nin33pun24vœ24kɔ42. pun24vœ24hai33iau24tsa44

十月十六□□①节哩系为了纪念盘王个。盘王系瑶崽

lɔ44kɔ42ȵian24mɛ24，hai33nuɔn24tsɿ44lɔ44. pun24vœ24hai33ʧaŋ51nin24ȵian24，hai33kuat2lit5kɔ42. kai21iu21at2

佬个人名，系男子佬。盘王系中年人，系扢猎个。渠有一

pin42lɛ44ʃɛi42tɔ44at2ʧai21iɛi21kaŋ51fu51，tsʰiu33m̩24tai51hai33vœ24kɛ51han33hai33pi51man24，ti33tsʰa33ŋɔ21hai33

遍哩射倒一只野工夫，就唔知系黄猄还系□□②，□穧我系

miɛŋ33tin33ʃi33miɛŋ33ku42kɔ42，tin33ʃi33ʃat5tsa42ʃiɛŋ33hai33lɛ44hai33ȵian24in44kɔ42，tsʰiu33fœ42ʧʰat2lɔi24

望电视望过个，电视实际上系哩系人演个，就放出来

piau42ȵian24hiau44tɔ44tai21. pun24vœ24ʃɛi42tɔ44kat2 ʧai21lit5vat5lɛ44，tsʰiu33kuɛ44hɔu21ʃɛi51pai21，kai21hau42

俵人晓倒得。盘王射倒□③只猎物哩，就梗⁼下石壁，渠去

ʃit5，hɛ24ʃɛi51pai21kat2ti33pɔu24kau51hɔu21，tsʰiu33mɔ21siau44san51tsʰiu33kuɛ44hɔu21hau42，ȵian24ia51kuɛ44

拾，行石壁□□爬嘴下，就冇小心就梗⁼下去，人也梗⁼

sai44lɛi33，lit5vat5ia51mɔ21ʃit5tɔ44.

死了，猎物也冇拾倒。

kan51mai21lɛ44kat2ȵian24iau24tsa44lɔ44lɛ44tsʰiu33tsiɛŋ51kai21tiɛŋ24tɔ44，tɔi24kai21tyn42ak2，tɔi24kai21

跟尾哩□人瑶崽佬哩就将渠藤⁼倒，抬渠转屋，抬渠

tyn42ʧʰuɔi33，tiɛŋ24at2tsʰa33faŋ51ʃy44hɔ44kɔ42tai33fœ51muɔi24. kan51mai21lɛ44vai24liau21kai42nin33kai21，

转寨，藤⁼一穧风水好个地方埋。跟尾哩为了纪念渠，

tsʰiu33nin24nin24hɛ24ʃat5ȵyt5ʃat5lak5kat2ȵiat5tsʰiu33hau42kai21fan24tsʰin24hau42puɔi42，iu21hai44liau21kuɔn51

就年年行十月十六□日就去渠坟前去拜，又起了间

miau33. an51vai33kai21vai24ȵian24m̩24tsʰɔu42，sɔu44i21tsʰa33tsʰa33ȵian24tau51kuɔn51san51kai21. vai24liau21kai42

庙。因为渠为人唔错，所以穧穧人都关心渠。为了纪

---

① □□ [ti33kau21]：这个。

② □□ [pi51man24]：什么。

③ □ [kat2]：那。

nin^{33}kai^{21}，ts^{h}iu^{33}vɔ^{44}tsau^{42}pun^{24}vœ^{24}tsit^{2}.
念 渠，就 □做 盘 王 节。

iau^{24}tsa^{44}lɔ^{44}ku^{42}pun^{24}vœ^{24}tsit^{2}lɛ^{44}，kai^{21}ʃiu^{44}sin^{51}lɛ^{44}，ts^{h}iu^{33}ʃɔu^{42}kɔu^{51}tœ^{24}，nuɔn^{24}nuɔn^{24}ȵy^{21}ȵy^{21}
瑶 崽佬过盘 王 节 哩，渠 首 先 哩，就 要歌 堂，男 男 女 女
tau^{51}ts^{h}at^{5}ʧaŋ^{51}hɛ^{24}at^{2}ts^{h}a^{33}ts^{h}ɔ^{44}pɛ^{24}，vɛ^{5}tʃɛi^{44}hai^{33}tin^{24}，ʧ^{h}yn^{42}lɔi^{24}ʧ^{h}yn^{42}hau^{42}kɔ^{42}，hɛ^{24}lɔi^{24}hɛ^{24}hau^{42}kɔ^{42}，
都 集 中 行 一 穧 草 坪，或 者 系 田，窜 来 窜 去 个，行 来 行 去 个，
tau^{51}hai^{33}tyn^{42}k^{h}yn^{51}k^{h}an^{33}tai^{33}t^{h}iau^{42}kɔ^{42}，fœ^{42}suɔn^{51}ts^{h}iɛŋ^{51}fɔu^{44}iɛk^{5}p^{h}ɔ^{42}ʃi^{24}pat^{2}ʃi^{24}.
都 系 转 圈 咁 □① 跳 个，放 三 枪 火 药 炮 时不时。

kan^{51}mai^{21}lɛ^{44}hɛ^{24}kuœ^{44}ʧ^{h}iɛŋ^{24}，tɔi^{24}kai^{44}kɔ^{42}ʃan^{24}kaŋ^{51}kat^{2}tɛ^{24}hau^{42}kuœ^{44}ʧ^{h}iɛŋ^{24}ʧaŋ^{51}kuɔn^{51}，ts^{h}a^{33}
跟 尾 哩 行 广 场，抬 几 个 神 公 □ □② 去 广 场 中 间，穧
ts^{h}a^{33}puɔi^{42}. lan^{24}kan^{51}lɛ^{44}ts^{h}iu^{33}mɔ^{21}tai^{21}ʃan^{24}kaŋ^{51}lɛi^{33}，ts^{h}iu^{33}hau^{42}pun^{24}vœ^{24}miau^{33}ʃiau^{51}hiɛŋ^{51}. ʃiau^{51}
穧 拜。临 今 哩 就 冇 得 神 公 了，就 去 盘 王 庙 烧 香。烧
hiɛŋ^{51}ʧi^{51}hau^{42}lɛ^{44}，ts^{h}iu^{33}ʃɔu^{42}kɔu^{51}tœ^{24}，iau^{24}tsa^{44}lɔ^{44}ʃɔu^{42}kɔu^{51}tœ^{24}kɔ^{42}ai^{51}ʃiɛŋ^{24}ɛ^{44}mai^{21}ts^{h}a^{33}lɔ^{44}tau^{51}tiɛk^{2}
香 之 后 哩，就 要 歌 堂，瑶 崽 佬要 歌 堂个 衣 裳 诶每 穧 佬都 着
tai^{21}ʧ^{h}ɔu^{51} m̩^{24}tɔu^{51}at^{2}iɛŋ^{33}kɔ^{42}. iau^{24}tsa^{44}lɔ^{44}ts^{h}at^{5}ʧaŋ^{51}tau^{51}hai^{33}k^{h}an^{33}tai^{33}kɔ^{42}ts^{h}iu^{33}ʧ^{h}iɛŋ^{42}kɔu^{51}t^{h}iau^{42}vu^{21}.
得 差 唔 多 一 样 个。瑶 崽 佬集 中 都 系 咁 □ 个 就 唱 歌 跳 舞。
ku^{42}ti^{33}kau^{21}ȵiat^{5}lɛ^{44}，ts^{h}iu^{33}ts^{h}a^{33}ts^{h}a^{33}tau^{51}t^{h}œ^{51}ka^{51}a^{33}，t^{h}œ^{51}tɔi^{51}a^{33}，t^{h}œ^{51}vuɔt^{2}a^{33}，pi^{51}ts^{h}a^{33}ti^{33}tau^{51}
过 □□ 日 哩，就 穧 穧 都 劏 鸡 啊，劏 猪 啊，劏 鸭 啊，□ 穧 □都
k^{h}an^{33}icŋ^{33}ku^{42}tsit^{2}，ts^{h}iu^{33}fun^{51}hai^{44}ɔ^{33}.
咁 样 过 节，就 欢 喜 哦。

（廖观所讲述）

4 三座庙

ŋɔ^{21}kœ^{44}hɔu^{33}ȵi^{51}ŋɔ^{21}lau^{21}ʧ^{h}uɔi^{33}kɔ^{42}kai^{44}kuɔn^{51}miau^{33}. ti^{33}kai^{44}kuɔn^{51}miau^{33}vɔ^{44}tsau^{42}pi^{51}man^{24}miau^{33}
我 讲 下 儿 我 鲁⁼寨 个 几 间 庙。□几 间 庙 □做 □ □ 庙
lɛ^{44}？hɛ^{24}ŋuɔn^{24}hau^{44}kœ^{2}kat^{2}ts^{h}a^{33}lɛ^{44}ts^{h}iu^{33}vɔ^{44}tsau^{42}tan^{44}ʃy^{44}miau^{33}，hɛ^{24}suɔn^{51}kaŋ^{51}lai^{21}puɔi^{24}kat^{2}ti^{33}tai^{33}
哩？行 岩 口 角 □穧 哩就 □做 □ 水 庙，行 三 公 里牌 □□ 地

① 咁□ [k^{h}an^{33}tai^{33}]：这样。

② □□ [kat^{2}tɛ^{24}]：那些。

fœ51tɔi42hɔu33hau42，hai33hɛ24kau21tan51tsa44kɔ42，hɛ24hɛ51 pin51. iu21at2kau21lɛ44vɔ44tsau42vun42tʃʰaŋ51miau33，
方对下去，系行□墩崽个，行坑边。有一□哩□做暗冲庙，
vun42tʃʰaŋ51miau33hɛ24vun42tʃʰaŋ51ʃy44lai33kiɛk2. vun42tʃʰaŋ51miau33tɔi42min33lɛ44kat2ti33hai33vɔ44tsau42m̩21
暗冲庙行暗冲水利脚。暗冲庙对面哩□□系□做五
kœ2miau33，m̩21kœ2 miau33tsʰiu33mai51ŋɔ21lau21tʃʰuɔi33kɔ42lɔ33. han33iu21kɔ42lɛ44vɔ44tsau42ȵiu24vœ24miau33，
角庙，五角庙就□①我鲁⁼寨个啰。还有个哩□做牛王庙，
ȵiu24vœ24miau33lɛ44hɛ24pi51ti33？hai33mai21tsʰa33ȵian24tau51hiau44tai21，tsʰiu33hɛ24tʃʰuɔi33pin51，kat2 ti33iu21
牛王庙哩行□□②？系每稽人都晓得，就行寨边，□□有
kau21vɔ44tsau42ȵiu24vœ24tan21kat2pin51kɔ42.
□□做牛王□□边个。

ti33suɔn51kuɔn51miau33hai33kiɛŋ42tai33ʃa44ŋɔ21ia51 m̩24tsʰɛ51tʃʰɔu44，ŋɔ21ia51mɔ21kin42ku42，tsʰiu33hai33
□三间庙系□□③使我也唔清楚，我也冇见过，就系
hiau44tai21ȵiu24vœ24miau33. ȵiu24vœ24miau33ʃi24kuɔn51lɛ44，ŋɔ21lau21tsau42sa24tsa44ʃi24kuɔn51iu21kau21ʃan24
晓得牛王庙。牛王庙时间哩，我鲁⁼做细崽时间有□神
kaŋ51hin51kɔ42，iu21tsʰa33ʃan24kaŋ51hin51kɔ42. ti33liɛŋ21ʃan24kaŋ51kan51mai21piau42tiu51kau51tœ24，tʰaŋ44tʰaŋ44
公牵个，有稽神公牵个。□两神公跟尾俵丢嘴塘，统统
mɔ21tai21. ȵiu24vœ24miau33hai33pi51man24ʃi24hau33tʃʰit2kɔ42lɛ44？ a33，ku44ka42lɛ44 ha21 kɔ42ʃi24kuɔn51lak5
冇得。牛王庙系□□时候拆个哩？啊估计哩□个时间六
ʃat5nin24tɔi42tʃʰœ51，tsʰiu33hai33lak5at2nin24kat2kau21ʃi24kuɔn51tʃʰit2kɔ42，tʃɛ44ʃy44tɔi42ak2. lan24kan51ti33liɛŋ21
十年代初，就系六一年□□时候拆个，整水碓屋。临今□两
kuɔn51miau33tau51mɔ21 tai21lɔ33. m̩21kœ2miau33lɛ44tsʰiu33hai33pi51ʃi24tʃʰit2lɛ44？m̩21kœ2miau33tsʰiu33hai33an51
间庙都冇得啰。五角庙哩就系□时拆哩？五角庙就系因
vai33kaŋ51ʃɛi42fɔu42 m̩21puɔt2nin24，kɔ44tsʰa33tʃɛ44ʃɛi51tœ24，kan33tai33ȵiou44tsʰiu33tʃʰit2kau51kɔ42. kat2ʃi24kuɔn51
为公社化五八年，搞稽整食堂，咁□□就拆嘴个。□时间
m̩21kœ2miau33lɛ44iu21kau21tuɔi33tʃaŋ51，kat2kau21tuɔi33tʃaŋ51lɛ44tsʰiu33hai33tɔi24tyn42tʃʰuɔi33pin51kat2ti33，hɛ24
五角庙哩有□大钟，□□大钟哩就系抬转寨边□□，行
kat2ti33tsʰɿ24tœ24man24hau44，kɔ44sai42tsʰɛ51van33taŋ33kɔ42pʰɔu42sai42kʰiu33kat2ʃi24，piau42tʃʰy24luɔn33liau21lɛ44.
□□祠堂门口，搞四清运动个破四旧□时，俵锤烂了哩。

---

① □ [mai51]：不是。

② □□ [pi51ti33]：哪里。

③ □□ [kiɛŋ42tai33]：怎么，怎样。

lan24kan51ʃɛ51tʃʰuɔn44tɔi42kɔ42tʃʰuɔi33ia51mɔ21tsɔi42hai44miau33lɔ33， ia51mɔ21hau21faŋ33ʃan24lɔ33. kat2ti33suɔn51
临 今 生 产 队 个 寨 也 冇 再 起 庙 啰，也 冇 去 奉 神 啰。□ □ 三
kuɔn51miau33kɔ42lɔi24lat5ŋɔ21ia51 m̩24tsʰɛ51tʃʰɔu44. ŋɔ21sa42ʃi24kuɔn51tsʰiu33tai51tai21ti33tsʰa33ȵiu24vœ24miau33，
间 庙 个 来 历 我 也 唔 清 楚。 我 细 时 间① 就 知 得 □ 穧 牛 王 庙，
tan44ʃy44miau33ŋɔ21lau21mɔ21kin42ku42lɔ33，tsʰiu33 tʰɛ51lɔ21ȵian24kœ44kɔ42lɔ33. ŋɔ21tsʰiu33sɔu44tai51lɛi33kan33tsɿ44.
□ 水 庙 我 鲁⁼冇 见 过 啰，就 听 老 人 讲 个 啰。我 就 所 知 了 咁 子。

（廖观所讲述）

5 牛郎织女

ŋɔ21kœ44kɔ42ku42ʃi33ɛ44hai33ȵiu24lœ24tʃai21ȵy21. hɔ44ku44hɔ44ku44kɔ42ʃi24hau33，iu21at2tsʰa33hau33ʃɛ51tsa44，
我 讲 个 故 事 诶 系 牛 郎 织 女。好 古 好 古 个 时 候，有 一 穧 后 生 崽，
kai21lɔ21tsɿ44a33pai21tau51sin51hɔu33hau42ʃa42lɔ33，tsʰiu33hai33kœ44sai44kau51lɔ33，ʃɛ33tɔ44kai21ku51ku44lɛ24tɛ21at2
渠 老 子 阿 婢②都 先 后 去 世 啰，就 系 讲 死 嘀 啰，剩 倒 渠 孤 苦 伶 仃 一
tsʰa33ȵian24. ak2lau33pi51man24kaŋ51fu51tau51mɔ21ʃɛ33tɔ44iu21，tsʰiu33tai21tɔ44at2tiu24lɔ21ȵiu24. kai21lɔ21tsɿ44 a33
穧 人。 屋 路⁼□ □ 工 夫③都 冇 剩 倒 有，就 得 倒 一 头 老 牛。渠 老 子 阿
pai21sai44tai21tsɔ44，mɔ21lɔ51kai21vun51tɔ44mɛ24. kʰai24tʰa51ȵian24lɛ44tsʰiu33vɔ44kʰai21tsau42ȵiu24lœ24，ȵiu24lœ24
婢 死 得 早，冇 摎 渠 安 倒 名。其 他 人 哩 就 □ 渠 做 牛 郎，牛 郎
tsʰiu33ʃɛ24tai21kai21kɔ42tʃan51mɛ24. ȵiu24lœ24kʰɔ42lɔ21ȵiu24kɛ51tin24vai24ʃɛ51，at2tsʰa24tʃʰy33，at2tsʰa24ʃɛ51vut5.
就 成 得 渠 个 真 名。牛 郎 靠 老 牛 耕 田 为 生，一 齐 住，一 齐 生 活。
ȵiu24ʃɛi51tsʰɔ44，ȵiu24lœ24ʃɛi51iɛi21tsʰɔi42，ʃɛi51kai21sɿ33kai44tsaŋ42tɔ44kɔ42kaŋ51fu51. lɔ21ȵiu24 m̩24hai33pɛ24ʃi24
牛 食 草，牛 郎 食 野 菜，食 渠 自 己 种 倒 个 工 夫。老 牛 唔 系 平 时
kuɔn51ŋɔ21lau21miɛŋ33tɔ44kɔ42pʰau44tʰaŋ51ȵiu24，kai21hai33tʰin51ʃiɛŋ33kɔ42kan51ȵiu24sɛ51. kan51ȵiu24sɛ51hɔ44
间 我 鲁⁼望 倒 个 普 通 牛，渠 系 天 上 个 金 牛 星。金 牛 星 好
tʃaŋ51ai42ȵiu24lœ24，an51vai33ȵiu24lœ24kʰan24lai51，san51tai33hɔ44，sɔu44i21ɛ44kai21hɔ44siɛŋ44pœ51kai21lɛ44ʃɛ24
钟 意 牛 郎，因 为 牛 郎 勤 力，心 地 好，所 以 诶 渠 好 想 帮 渠 哩 成
tsʰa33kɔu51.
穧 家。

---

① 细时间：小时候。

② 老子阿婢：父母。

③ □□工夫 [pi51man24kaŋ51fu51]：什么东西。

iu^{21}ȵiat^{5}，kan^{51}ȵiu^{24}sɛ^{51}lɛ^{44}tai^{51}tai^{21}lɛi^{33}t^{h}in^{51}ʃiɛŋ^{33}kɔ^{42}sin^{51}ȵy^{21}vɔi^{42}hɔu^{21}fuɔn^{24}，tɔ^{42}ts^{h}an^{51}tiu^{24}pin^{51}，
有日，金牛星哩知得了天上个仙女爱下凡，到村头边，
ts^{h}an^{51}tiu^{24}pin^{51}k^{h}ai^{24}ʃat^{5}ts^{h}iu^{33}hai^{33}ts^{h}an^{51}taŋ^{51}pin^{51}ʃuɔn^{51}kiɛk^{2}hɔu^{33}ɛ^{21}at^{2} kɔ^{42}vu^{24}hɔ^{21}sa^{44}lɛ^{21}ʃy^{44}ʃan^{51}.
村头边其实就系村东边山脚下诶一个湖□洗冷水身。
kai^{21}ɛ^{44}ts^{h}iu^{33}t^{h}œ^{2}maŋ^{33}piau^{42}ȵiu^{24}lœ^{24}，vɔ^{44}ȵiu^{24}lœ^{24}tai^{33}ȵi^{33}tiau^{51}at^{2}tsɔ^{44}hau^{42}kɔ^{42}vu^{24}pin^{51}，hau^{42}ɛ^{44}
渠诶就托梦俵牛郎，□牛郎第二朝一早去个湖边，去诶
ʧ^{h}an^{33}sin^{51}ȵy^{21}sa^{44}lɛ^{21}ʃy^{44}ʃan^{51}kɔ^{42}ʃi^{24}hau^{33}，ȵiɔu^{44}tsau^{44}at^{2}kin^{33}sin^{51}ȵy^{21}kuɛ^{42}hɛ^{24}ʃy^{33}ʃiɛŋ^{33}kɔ^{42}ai^{51}ʃiɛŋ^{24}.
趁仙女洗冷水身个时候，□①走一件仙女挂行树上个衣裳。
in^{24}hau^{42}lɛ^{44}，tiu^{24}tau^{51}m̩^{24}miɛŋ^{33}pai^{42}hɔu^{33}，kan^{33}tai^{33}tsau^{44}tyn^{42}ak^{2}. kan^{33}tai^{33}lɛ^{44}，kɔ^{33}ts^{h}a^{33}sin^{51}ȵy^{21}ɛ^{44}
然后哩，头都唔望背后，咁□走转屋。咁□哩，个穧仙女诶
ts^{h}iu^{33}vɔi^{42}tiɛŋ^{24}tɔ^{42}kai^{21}ak^{2}lau^{33}，ts^{h}iu^{33}vɔi^{42}kan^{33}tai^{33}lɛ^{44}，vɔi^{42}tsau^{42}kai^{21}kɔ^{42}lɔ^{21}pɔu^{24}.
就爱藤⁼到渠屋路⁼，就爱咁□哩，爱做渠个老婆。

ti^{33}ȵiat^{5}a^{33}，kɔ^{33}tiau^{51}tsɔ^{44}ȵiu^{24}lœ^{24}hai^{33}m̩^{24}hai^{33}hɔ^{44}siɛŋ^{51}san^{42}lɛ^{44}？m̩^{24}mɛ^{51}kai^{44}siɛŋ^{51}san^{42}，sɔu^{44}i^{21}ɛ^{44}
□日啊，个朝早牛郎系唔系好相信哩？唔□几相信，所以诶
kai^{21}ts^{h}iu^{33}pun^{42}san^{42}pun^{42}i^{24}kɔ^{42}tɔ^{42}ɛ^{44}kɔ^{42}ʃuɔn^{51}kiɛk^{2}hɔu^{33}，yn^{21}yn^{21}ts^{h}iu^{33}miɛŋ^{33}tɔ^{44}lɛ^{44}，a^{21}，ʧan^{51}hai^{33}iu^{21}
渠就半信半疑个到诶个山脚下，远远就望倒哩，啊，真系有
ts^{h}at^{2}ts^{h}a^{33}hɔ^{44}lɛ^{42}kɔ^{42}ȵy^{21}，kɔ^{33}mai^{21}ȵy^{21}a^{33}，hɛ^{24}kɔ^{42}vu^{24}ʧaŋ^{51}lɛ^{44}kɔ^{44}ʃy^{44}sa^{44}lɛ^{21}ʃy^{44}ʃan^{51}lɛi^{33}. kai^{21}ɛ^{44}tsai^{21}
七穧好靓个女，个美女啊，行个湖中哩搞水洗冷水身了。渠诶即
kiɛk^{2}ts^{h}iu^{33}ȵiɔu^{44}hai^{44}lɛi^{33}ʃy^{33}ʃiɛŋ^{33}at^{2}k^{h}in^{33}lɛ^{44}fan^{44}haŋ^{24}ʃai^{21}kɔ^{42}ai^{51}ʃiɛŋ^{24}，ȵiɔu^{44}kau^{51}lɛ^{44}fai^{51}kan^{33}tai^{33}
脚⁼就□起了树上一件哩粉红色个衣裳，□嘴哩飞咁□
kɔ^{42}tyn^{42}p^{h}ɔ^{44}tiɛk^{2}ak^{2}lau^{33}. ti^{33}ts^{h}a^{33}lɛ^{44}piau^{42}ȵiu^{24}lœ^{24}ȵiɔu^{44}tsau^{44}ai^{51}ʃiɛŋ^{24}kɔ^{42}sin^{51}ȵy^{21}ɛ^{44}ts^{h}iu^{33}hai^{33}ʧai^{21}
个转跑着屋路⁼。□穧哩俵牛郎□走衣裳个仙女诶就系织
ȵy^{21}. tœ^{51}iɛi^{33}a^{33} kai^{21}ɛ^{44}hɛ^{51}hɛ^{51}a^{33}k^{h}ɔ^{51}hɔi^{51}lɛi^{33}ȵiu^{24}lœ^{24}ak^{2}lau^{33}kɔ^{42}man^{24}，tiɛŋ^{24}tɔ^{42}ȵiu^{24}lœ^{24}，kan^{33}tai^{33}
女。当夜啊渠诶轻轻啊敲开了牛郎屋路⁼个门，藤⁼到牛郎，咁□
lɛ^{44}，kai^{21}ts^{h}iu^{33}ɛ^{44}tsau^{42}lɛi^{33}ȵiu^{24}lœ^{24}kɔ^{42}lɔ^{21}pɔu^{24}.
哩②，渠就诶做了牛郎个老婆。

mɔ^{21}nan^{44}tɔ^{42}，ʃɛ^{51}vut^{5}at^{2}ȵiat^{5}at^{2}ȵiat^{5}kɔ^{42}ku^{42}hau^{42}ɔ^{21}，suɔn^{51}nin^{24}ia^{21}hai^{33}ku^{42}hau^{42}ɔ^{21}，ȵiu^{24}lœ^{24}lɔ^{51}
冇谂到，生活一日一日个过去哦，三年也系过去哦，牛郎摎

① □[ȵiɔu^{44}]：拿。

② 咁□哩[kan^{33}tai^{33}lɛ^{44}]：这样呢。

tʃai21ȵy21lɛ44ʃɛ51lɔ33lɛi33at2tsʰa33nuɔn24，at2tsʰa33ȵy21，lieŋ21tsʰa33sa24tsa44. at2kɔu51ȵian24lɛ44ku42tɔ44lɛi33hɔ44
织 女 哩生啰了一 稺 男， 一 稺女， 两 稺 细 崽。一家 人 哩过 倒 了好

hɔi51san51. tuɔn42hai33，tʃai21ȵy21ʃi51ʃi33hɔu21fuɔn24ti33kʰin33ʃi33a33piau42ɛ44ȵiat5vœ24tuɔi33ta42tai51tai21lɔ21.
开 心。但 系， 织 女私自 下 凡 □件 事啊俵 诶玉 皇 大 帝知 得 啰。

iu21at2ȵiat5lɛ44，tʰin51ʃieŋ33lɔi24kaŋ51tuɔi33y21，tʃʰy51tuɔi33faŋ51，lœ5tuɔi33y21，tʃai21ȵy21lɛ44at2hɔu33ȵi51tsʰiu33
有一日哩，天 上 雷 公 大 雨，吹 大 风， 落大 雨，织 女 哩 一 下儿 就

mɔ21kin42kau51lɔ21. lieŋ21tsʰa33sa24tsa44lɛ44vi44vɔ44kuai44kiau42，hak2tɔ44vɔi42tʰɔ44kai21a33ma33，ȵiu24lœ24ia21
有 见 [口冓] 啰。两 稺 细 崽哩 □□ 鬼 叫， 哭 倒 爱 讨 渠 阿妈， 牛 郎 也

kat2tɔ44lɛ44 m̩24tai51kieŋ42tai33hɔ44.
急 倒 哩唔 知 □ □ 好。

tsʰiu33hɛ24ti33kɔ42ʃi24kuɔn51，kɔ33kan51ȵiu24sɛ51tsʰiu33kɔ33tʃai21lɔ21ȵiu24tʰat5in24kuɔn51lɛ44tsʰiu33hɔi51
就 行 □个 时间， 个 金 牛 星 就 个 只 老 牛 突 然 间 哩就 开

hau44lɔ21，kai21kʰan33tai33kœ44a33：“mai51nuɔn24ku42，tsieŋ51ŋɔ21kɔ42tiu24ȵiɔu44hɔu21lɔi24，pin42ʃɛ24lieŋ21
口 啰， 渠 咁 □ 讲 啊：“□ 难 过， 将 我 个头 □ 下 来，变 成 两

tsʰa33lɔu24，tʃœ51hɔu33lieŋ21tsʰa33sa24tsa44，hau42tʰin51ʃieŋ33hau42tieŋ24tʃai21ȵy21.” ȵiu24lœ24lɛ44kʰœ2tai21
稺 箩， 装 下 两 稺 细 崽， 去 天 上 去 藤⁼织 女。” 牛 郎 哩 觉 得

kʰai24kuɔi42，kai21nan44tau51mɔ21nan44tɔ44sin51，kɛ44ȵiu24kœ2lœ24pɔ44lɔ51tsʰiu33tit2 hɔu33tai33，tʃan51hai33
奇 怪， 渠 谂 都 冇 谂 倒先，□ 牛 角 □□□ 就 跌 下 地， 真 系

pin42tɔ44lieŋ21kau21lɔu24ɔ21. ȵiu24lœ24lɛ44tsʰiu33fɔi42tit2 tsieŋ51lieŋ21tsʰa33sa24tsa44fœ42hau42kɔ33lɔu24hau42，
变 倒 两 □ 箩 哦。牛 郎 哩就 快 滴 将 两 稺 细 崽 放 去 个 箩 去，

ȵiɔu44tɔ42tiau24tyn42kyn51，at2 tiu24at2 tsʰa33. kai21kʰœ2 tai21lɛ44at2 tsʰan33faŋ51tʃʰy51hau42，lɔu24ɛ44，tʃœ51tɔ44
□ 到条 转 □， 一 头 一 稺。渠 觉 得 哩一阵 风 吹 去， 箩 诶，装 倒

kɔ42sa24tsa44kɔ42，hɔ44tsʰieŋ42lɛ44kɔ42lɔu24a33lɔ51tsiɛk2 tsa44kan33tai33，lɔ51fai51kai51kan33tai33，fai51hɔu21lɔi24fai51
个 细 崽 个， 好 像 哩 个 箩 啊 撟 雀 崽 咁 □， 撟 飞 机 咁 □，飞 起 来 飞

tɔ44hɔ44fɔi42，hɔu33ȵi51ɛ44tsʰiu33fai51hau42tʰin51kaŋ51lɔ21，fai51a33fai51a33，ŋuɔn21mieŋ33tɔ44lɛ44tsʰiu33vɔi42tʃy51
倒 好 快， 下 儿 诶 就 飞 去 天 宫 啰，飞 啊 飞 啊，眼 望 倒 哩 就 爱 追

ʃieŋ21tʃai21ȵy21kɔ42lɔ33，ha21，ti33hɔu33ȵi51lɛ44piau42kɔ33tʃai21vœ24mau21ȵieŋ24ȵieŋ24at2fuɔt2hin42，kai21ɛ44
上 织 女 个 啰， 呵， □ 下 儿 哩 俵 个 只 王 母 娘 娘 一 发 现， 渠 诶

tsieŋ51kai21tiu24ʃieŋ33kɔ42kɔ33kɔ42kan51tʃʰuɔi51lɛ44at2mɛ42hɔu21lɔi24，hɛ24ȵiu24lœ24tʃai21ȵy21kɔ42tʃaŋ51kuɔn51
将 渠 头 上 个 □个 金 钗 哩一搣 下 来， 行 牛 郎 织 女 个 中 间

at2vɛ5kat2 tiau24kuan42，kat2tiau24kuan42lɛ44hɔ44tʃʰieŋ24，mɔu21ʃieŋ33lɛ44tsʰiu33pin42tɔ44at2tiau24lɛ44tuɔi33
一画 □ 条 棍， □ 条 棍 哩好 长， 马 上 哩 就 变 倒一条 哩大

hɔu24，kʰai24ʃat5tsʰiu33hai33tʰin51hɔu24，hɔ44fut2 hɔ44fut2，tau51hɛ24ti33pin51miɛŋ33m̩24tɔ42tɔi42min33. tsʰiu33
河，其实就系天河，好阔好阔，都行□边望唔到对面。就
kan33tai33lɛ44，tsiɛŋ51ȵiu24lœ24lɔ51tʃai21ȵy21tsʰiu33kɛ2 hɔi51lɔ21. tsʰaŋ24tʃʰi44lɛ44，tʃai21ȵy21hɛ24tʰin51ʃiɛŋ33，ȵiu24
咁□哩，将牛郎摎织女就隔开啰。从此哩，织女行天上，牛
lœ24lɔ51sa24tsa44lɛ44hɛ24tai33hɔu33，tsʰiu33kan33tai33ʃɛ51vut5.
郎摎细崽哩行地下，就咁□生活。

ak5kɛ42tsiɛk2tsa44，tsiɛk2 tsa44lɛ44tsʰiu33vɔ44tsau42hai44tsiɛk2，hɔ44taŋ24tsʰɛ24lɛ44ȵiu24lœ24lɔ51tʃai21ȵy21
□□雀崽，雀崽哩就□做喜鹊，好同情哩牛郎摎织女
kʰan33tai33kɔ42ʃi33tsʰɛ24，kan33lɛ44tsʰiu33mai21nin24kɔ42naŋ24lat5tsʰat2 ȵyt5tsʰat2，ʃɛ24tsʰin51ʃiɛŋ33vuɔn33kɔ42
咁□个事情，咁哩就每年个农历七月七，成千上万个
hai44tsiɛk2 tsʰiu33fai51tɔ42tʰin51hɔu24ʃiɛŋ33，at2 tʃai21ɛ44huɔn24tɔ44at2 tʃai21kɔ42mai21，kʰan33tai33ɛ44，tuɔt2 tɔ44
喜鹊就飞到天河上，一只诶衔倒一只个尾，咁□诶，搭倒
lɛ44at2 tiau24ɛ44hɔ44tʃʰiɛŋ24hɔ44tʃʰiɛŋ24kɔ42kʰiau24，tsʰiu33vɔ44tsau42lɛ44tsiɛk2 kʰiau24. mai21nin24lɛ44ti33kɔ42ʃi24
哩一条诶好长好长个桥，就□做哩鹊桥。每年哩□个时
hau33，tsʰat2 ȵyt5tsʰat2 kɔ42ʃi24hau33，tsʰiu33tiɛŋ24miɛŋ33m̩24tai21tɔ44kɔ33tʃai21hai44tsiɛk2 kɔ42lɔ21，kʰai24ʃat5kai21
候，七月七个时候，就藤=望唔得倒个只喜鹊个啰，其实渠
lau21tsʰiu33hau42tuɔt2 kʰiau24lɔ33，kan33tai33lɛ44，ȵiu24lœ24lɔ51tʃai21ȵy21at2 nin24tœ51tʃaŋ51tsʰiu33tai21tɔ44tsʰat2
鲁=就去搭桥啰，咁□哩，牛郎摎织女一年当中就得倒七
ȵyt5tsʰat2 kɔ33ȵiat5lɛ44sin51kin42hɔu33ȵi51min33.
月七个日哩先见下儿面。

（廖秀莲讲述）

第四节

讲 述

1 石蛤塘村的情况

ŋɔ^{21}lɔi^{24}kuɔi^{42}ʃiau^{42}hɔu^{33}ȵi^{51}ŋɔ^{21}lau^{21}ʃɛi^{51}kyt^{2} tœ^{24}ts^{h}an^{51}kɔ^{42}ts^{h}ɛ^{24}k^{h}œ^{42}. ŋɔ^{21}lau^{21}ʃɛi^{51}kyt^{2}tœ^{24}

我来介 绍 下儿我 鲁$^{=}$①石 蛤塘 村 个 情 况。 我 鲁$^{=}$石 蛤塘

ts^{h}an^{51}hai^{33}ʃat^{5}y^{44}kuœ^{44}taŋ^{51}ʃɛ^{44}ʧ^{h}ɛ^{51}yn^{21}ʃi^{42}lin^{24}nuɔn^{24}iau^{24}ts^{h}ak^{5}ts^{h}ɿ^{42}ʧ^{h}i^{42}yn^{33}suɔn^{51}kœ^{51}ʧan^{44}san^{51}tœ^{24}

村 系 属于广 东省清 远 市连 南 瑶族 自 治 县三 江 镇 新 塘

ts^{h}an^{51}vai^{44}vai^{33}. kan^{51}ȵiat^{5}kɔ^{42}ʃɛi^{51}kyt^{2} tœ^{24}ts^{h}an^{51}mɛ^{24}ʃɛ^{51}vut^{5}lɛ^{44}yt^{5}lɔi^{24}yt^{5}hɔ^{44}lɔ^{33}, kiɛŋ^{42}tai^{33}kœ^{44}lɛ^{44}?

村 委会。今 日 个石 蛤 塘 村 民 生 活哩 越来 越好 啰, □ □ 讲 哩?

hɔu^{33}min^{33}lɛ^{44}ŋɔ^{21}ts^{h}iu^{33}lɔi^{24}ts^{h}iɛŋ^{24}sa^{42}kuɔi^{42}ʃiau^{42}.

下 面 哩我就 来详 细 介 绍。

hɛ^{24}kɛ^{51}tsa^{42}fœ^{51}min^{33}, kɛ^{51}tsa^{42}fœ^{51}min^{33}lɛ^{44}kai^{21}lau^{21}ȵian^{24}kɔ^{42}ʃiu^{51}ȵiat^{5} lɛ^{44}k^{h}ɔ^{42}kɔ^{42}hai^{33}kɛ^{51}ʧaŋ^{42},

行经济方面, 经济方面 哩渠 鲁$^{=}$②人个收入 哩靠个系耕种,

at^{2} ts^{h}a^{33}ʧaŋ^{42}pi^{51}man^{24}lɛ^{44}? tsaŋ^{42}tin^{24}kɔ^{42}hun^{21}tai^{33}lɛ^{44}ts^{h}iu^{33}pɔ^{51}mɛ^{5}、fuɔn^{51}ʃy^{24}、vu^{33}tiu^{24}、fuɔn^{51}tau^{33}.

一 穧种 □ □ 哩? 种 田个旱 地 哩就 苞 麦、番 薯、 芋头、番 豆。

ʃy^{44}tin^{24}lɛ^{44}, ts^{h}iu^{33}ʧaŋ^{42}tiu^{24}lɔ^{33}, lɔ^{51}ȵi^{33}lɔ^{33}, kɔ^{42}kak^{2} lɔ^{33}, kan^{33}tai^{33}lɛ^{44}, ʃɛi^{51} m̩^{24}liau^{21}, an^{51}vai^{33}lan^{24}kan^{51}

水田哩, 就 种 头□③,摎二□, 个□□, 咁 □ 哩, 食唔了, 因为临今

---

① 我鲁$^{=}$:我们。

② 渠鲁$^{=}$:他们。

③ 头□ [tiu^{24}lɔ^{33}]:早季。

m̩^{24}ʃa^{44}kɔ^{51}kaŋ^{51}lieŋ^{24}，ʃɛi^{51} m̩^{24}liau^{21}lɛ^{44}，iu^{21}ȵian^{24}ȵiɔu^{44}hau^{42}muɔi^{33}，muɔi^{33}tɔ^{44}lɛ^{44}，kan^{33}tsʰiu^{33}ʃɛ^{51}vut^{5}
唔使交公粮，食唔了哩，有人□去卖，卖倒哩，咁就生活

lɛ^{44}iu^{21}ʃiu^{44}ȵiat^{5}lɔ^{33}. lan^{24}kan^{51}ŋɔ^{21}mieŋ^{33}tɔ^{44}la^{33}hɔ^{44}tɔu^{51}ɛ^{44}kat^{2} na^{42}kʰan^{24}lai^{51}kɔ^{42}ȵian^{24}lɛ^{44}kai^{21}tsʰiu^{33}
哩有收入啰。临今我望倒啦好多诶□□① 勤力个人哩渠就

ɛ^{44}tsieŋ^{51}sɿ^{33}kai^{44}kɔ^{42}，a^{33}，ʃiu^{51}vu^{44}kɔ^{42}，lieŋ^{24}ʃɛi^{51}a^{33}naŋ^{24}tsœ^{2} vat^{5}ȵiɔu^{44}hɔu^{42}ɛ^{44}ʃi^{42}tʃʰieŋ^{24}hɔu^{42}muɔi^{33}，
诶将自己个，啊，收□个，粮食啊农作物□去诶市场去卖，

muɔi^{33}tɔ^{44}lɛ^{44}tsʰiu^{33}pin^{42}tsʰin^{24}，kan^{33}tai^{33}tsʰiu^{33}hai^{33}ʃiu^{51}ȵiat^{5}lɔ^{33}. lɛ^{33}ŋɔi^{33}ak^{2} tsʰa^{33}lɛ^{44}，tsʰyn^{24}muɔi^{33}hai^{33}
卖倒哩就变钱，咁□就系收入啰。另外一穧哩，全卖系

m̩^{24}hai^{33}sɿ^{33}kai^{44}mɔ^{21}tai^{21}ʃɛi^{51}ɛ^{44}? sɿ^{33}kai^{44}iɛi^{21}iu^{21}tai^{21}ʃɛi^{51}. sɿ^{33}kai^{44}ʃɛi^{51}lɛ^{44}hai^{33}kɛ^{42}ʃi^{42}hɔ^{44}，hɔ^{44}pai^{44}ʃi^{33}tin^{24}，
唔系自已冇得食诶？自己也有得食。自己食哩系更是好，好比莳田，

ʃi^{33}tɔ^{42}pi^{51}man^{24}lɛ^{44}? tiu^{24}lɔ^{33}tsʰiu^{33} ȵiɔu^{44}lɔi^{24}muɔi^{33}，ȵi^{33}lɔ^{33}lɛ^{44}kɔ^{42}ma^{21}hɔ^{44}ʃɛi^{51}，tsʰiu^{33}ʃi^{33}tɔ^{42}pai^{44}kɔ^{42}hɔ^{44}
莳到□□哩？头□就□来卖，二□哩个米好食，就莳到比较好

ʃɛi^{51}kɔ^{42}. lan^{24}kan^{51}ʃi^{42}tʃʰieŋ^{24}muɔi^{33}kɔ^{42}lɛ^{44}，muɔi^{33}a^{33}suɔn^{51}yn^{24}、sai^{42}yn^{24}、m̩^{21}yn^{24}，kan^{33}tai^{33}iu^{24}tʃan^{51}
食个。临今市场卖个哩，卖啊三元、四元、五元，咁□油占

ma^{21}tʰit^{2}pʰit^{5}hɔ^{44}ʃɛi^{51}kɔ^{42}. han^{24}iu^{21}lɛ^{44}，iu^{21}na^{42}ȵian^{24}ʃi^{33}tai^{21}tɔu^{51}kɔ^{42}ȵiɔu^{44}hɔu^{42}muɔi^{33}tsʰiu^{33}pin^{42}tsʰin^{24}
米特别好食个。还有哩，有□人莳得多个□去卖就变钱

lɔ^{33}. lɛ^{33}ŋɔi^{33}ak^{2} tsʰa^{33}lɛ^{44}，an^{51}vai^{33}lan^{24}kan^{51}lɛ^{44}iu^{21}tʃɛ^{42}fu^{44}a^{33}kuɔn^{44}lai^{21}，kuɔn^{44}tai^{21}hɔ^{44}，tœ^{44}kɔ^{42}tʃɛ^{42}tsʰɛ^{2}
啰。另外一穧哩，因为临今哩有政府啊管理，管得好，党个政策

hɔ^{44}，a^{33}，kan^{33}tai^{33}lɛ^{44}，vun^{42}tʃiau^{42}kan^{33}tai^{33}kœ^{44}，tsʰan^{51}tsʰan^{51}iu^{21}kaŋ^{51}lau^{33}a^{33}ma^{33}，kɔ^{42}kaŋ^{51}lau^{33}pin^{42}
好，啊，咁□哩，按照咁□讲，村村有公路啊嘛，个公路变

tɔ^{44}hɔ^{44}tuɔi^{33}kɔ^{42}ʃy^{44}na^{24}lau^{33}. tsʰan^{51}vai^{24}vɔi^{42}tʃʰat^{2} suɔn^{51}kœ^{51}hau^{42}kɔ^{33}ti^{33}yn^{33}ʃɛ^{24}，hau^{42}muɔi^{21}kaŋ^{51}fu^{51}
倒好大个水泥路。村委爱出三江去个□县城，去买工夫

lɛ^{44}，tuɔn^{51}tʃʰɛi^{51}、mɔu^{24}tʰɔu^{33}tʃʰɛi^{51}，kan^{33}tai^{33}lɛ^{44}，suɔn^{51}hɔu^{33}lieŋ^{21}ȵit^{5}tsʰiu^{33}tʃʰat^{2} tɔ^{44}yn^{33}ʃɛ^{24}，sɔi^{51}iau^{42}tʰɔ^{44}
哩，单车、摩托车，咁□哩，三下两日就出倒县城，需要讨

man^{24}kaŋ^{51}fu^{51}，at^{2} pau^{33}tʃʰɛi^{51}tsʰiu^{33}hau^{42}lɔ^{33}. iu^{21}na^{42}ȵian^{24}lɛ^{44}，han^{33}lɛ^{44}tʰɔ^{44}tɔ^{44}iu^{21}siau^{44}tʃʰɛi^{51}. iu^{21}ȵian^{24}
□工夫，一部车就去啰。有□人哩，还哩讨倒有小车。有人

tʰɔ^{44}tɔ^{42}lɛ^{44}naŋ^{24}iaŋ^{33}tʃʰɛi^{51}，lɔ^{21}ȵian^{24}tʃʰɛi^{51}kaŋ^{51}fu^{51}.
讨到哩农用车，老人车工夫。

lan^{24}kan^{51}kɔ^{42}ʃɛi^{51}kyt^{2} tœ^{24}kɔ^{42}tsʰan^{51}mɛ^{24}tʃaŋ^{42}ɛ^{44}naŋ^{24}tsœ^{2}vat^{5}i^{21}hau^{42}，kan^{33}hai^{33}lɛ^{44}ʃɛ^{33}y^{24}kɔ^{42}hau^{33}
临今个石蛤塘个村民种诶农作物以后，咁系哩剩余个后

① □□ [kat^{2}na^{42}]：那些。

ʃɛ51kɔ42lɔ21taŋ33lai51a33tshiu33hau42tɔu44kaŋ51，tɔu44a33kaŋ51lɛ44，kɔ42tshin24lɛ44kai42tyn42lɔi24hai44ak2，lan24
生个劳动力啊就 去 打工， 打啊工哩，个钱 哩寄 转 来 起 屋，临
kan51lɛ44hɔ44tɔu51ȵian24tau51tsiɛŋ51kuɔu44tsɔ44kɔ42lɔ21ak2 pin42tɔ44san51ak2 lɔ33. lan24kan51kɔ42ʃɛi51kyt2 tœ24
今 哩好多人 都将 果⁼早个老屋变倒新屋啰。临今 个石蛤塘
lɔ51kuɔu44tsɔ44lɛ44kai44ʃat5ȵin24lɔi24pai44lɛ44hai33pin42liau21iɛŋ33lɔ33.
摎果⁼早哩几十年 来比哩系变 了 样 啰。

kan33tai33lɛ44，hɛ24van24fɔu42kau42ȵiak5fœ51min33lɛ44，ŋɔ21khœ2 tai21lɛ44lan24kan51van24fɔu42kɔ42ȵiak5
咁□哩，行文化教 育方 面哩，我觉 得哩临 今 文 化 教育
hai33 m̩24tshɔu42. tuɔn42ŋɔ21lau21tʃhuɔi33ɛ44hai33mɔ21tai21hœ5tœ24，ŋɔ21lau21hau42pi51ti33tak5 ʃy51lɛ44? hau42
系 唔 错。但 我鲁⁼寨 诶系 冇得 学堂，我鲁⁼去 □□①读书 哩？去
ɛ44lai24ak2lau33pai44kɔ42yn21min44kɔ42at2 kaŋ51lai21tɔu51tit2 kɔ42siau44hœ5tak5ʃy51. iu21na42iu21tshin24kɔ42lɛ44
诶离屋路⁼比较远□ 个 一 公 里 多滴 个小 学读书。有□有钱 个哩
tshiu33tʃhat2lɛ44yn33ʃɛ24hau42tak5. kan33tai33lɛ44，ak2lau33iɛi21tʃhaŋ33ʃi33，kan33tai33lɛ44，thit2phit5hai33kɔ33na42
就 出 哩 县城 去 读。咁 □ 哩，屋路⁼也重 视，咁 □哩，特 别 系 个□
pai44kɔ42sa42kɔ42tshiu33hœ5tshin24kɔ42ȵiak5pai44kɔ42tʃhaŋ33ʃi33，hau42yn33ʃɛ24hau42tak5iu42ȵi24yn24，tiau51saŋ42
比较细个就 学前 教育 比 较重 视，去 县城去读幼儿园，朝 送
iɛi21tsit2，lan24kan51lɛ44，kɔ51thaŋ51pai44kɔ42fœ51pin33，sɔu44i21kan33tai33iu42ȵi24yn24kɔ42tʃhɛi51saŋ42tɔ42ak2
夜 接，临 今 哩，交 通 比 较方便， 所以咁 □ 幼儿园 个车 送 到 屋
man24hau44，sɔu44i21lan24kan51kɔ42tshan51mɛ24hɔ44han33fak2. iu21na42hœ5ʃɛ51tsa44tak5ʃy51yt5tak5yt5tshaŋ51mɛ24，
门 口， 所以临 今 个 村 民 好 幸 福。有□学生崽 读书越读越聪 明，
yt5tak5yt5hɔ44. lan24kan51lɛ44hɔ44tɔu51ɛ44tak5ʃy51tʃhat2lɔi24kaŋ51tsœ2，iu21na42tsau42lɔ21sɿ51，iu21na42lɛ44hɛ24
越读越好。临今 哩好多诶读书 出来 工 作，有□ 做 老师，有 □哩行
kuœ44tʃiu51a33khai24tha51sɛ44a33fuɔt2 tʃin44，tsau42lɔ21puɔn44，pi51man24iu21，ti33tɛ24tshiu33hai33ɛ44van24fɔu42
广 州 啊其 他 省啊发 展， 做 老 板， □□ 有，□□②就 系 诶文 化
kɔ42ȵiak5 kɔ42ʃɛ24kuɔu44ɔ33，iu21lɔ33van24fɔu42，a33，iɛŋ33iɛŋ33tau51tsau42tai21lɔi24.
教 育 个成 果 哦，有啰文 化， 啊，样 样 都 做 得 来。

ŋɔ21lau33ɛ44ti33tsha33tshan51kɔ42sɔi51in24kœ44m̩24tai21lɛ44suɔn51tshɛ51ʃy44siu42，tuɔn42hai33kœ44tai21lɛ44
我 鲁⁼诶□ 穧 村 个 虽 然讲 唔 得 哩 山 清 水 秀，但 系 讲 得 哩

① □□ [pi51ti33]：哪里。

② □□ [ti33tɛ24]：这些。

vuɔn24kɛ42han33kʰɔu44i21，pai42hau42ʃuɔn51，kɔ42ʃuɔn51lɛ44，vuɔn24kɛ42a33fœ51kɛ44hɔ44lɛ42，tsʰɛ42suɔn51lɔ33，
环 境 还 可 以，背 后 山， 个 山 哩，环 境 啊风 景 好靓，青 山 啰，
y24kuɔu44iu21tiau24hɔu24，iu21lak5ʃy44，tsʰiu33kɛ42ʃi42hɔ44lɔ33. kuɔu44tsɔ44lɛ44mɔ21kœ44kiu42ɛ44kɔ33tsʰa33lat5sat2
如 果 有 条 河， 有 绿 水，就 更 是 好 啰。果= 早 哩 冇 讲 究 诶个 穧 □□
kiɛŋ42tai33hau42puɔi44，kiɛŋ42tai33fœ42. lan24kan51hɔ44tuɔi51tsʰan51mɛ24hɔ44tʃy42ai42vuɔn24kɛ42fœ51min33，hɔ44
□□ 去 摆， □ □放。临 今 好 多 村 民 好 注 意 环 境 方 面， 好
tʃy42ai42vai33ʃɛ51fœ51min33，kɔu51kɔu51ak2 lau33man24hau44tau51kɔ44tɔ44hɔ44kun51tsʰɛ33，sɔu44i21ʃɛ51vut5tɔ44
注 意 卫 生 方 面， 家 家 屋 路= 门 口 都 搞 倒 好 干 净， 所 以生 活 倒
hɔ44. hai42hau33ɛ44ia51tʃʰɔu51 m̩24tɔu51，fuɔn44tʃɛ42vuɔn24kɛ42tʃy42ai42lɔ33，hai42hau33lɛ44ia51sɔi24tʃʰiɛk5vuɔn24
好。气 候 诶 也 差 唔 多， 反 正 环 境 注 意 啰，气 候 哩 也 随 着 环
kɛ42kɔ42pin42fɔu42.
境 个 变 化。

kan51ŋɔ21lau21tʃʰuɔi33kɔ42tsʰan51mɛ24lɛ44，at2 pun51lɔi24kœ44lɛ44，tʃaŋ42kɔ42kaŋ51fu51lɛ44tɔu33ʃau42lɛ44
今 我 鲁= 寨 个 村 民 哩，一 般 来 讲 哩，种 个 工 夫 哩 多 数 哩
tsʰiu33hai33fuɔn51ʃy24、vu33tiu24、pɔ51mɛ5，mɔ21mɛ51pai44kɔ42tʰyt5tʃʰat2，tsɔi42tʰyt5tʃʰat2 lɛ44tsʰiu33hai33iu21
就 系 番 薯、 芋 头、 苞 麦， 冇 乜 比 较 突 出，最 突 出 哩就 系 有
na21ȵian24lɛ44tʃaŋ42tit2 ku44tsa44，tʃaŋ51ku44tsa44lɛ44tsʰiu33tʃaŋ51kun51tsɿ44. iu21na42lɛ44tsʰiu33iɛŋ21ka51、iɛŋ21
□人 哩 种 滴 果 崽， 种 果 崽 哩 就 种 柑 子。有□ 哩 就 养 鸡、 养
kau44、iɛŋ21tɔi51. tsɔi42tʰyt5tʃʰat2 kɔ42lɛ44tsʰiu33hai33lɛ44ŋɔ21iu21tsʰa33sa42lɔ21iɛŋ21ka51iɛŋ21fuɔt2 kɔu51lɔ33. lan24
狗、 养 猪。最 突 出 个 哩 就 系 哩 我 有 穧 细 佬 养 鸡 养 发 家 啰。临
kan51hɛ24haŋ24fak2 ti33iu21hɔi51tsiu44tin42，hɔi51tsiu44tin42lɛ44，a33，pin42tɔ44 tuɔi33lɔ21puɔn44，tsʰiu33vɔ44tsau42
今 行 宏 福 □又 开 酒 店， 开 酒 店 哩，啊，变 倒 大 老 板， 就 □做
haŋ24fak2 tsiu44tin42lɔ33. ʃɛ51ai42tau51 m̩24tsʰɔu42，an51vai33lɛ44tsʰɔi42hai33ʃɛi51kyt2 tœ24tʃʰat2 kɔ42，ȵian24lɛ44pai44
宏 福 酒 店 啰。生 意 都 唔 错， 因 为 哩 菜 系 石 蛤 塘 出 个，人 哩 比
kɔ42lɛ44lɔ21ʃat5，sɔu44i21iɛ44kai21tsau42tsiu44tin42kɔ42lɔ21puɔn44lɛ44pai44kɔ42ʃat5vai33，sɔu44i21iɛ44hɔ44tɔu51ȵian24
较哩 老 实，所以 诶 渠 做 酒 店 个 老 板 哩 比 较 实 惠，所 以 诶好 多 人
hau42kat2 ti33ʃɛi51，sɔu44i21iɛ44kai21kɔ42ʃɛ51ai42lɛ44haŋ24haŋ24fɔu44fɔu44，tsau42tai21 m̩24tsʰɔu42. kai21liɛŋ21tʃai21
去 □ □① 食，所 以诶 渠 个 生 意 哩 红 红 火 火， 做 得 唔 错。 渠 两 只
sa24tsa44lɛ44，iu21na42tsʰiu33hɛ24ak2fuɔt2 tʃin44，iu21at2 tsʰa33lɛ44hau42kau51lɛ44kɔu51nɔu44tuɔi33，hau42kɔ51nɔu44
细 崽 哩， 有□ 就 行 屋 发 展， 有 一 穧 哩 去 嚟 哩 加 拿 大， 去 加 拿

① □□ [kat2 ti33]：那里。

tuɔi33hau42tak5ʃy51hau42kat2 ti33fuɔt2 ʧin44，tsʰiu33kuœ2ŋɔi33lɔ33.
大去读书去□□发展，就国外啰。

kʰai24ʃat5lɛ44ʃɛi51kyt2 tœ24hɔ44tɔu51kaŋ51fu51lɛ44vɔi42hau42tɔ42kɔ33pin51，hau42ti33lɛ44ʧʰy33tɔ44suɔn51ȵit5
其实哩石蛤塘好多工夫哩爱去到□边，去□哩住倒三日
pun33ȵit5，fɛ5ʧɛi44kɛ51ʃiɛŋ24hau42miɛŋ33hɔu21ȵi51，tsʰuɔn51kun51hɔu21ȵi51，ni21tsʰiu33liau21kuɔi55ɔ33. tsʰan51
半日，或者经常去望下儿，参观下儿，你就了解哦。村
vai44hai33kiɛŋ42tai33kɔ42，ti33kɔ42tsʰan51kɔ42vuɔn24kɛ42iu33hai33kiɛŋ42tai33kɔ42. ni21tsʰiu33iu21tʰai44nin33，
委系□□个，□个村个环境又系□□个。你就有体验，
tsʰiu33iu21ʃat2 tsʰin33，iu21a33kœ44vɔu33kɔ42kan51kɔi42ɔ33. ŋɔ21kœ44ti33tɛ24lɛ44kʰai24ʃat2 lɛ44，a33，hai33ʃɛi51
就有实践，有啊讲话个根据哦。我讲□□哩其实哩，啊，系石
kyt2tœ24ti33ʧai21ʧʰuɔi33kɔ42ȵian24lɛ44lan24kan51ku42tɔ44ʃɛ51vut5hɔ44han33fak2，hai33ʃiu33ɛ44ʧɛ42fu44hɔ44kɔ42
蛤塘□只寨个人哩临今过倒生活好幸福，系受诶政府好个
ʧɛ42tsʰɛ2tiau24kʰin33kɔ42ŋan51vai33.
政策条件个恩惠。

ŋɔ21lan24kan51kœ44lɛ44tsʰiu33kœ44kʰan33tɔu51lɔ33.
我临今讲哩就讲咁多啰。

（廖秀莲讲述）

2 传统节日介绍

ŋɔ21lau21tʃʰuɔi33kɔ42tsʰyn24tʰaŋ44tsit2ȵiat5lɔ51kʰai24tʰa51tsʰan51ʧʰuɔi33kɔ42tsʰyn24tʰaŋ44tsit2ȵiat5kʰɔu44
我鲁⁼寨个传统节日摎其他村寨个传统节日可
nɛ24iu21tit2 m̩24taŋ24，ku42kɔ42tsit2ȵiat5kʰɔu44nɛ24kuɔn44tuɔn51tit2，ia51kʰɔu44nɛ24fak5tsʰuɔt5tit2，ȵit5 nɔ33tit2.
能有滴唔同，过个节日可能简单滴，也可能复杂滴，热闹滴。
tsit2ȵiat5kɔ42ʃi24kuɔn51ʃit2 tɛ33kɔ42ai42ȵi33，ia51kʰɔu44nɛ24lɛ44kœ44 m̩24ʧʰat2 lɔi24tiu24，ia51kʰɔu44nɛ24tsau44tsaŋ51
节日个时间设定个意义，也可能哩讲唔出来头，也可能祖宗
tɛ33hɔu33kɔ42tsit2 ȵiat5，taŋ24hai44lɛ44kɔ42ai42ȵi33a33hai33ʃat5fan51kɔ42ʧʰaŋ21iau42.
定下个节日，同起哩个意义啊系十分个重要。

pat2 ku42ŋɔ21lau21hau42ʃɛ51kɔ42tsʰiu33vun42ʧiau42tsʰin24pai42iau51kʰiu24ku42hɔ44tsit2 ȵiat5tsʰiu33syn42
不过我鲁⁼后生个就按照前辈要求过好节日就算
lɔ44. kʰai24ʃat5ŋɔ21lau21ʧʰuɔi33ku42kɔ42tsit2 ȵiat5pai44kɔ42tʰat5ʧʰat2 kɔ42iu21kai44tsʰa33，pai44y24tsʰɛ51mɛ24tsit2
啰。其实我鲁⁼寨过个节日比较突出个有几穧，比如清明节

a33，m̩21ȵyt5tsit2 a33，tsʰat2 ȵyt5ʃat5sai42a33，puɔt2ȵyt5ʃat5 m̩21a33，ku42nin24a33 ，lɔ51muɔi24ȵi33ʃat5luɔi42puɔi42.
啊，五月节啊，七月十四啊，八月十五啊，过年啊，摎埋二十赖⁼败⁼。
ŋɔ21tsʰiu33ɛ44tsʰiɛŋ24sa42kœ44hɔu33ti33kai44tsʰa33tsit2 ȵiat5kɔ42ku42fuɔt2.
我就诶详细讲下□几穧节日个过法。

san51kœ44tsʰɛ51mɛ24tsit2. tsʰɛ51mɛ24tsit2 tsʰyn24kuœ2 at2 iɛŋ33. tɔi42ŋɔ21lau21kat2ti33lɛ44，tsʰiu33ʧy44iau42
先讲清明节。清明节全国一样。对我鲁⁼□□哩，就主要
hai33kuɔu42ʧi44. tsʰɛ51mɛ24tsit2 tsʰiu33ʧɛ44ŋɔi33tsʰai24，ia51kœ44ɛ44，tsʰɛ51mɛ24tsit2 m̩24ʧɛ44ŋɔi33tsʰai24，man24
系挂纸。清明节就整艾糍，也讲诶，清明节唔整艾糍，蚊
tsa44tiau44ŋuɔn21pai24. y24kuɔu44ʧɛ44kɔ42tsʰai24，hai33 m̩24hai33tsʰiu33man24tsa44m̩44tiau44ŋuɔn21pai24lɛi33lɛ44?
崽鸟眼皮。如果整个糍，系唔系就蚊崽唔鸟眼皮了哩？
mɔ21ȵian24ʃi42ku42，ia51mɔ21ȵian24vɔu33m̩44ʧɛ44. han33iu21ɛ44，tsʰiu33hai33kuɔu42ʧi44. m̩44kun44ni21kiɛŋ42tai33，
有人试过，也有人话唔整。还有诶，就系挂纸。唔管你□□，
tuɔi33ʧaŋ42ʧi44tsʰiu33tuɔi33tsʰa24kɔu51hau42kuɔu42. iu21ʃi24hau33tsʰɛ51mɛ24tsit2 tsʰin24liɛŋ21suɔn51ȵiat5，iu21ʃi24
大众纸就大齐家去挂。有时候清明节前两三日，有时
hau33tsʰɛ51mɛ24tsit2 lɛ44hau33a33ʃat5ȵiat5pun42tsʰa33ȵyt5. tʰɛ51kœ44，m̩44nɛ24kau42ku42kau51sai42ȵyt5puɔt2hɔ33
候清明节哩后啊十日半穧月。听讲，唔能够过嚍四月八号
kuɔu42. at2puɔn51lɔi24kœ44，sai42ȵyt5puɔt2 tsʰin24tsʰiu33vɔi42ku42vuɔn24liau21. pat2 ku42lan24kan51ʃɛ51vut5hɔ44
挂。一般来讲，四月八前就爱过完了。不过临今生活好
lɛi33，tsʰa33tsʰa33lɛ44tau51tai21haŋ51. tsʰɛ51mɛ24kat2ȵiat5lɛ44tuɔi33pau42fan51lɛ44tau51hai33ɛ44kuɔu42tuɔi33ʧaŋ42
了，穧穧哩都得空。清明□日哩大部分哩都系诶挂大众
ʧi44，lɔ51muɔi24sʅ33kai44kɔ42lɔ21kɔu51kɔ42tsau44tsaŋ51. tʰit2 pi51man24ʧi44? tʰit2 pɛ5kɔ42. fœ51tit2 ka51，nɛ5
纸，摎埋自己个老家个祖宗。贴□□纸？贴白个。放滴鸡，搦
ʧai21ka51，ʧʰuɔt5tɛ24ka51ʧʰan51，tʰɔ44tit2 tɔi51ȵiat5，tʰɔ44tit21luɔt5ʧak2 sin42hiɛŋ51，ȵiɔu44lin24kut2hau42ʧʰœ21
只鸡，煠□鸡春，讨滴猪肉，讨滴蜡烛线香，□镰割去□
ʧʰœ21hɔu33，kut2kut2hɔu33，tʰit2 kai44ʧiɛŋ51ʧi44tsʰiu33tai21lɔ33，tsʰiu33kʰan33kuɔn44tuɔn51.
□下，割割下，贴几张纸就得啰，就咁简单。

iu33kœ44kœ44m̩21ȵyt5tsit2. m̩21ȵyt5tsit2 lɛ44ŋɔ21lau21tsʰuɔi33kɔ42ȵian24ʧɛ44tsʰai24，lan24kan51iu21kai44
又讲讲五月节。五月节哩我鲁⁼寨个人整糍，临今有几
tsʰa33ʧɛ44fuɔt2: iu21ȵian24ʧɛ44iu21ʧy44tsʰai24，iu21ȵian24lɛ44tsʰiu33ʧɛ44lɛ44ʃy44tsʰai24，iu21ȵian24lɛ44ʧɛ44lɛ44
穧整法：有人整油煮糍，有人哩就整哩水糍，有人哩整哩
kyn44taŋ24tsʰai24，iu21ȵian24ʧɛ44hɔu51kaŋ51tsʰai24，fuɔn44ʧɛ42pi51man24tsʰai24tau51iu21ȵian24ʧɛ44. kan33tai33
卷筒糍，有人整虾公糍，反正□□糍都有人整。咁□

lɛ44, iu21na42tsʰiu33tyn42ŋɔi33kɔu51, ʧɛ42ʧɛ42m̩21ȵyt5ʧʰœ51m̩21kɔ33ȵit5tsʰiu33m̩44tyn42ŋɔi33kɔu51, tyn42kau51
哩，有□就转外家，正正五月初五个日就唔转外家，转嚍
ŋɔi33kɔu51lɛ44tsʰiu33m̩24sak2iɛi33. m̩21ȵyt5ʧʰœ51lak5lɛ44tsʰiu33lɔ51lɔ51sa24tsa44a33, vɛ5ʧɛi44kɔu51ȵian24hau42
外家哩就唔宿夜。五月初六哩就摎摎细崽啊，或者家人去
ŋɔi33kɔu51, kɔu44i21sak2 iɛi33, sak2ʃat5ȵiat5pun42tsʰa33ȵyt5tau51tai21. tuɔn42hai33lɛ44, ʧɛ42ʧɛ42ku42tsit2kɔ33ȵiat5
外家，可以宿夜，宿十日半䅟月都得。但系哩，正正过节个日
tsʰiu33m̩24kʰɔu44i21. m̩21ȵyt5tsit2 lɛ44tʰœ51ka51, tʰœ51vuɔt2, ti33tsʰa33mɔ21kʰɔi51fan51, ia51mɔ21tai21hɔ44 kʰiɛŋ24
就唔可以。五月节哩㓾鸡、㓾鸭，□䅟冇区分，也冇得好强
lit5kɔ42iau51kʰiu24, tsaŋ44tʰœ51ka51m̩24tʰœ51vuɔt2, ku42hau42ʃi24kuɔn51lɛ44han24tʰœ51tɔi51hin51. lan24kan51ɛ44
烈个要求，总㓾鸡唔㓾鸭，过去时间哩还㓾猪牵，临今诶
hɔ44tɔu51ȵian24mɔ21iɛŋ21tɔi51lɛi33, sɔu44 i21tsʰiu33mɔ21tʰœ51tɔi51lɛi33.
好多人冇养猪了，所以就冇㓾猪了。

iu33kœ44tsʰat2ȵyt5ʃat5sai42. tsʰat2ȵyt5ʃat5sai42ia51kœ44hai33kuai44tsit2, ku42hau42lɛ44kɔu51kɔu51vu33vu33lɛ44
又讲七月十四。七月十四也讲系鬼节，过去哩家家户户哩
tɔu51ʃau42ɛ44nɛ5vuɔt2 tʰœ51, hɔ44ʃiau44tʰœ51ka51, lan24kan51lɛ44tsʰiu33mɔ21fan51lɔ33, tau51tʰœ51vuɔt2, tau51tʰœ51
多数诶搦鸭㓾，好少㓾鸡，临今哩就冇分啰，都㓾鸭，都㓾
ka51, tœ51in24tʰœ51vuɔt2kɔ42ȵian24pai44kɔ42tuɔi51, tsʰiu33ʧy44tit2 iu24ʧy44tsʰai24tsʰiu33syn42ʃau42lɔ33, tsʰiu33
鸡，当然㓾鸭个人比较多，就煮滴油煮糍就算数啰，就
mɔ21tʰat2 pʰit5kɔ42tsau42tuɔt2.
冇特别个做法。

puɔt2ȵyt5ʃat5m̩21, at2pun51lɔi24kœ44lɛ44, tsʰiu33vɔi42ɛ44hau42tʰau44ȵyt5pɛ44a33, kan33na42tsʰiu33ȵyt5
八月十五，一般来讲哩，就爱诶去讨月饼啊，咁□就月
kuœ51pɛ44, han33iu21ɛ44tsʰiu33sai42kau21vai24at2 faŋ51, tʰau44hɔ44tɔu51faŋ51, iu21hɔ44tɔu51kɔ42tsʰan51tsʰai51, ti33
光饼，还有诶就四□为一封，讨好多封，有好多个亲戚，□
tsʰa44tsʰan51tsʰai51piau42at2 faŋ51. kʰan33tai33lɛ44, iau42tyn42ŋɔi33kɔu51kɔ42lɛ44, ŋɔi33kɔu51iu21hɔ44tɔu51tsʰa33,
□亲戚俵一封。咁□哩，要转外家个哩，外家有好多䅟，
ni21tsʰiu33faŋ51hɔ44tɔu51tsʰa33. lɛ33ŋɔi33lɛ44, ŋɔ21lau21han33vɔi42ʧy44iu24ʧy44tsʰai24, iau42faŋ33ʃan24, iau42nɛ5
你就封好多䅟。另外哩，我鲁⁼还爱煮油煮糍，要奉神，要搦
ka51, iau42saŋ42ka51, lan24kan51lɛ44iu21ʃy44kuɔu44a33kɛ44sɿ44, iu21kuɔu44tsa44lɛ44iu21kʰɔu44i21piau42tit2 kuɔu44
鸡，要送鸡，临今哩有水果啊□□，有果崽哩又可以俵滴果
tsa44, piau42tit2ȵyt5pɛ44, tsʰiu33kʰan33tai33iɔ33.
崽，俵滴月饼，就咁□哟。

a33，ku42nin24ia51at2iɛŋ33，ku42nin24lɛ44lɔ51kʰai24tʰa51ȵian24at2 iɛŋ33lɔ33. ku42nin24kɔ42ʃi24kuɔn51lɛ44，nin24

啊，过年也一样，过年哩撂其他人一样啰。过年个时间哩，年

tsʰin24naŋ24lat5ʃat5 m̩21tsʰiu33sɔ44lai21ŋɔi33ak2，nin24suɔn51ʃat5muɔn21iɛi33，tsiɛŋ51ʃan42kau51a33，man24hau44

前农历十五就扫里外屋，年三十晚夜，将深沟啊，门口

pɛ24a33，tɔ42tʃʰy42ɛ44sɔ44lɛ24lai33，kut2 lɛ24lai33，iau42ku42tsʰa33lɛ24lai33nin24. ak2 lau33lɛ44kuœ51tʃʰyn51vɛ24a33，

坪啊，到处诶扫伶俐，割伶俐，要过穑伶俐年。屋路⁼哩光穿□啊，

kœ2nœ2tiu24a33，han24iu21na33kɔ42tsiu44tʃʰɛ24a33，man24a33，tau51iau42muɔt5kɔ42muɔt5，sa44kɔ42sa44，ʃuɔi42kɔ42

角□头啊，还有那个酒埕啊，门啊，都要抹个抹，洗个洗，晒个

ʃuɔi42. tsiu44tʃʰɛ24sa44tɔ44lɛ44vɔi42tʃɛ44tœ24vuɔn24. tʃɛ44tœ24vuɔn24lɛ44tsʰiu33vɔi42hɛ24nin24suɔn51ʃat5muɔn21iɛi33

晒。酒埕洗倒哩爱整糖环。整糖环哩就爱行年三十晚夜

hɔi51tʃʰi44，fɛ5 tʃɛi44hai33lɛ44nin24suɔn51ʃat5muɔn21iɛi33tʃi51tsʰin24，siau44nin24iɛi33，tsʰiu33ȵi33ʃat5sai42tsʰiu33tʃɛ44

开始，或者系哩年三十晚夜之前，小年夜，就二十四就整

lɔ33，tɔu51ʃau42ȵian24ȵi33ʃat5tʃʰat2 puɔt2tʃɛ44tœ24vuɔn24. tʃɛ44liau21tœ24vuɔn24lɛ44tsʰiu33fœ42hau42kɔ33ti33hau42，

啰，多数人二十七八整糖环。整了糖环哩就放去个□去，

fœ42hau42tsiu44tsʰɛ24hau42. han33iu21ɛ44luɔt5tɔi51ȵiat5，luɔt5faŋ51tʃʰiɛŋ24. lan24kan51lɛ44iu21na42ȵian24a33luɔt5

放去酒埕去。还有诶腊猪肉，腊风肠。临今哩有□人啊腊

tɔi51ȵiat5hɛ24ʃat5ȵi33ȵyt5tʃʰœ51tsʰiu33hɔi51tʃʰi44luɔt2 lɔ21，iu21na42ȵian24lɛ44tsʰiu33ku42kau51taŋ51tsʰiu33luɔt2

猪肉行十二月初就开始腊啰，有□人哩就过嚟冬就腊

lɔ21，tɔu51ʃau42ȵian24lɛ44hai33ʃat5ȵi33ȵyt5luɔt2，tʃyn51man24lɛ44luɔt5tɔ42ku42nin24ʃɛi51. lan24kan51lɛ44naŋ24

啰，多数人哩系十二月腊，专门哩腊到过年食。临今哩农

tsʰan51ku42tai21hau42，ʃɛ51vut5hɔ44，m̩24kun44ni21ʃɛi51liau21ʃɛi51 m̩24liau21，ku42kau51tʃʰan51tiu24，tʃʰan51tiu24ɛ44

村过得去，生活好，唔管你食了食唔了，过嚟春头，春头诶

naŋ24tsʰan51lɛ44iu21ʃi24tin24，hɔ51tin24a33，ȵiɔu44lɔi24tʃɛ51tɔ44lɔi24saŋ42fuɔn33la33.

农村哩有莳田，薅田啊，□来蒸倒来送饭啦。

ku42nin24lɛ44，nin24tʃʰœ51at2，nin24suɔn51ʃat5muɔn21iɛi33ku42kau51hau42lɛ44tsʰiu33tʃʰœ51at2. at2pun51lɔi24

过年哩，年初一，年三十晚夜过嚟后哩就初一。一般来

kœ44，ŋɔ21lau21 m̩24hau42puɔi42nin24kɔ42，tʃʰœ51ȵi33tsiɛŋ24hau42puɔi42nin24，tyn42ŋɔi33kɔu51. kʰan33tai33lɛ44，

讲，我鲁⁼唔去拜年个，初二□去拜年，转外家。咁□哩，

tʃʰœ51ȵi33tyn42ŋɔi33kɔu51，sak2 hɔ44tɔu51iɛi33tau51tai21. tʃʰœ51suɔn51tsʰiu33 m̩24nɛ24kau42tyn42ŋɔi33kɔu51，tʃʰœ51

初二转外家，宿好多夜都得。初三就唔能够转外家，初

suɔn51tyn42ŋɔi33kɔu51a33ȵia51vɔu33ɛ44hai33kʰaŋ24kuai44，sɔu44i21tyn42ŋɔi33kɔu51ɛ44tʃʰœ51suɔn51 m̩24tyn42. ŋɔ21

三转外家啊□话诶系穷鬼，所以转外家诶初三唔转。我

nan44na33tuɔi33tsʰa24kɔu51tau51ʧʰɔu51 m̩24tɔu51. ʧʰœ51sai42、ʧʰœ51 m̩21i51hau33ɛ44, tyn42ŋɔi33kɔu51kɔ42ȵian24
谂□大齐家都差唔多。初四、初五依后诶，转外家个人
lɛ44ia51pai44kɔ42tɔu51. kan33tai33ʧʰy33ak2sak2iɛi33ia51iau42.
哩也比较多。咁□住屋宿夜也要。

tsɔi42ȵit5nɔ33lɛ44tsʰiu33hai33ȵi33ʃat5tsit2, ȵia51ku42ɛ44yn24siau51tsit2, ŋɔ21lau21tsʰiu33ku42ȵi33ʃat5tsit2,
最热闹哩就系二十节，□过诶元宵节，我鲁⁼就过二十节，
ȵi33ʃat5lai42puɔi42lɛ44tʰœ51ka51luɔi51, “iu21ʃɛi51mɔ21ʃɛi51, ʃɔu42tɔ42ȵi33ʃat5”, ti33tsʰa33tsʰiu33hai33ʃɛi51kyt2tœ24
二十赖拜哩剒鸡拉⁼，“有食冇食，要到二十”，□穧就系石蛤塘
kɔ42tsit2ȵiat5. kat2ȵiat5a33an51vai33ȵi33ʃat5tsit2tuɔi33ku42nin24, hɔ44tɔu51tsʰan51tsʰai51pɛ24iu21a33ku42nin24mɔ21
个节日。□日啊因为二十节大过年，好多亲戚朋友啊过年冇
lɔi24, kʰai24tʰa51tsit2mɔ21lɔi24, kɔ33tsʰiu33ȵi33ʃat5tsit2lɔi24, iu21na42kai44yn21kɔ42tau51vɔi42kun44lɔi24, pɛ24iu21
来，其他节冇来，个就二十节来，有□几远个都爱赶来，朋友
kɔ42pɛ24iu21kɔ42pɛ24iu21tau51vɔi42lɔi24. kan33tai33lɛ44, kan51nin24ȵian33ʃai21ni21, mɛ24nin24ʧʰan51ŋɔ21iu33
个朋友个朋友都爱来。咁□哩，今年认识你，明年春我又
lɔi24, kan33tai33lɛ44, pɛ24iu21tsʰiu33tɔu51lɔ33, pɛ24iu21tsʰiu33mun21tʰin51hɔu33lɔ33. at2 pun51lɔi24kœ44, ku42nin24
来，咁□哩，朋友就多啰，朋友就满天下啰。一般来讲，过年
fɛ5ʧɛi44ku42kʰai24tʰa51tsit2 lɛ44ʃiau51ʧi44pʰɔ42muɔn24tɔu51, pɛ24iu21tuɔi42tɔ44at2 kʰuan44at2 kʰuan44kɔ42ʧi44pʰɔ42
或者过其他节哩烧纸炮蛮多，朋友带倒一捆一捆个纸炮
tsʰiu33lɔi24lɔ21. ʃɛi51at2 tan33ʃɛi51at2 tsʰuɔn51, iu21ʃɛi51iɛi33, ʃɛi51iɛi33a33tai33ȵi33ȵiat5kʰɔu44nɛ24iu33ʃɛi51. ʃɛi51
就来啰。食一饭食一餐，又食夜，食夜啊第二日可能又食。食
kau51lɛ44iu21na42ȵian24tsʰiu33kuat2 ʧi44puɔi24ɔ33, kuat2 mɔu24tsiɛk2 ɔ33, kuat2 tʰin51kiu44fɛ5ʧɛi44hai33kœ44ku44
嗐哩有□人就扢纸牌哦，扢麻雀哦，扢天九或者系讲古
tsa44, kœ44siau42ɔ33…, tuɔi33tsʰa24kɔu51lɛ44siau42tɔ42lɛ44hɔ44hɔi51san51. sɔu44i21ɛ44 ȵi33ʃat5tsit2 ti33tsʰa33tsit2
崽，讲笑哦……，大齐家哩笑到哩好开心。所以诶二十节□穧节
ȵiat5lɛ44tsɔi42ȵit5nɔ33, tsɔi42hɔi51san51, kit2 tai21pɛ24iu21lɛ44yt5tɔu51.
日哩最热闹，最开心，结得朋友哩越多。

ŋɔ21kœ44kɔ42tsit2 ȵiat5ŋɔ21siɛŋ51san42hɔ44tɔu51ȵian24lɛ44hai33mɔ21lɔi24kuɛ44kɔ42, y24kuɔu44ni21iu21kɛ42
我讲个节日我相信好多人哩系冇来□个，如果你有更
tuɔi33kɔ42kai51vai33, siɛŋ44lɔi24tʰai44nin33hɔu33ȵi51, tiɛŋ44tɔ42ʃɛi51kyt2 tœ24ku42ȵi33ʃat5 tsit2 kɔ42ʃi24hau33, ni21
大个机会，想来体验下儿，等到石蛤塘过二十节个时候，你
kʰɔu44i21hau42hɛ24at2 hɛ24, lɔi24ʃɔu42at2 ʃɔu42, kan33tai33ȵian33ʃai21, kan33tai33lɔi24ku42, ni21vɔi42hɔ44hɔi51san51,
可以去行一行，来要一要，咁□认识，咁□来过，你爱好开心，

hɔ44y21fɔi42. ŋɔ21kœ44kɔ42tsit2ȵiat5ʃɛi51kyt5tœ24kɔ42tsit2 ȵiat5tsʰiu33kʰan33tɔu51lɔ33.
好 愉 快。我 讲 个 节 日 石 蛤 塘 个 节 日 就 咁 多 啰。

（廖秀莲讲述）

3　当地情况介绍

hɔu21min33kuɔi42ʃiau42hɔu33 ȵi51ŋɔ21lau21kɔ42tœ51tai33ʧʰɛ24kʰœ42. ŋɔ21lau21ʃak5lin24nuɔn24iau24
下 面 介 绍 下 儿 我 鲁⁼ 个 当 地 情 况。 我 鲁⁼ 属 连 南 瑶
ʧʰak5ʧʰi42ʧʰi42yn33. vai33ʧi42hai33hɛ24kuœ44taŋ51ʃɛ44piɛk2pau42，vu24nuɔn24pin51kuɔi42，ʧʰyn24yn33iu21
族 自 治 县。位 置 系 行 广 东 省 北 部， 湖 南 边 界， 全 县 有
ʧʰat2kau21hiɛŋ51ʧan42: ʃuɔn51kœ51ʧan42、ʃuɔn51puɔi24ʧan42、tuɔi33mɛ5ʃuɔn51ʧan42、vœ51ʃy44ʧan42
七 □ 乡 镇： 三 江 镇、 三 排 镇、 大 麦 山 镇、 涡 水 镇
tɛ44，ʧɛ42fu44ʃit2hɛ24ʃuɔn52kœ51ʧan42. ʧʰyn24yn33ȵian24hau44iu21ʃat5 m̩21vuɔn42tɔu51，puɔt2vuɔn42hai33
等，政 府 设行 三 江 镇。全 县 人 口 有 十 五 万 多， 八 万 系
iau24ʧʰak5，ʧʰat2vuɔn42tɔu51hai33hun42ʧʰak5，kʰɛ2kɔu51ȵian24，han33iu21ʃiau44ʃau42kɔ42ʧœ42ʧʰak5、
瑶 族， 七 万 多 系 汉 族， 客 家 人， 还 有 少 数 个 壮 族、
vai24ʧʰak5. at2pun51kɔ42iau24ʧʰak5ʧʰy33hɛ24pun33ʃuɔn51、kɔ51ʃuɔn51tɛ44，ʃɔu44i21lin24nuɔn24ia51iu21 "pɛ2
回 族。一般 个 瑶 族 住 行 半 山、 高 山 顶，所 以连 南 也有“百
lai21iau24ʃuɔn51" ʧi51ʧʰɛ51.
里 瑶 山” 之 称。

ŋɔ21lau21ti33pin51iu21hɔ44tɔu51kɛ44tin44，pai44y24lai24yn33ʧʰɛ24ȵi33ʃat5ʧʰat2kaŋ51lai21kɔ42nuɔn24kœ51ʧʰiu33
我 鲁⁼□边 有 好 多 景 点， 比 如 离 县 城 二 十 七 公 里 个 南 岗 就
iu21kɔ42ʧʰin51nin24iau24ʧʰuɔi33，ti33kɔ42iau24ʧʰuɔi33hai33kuœ2kɔu51AAAA kʰit5kɔ42kɛ44tin44，mai21nin24ʧʰan51tau51
有 个 千 年 瑶 寨， □个 瑶 寨 系 国 家 AAAA 级 个 景 点，每 年 春 都
ɔi42iu21hɔ44tɔu51iu24kʰɛ2ʃiɛŋ21lɔi24kuɔn51kuœ51. han33iu21ʃan51kin42kɔ42pœ2 vat5 kun44，taŋ24hai44fœ42tɔ44
爱 有 好 多 游 客 上 来 观 光。 还 有 新 建 个 博 物 馆， 同 起 放 倒
hɔ44tɔu51ʃiau44ʃau42mɛ24ʧʰak5kɔ42ʃɛ51vut5iaŋ33pʰan44，han33iu21kat2tɛ24faŋ51ʃak5. pun44taŋ33iu21kɔ42ʃy44
好 多 少 数 民 族 个 生 活 用 品， 还 有 □ □ 风 俗。 板 洞 有 个 水
kʰu42，hɛ24ʃuɔn51tɛ44，ʃuɔn51ŋɔi33ʃuɔn51，ʃy44kʰu42taŋ24hai44iu21kai44ʃat5kan51kɔ42ȵy24，iu21 "kuœ44taŋ51
库， 行 山 顶， 山 外 山， 水 库 同 起 有 几 十 斤 个 鱼， 有 “广 东
ʃɛ51vu24" ʧi51ʧʰɛ51.
星 湖” 之 称。

lin^{24}nuɔn^{24}lan^{24}kan^{51}iu^{21}hɔ^{44}tɔu^{51}ʧiu^{44}tin^{42}，pai^{44}y^{24}iau^{24}ʧʰak^{5}ʧiu^{44}tin^{33}，ti^{33}kau^{21}ʧiu^{44}tin^{42}hai^{33}lin^{24}

连南 临今有好多酒店，比如瑶族酒店，□个酒店系连

nuɔn^{24}ʧɔi^{42}tuɔi^{33}kɔ^{42}ʧiu^{44}tin^{42}，ŋɔi^{33}min^{33}kʰɔu^{44}i^{21}fœ^{42}hɔ^{44}tɔu^{51}kɔ^{42}ʧʰɛi^{51}，ʃɔu^{44}i^{21}kai^{51}pun^{44}ʃiɛŋ^{33}lɔi^{21}iu^{24}

南 最大个酒店，外面可以放好多个车，所以基本上旅游

tyn^{24}tau^{51}hɛ^{24}ti^{33}pʰak^{5}vai^{33}、kɔi^{51}ʧʰy^{33}，an^{51}vai^{33}ti^{33}ni^{51}kɔ^{51}tʰaŋ^{51}fœ^{51}pin^{33}、vun^{51}ʧʰɛ^{33}.

团都行□泊位、居住，因为□□交通方便、安静。

ʃat^{5}n̠yt^{5}ʃat^{5}lak^{5}hai^{33}pan^{44}yn^{33}kɔ^{42}puɔn^{24}vœ^{24}ʧit^{2}，iau^{24}ʧʰak^{5}kɔ^{42}tuɔi^{33}ʧit^{2}n̠iat^{5}，vai^{33}liau^{21}puɔn^{42}ti^{33}

十月十六系本县个盘王节，瑶族个大节日，为了办□

kau^{21}ʧit^{2}n̠iat^{5}，ŋɔ^{21}lau^{21}ʃuɔn^{51}kœ^{51}ʧan^{44}ʧɛ^{42}fu^{44}ʧʰɔi^{24}ʧɛ^{42}put^{2}kʰun^{44}vai^{33}iu^{24}kʰɛ^{2}han^{33}iu^{21}kʰuan^{24}ʧaŋ^{42}

□节日，我鲁$^{=}$三江镇政府财政拨款为游客还有群众

tai^{24}kaŋ^{42}min^{21}fai^{42}kɔ^{42}ʃi^{42}ʃɛi^{51}，ʃɔu^{44}i^{21}mɛ^{24}n̠iat^{5}、ʃuɔn^{51}n̠iat^{5}ŋɔ^{21}lau^{21}ʧɛ^{42}fu^{44}tau^{51}ʧan^{44}pai^{33}tɔ^{44}iu^{21}

提供免费个试食，所以明日、三日我鲁$^{=}$政府都准备倒有

kan^{51}puɔi^{24}n̠iu^{24}ta^{24}、haŋ^{24}ʃiau^{51}n̠iat^{5}、han^{33}iu^{21}ʃyn^{42}ʧi^{44}ʧʰai^{24}、nɔu^{33}ma^{21}ʧʰai^{24}、hɔu^{51}kaŋ^{51}ʧʰai^{24}，

金牌牛蹄、红烧肉、还有蒜子糍、糯米糍、虾公糍，

hɔ^{44}tɔu^{51}ʧaŋ^{44}ʃiau^{44}ʃɛi^{51}，n̠iɔu^{44}pan^{44}tai^{33}kɔ^{42}tʰit^{2}ʧʰuɔn^{44}ʧʰiu^{51}kʰuai^{24}、tʰuɔi^{42}ʧi^{44}ʃɛ^{51}、kan^{51}pin^{51}ku^{51}

好多种小食，□本地个特产秋葵、太子参、金边菇

tau^{51}n̠iɔu^{44}ʧʰa^{24}ʧʰat^{2}lɔi^{24}vai^{33}iu^{24}kʰɛ^{2}、kʰuan^{24}ʧaŋ^{42}tai^{24}kaŋ^{42}.

都□齐出来为游客、群众提供。

ti^{33}pin^{51}kɔ^{42}kɔ^{51}tʰaŋ^{51}fœ^{51}pin^{33}，iu^{21}kuœ^{44}ʧʰɛ^{51}kaŋ^{51}lau^{33}，ti^{33}tiau^{24}hai^{33}lin^{24}nuɔn^{24}tai^{33}at^{2}tiau^{24}kɔ^{51}

□边个交通方便，有广清公路，□条系连南第一条高

ʧʰak^{2}kaŋ^{51}lau^{33}. i^{21}ʧʰin^{24}hai^{33}at^{2}lɛ^{24}ʧʰat^{2}kuœ^{2}tɔ^{33}，an^{51}vai^{33}m̩^{24}kau^{42}fɔi^{42}，hau^{42}kuœ^{44}ʧiu^{51}kɔ^{42}ʃi^{24}kuɔn^{51}

速公路。以前系107国道，因为唔够快，去广州个时间

tʰuɔi^{42}ku^{42}ʧʰiɛŋ^{24}，ʧɔ^{44}liɛŋ^{21}nin^{24}tai^{24}ʃɛ^{51}vai^{42}kɔ^{51}ʧʰak^{2}kaŋ^{51}lau^{33}，ʃak^{2}tyn^{44}hin^{51}lin^{24}nuɔn^{24}tɔ^{42}kuœ^{44}

太过长，早两年提升为高速公路，缩短牵连南到广

ʧiu^{51}kɔ^{42}ʃi^{24}kuɔn^{51}kʰɔi^{42}lai^{24}. lan^{24}kan^{51}hɛ^{24}ti^{33}tiau^{24}kaŋ^{51}lau^{33}tɔ^{42}kuœ^{44}ʧiu^{51}ʧai^{21}ʃɔi^{51}iau^{42}ʃuɔn^{51}kɔ^{42}

州个时间距离。临今行□条公路到广州只需要三个

ʃiau^{44}ʃi^{24}，at^{2}m̩^{21}nin^{24}kʰɔi^{51}tʰaŋ^{51}lɛ^{33}at^{2}tiau^{24}kɔ^{51}ʧʰak^{2}，n̠i^{33}kuœ^{44}kɔ^{51}ʧʰak^{2}，hɛ^{24}vu^{24}nuɔn^{24}，kɛ^{51}ku^{42}lin^{24}

小时，15年开通另一条高速，二广高速，行湖南，经过连

nuɔn^{24}，ʧuɔi^{42}tɔ^{42}vɔi^{24}ʧʰat^{5}、fat^{5}ʃuɔn^{51}，kuœ^{44}ʧiu^{51}，kɛ^{42}kɔu^{51}kɔu^{51}fɔi^{42}hin^{51}hau^{42}kuœ^{44}ʧiu^{51}kɔ^{42}ʃi^{24}kuɔn^{51}.

南，再到怀集、佛山、广州，更加加快牵去广州个时间。

（廖建锋讲述）

参考文献

白宛如编 1998《广州方言词典》，南京：江苏教育出版社。

北京大学中文系语言学教研室编 1995《汉语方言词汇》(第二版)，北京：语文出版社。

曹廷玉 2001《赣方言特征词研究》，暨南大学博士学位论文。

曹志耘主编 2008《汉语方言地图集》，北京：商务印书馆。

储泽祥 2003《现代汉语方所系统研究》，武汉：华中师范大学出版社。

丁沾沾 2017 连南瑶族自治县"军声"的语言活力与濒危状况，《文化遗产》第2期。

范俊军 2000 从词汇看粤北土话与湘南土话的异同及系属，《暨南学报》第3期。

范俊军主编 2011《语言调查语料记录与立档规范》，广州：暨南大学出版社。

郭　锐 2002《现代汉语词类研究》，北京：商务印书馆。

黄雪贞 1994 客家方言的词汇和语法特点，《方言》第4期。

黄雪贞编 1995《梅县方言词典》，南京：江苏教育出版社。

邝永辉、林立芳、庄初升 1998 韶关市郊石陂村语言生活的调查，《方言》第1期。

李冬香、庄初升 2009《韶关土话调查研究》，广州：暨南大学出版社。

[清]李来章撰，黄志辉校注 1990《连阳八排风土记》，广州：中山大学出版社。

李如龙 2000 论汉语方言特征词，《中国语言学报》第十期，北京：商务印书馆。

李如龙 2001《汉语方言的比较研究》，北京：商务印书馆。

李如龙、张双庆主编 1992《客赣方言调查报告》，厦门：厦门大学出版社。

李如龙、庄初升、严修鸿 1995《福建双方言研究》，香港：汉学出版社。

李新魁、黄家教、施其生、麦　耘、陈定方 1995《广州方言研究》，广州：广东人民出版社。

连南瑶族自治县地方志编纂委员会 1996《连南瑶族自治县志》，广州：广东人民出版社。

连南瑶族自治县地方志编纂委员会 2012《连南瑶族自治县志(1979—2004)》，广州：广东人民出版社。

练春招 2000a 从词汇看客家方言与赣方言的关系，《暨南学报》第3期。

练春招 2000b 从词汇看客家方言与粤方言的关系，《华南师范大学学报》第3期。

梁猷刚 1985 广东省北部汉语方言的分布，《方言》第2期。

廖秋忠 1989 空间方位词和方位参考点，《中国语文》第1期。

林立芳、邝永辉、庄初升 1995 韶关市近郊“虱婆声”的初步研究，《韶关大学学报》第3期。

林立芳、邝永辉、庄初升 1995 闽、粤、客方言共同的方言词考略，《韶关大学学报》第3期。

林立芳、庄初升 2000 粤北地区汉语方言概况，《方言》第2期。

罗美珍、林立芳、饶长溶主编 2004《客家话通用词典》，广州：中山大学出版社。

麦 耘、谭步云编著 1997《实用广州话分类词典》，广州：广东人民出版社。

牟廷烈 2002《粤北土话和湘南土话音韵比较研究》，北京大学博士学位论文。

覃远雄 2007 平话和土话，《方言》第2期。

王福堂 1999《汉语方言语音的演变和层次》，北京：语文出版社。

王福堂 2001 平话、湘南土话和粤北土话的归属，《方言》第2期。

王福堂 2002 汉越语和湘南土话、粤北土话中并定母读音的关系，《纪念王力先生百年诞辰学术论文集》，北京：商务印书馆。

王 力 1980《汉语史稿》，北京：中华书局。

温昌衍 2012《客家方言特征词研究》，北京：商务印书馆。

温美姬 2009《梅县方言古语词研究》，广州：华南理工大学出版社。

谢留文 2003《客家方言语音研究》，北京：中国社会科学出版社。

熊正辉 1987 广东方言的分区，《方言》第3期。

熊正辉 1994《南昌方言词典》，南京：江苏教育出版社。

严修鸿 2001 客家方言与周边方言的关系词，《汕头大学学报》第4期。

詹伯慧、张日昇 1989 珠江三角洲粤方言的常用词，《方言》第4期。

詹伯慧主编 1991《汉语方言及方言调查》，武汉：湖北教育出版社。

詹伯慧主编 2002《广东粤方言概要》，广州：暨南大学出版社。

张双庆、万 波 1998 乐昌（长来）方言古全浊声母今读音的考察，《方言》第3期。

张双庆、万　波 2002 客赣方言“辫”读如“边鞭”的性质，《方言》第1期。

张双庆主编 2000《乐昌土话研究》，厦门：厦门大学出版社。

张双庆主编 2004《连州土话研究》，厦门：厦门大学出版社。

中国社会科学院和澳大利亚人文科学院 1987《中国语言地图集》，香港：朗文出版社。

周祖谟 1993《方言校笺》，北京：中华书局。

庄初升 1995 双方言现象的一般认识，《韶关大学学报》第1期。

庄初升 1996 试论汉语方言岛，《学术研究》第3期。

庄初升 1998 从方言词汇看客家民系的历史形成，《韶关大学学报》第2期。

庄初升 1999 粤北客家方言的分布和形成，《韶关大学学报》第1期。

庄初升 2001 连州市丰阳土话的音韵特点，《语文研究》第3期。

庄初升 2002 粤北土话中知组三等读如端组的性质——兼论早期赣语知二、知三的分化，《开篇》Vol.21，东京：好文出版。

庄初升 2004《粤北土话音韵研究》，北京：中国社会科学出版社。

庄初升 2005 粤北客家方言语音概貌，《韶关学院学报》第5期。

庄初升 2007 粤北土话、湘南土话和桂北平话中古全浊唇音、舌音今读的特殊表现，《东方语言学》第二辑，上海：上海教育出版社。

庄初升 2010 湘南桂北三种土话平话中古全浊声母今读送气与否的性质，《方言》第4期。

庄初升 2011 连州“四会声”中古精庄知章组今读的类型和层次，《暨南学报》第6期。

庄初升、岳嫣嫣 2011 连南瑶族自治县石蛤塘村的语言生活，《文化遗产》第2期。

邹晓玲 2016 粤北连州沙坊话音系，《方言》第4期。

邹晓玲、丁沾沾 2011 粤北洞冠水流域的“军声”，《文化遗产》第2期。

调查手记

二十多年来我调查过的方言点数不胜数，但是像连南石蛤塘调查时间这么长、调查体量这么大的方言点，目前还找不出第二个来。

为了撰写博士学位论文《粤北土话音韵研究》，1999年我在初步完成连州市的若干个方言点的调查、核对之后，来到了附近的连南瑶族自治县。县志办许文清主任明白我的来意之后，就把我带到了离县城三江镇4公里外的石蛤塘村，他说因为该村的土话与连南其他地方的语言、方言很不一样，可能就是我要寻找的方言点。我们在村口的杂货店里认识了店主，也就是后来的主要发音人廖盛情老先生，从此开启了将近20年的断断续续的调查历程。那间杂货店十数年间成了我多次赴石蛤塘调查的工作场所，可以说这本书大约一半的语料就是在那里记录下来的。1999年廖先生还不到70岁，可现在他已经87岁高龄。白驹过隙，近20年的光阴就这样一晃而过，无不令人感叹！

1999年首次调查大约持续一周，我从廖先生那里记录了2000个以上的单字字音和少量词语，因为这个土话8个调的类型在粤北、湘南土话中非常罕见，所以给我留下特别深刻的印象。2000年初夏在答辩通过的博士学位论文《粤北土话音韵研究》中，我通过音韵特征和少数特征词的比较，将石蛤塘土话（当时称之为三江土话）归入粤北土话连州片。

我第二次到石蛤塘调查是为了完成《汉语方言地图集》连南点的任务。记得2005年8月初还是在那间昏暗的杂货店里，我以第一次调查的材料为基础，补充完整地图集所要求的调查条目。那时候从韶关到石蛤塘，一共要转3次车，朝发夕至，备尝辛苦。两天之后，我又马不停蹄地奔赴地图集约定的下一个方言点——连山壮族瑶族自治县，调查位于北部与湖南、广西交界的禾洞粤方言。这是一种与石蛤塘土话很不一样的方言土话，让我再一次领略了粤、湘、桂三省区交界地区方言的复杂程度！

转眼过了3年。2008年7月中旬，正值盛夏，我带领中山大学中文系的硕士生岳嫣嫣、

核对补充材料　石蛤塘村 /2018.4.9/ 丁沾沾 摄

张凌、谭汉玲、孙希艳、冯雅玲从广州出发，到石蛤塘进行第三次调查。这次调查的缘由和内容，本书第一章已经介绍，这里不再赘述。这次调查超过一周，每天清早我和学生分乘两部“三脚鸡”（电动三轮车）到村里找廖盛情先生记音，房子还是那间房子，桌子还是那张桌子，一切好像都那么熟悉，可是石蛤塘土话就像深不见底的富矿，越挖越感到不同寻常。期间几位硕士生还顶着烈日，就石蛤塘语言生活问题对村民进行直接访谈、跟踪记录和隐匿观察，搜集到了20多户家庭用语选择的个案材料。这几天我们中午吃自带的干粮，傍晚再一起走路回到县城的宾馆。傍晚的乡村小路上凉风习习、炊烟袅袅、稻香飘飘，我们看到夕阳西下的山野景色和显得特别美丽、宁静的田园风光，连续工作一个白天的劳累仿佛一下子都不见了。

转眼又过了3年。我于2011年冬天至2012年初夏，两度带领博士生邹晓玲、阳蓉、张倩分别在清远、连南向廖盛情先生的女儿廖秀莲女士做调查，主要根据《汉语方言词语调查条目表》和《汉语方言语法调查例句》补充记录词汇和语法例句，也采录了少量的俗语歌谣和民间故事。

2015年国家语保工程濒危汉语方言调查项目立项，连南石蛤塘土话入选第一批课题，调查研究进入一个全新的阶段。当年初夏，我和丁沾沾带领几位硕士生到清远市清新县调查暂时居住在那里的发音合作人廖秀莲女士，对语保工程规定的有关内容进行试摄录，并对此前记录的语料进行核对，还补充记录了一些语法例句以及熟语、歌谣。紧接着，当年暑假丁沾沾带领林梦虹、彭庆雄等几位硕士生，到连南县城三江镇进行录音和摄像，正式采录语保工程所规定的各类声像语料，发音人是廖观所、廖秀莲、廖建锋和廖吉云。在音像摄录和材料整理方面，丁沾沾做了大量工作，厥功至伟。

2016年以后正式进入本书的写作阶段，我们逐渐发现一些语料存在缺漏和错误。当年3月初我和丁沾沾以及博士生黄淑芬到石蛤塘进行调查，除了按照“中国濒危语言志·汉语方言”的《编写大纲》补充词汇条目和语法例句，还记录和录制了一些长篇语料。此后，我和丁沾沾共3次到石蛤塘核对、补充语料，参加者还有博士生黄淑芬、李莉亚，主要发音人是廖观所先生。后期的补充调查阶段我们多次在廖观所先生的带领下深入到石蛤塘的村头巷尾、田间地头和荒山老林中，了解和记录各种跟当地自然环境、生产生活、民俗文化等密切相关的器物、用品和植物等，学到了很多农业社会的知识。

1999年之后我每一次到石蛤塘，不少认识我的村民见到我的第一句话总是说“你又来了”，我有时真有点儿尴尬，但回头一想又马上释然。要深入认识一个完全陌生的方言，真的非常不容易！石蛤塘是一个高度濒危的汉语方言，每次去调查我都有一种强烈的紧迫感，但不知不觉近20年就这样过去了。在石蛤塘村，接受我们进行语言生活现状调查的村民很多，这里不便一一介绍。唯有部分接受我们深度访谈的村民，在第一章第五节提及他们的姓名，在此一并致谢。在上述发音合作人中，廖盛情、廖观所和廖秀莲三位接受我们调查的时间最长。说起本地土话及其保护问题，廖盛情先生说：“我们村的方言跟全国都不一样，庄老师调查了很多年，听说没有别的地方说这种话。我们村的人口比较少，我希望我

清澈的小溪　连南石蛤塘村 /2008.7.19/ 岳嫣嫣 摄

们的方言能流传下去，所以方言保护很有必要。”廖观所先生说：“我们村的土话在广东省甚至在全国都很少见，到现在至少流传了1000年。我们在村里用土话，外出到连南县、连州市时用客家话。你们录音时，我有时都要想一下才知道怎么说。我们的方言应该保护，应该一代代传下去。现在国家很重视，语保工程很有意义。”

这本书很快就要出版了，石蛤塘的调查工作已经告一段落。我们要向发音合作人和多位研究生致以诚挚的谢意，因为有你们的大力帮助，我们才可能最终完成调查和写作任务。我们要向总主编曹志耘教授，主编张振兴研究员、邢向东教授和编委赵日新教授、黄晓东副教授致以诚挚的谢意，因为有你们的督促和指导，我们才可能顺利完成课题和不断完善书稿并如期交付出版。我们要向商务印书馆周洪波总编辑、余桂林主任致以诚挚的谢意，因为有你们的策划和支持，我们才可能顺利出版这样一部经济效益并不高的方言调查报告。

庄初升

2018年5月18日